伟大的中国力量

国家知识产权局直属机关党委◎编著

知识产权出版社
全国百佳图书出版单位

图书在版编目（CIP）数据

伟大的中国力量/国家知识产权局直属机关党委编著．—北京：知识产权出版社，2016.8

ISBN 978－7－5130－4341－0

Ⅰ.①伟…　Ⅱ.①国…　Ⅲ.①社会主义建设成就—中国　Ⅳ.①D619

中国版本图书馆 CIP 数据核字（2016）第 178590 号

内容提要

自 1840 年以来的长达 100 多年的历史里，国家孱弱，中华民族屡受欺凌和外敌侵略，黎民百姓抬不起头来；自新中国成立的 60 多年来，在中国共产党的领导下，国家建设取得了一个又一个重大成就，国家实力不断增强，中国人民终于扬眉吐气了。本书选取一些新中国建设过程中具有代表性的事件，对它们作详细的介绍，向读者展示中国力量，让读者深入了解新中国成立以来取得的重大成就，激发爱国热情。

读者对象：社会大众。

责任编辑：胡文彬　　**责任校对：**谷　洋

封面设计：梁晓凯　　**责任出版：**刘译文

伟大的中国力量

国家知识产权局直属机关党委　编著

出版发行：知识产权出版社有限责任公司

网　　址：http：//www. ipph. cn

社　　址：北京市海淀区西外太平庄 55 号

邮　　编：100081

责编电话：010－82000860 转 8031

责编邮箱：huwenbin@ cnipr. com

发行电话：010－82000860 转 8101/8102

发行传真：010－82000893/82005070/82000270

印　　刷：北京科信印刷有限公司

经　　销：各大网上书店、新华书店及相关专业书店

开　　本：720mm×1000mm　1/16

印　　张：37. 5

版　　次：2016 年 8 月第 1 版

印　　次：2016 年 8 月第 1 次印刷

字　　数：430 千字

定　　价：118. 00 元

ISBN 978-7-5130-4341-0

序 言

一个民族，在苦难和觉醒面前往往更能彰显伟大的精神；一个国家，在落后和奋起时刻往往更能迸发强大的力量。

自中国共产党诞生以来，在古老的神州大地上，始终有一种精神让人振奋，始终有一种力量令人鼓舞——这精神，就是伟大的中国精神；这力量，就是伟大的中国力量！

人们不会忘记，旧中国孱弱无力，大灾过后“陈尸百里，遍地哀嚎”“斗米千钱，饿殍满地”甚至“人相食”的悲惨景象。

人们无法忘怀，近代中国积贫积弱，国人被世界列强讥为“东亚病夫”，国家陷入任人宰割、备受欺凌的悲惨境地。

新中国成立后，中国共产党团结带领人民在中国这片古老的土地上，书写了人类发展史上惊天地、泣鬼神的壮丽史诗。无论是战天斗地的气概，还是改造山河的壮举；无论是石油工人的雷霆孔声，还是两弹元勋的默默无闻；无论是汹涌洪水中的中流砥柱，还是地震废墟上的铜墙铁壁；无论是九天揽月的“嫦娥”，还是五洋捉鳖的“蛟龙”；无论是茫茫太空留下的“中国脚印”，还是抗击金融危机中发出的“中国声音”；无论是抗击猝不及防的“非典”，还是搏战任意肆虐的埃博拉；无论是亚丁湾海面犁开的万顷波涛，还是天安门前集结的受阅方队……都是中国力量的象征。今昔对比，换了人间。

中国力量，就是中国各族人民大团结的力量，就是13亿人心往一处想、劲往一处使，汇集起来的力量。这力量中，有远古的呼唤，有千年的期盼，有深厚的积淀，有现实的回响。这力量中，既有经济、科技、军事等硬实力，也包括文化和民族精神在内的意识形态等软实力。这力量愈挫愈奋，愈抑愈长，是任何人、任何势力都无法遏制和阻挡的。

这种力量，中国人民在革命年代前赴后继的抗争中感受过，在建设岁月激情燃烧的奉献中体验过，在改革开放时期波澜壮阔的奋斗中亲历过。

这种力量，展现了全心全意为人民服务的中国共产党和中国社会主义国家政权的伟大力量，展现了13亿中国人民的伟大力量，展现了改革开放的伟大力量，展现了中国特色社会主义的伟大力量。

中国共产党是中国力量的核心。这个核心，而且只有这个核心，能够最广泛地凝聚起各方面的力量，团结带领全国各族人民战胜前进道路上的一切困难和挑战，不断创造中华民族发展壮大的历史基业。没有共产党就没有新中国，没有共产党就没有高度凝聚的中国力量。

60多年来，在中国共产党的坚强领导下，社会主义建设事业取得一个又一个重大进展和胜利，各族人民从翻身解放到当家做主，从上学就业到住房就医，从事业成功到价值实现，一个又一个梦想变成现实。上下求索于修远漫途。面对仍然处于必然王国的众多领域，面对今后前进道路上难以预测的苦难和挑战，靠力量说话，靠力量发展，靠力量夺取新的胜利，是一个国家、一个民族的必然选择。实现国家富强、人民富裕，从来都是中华民族的梦，也是每个中国人的梦。中国梦像一块燧石，点燃了中国力量；像一个磁场，凝聚了中国力量；像一个窗口，展示了中国力量；像一座熔炉，锤炼了中国力量，使每一个中国人对中国力量的认识提高到一个新境界。

“实现中国梦必须凝聚中国力量”，习近平主席的重要讲话，阐明了怀抱强国梦想与焕发前进力量之间的深刻联系，更揭示出实现中国梦的重要路径。未来的征程中，只要13亿中国人民团结一心，为了共同梦想而凝聚起来的不可战胜的磅礴力量，必将成为中国人民在民族复兴之路上的胜利之本。

伟大的精神产生伟大的力量，伟大的力量成就伟大的梦想。继《伟大的中国精神》一书之后，国家知识产权局直属机关党委又推出了《伟大的中国力量》一书，体现了机关党委对“把抓好党建作为最大的政绩”的理解把握和行动自觉，体现了党务工作者对党建工作的敬业精神和责任担当，体现了“三严三实”的态度和作风。

《伟大的中国力量》一书告诉我们：西方发达国家办成了的事情，中国办到了；西方发达国家一些想办而办不成、办不好的事情，中国也办到了。因此，我们完全有理由对中国特色社会主义道路、中国特色社会主义理论体系和中国特色社会主义制度充满自信。只要我们按照党中央“四个全面”的战略布局推进各项建设，“两个一百年”和中国梦的奋斗目标就一定能实现！

我期待着机关党委的同志有更多更好的成果问世，为新形势下加强和改进思想政治工作、培育和弘扬社会主义核心价值观作出新的贡献。

国家知识产权局党组成员、副局长、
直属机关党委书记

2016 年 4 月于北京

目　录

第一章　变水害为水利

中国位于欧亚大陆东南部，濒临太平洋，西北接入欧亚大陆腹地，地势西高东低，季风气候明显。季风气候的强烈变异性，导致降水时空分布的极不均匀，从而产生频繁的水旱灾害。据记载：黄河流域大旱时“赤地千里”“饿殍遍野”“人相食”；大水溃堤时，不仅“庐舍为墟”，数十万人死亡，百万、千万人遭灾，甚至河流、生态被毁。淮河流域素有“大雨大灾，小雨小灾，不雨旱灾”之说，一直是中国的重灾区和贫困区。富庶的长江流域的灾情也不断加剧，受灾面积之大，影响人口之多，后果之严重更为惊人，大旱大洪时受灾面积可达数千万亩，受灾人口可达千万人，直接、间接死亡人数可达数十万乃至百万。其他如海河、辽河、松花江、珠江及西北干旱区都有惨痛的灾祸记载。水旱灾祸成为中国人民面临的头号祸害。

新中国成立后，党和政府把水利建设放在恢复和发展国民经济的重要地位。毛泽东主席号召“一定要把淮河修好”，“争取荆江分洪工程的胜利”，“要把黄河的事情办好”，“一定要根治海河”。从此以后，党中央、国务院始终把治水放在重要位置，对水利建设作出了一系列重大决策，领导和组织全国人民开展了大规模的水利建设，兴修了数以万计的各类水利基础设施，为保障国民经济发展和社会安定发挥了巨大作用。

第一节　新中国成立初期的治水工程

俗话说：“收多收少在于肥，有收无收在于水。”1949 年，全国相继发生旱、虫、风、雹、水、疫等自然灾害，其中，水灾尤为严重。巨大的灾情直接导致了第二年的春荒，灾民人数不断增加。1950 年夏，正当淮河人民在中国共产党领导下，采取各种办法救灾度荒、重建家园时，河南与安徽交界处连降大暴雨，河水猛涨，安徽等省灾情严重。这对于新生的共产党政权来说，无疑是非常现实而严峻的考验。尤其当时朝鲜战争、台湾海峡战事正紧，国内物质条件十分缺乏，百废待兴，形势可以说是外患内忧。然而正是在那种极端困难的情况下，以毛泽东为首的中国共产党以人民的利益为己任，毅然决然地向大自然宣战了。

一、一定要把淮河修好

1950 年 7 月 20 日，毛泽东阅读了华东防汛总指挥部的电报后，立即批转周恩来：“除目前防救外，须考虑根治办法，现在开始准备，秋起即组织大规模导淮工程，期以一年完成导淮，免去明年水患。”并请周恩来召集有关人员就目前防救和根本导淮问题进行商讨，全力治淮。8 月 5 日夜，毛泽东又收到安徽省委负责人发给中央的紧急电报。毛泽东读了灾区灾情的报告，十分伤心，流了眼泪，在“不少是全村沉没”“被毒蛔咬死者”“今后灾仍极严重”“多抱头大哭”等处画了横线，指示周恩来：“请令水利部限日作出导淮计划，送我一阅。此计划八月份务须作好，由政务院通过，秋初即开始动工。”9 月 21 日，再次督促周恩来：“现已九月底，治淮开工期不宜久延，请督促早日勘测，早日做好计划，早日开工。”1 个“令”字、3 个“早日”，足见毛泽东对根治淮河水患的决心是何等坚定、心情是何等急迫。

按照毛泽东的这一指示，周恩来抓紧时间，集中各地的意见，然后对治淮计划进行了修改、充实。10 月 14 日，政务院发布了《关于治理淮河的决定》。11 月，按照毛泽东的指示，政务院拨出治淮工程款原粮 4.5 亿斤，小麦 2000 万斤。大批粮食的调入，保证了治淮工程按时开工。1950 年冬季，在各地政府的统一组织下，有 80 万民工集聚到治淮工地上。他们在淮河两岸搭起了帐篷和其他简易房屋，按军事建制组织起来，投入到火热的治淮劳动中去。仅仅用了 80 多天的时间，就建成了一条长达 168 公里的苏北灌溉总渠。1951 年春种之后，治淮工地又集中了数十万民工，开展第二阶段的治淮工程。当时，淮河两岸，红旗招展，口号震天，民工之间还展开了劳动竞赛。当地驻军也加入到治淮劳动中。毛泽东一直关注着治淮工程。当看到从治淮工地上传来的一份份捷报时，他十分高兴。他决定组织一个中央治淮视察团，检查治淮计划的落实情况，同时鼓舞治淮大军的士气。1951 年 5 月，中央治淮视察团组成。参加这个视察团的，不仅有中共的一些领导干部，还有各民主党派和民主人士的代表、水利专家，以及一些水患严重地区的代表。邵力子担任中央治淮视察团的团长。行前，毛泽东会见了邵力子，向他了解组团的情况，着重谈了视察中要了解的情况和需要详细询问的问题。最后，毛泽东亲笔题词："一定要把淮河修好。"他吩咐身边工作人员，把这个题词制成4面锦旗，由邵力子代表中央视察团把这4面锦旗分送给在治淮前线的治淮委员会及河南、皖北、苏北治淮指挥部。5月，以邵力子为团长的中央治淮视察团到治淮工地视察，并把毛泽东的题词送给治淮指挥机关，治淮指挥机关迅速把这一消息和毛泽东的题词传到全工地。工地上一片欢腾，民工们干劲倍增。1957年冬季，治淮工程基本完成。在这8个年头里，河南、皖北、苏北共投入民工几百万人，治理大小河道175条，修建水库9座，库容量达316亿立方米，修建堤防4600多公里，提高了淮河流域特别是淮河下游的防洪泄洪能力。毛泽东"一定要把淮河修好"的目标基本实现了。

二、争取荆江分洪工程的胜利

在中国水患严重的地区中，长江中游地区是比较突出的一个。长江从三峡奔腾而出，到了湖北的开阔地段之后，形成了一个很大的水网地带，造就了湖南、湖北的鱼米之乡。但是，当赶上持续暴雨的天气，湖北、湖南两省，特别是湖北的枝江到湖南的岳阳城陵矶这一带（史称这一带为荆江），就会出现大洪水。历史上，这一地带数次被淹，对人民群众生命财产造成难以计算的损失。

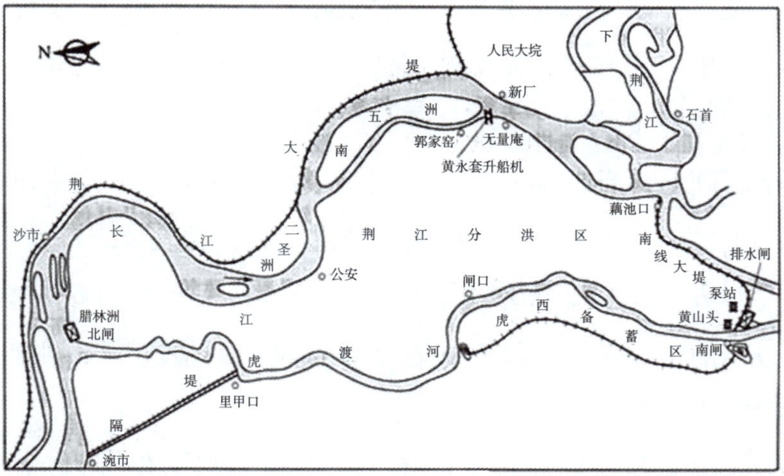

荆江分洪工程示意图

图片来源：http：//bbs. cnhubei. com/thread - 2362869 - 1 - 1. html。

毛泽东十分关注长江中游特别是荆江地区的防洪问题。1950年10月，他听取了中南局代理第一书记邓子恢的汇报之后，与刘少奇、周恩来共同商定，搞荆江分洪工程，治理长江中游水患。中央作出实施荆江分洪工程的决定后，在周恩来的主持下，政务院研究制定了方案。实施荆江分洪工程的困难主要表现在两个方面：一是当时正在搞治淮工程。在国家经济处于恢复时期，且中国已经决定出兵朝鲜的情况下，国家还拿不出更多的财力、物力来搞荆江分洪工程。二是荆江分洪工程涉及湖南、湖北两省的利益问题。按荆江分洪工程的初步方案，一旦出现大洪水，就要在湖南实施分洪。这样，湖南就会受到一定的损失。在讨论荆江分洪工程的具体方案时，中央和地方，特别是湖南和湖北两省干部的看法不尽一致。大家对于为了保证大多数地区不受灾而实施分洪，是肯定的。对于会有一部分地区受损失这一点，也是肯定的。

但对于发生什么样的大洪水算特大洪水而及时分洪，以及能不能找到一个更好的方案，在实施荆江分洪时让湖南免除更多的水灾等问题，各地领导的意见不一致。这种分歧在1952年2月中南局和湖南、湖北两省负责人参加的荆江分洪工程会议上集中反映出来。会上，一些人的意见是搞荆江分洪工程，并且要求尽快上马。而另一些人提出，如果不确定特大洪水的标准，分洪没有规定，会给以后的工作带来麻烦。在看法难以统一的情况下，荆江分洪的问题就拖了下来。

为了统一各地领导干部的思想，毛泽东尽力做他们的工作。在毛泽东做工作的过程中，林彪和李先念对毛泽东的支持起到了关键作用。林彪当时是中南军政委员会主席、中南行政委员会主席，李先念则是湖北省党政军一把手，而荆江分洪工程，主要是在湖北省内实施。林彪仔细研究了荆江分洪工程的初步计划后表示：荆江分洪工程是造福两湖人民的大事，坚决拥护，保证驻军尽全力支持。李先念则表示得更明确：要动员和组织湖北省人民，全力以赴搞好荆江分洪工程。当有人说“搞荆江分洪这么大的工程，在国外要12年，还要投入大量人力和物力”时，李先念表示：我们肯定要超过外国人，中国人硬是要创造一个奇迹，肯定用不了12年，也肯定用不了那么多投入。有了林彪和李先念的支持，原来一些持有不同意见的领导干部也都表示：坚决贯彻执行中央的荆江分洪决定，不惜一切代价，搞好荆江分洪工程。

1952年2月，周恩来组织政务院有关部门负责人和水利专家起草了《政务院关于荆江分洪工程的规定》。周恩来审阅初稿后，报送毛泽东。2月25日，毛泽东在《政务院关于荆江分洪工程的规定》初稿上批示："周总理：（一）同意你的意见及政务院决定；（二）请将你这封信抄寄邓子恢同志。"毛泽东还指示周恩来，进一步研究一个详细的方案，争取最大限度地减少特大洪水发生之时被迫分洪造成的损失，更充分地维护湖南、湖北各自的利益。按毛泽东的这一指示，周恩来组织包括苏联水利专家布可夫在内的中外专家，对《政务院关于荆江分洪工程的规定》初稿又进行了反复推敲和修改，当有些问题不清楚时，还组织专家到湖北和湖南两省去考察。3 月中旬，拿出了一个更充分考虑湖南和湖北两省人民各自利益的方案。这个方案对于什么是特大洪水、分洪的时间、分洪的办法、预先组织救护、转移群众等关系人民切身利益的问题，作了更严格、细致的规定。3 月 29 日，周恩来把修改后的《政务院关于荆江分洪工程的规定》和 1952 年水利工作决定一起送给毛泽东、刘少奇、朱德、陈云审议，同时附信作了详细说明。周恩来写道："送上 1952 年水利工作决定及荆江分洪工程的规定两个文件，请审阅批准，以便公布。关于荆江分洪工程，经李葆华与顾问布可夫去武汉开会后，又亲往沙市分洪地区视察，他们均认为分洪工程如成，对湖南滨湖地区毫无危险，且可减少水害。工程本身关键在两个闸（节制闸和进洪闸）。据布可夫设计，6 月中旬可以完成。中南局决定努力保证完成。我经过与李葆华电话商酌，并转商得邓子恢同志同意，同时又与傅作义面商，决定分洪工程规定修改如现稿。这样可以完全解除湖南方面的顾虑，因工程不完成决不分洪，完成后是否分洪还要看洪水情况，并须得政务院批准。"

毛泽东、刘少奇、朱德、陈云看了周恩来送来的两份文件和亲笔信后，一致同意周恩来的意见。特别是毛泽东，对周恩来领导下的政务院能在这样短的时间里拿出这样详尽的关于荆江分洪工程的文件，十分高兴。3 月 30 日，毛泽东请周恩来到他的住处，就落实荆江分洪工程问题，进行了更详细的商谈。最后，毛泽东叮嘱周恩来要尽快发布这份文件，尽快开工。3 月 31 日，政务院正式发布了《政务院关于荆江分洪工程的规定》。4 月 5 日，荆江分洪工程全面开工。李先念亲自到分洪工程第一线主持开工并视察。他对工程的各方面细节，问得十分详细，并且要求件件工作都要扎扎实实落实下去。更重要的是，李先念十分注意调动人民群众的劳动积极性。在施工过程中，湖北组织很多文艺团体到工地进行宣传鼓动工作，同时参加劳动。军队也调动大批官兵开赴施工第一线。

从 4 月 5 日开工到 5 月中旬一个多月的时间，荆江分洪工地上的劳动大军，硬是完成了外国人要 12 年才能完成的巨大工程的一多半，而且荆江分洪工程不需要中央调入物资和资金，全部由湖北省自己筹集。5 月，毛泽东派水利部部长傅作义到荆江分洪工地，代表他去慰问全体施工人员。傅作义临行前，毛泽东把他请到中南海，与他详细谈了到工地视察的细节，然后，毛泽东亲笔为荆江分洪工程题词：“为广大人民的利益，争取荆江分洪工程的胜利!”傅作义到湖北后，听取了李先念等湖北省党政军领导人的汇报，并由李先念等陪同，到荆江分洪工地慰问参加施工的工人、农民、士兵。毛泽东为荆江分洪工程写的题词，被写在许多旗帜上，或写在一些木制的标语牌上，并插在工地上，使参加荆江分洪工程的劳动大军深受鼓舞。由于参加荆江分洪工程的劳动大军热情高，干劲大，也由于李先念等人精心组织、周密计划，荆江分洪工程只用了两个半月的时间就全部完工。

1954 年，长江发生百年一遇的特大洪水。当特大洪水到来之际，经中央批准，荆江分洪指挥部先后 3 次启动分洪工程，保住了荆江大堤，使湖南、湖北人民免受了更大的灾害。1998 年，长江又发生特大洪水，荆江分洪工程再次启动，又一次使两湖人民免受巨大损失。

三、要把黄河的事情办好

新中国成立后，毛泽东在作出治理淮河和搞荆江分洪工程的决策的同时，要求政务院也拿出治理黄河的规划来。他多次请周恩来、傅作义到菊香书屋商议这件事。1950 年 10 月，他还提出要亲自到水患严重的黄河下游去考察，但因朝鲜战事紧张，未能成行。1950 年底，成立了黄河水利委员会。1951 年 1 月 7 日至 10 日，按照毛泽东的意见，由政务院牵头，水利部具体操办，黄河水利委员会首次会议在河南开封举行。会议听取和通过了关于 1950 年治黄工作的总结报告，讨论和决定了 1951 年治黄工作的方针、任务，即在下游继续加强堤防，大力组织防汛工作。在中上游大力筹建水库，并着手制定治黄的全面规划，以期逐步达到变“害河”为“利河”的总目标。

毛泽东看了黄河水利委员会 1951 年的工作报告之后，决定亲自去黄河下游考察。1952 年 10 月初，毛泽东向中央政治局提出，自己要利用休假的时间考察黄河。中央政治局同意了毛泽东这一意见。经过一番准备，毛泽东于 10 月 25 日离开北京，26 日到达山东济南。27 日，毛泽东视察了济南附近的黄河地段。他站在黄河大堤上，望着滔滔的黄河水，问陪同他视察的山东省负责人和山东水利部门的专家：这一段的黄河底比济南城地面高出多少？山东水利部门的专家回答说：要高出 6 米到 7 米。毛泽东听后，沉吟良久。之后，他告诉山东省的负责同志，一定要把这一段的大堤修牢固，雨季发大水时，要组织军队和民兵到大堤上去防守，同时也要防止黄河侧渗。千万不要出事。在修牢大坝的同时，也要考虑变害为利，可以考虑引黄河水灌溉、造水田、疏通小清河排水，让群众吃上大米，少吃地瓜。第二天，毛泽东乘专列到徐州。他登上云龙山顶，察看黄河故道，并指示：要把黄河故道治好，变害为利。山上山下、城市道路两旁，要多栽树，防风固沙，改善人民生活环境。29 日，毛泽东乘专列到达河南兰封县（1954 年与考城县合并，称兰考县），就住在专列上。30 日，他察看了黄河大堤，并问黄河水利委员会主任王化云：这一带的堤坝牢不牢，每年是否加固一次？王化云回答：这一带大堤每年都加固一次，是很牢靠的，肯定不会出问题。毛泽东听后，十分满意。中午，毛泽东乘专列直抵开封，在专列上听取了王化云的治黄汇报，与他们一起商谈治理黄河的问题。谈话中，毛泽东了解了黄河枯水期的情况，首次提出了南水北调的设想。他说：南方水多，北方水少，可以从南方借一点水来，注入黄河。专列到达开封后，毛泽东一下车，就去柳园口大堤考察。站在柳园口大堤上，毛泽东望着堤下的村庄，不禁叹道："真是'悬河'！"他告诉随行的河南省委负责人和黄河水利委员会主任，大坝要切实修牢，发大水时，如果发现有危险，要党政军民一齐上，万万不能出事。31

日早晨6时多，毛泽东动身去郑州之前，告诉河南省委负责人："要把黄河的事情办好。"专列抵达郑州，他下车登上邙山顶，眺望黄河水势，并看到新建成的引黄灌溉大闸。他乘专列通过黄河铁桥到北岸，换车到新乡，毛泽东徒步考察了引黄渠。走进引黄灌溉大闸管理处，毛泽东听取管理人员介绍大闸的功能。他提出要打开大闸，实际看一看。管理人员说：现在没有电，打开大闸要人用手摇。毛泽东听后，脱去大衣，说：我们一起把大闸摇开。毛泽东和大闸管理人员、随行人员一起，摇开了引黄灌溉大闸。看到黄河水流进灌溉渠道，灌溉农田，毛泽东放心了。他说：这就是变害为利，黄河沿岸每个县都建一座这样的引黄灌溉大闸就好了。

从10月25日离开北京视察黄河，到11月3日凌晨1时回到北京，毛泽东走了山东、河南、平原（1949年建省，1952年撤销）三省，听取了三省党政负责人和水利部门专家的汇报，考察了黄河几处险段，基本了解了黄河下游的情况。此后，他亲自拍板，确定了治理黄河的工程，并且作出了许多具体指示。各地按照毛泽东的指示，建立了治黄专门机构，还动员和组织军民从不间断地治理黄河，完成了引黄灌溉济卫等一些大的工程，取得了显著成绩。

四、一定要根治海河

历史上，海河也是经常泛滥的水系之一。新中国成立之初，海河因为历史上长期没有得到治理，水患严重。毛泽东非常关心海河的治理。这一离首都最近的水系的水患，时刻牵动他的心。他下决心要搞一个工程，治理海河。经专家考察，得出的结论是：

治理海河，最重要的工程是修建官厅水库。

海河的水系有自己的特点。这条河并不长，但是却水流湍急。流经平原时，由于很少受山峡限制，河水经常泛滥。汇入海河的有北运河、永定河、大清河、子牙河、南运河等。这些河共同构成了华北平原的重要水系。在平时，这些河流的水流量并不算大，但一旦下大暴雨时，河水会突然之间猛涨，使海河水流量一下子增加数倍甚至数十倍。这样，海河水就会冲破河床，变成“害河”，直接威胁着华北平原主要产粮区，并对北京、天津直接构成威胁。

新中国成立后，毛泽东多次听取专家汇报修建官厅水库的有利之处，以及修建规划，认为这是一项利国利民的工程。但新中国刚刚成立，财政状况还没有根本好转，国家经济较为困难，要政府拿出很多钱来修建这座水库，确实有困难。情况报到毛泽东那里，他和周恩来反复商量，最后拍板：就是有再大的困难，我们也要修建官厅水库。1951 年 10 月，官厅水库工程正式动工。修建官厅水库时，获得翻身解放的广大民工，干劲冲天。他们轮班上工地劳动，换班休息。人歇工不停，并且在施工中涌现出许多先进人物。毛泽东非常关心官厅水库工程，每天都要听秘书汇报有关情况。经过 3 年多时间的艰苦奋斗，官厅水库终于在 1954 年底竣工。

修建好的官厅水库，可蓄水 22 亿立方米，是继治淮工程和荆江分洪工程后新中国兴建的又一大工程。在这座水库竣工前，毛泽东视察了工地，并亲笔题词：“庆祝官厅水库工程胜利完成！”

这一时期，还修建了大伙房水库，减轻了浑河、太子河对沈阳的压力；整修了独流减河，解决了海河的出路问题；修建了汉江下游的杜家台分洪工程；对黄河下游堤防进行了全面整修加固；加强洞庭湖、鄱阳湖、太湖、珠江三角洲等圩区、圩堤建设，提高了防洪排涝能力，使全国灌溉面积发展到了4亿亩。这些水利工程，极大地缓解了水旱灾害的严重局面，对安定社会、恢复生产发挥了巨大作用。另外，从1953年起，全面开展了江河流域规划的制定工作，各省、自治区、市还进行了大量的中小河流的规划，这些都为以后的发展打下了坚实基础。

第二节　大跃进中的水利建设

在大跃进中，全国各地兴起了修建水库的热潮。至今遍布全国的水库，其中有半数以上始建于大跃进时期。如著名的北京十三陵水库就是在1958年修建的，当时毛泽东和其他中央领导人都曾到工地上参加过义务劳动。还有其他一些大型水库，如北京密云水库、浙江新安江大水库、辽宁汤河水库、河南鸭河口水库、广东新丰江水库、海南松涛水库等，都是在大跃进中施工或建成的。这些大型水库都具有蓄水、防洪、灌溉、抗旱、养殖、发电等综合性功能，对当地的环境、生态和经济发展起着重大作用。

治水的规模大、力度强，是大跃进时期水利建设的一个特征。由过去的筑堤、导流发展到对大江大河的拦河、截流、改道等，气壮山河。这在历史上是不敢想象的。其中包括对海河、黄河、长江支流等许多大江大河的治理。如：1958年实施和竣工的海河拦河大坝合拢工程，把华北五条内河入海河道切断，使淡水不再流入大海，海水不再上溯内河。黄河三门峡截流工程，于1957年开始，1958年截流成功，是根治和综合开发黄河的主体工程。截流后，可产生647亿立方米的库容，历史上“三年两决口”的黄河从此再无水患发生，同时具有防洪、发电、灌溉等综合功能，可灌溉农田4000万亩。丹江口水利枢纽工程是根治和综合开发汉江的主体工程，1958年胜利截流，第一期工程完成。1960年1月1日，黄河刘家峡水利枢纽工程完成截流，大坝截流后，可形成蓄水49亿立方米的水库，可灌溉农田1500万亩。1960年2月24日，黄河青铜峡水利枢纽工程拦河坝合龙截流，该工程是一个发电、灌溉、调节黄河水量等综合利用的水利枢纽工程，建成后，可控制宁夏、内蒙古等地区的黄河凌汛，并形成宁夏地区一个面积1000万亩的灌溉网。这一时期，全国各地的水利工程可谓气势豪迈，功绩卓著。

第三节　六七十年代的水利建设

20世纪六七十年代，水利建设作为“农业学大寨运动”的一个重要组成部分，更加广泛、深入地开展起来。其主要特点是由过去的偏重防洪向综合开发利用的目标发展，贯彻毛主席“水利是农业的命脉”的号召，主要解决农业用水和抗旱问题。为此还开掘了许多新河道，修建了大量的水利枢纽工程，治水规模和投入进一步扩大。仅1975年一年的投资就有45.3亿元。从新中国成立初到1979年中央政府用于水利基本建设的投资达到760多亿元（据万里在1980年10月全国水利厅局长会议上的讲话）。到了70年代末，就总体上实现了对江河、湖泊水情的控制。不仅基本消除了大的洪涝灾害，而且达到了灌溉、发电等综合利用的显著效果。这时期主要有以下一些大型水利工程。

三门峡黄河大坝。三门峡黄河大坝位于河南省三门峡市区东北部。该工程于 1957 年 4 月 13 日开工，1961 年建成，是我国在黄河干流兴建的第一座大型水利枢纽工程，被誉为“万里黄河第一坝”。大坝主、副坝总长 857. 2 米。电站厂房为坝后式，全长 223. 88 米，宽 26. 2 米，可安装 8 台发电机组，发电量 41 万千瓦。在 1955 年第一届全国人民代表大会第二次会议上，前苏联专家提出的“高坝大库”的三门峡水利工程方案获全票通过，但同时也遭到了清华大学水利专家黄万里和原电力部所属水电总局实习生温善章的反对。

丹江口水利枢纽。丹江口水利枢纽位于中国湖北省丹江口市、汉江与丹江汇口以下 800 米处，是 20 世纪 60 年代中国最壮观的水利工程，也是汉江上最大的水利枢纽工程。该工程由拦河大坝、水力发电厂、升船机及湖北、河南两座灌溉引水渠等四个部分组成。该工程于 1958 年 9 月 1 日破土动工，1968 年 10 月 1 日第一台机组发电，1973 年竣工。拦河大坝长近 5 里，坝高 162 米，全长 2494 米，正常蓄水位 157 米，正常库容最大蓄水量 209 亿立方米。电厂装机总容量 90 万千瓦。单机 6 台，年均发电电量 40 万千瓦时，电站承担了华中电网 43% 的调峰、调频任务，保证华中电网的运行安全。丹江口水利枢纽是由我国自行勘测、自行设计、自行施工建造的一座具有防洪、发电、灌溉、航运、养殖等综合效益的大型水利工程，多年平均可向华北调水 145 亿立方米以上。

刘家峡水电站。刘家峡水电站位于甘肃省临夏回族自治州永

刘家峡水电站发电机组

图片来源：http：//gsrb. gansudaily. com. cn/system/2009/04/01/011046420_ 02. shtml。

靖县县城（刘家峡镇）西南约1公里处的黄河干流上。工程于1958年9月开工，1961年停建，1964年复工，1968年10月蓄水，1969年4月1日首台机组发电，1975年2月4日建成。水电站以发电为主，兼有防洪、灌溉、防凌、供水、航运、养殖等效益。刘家峡水电站是我国自己设计、自己施工、自己建造的大型水电工程，是当时全国最大的水利电力枢纽工程，曾被誉为“黄河明珠”。其总发电能力为122.5万千瓦，一年能发电57亿度。

葛洲坝水电站。葛洲坝水电站是长江干流上的第一座大型水利枢纽，兼顾兴利、防洪和通航功能。大坝位于湖北省宜昌市三峡出口南津关下游约3公里处。该工程于1970年12月30日开工，是当时中国最大的水电站，装机总容量270万千瓦，到70年代末接近尾声。到这时，对长江水患的治理取得了决定性的胜利。

此外，还有1969年竣工的被称为“人造天河”的河南林县“红旗渠”；1969年竣工的江都水利枢纽工程；1970年竣工的横贯豫、皖、苏三省的大型水利工程（开挖新汴河、治理沱河的工程）；1971年完成的四川省都江堰灌溉渠系改造工程；1972年竣工的辽河治理工程；1972年竣工的福建晋江山美水库；1973年完成的海河治理工程；1974年完成的黄河三门峡水利枢纽工程的改建工程，以及刘家峡、盐锅峡、青铜峡等水库和水电站的建设；1976年竣工的湖北省黄龙滩水利枢纽工程；1976年建成的内蒙古自治区哈素海灌区水利枢纽主体工程；1977年建成的巴彦淖尔盟河套灌区总排水干渠扬水站；1978年建成的江苏谏壁大型电力抽水站主体工程；1979年竣工的河北省潘家口水库关闸截流工程；横跨皖豫两省的淠史杭水利工程；河北省大清河中下游治理工程；海河水系工程之一的永定新河和北京排污河工程；湖南省的欧阳海水库、双牌水库，等等。据统计，截至1979年，全国各地共建成大中小型水库（库容10万立方米以上的）8万多座。同时，开掘、兴建人工河道近百条，新建万亩以上的灌溉区5000多处。灌溉面积达到8亿亩，是1949年的3倍。在很大程度上解决了农业用水的问题。到70年代末，新中国治水工程取得了决定性胜利，水利建设的预定目标基本实现。不仅基本结束了洪水泛滥的历史，而且变水害为水利，基本上消灭了大面积的干旱现象，扭转了几千年来农业靠天吃饭的历史。

第四节　改革开放后的主要水利工程

1978年12月，党的十一届三中全会召开，标志着中国社会主义建设进入了一个新的阶段。在党的十一届三中全会精神指引下，水利部在总结30年水利建设经验的基础上，于1981年提出把水利工作的着重点转移到管理上来，1983年把“加强经营管理，讲究经济效益”作为水利工作的方针，1984年明确“水利要从为农业服务为主转到为社会经济全面服务；从不讲投入产出转到以提高经济效益为中心的轨道”。1988年，《中华人民共和国水法》经第六届全国人大常委会第24次会议审议通过并颁布，确立了水行政主管部门的地位，逐步走向依法治水的轨道。

葛洲坝水电站二期建设。1982年，葛洲坝二期工程开始全面施工，1986年5月31日大江电厂第一台机组并网发电，1987年创造了一个电站1年装机发电6台的中国记录，1号船闸及大江航道于1988年8月进行实船通航试验。1988年12月6日最后1台机组并网发电，整个工程提前约1年建成。

黄河小浪底工程。小浪底位于河南洛阳以北40公里的黄河干流上，上距三门峡水库130公里。1994年9月主体工程开工，1997年10月28日实现大河截流，1999年底第一台机组发电，2001年12月31日全部竣工，总工期11年，坝址控制流域面积69.4万平方公里，占黄河流域面积的87.3%。小浪底工程是黄河干流三门峡以下唯一能够取得较大库容的控制性工程。小浪底工程概算总投资347.46亿元，其中利用外资11.09亿美元。工程伊始，就尝试与国际工程管理全方位接轨，51 个国家的 700 多名外商和上万名中国建设者参加建设，形成了名副其实的“小联合国”。

三峡大坝。1994 年 12 月 14 日，世界第一大水电工程——三峡大坝工程正式动工，其位于西陵峡中段的湖北省宜昌市境内的三斗坪，距下游葛洲坝水利枢纽工程 38 公里。工程总投资为 954.6 亿元（按 1993 年 5 月末价格计算）：其中枢纽工程 500.9 亿元，113 万移民的安置费 300.7 亿元，输变电工程 153 亿元。工程施工总工期自 1993 年到 2009 年，共 17 年。早在 1953 年，毛泽东在听取长江干流及主要支流修建水库规划的介绍时，希望在三峡修建水库，以“毕其功于一役”。他指着地图上的三峡说，费了那么大的力量修支流水库，还达不到控制洪水的目的，为什么不在这个总口子上卡起来，先修那个三峡大坝怎么样？直到 1992 年 4 月 3 日的第七届全国人大第五次会议上，《关于兴建长江三峡工程的决议》的议案终于进入表决程序，共有 2633 名人大代表参与表决，结果是赞成 1767 票、反对 177 票、弃权 664 票，未按表决器的有 25 人，表决获得通过。从此，兴建三峡工程列入国民经济和社会发展十年规划。

同时，万家寨、江垭、飞来峡等一批重点工程相继开工建设，观音阁、桃林口等一批水利工程建成，治淮（河）、治太（湖）、洞庭湖治理工程等取得重大进展。城乡供水、农村饮水、水电、农村初级电气化县建设、水土保持等也都取得较快发展。西部水利继续以嫩江尼尔基、广西百色、宁夏沙坡头等控制性枢纽工程以及病险水库除险加固工程、人畜饮水项目、大型灌区节水改造工程等为建设重点，继续加大水土保持生态环境建设工程力度，稳步推进国务院批复规划的塔里木河、黑河综合治理工程建设，对西部地区中小河流治理、中型水库及西藏有水无电县的电站建设给予更多投资倾斜。水利基础设施的建设，有效改善了生态环境和人民生产生活条件。

三峡大坝

图片来源：http：//www. ctps. cn/PhotoNet/product. asp？ proid = 1578065。

相关链接　水利是农业的命脉

中国是一个农业大国。出身于农民家庭的毛泽东，深知水利建设对一个家庭乃至一个国家的重要性。20 世纪 30 年代初，毛泽东亲自到兴国和长冈乡做了农村调查，高度重视赣南地区水土流失现象，要求设立水利委员会，发扬互助协作精神，兴建水利。1933 年春，毛泽东在叶坪召集武阳区水石乡苏维埃干部汇报春耕情况时，指示要先汇报修水利的情况，从改造陂塘讲起。听完汇振后，毛泽东指示中央政府土地部写出了《夏耕运动大纲》，介绍武阳经验，把兴修水利作为夏耕的中心工作之一。中央根据地多数地区农业收成不好，与水旱自然灾害关系很大。为了减少水旱自然灾害对农作物生长的恶劣影响，掀起了兴修水利的热潮。中央政府土地部要求各根据地对水陂、水圳、水塘，不但要修理旧的，还要开筑新的，缺水地方要在高地开挖水塘，水车未修理好的要继续修好。1934 年 1 月，毛泽东在瑞金召集的第二次全国工农兵代表大会上作了《我们的经济政策》的报告。报告所指出的"在目前的条件之下，农业生产是我们经济建设工作的第一位，水利是农业的命脉，我们也应予以极大的注意"，深刻阐明了党在苏区的经济政策，以及水利在农业生产中的重要地位。"水利是农业的命脉"这一科学论断不仅对苏区的农业建设起到了重要的指导作用，而且也奠定了新中国成立后水利工作的地位，成为水利建设的指导思想。此后，人们更加深刻认识到，水利不仅是农业的命脉，也是整个国民经济的命脉。

参考资料

[1] 中共中央党史研究室．中华人民共和国大事记 [M]．北京：新华出版社，2009.

[2] 张岳．新中国水利 50 年 [J]．水利经济，2000 (3):1－4.

[3] 张岳新中国水利回顾与展望：水利辉煌 60 年 [J]．水利经济，2009，27 (6)：1－6.

[4] 潘家铮．中国水利建设的成就、问题和展望 [J]．中国工程

科学，2002，4（2）.

[5] 杨煜国．毛泽东高度重视水利建设［J］．世纪行，2009（3）.

[6] 周文姬，霞飞．开国之初毛泽东亲自抓的四大水利工程［EB/OL］．（2009－10－29）．http：//dangshi. people. com. cn/GB/85039/10281691. html.

第二章 在“世界屋脊”上建造幸福路

几千年来，在紧相毗连的青、川、藏三地之间，在西藏和祖国的内地之间，重重高山，滔滔激流，阻挡着西藏人民和祖国内地人民的密切往来。千百年来，人们在神话里、在歌谣里，都向往着那架在激流上的巨桥，那翻越山岭的大道。可是，过去的反动统治者，正是利用交通阻塞的情况，在西藏和其他兄弟民族聚居的地方，制造分裂、穷困和落后，以便实现他们残酷地压迫和剥削各少数民族的政策。

中华人民共和国从成立的那一天起，就宣布全国各民族一律平等。1950 年至 1951 年，中央指示进藏的中国人民解放军，在进军的同时开始康藏公路和青藏公路的勘测和施工工作。西藏的高山激流曾吓倒众多旅行家和探险家，大家无不感叹：“乱石纵横，人马路绝，艰险万状，不可名态”；“世上无论何人，到此未有不胆战股栗者”。可见，要在这高山激流上开辟公路是何等艰难。然而，新中国成立后，筑路的英雄们遵循着党和毛主席的指示，登上了这使人望而生畏的“世界屋脊”，他们以英雄的气概，发出了伟大的吼声：“让高山低头，叫河水让路。”他们终于劈开了奇峰峭壁的大山，战胜了奔腾叫嚣的激流，挡住了排山倒海的流砂，越过了席卷而下的冰川，穿开了不见天日的森林，填实了举步难行的泥沼，让宽广平坦的公路铺筑在“世界屋脊”之上。他们所经历的艰难困苦，所建树的丰功伟绩，彪炳史册，永世难忘。

第一节　进藏部队一面进军，一面修路

1949 年 10 月中华人民共和国成立时，中国人民解放军已解放了除西南部分地区以外的大半个中国，西藏是剩下的最大的一片解放军未到达的地区。

1949 年 11 月 23 日，毛泽东就进军西藏问题专门致电彭德怀，设想解放军从青海方向进入西藏。电文中说：“经营西藏问题请

解放军某部从青海向西藏进军

图片来源：http：//news. 163. com/11/0523/15/74OFU9D100014AED. html。

你提到西北局会议上讨论一下。目前除争取班禅及其集团给以政治改造（适当的）及生活照顾外，训练藏民干部极为重要。西藏问题的解决应争取于明年秋季或冬季完成之。就现在情况看来，应责成西北局担负主要的责任，西南局则担任第二位的责任。因为西北结束战争较西南为早，由青海去西藏的道路据有些人说平坦好走，班禅及其一群又在青海。解决西藏问题不出兵是不可能的，出兵当然不只有西北一路，还要有西南一路。故西南局在川、康平定后，即应着手经营西藏。打西藏大概需要使用三个军，如何分配及何人负责指挥现在还难决定。但西北局现在即应于藏民干部准备问题及其他现在即应注意之问题作出计划。”

由于信息不灵，毛泽东对西藏的自然情况了解不多，彭德怀了解情况后回电毛泽东，陈述了从西北的青海、新疆进入西藏有极大的困难。毛泽东因此改变了决定，提出进军西藏的任务应主要由西南局承担。毛泽东 1950 年初在访问苏联期间致电彭德怀和西南局领导刘伯承、邓小平、贺龙，筹划进军及经营西藏问题。电报说：“西藏人口虽不多，但国际地位极重要，我们必须占领，并改造为人民民主的西藏。由青海及新疆向西藏进军，既有很大困难，则向西藏进军及经营西藏的任务应确定由西南局担负。”“既然由西北入藏每年只有五月中旬至九月中旬共四个月时间可以通行，其余八个月大雪封路，不能通行，则由西康入藏之时间恐亦相同。而如果今年五月中旬至九月中旬不向西藏进军，则须推迟至一九五一年才能进军。我意如果没有不可克服的困难，应当争取于今年五月中旬开始向西藏进军，于十月以前占领全藏。”电报最后说：“进军及经营西藏是我党光荣而艰苦的任务。西南刚才占领，西南局诸同志工作极忙，现又给以入藏任务，但因任务重要，且有时间性，故作如上建议。这些建议是否可行，请西南局筹划电复为盼。”刘伯承和邓小平立即接受了毛泽东下达的艰巨任务，并迅速制定了进军西藏的计划，于5天之后的1950年1月7日复电毛泽东。

1950年1月10日，毛泽东又发出了“关于进军和经营西藏问题的意见”的电报。电报说：“（一）完全同意刘邓一月七日电之进军西藏计划。现在英国、印度、巴基斯坦均已承认我们，对于进军西藏是有利的。（二）按照彭德怀同志所称四个月进军时间是从五月中旬算起，则由一月中旬至五月中旬尚有四个整月的准备时间（我前电写成三个半月是写错了）。只要刘邓贺加紧督促张国华及十八军等部，在时间上是来得及的。（三）经营西藏应成立一个党的领导机关，叫什么名称及委员人选，请西南局拟定电告中央批准。……”

毛泽东在该电报中急切地说：“这个领导机关应迅即确定，责成他们负责筹划一切，并定出实行计划，交西南局及中央批准。西南局对其工作则每半月或每月检查一次。”毛泽东在这封电报中不仅作出了成立经营西藏的领导机关的具体安排，还第一次发出了要修进藏公路的指示，并将其列入进军和经营西藏的第一步：“第一步是限于三个半月内完成调查情况，训练干部，整训部队，修筑道路及进军至康藏交界地区。”

中共西南局和西南军区将进军西藏的任务交给了中国人民解放军第二野战军第18军。刘伯承和邓小平在收到毛泽东这封电报后，在重庆召见18军军长张国华和政委谭冠三，布置了进军西藏的任务。3 月 14 日，第 18 军成立前进指挥所和先遣支队。25 日，在乐山召开向西藏进军动员誓师大会。4 月份，18 军到达西康甘孜，便被困在了那儿。由于修路进度缓慢，空军的试飞又未成功，先遣队供应困难，发生了粮荒。每人每天只能吃到一斤粮食。后来，空军试飞空投成功，给进藏部队带来了喜讯。可是，支前司令部的空运大队只有 2 架飞机，根本无法保证先遣支队的粮食供应。

贺龙心里十分着急，便以邓小平和他的名义给毛泽东、中央军委写了个报告，说：为了保证 9 月份在甘孜屯积 150 万公斤粮食，准备昌都作战，必须加强空运力量，请中央考虑。

毛泽东接到贺龙的报告，立即批准购买一批运输机，用以空投进藏物资。毛泽东站得高，看得远，他在批准购买飞机的同时对邓小平、贺龙说，进军西藏要“一面进军，一面修路”，部队走到哪里，路就要修到哪里，各种物资也要运到哪里。这样，才能保证万无一失。邓小平则把进藏问题高度概括为两句话，叫做“政治重于军事，补给重于战斗”。

接到毛泽东的指示，西南军区便成立了康藏公路筑路司令部，调集 6 个工兵团、3 个步兵团，组成一支筑路大军，不惜一切代价，克服一切困难，抢修雅安到甘孜的公路。同时指示云南省军区滇西援藏司令部，组织部队和 17000 人的民工，抢修大理到中甸的公路，以便云南省军区进藏部队迅速开进。

随着公路的不断延伸，18 军陆续从四川开抵金沙江东岸的巴塘一带。此时，配合 18 军行动的云南省军区和青海省军区骑兵支队，已分别到了贡山和玉树。至此，人民解放军已从东、南、北三面接近了进入西藏的门户——昌都。

中共中央的既定方针是和平解放西藏。中央人民政府多次通知西藏地方政府当局，要他们派代表前来北京举行和平谈判，但却遭到了一些分裂主义分子的阻挠。他们一面故意拖延时间，不来北京；另一面加紧军事准备，妄图用武力阻止人民解放军进军西藏。看到这些，西南军政委员会委员、西康省人民政府副主席、甘孜白利寺格达活佛忧心忡忡。格达活佛是力主和平解决西藏问题的，不希望彼此兵戎相见。他向邓小平表示，自己愿意前往拉萨，晋见达赖喇嘛，做西藏地方当局上层人士的工作，化干戈为玉帛。邓小平、刘伯承、贺龙对格达活佛的请求进行了认真研究，一致认为，格达活佛在藏传佛教中的地位仅次于达赖和班禅。他同共产党的关系比较深，1936 年红军在甘孜成立中华苏维埃共和国博巴自治政府时，格达活佛便担任了副主席。如果他能亲自前往拉萨，对避开帝国主义分子的牵制，建立内地的直接沟通大有好处，对于和平解放西藏是颇为有利的。他们三人联名打电报给中共中央，建议："争取和平解放西藏的可能较前增大"，"进行和平谈判必须条件恰当，而且要从西康内地去沟通关系，才能避开英美牵制，才有实现可能"，"格达亦可考虑入藏"。中共中央批准了邓、刘、贺的建议，同意格达活佛入藏。然而，谁也没有料到，格达活佛行至昌都，即被驻在昌都的西藏当局边使噶伦拉鲁鲁桑旺软禁，不准格达活佛前往拉萨晋见达赖。格达活佛身陷昌都，后来竟被外国特务毒死，随员被押往西藏。

西藏地方当局将用英美武器装备起来的七个代本的全部人马和三个代本的部分军队，部署到了昌都周围，妄想阻止解放军从康西、青南和滇西北入藏。西藏地方当局自己关上了谈判的大门。在这种形势下，邓小平、刘伯承、贺龙为了打击西藏地方当局中的分裂主义者，促使其内部的分化，打通和平解放西藏的道路，经中央军委批准，决定发起昌都战役。

贺龙、邓小平签署《昌都战役基本命令》，规定9月中旬发起攻击，争取10月10日前占领昌都。贺龙要求18军军长张国华指挥部队从侧翼作深远的迂回。他说：“抓住敌人就有办法，包围住了就是胜利。这就要求你们用两条腿，快速迂回。”18军按照这一作战原则，于10月6日向昌都地区藏军发起进攻。12日，进占芒康。第九代本德格·格桑旺堆率部起义。贺龙亲自向格桑旺堆赠送礼品，表彰其认清大局之举。解放军迅速逼近昌都。昌都总督阿沛·阿旺晋美宣布起义。他命令第二、第三、第四、第七等四个代本及其他武装1700余名官兵停止抵抗。昌都战役结束。贺龙、邓小平立即电示张国华：“第一，加紧进行俘虏或投诚官兵工作，用高度热情和诚恳的态度去对待他们，严禁侮辱和虐待。第二，对于噶伦及代本等高级军官，尤应妥为招待，采用座谈方式予以教育和争取，以便他们回去影响拉萨政府，立即脱离英美影响，速派代表到昌都或北京商谈和平解决西藏问题……”

昌都战役结束后，阿沛·阿旺晋美写信给达赖喇嘛，劝说其派代表到北京谈判。经过中央人民政府的等待和催促，费了一番周折，西藏当局终于在1951年2月12日，派遣以阿沛·阿旺晋美为首席代表的西藏地方政府代表团赴北京谈判。23天以后，签订了《中央人民政府和西藏地方政府关于和平解决西藏办法的协议》。从此，西藏回到了中华人民共和国的怀抱。

据18军给西南局的报告记载：1950年7月，18军主力先后由甘孜西进，一梯队于7月17日到达昌都，二梯队因途中执行运粮任务，8月13日始抵昌都。在此进行43天补充准备之后，8月28日继由昌都分批出发，道经丁青、沙丁、直孔提向拉萨开进，共经过118天（内休整补充及沿途对土司、头人等进行工作占去16天）的长途行军，于10月26日胜利到达拉萨。全程共3259华里，计越4000公尺以上5100公尺以下的大山11座（即雀儿山、额拉山、俄斯山、格勒拉山、热曲卡山、甲不拉山、达马拉山、朗措拉山、从你拉山、马喜拉山、色热拉山），近6000公尺之雪山4座（即沙客山、直根山、冷拉山、横格拉山）。水宽120公尺以上的江河3条（即金沙江、怒江、拉萨河）。沿途所经地区多为山岳草原地带，除甘孜、昌都、色扎段、沙丁、三达奔滚及直孔堤至拉萨段系农区或以农为主外，余皆为牧区，且气候寒冷，柴草极缺。由于康藏地区地势高峻寒冷，氧气缺乏，风雪雨多，且每日早、午、晚之温差极大，因而在该区3个月的进军中，患心力衰竭、风湿关节炎、鼻衄血、重感冒等病者甚多，尤其裂唇、裂脸、头痛、呼吸困难者更为普遍。在由甘孜至拉萨的118天中，晴天29日，阴天27日，雨天46日，雪天16日，遇冰雹3次。行军之艰难，难以表达。

西藏和平解放后，修筑通往西藏的公路，成为一项更为迫切的任务。

第二节　修筑川藏公路

川藏公路，原名康藏公路。康藏公路东起西康雅安，西至西藏拉萨，全长2255公里。1955年10月，西康省撤销，康藏公路改称川藏公路。

1950年，刚刚结束成都战役、征尘未洗的18军将士兵分两路，一路先遣部队沿便道直接进藏，一路开始修筑康藏公路。为统一指挥，1951年4月底组成康藏公路工程委员会（对外称修建指挥部），由18军后方部队司令员陈明义和西南交通部副部长穰明德分别担任司令员和政委。“一定要把五星红旗高高插上喜马拉雅山！”英雄的筑路部队和沿线藏汉群众组成浩浩荡荡的筑路大军由此打响了修筑康藏公路的战斗。

“党指向哪里，我们就把路修到哪里”是筑路官兵矢志不渝的信念。筑路过程中，部队遇到的困难难以计数，许多地方空气中含氧量不及平原地区的一半，被称为“生命禁区”。筑路官兵发扬“让高山低头、让河水让路，铁山也要劈两半，不通也得通”的革命精神，不怕危险，迎难而上，硬是在“鹰见愁、猴难攀，万丈深渊一线天”的悬崖峭壁和深谷激流中，凿开了一条条通道。在生与死、得与失、荣与辱的考验中，筑路官兵甘于牺牲，无怨无悔。“举起铁锤山打颤，五星红光耀荒原，为了藏胞得幸福，敢把公路修上天”，这是当年筑路英雄们留在悬崖上的口号。官兵们为早日修通康藏公路，展现出勇于吃苦、坚韧不拔的顽强劲头和以苦为荣、以苦为乐的革命乐观主义精神。当时，工作条件极其简陋，钢钎、铁锤、十字镐和铁锹就是官兵常用的工具。在雀儿山和牛踏沟施工时，正遇隆冬，温度降至零下二三十摄氏度，战士双手、双脚冻得满是裂口，但是战士们毫不畏惧。他们在诗里这样写道：下冰雹，不新鲜，咱们说是弹三弦。洗衣服，很方便，又讲卫生又省钱。冰雹好比卫生球，雪片就是好洋碱。浑身上下都洗过，太阳一出马上干。一天洗它好几遍，干干净净来修建。

雀儿山海拔5047米，重峦叠嶂，怪石嶙峋，开凿石方任务十分艰巨。1951年，会战雀儿山的硬仗打响。筑路官兵在风雪肆虐、寒气逼人的恶劣气候中打炮眼，有的战士挥动铁锤，双手虎口被震裂，鲜血飞溅；有的战士掌钎的手握得太久，手和冰冻的钢钎粘在一起，休息时一松手，被活生生地扯下一块皮肉；有的战士实在太累，坐下来休息一会儿，再干活时，钢钎竟被冰雪冻在炮眼里。开凿石方没有任何机械设备，全靠人工用钢钎打眼、放炮。许多战士在无法立足的悬崖峭壁上，用绳子拴在腰间，悬空打炮眼。为加快作业进度，战士们两人一组、三人一组轮流掌钎、打炮眼，并组织打铁锤竞赛，努力提高打炮眼效率。工兵第8团5连班长杨海银在高山缺氧条件下，使用8磅铁锤连续打了1200锤，砸出一个1.7米深的炮眼，被誉为“千锤英雄”。筑路英雄张福林，修筑雀儿山时任第159团3连班长。他认真钻研开山放炮技术，采用放大炮爆破的方法，使全班平均工效提高24倍。一次，放好的炸药没响，他去检查时，被突然坠落的巨石砸中，英勇牺牲。战友们在他的遗物里发现一个包，里面装着他荣立5次战功的记功证，还有他进藏前买的几包菜籽。他一直将这些菜籽带在身上，准备撒到西藏的土地上生根发芽、开花结果。1952 年，张福林被追认为模范共产党员，追记一等功，他生前所在班被命名为“张福林班”。

1952 年 11 月 20 日，康藏公路通车至昌都。毛泽东主席题词：“为了帮助各兄弟民族，不怕困难，努力筑路！”公路通车至昌都后，面临昌都至拉萨路线的选择问题。在此之前，筑路指挥部已派出数支勘测队，勘测了通往拉萨的南、北、中三条比较线路。1952 年 8 月，工程委员会在昌都召开定线会议。经过反复论证比较，会议倾向于走南线，即昌都经邦达、波密、林芝至拉萨。此线所经地区多为农业区，人口相对较多，森林资源丰富，气候较

1954 年 12 月，川藏公路全线通车（新华社记者时盘棋摄）

http：//news. xinhuanet. com/photo/2012 -04/25/c_ 123035786. htm。

好，可以四季施工，且靠近边境，对开发边疆、建设国防有重要价值；但是要经过地震区、泥石流地段，地质不稳定，工程难度大。9 月中旬，陈明义、穰明德带领有关人员到重庆，向西南军政委员会、西南军区汇报定线问题。贺龙司令员仔细询问了有关情况后，赞成走南线，并要求 1954 年底通车拉萨。这个方案上报后，毛泽东主席于 1953 年 1 月 1 日批示："同意此项意见"。至此，路线走向问题确定了下来。

康藏公路自昌都到拉萨尚有 1150 公里。为保证 1954 年底全线通车，西南军区决定东线（从昌都向西）、西线（从拉萨向东）同时动工，以加快筑路速度。高山绝壁挡不住筑路战士的身躯，激流洪水拦不住筑路战士的步伐。当筑路部队进到怒江东岸时，洪水暴涨，为了在怒江上架设便桥，162 团一名叫李文炎的班长带着 4 名熟悉水性的战士，冒着生命危险乘橡皮艇在怒江中反复试渡。由于水流湍急，橡皮艇被打翻了，他们就互相拽着游回来，因为江水冰冷，他们全身冻得乌紫，但无一人退缩。经过 4 天苦战，他们终于在两岸拉上了钢丝绳，李文炎获"渡江英雄"称号。在与波密泥石流的奋战中，解放军指战员为了把洪水吞没的时间夺回来，提出"让高山低头，叫河水让路"的口号。在这一口号鼓舞下，官兵的力量和智慧得到最大限度的发挥。四年之后，毛泽东在中共八大二次会议上号召全党破除迷信、鼓足干劲时，提到了这个口号。从此，"让高山低头，叫河水让路"这一口号，成为鼓舞人们战胜困难的强大动力。

除了工作环境艰苦，物资供应也极度匮乏。由于给养跟不上，官兵往往一年四季都吃不上新鲜蔬菜，物资运不上来，连盐也吃不上，很多时候只能靠吃野菜过日子。有的团队不得不抽出四分之一的人员天天在树丛、荒草、乱石之中挖野菜，一年要吃掉150万斤野菜。由于营养不良，加之气候不适，许多人脱指甲、掉头发、嘴唇裂口，有的战士患了严重的高原性疾病和关节炎。即便环境如此艰苦，官兵们也不叫苦、不退却，还风趣地形容筑路生活：“住地是5000米高度，睡觉是斜坡30度，开水沸点是70度，气温是零下30度，我们的热血沸腾到了100度，智慧和力量没限度。”

为响应毛主席“为了少数民族的发展繁荣，努力筑路”的号召，广大官兵坚决执行上级命令，无论自身多么困难，都模范执行党的各项政策，严格遵守党的群众纪律，“宁愿饿断肠，不吃老乡粮”，并处处关心解决藏族群众的困难，维护他们的利益。尽管语言不通、信仰不同，筑路官兵仍把藏族民工当成兄弟姐妹。下雨了，官兵把雨衣脱下来盖在他们的糌粑上，自己却浑身湿透了；鞋破了，官兵找来皮子给他们补缀。为预防藏族民工因潮湿而生病，战士们帮他们搭好床铺，垫上树枝。为了让藏族民工吃上酥油，战士们宁可自己吃野菜。有的民工患了重病，部队医务人员日夜轮流守护。施工中，官兵十分关注民工的安全，稍有险情，官兵就让民工先退到安全的地方，自己冒死排险。1954年7月的一天，大雨滂沱，河水暴涨，曲水宗60多名民工被困在一个小岛上。民工扎西朗杰想涉水上岸，不慎被洪水卷走，两名战士跳入水中将他救上岸，并冒着大雨在齐胸的激流中往返近百趟，奋战了6个多小时，把民工全部接上岸。筑路部队还十分尊重藏族风俗习惯和宗教信仰，无论时间多么紧迫，都保证民工每天有念经时间，甚至还为保留神像让公路改道。官兵们的行动让藏族群众十分感动，他们用歌声唱出了自己的心里话：我们都是西藏生西藏长，从未见过你们这样的好心肠。共产党教导得好！毛主席像太阳！解放军的心和菩萨一模一样。家乡亲友多，都没有父母亲；天上星星多，都没有北斗明；见过的人多，都没有解放军好！

面对气候严寒、空气稀薄、人烟稀少的恶劣条件，11 万筑路军民以科学态度和求实精神，发扬大无畏的革命英雄主义气概，在没有详尽的西藏地图，也没有水文、地质资料的情况下，凭着智慧、坚毅和勇敢，征服了二郎山、折多山、雀儿山等 14 座海拔 4000 米到 5000 米的雪山，跨越大渡河、金沙江、澜沧江、怒江等 10 多条河流，穿过冰川、森林、流沙、泥石流、地震等特殊地带，经历 4 年零 9 个月的浴血奋战，终于在 1954 年 12 月修通了世界屋脊上的第一条公路。在 4 年多时间里，英雄的筑路大军靠着简单的工具，开挖土石 2930 多万立方米，相当于开凿一条宽 15 米、深 3 米、长 1300 公里的“苏伊士运河”，架设桥梁 450 座，开凿洞道 3600 多个，使皑皑雪山、莽莽草原“高路入云端”，湍急江河、绝壁悬崖“天堑变通途”，创造出新的人间奇迹。英雄的筑路军民也付出了巨大牺牲，2000 多人为此付出了生命，仅 18 军就先后有 657 名官兵负重伤、62 人残疾、178 人英勇牺牲。

川藏公路有南北线之分。南线由四川成都、雅安、康定、东俄洛、巴塘，西藏芒康、左贡、邦达、八宿、波密、林芝、八一、工布江达、墨竹工卡、达孜至拉萨，全长 2146 公里。北线由成都至东俄洛与南线重合，再由东俄洛与南线分开北上，经乾宁、甘孜、德格、西藏江达、昌都至邦达又与南线重合，直抵拉萨，全长2412公里。其中有小北线、大北线之分。

第三节　修筑青藏公路

“青藏公路”之名最早始见于1942年5月蒋介石给国民政府行政院的批示，其中有“为抗战需要，令修青藏公路”的字样。那时的所谓青藏公路，起于西宁，止于玉树结古，连西藏界都没到。1944年9月底，公路全线（西宁至结古）872公里修通。之后，由于抗战胜利、财力不济、高原冻土地带施工技术问题无法解决、许多地段的工程不合标准，试通车后从未正式行驶过汽车。加之时间流逝、风雪侵蚀、雨水冲刷，公路的许多地段经水毁、风蚀，破坏殆尽，成了一条名不副实的青藏公路。

1949年9月青海解放，1950年中国人民解放军第一野战军组织了一支近6000人的筑路队伍，在短时间内，抢修通西宁至黄河沿段，保证了汽车通行，后经多次改建，并改称为青康公路。昌都战役后，为准备继续进军，西南军区于1950年12月9日给中央军委的电报中提出：公路“从玉树经黑河到拉萨线，比较从昌都经三十九族、太昭到拉萨线要易于修筑，因前者是高原的脊背较平。据报，后者则山大河多，困难特多”。毛泽东主席1951年1月4日在给周恩来总理和聂荣臻代总参谋长的批示中明确提出：“是否令西北负责修玉树、黑河、拉萨公路？”5月25日，毛泽东主席发布的进军训令中，责成西北军区负责修筑西宁—黄河沿—

玉树—囊谦—类乌齐—丁青公路和派人对敦煌—柴达木—黑河—拉萨线路进行实地勘测。西北军区遵此训令作了部署，并在当年开始从黄河沿向玉树修筑公路。8 月，18 军独立支队从青海省都兰县香日德出发进藏时，西北军政委员会派工程师邓郁清和两名部队测绘员，开始对香日德（从西宁到香日德段在解放前已修通）到拉萨的线路进行踏勘。1952 年夏，邓郁清在答复穰明德询问勘测西北路线情况的电报中说：“沿线三分之二地段是沼泽地带，且缺乏砂石、木料等建筑材料，施工困难，建议在没有勘测比较线之前，此线不采用。”

1952 年秋天，邓郁清从拉萨返回兰州前，西藏工委书记张经武在拉萨对他交代说：“我们远离后方，粮食供应十分困难，西藏上层少数顽固分裂主义分子要发动叛乱，妄图利用我们的困难，

雅安人民举行康藏公路通车典礼后，欢送车队出发

http：//www. jiaxiangwang. com/prc/h – prc – 1954 – kangzanggonglu. htm。

逼迫我们退出西藏。从西南雇牦牛，从西北用骆驼运粮到拉萨，一年只能往返一趟，其运费加损耗，一斤粮食比一斤银子还贵。你们随军由青海进藏勘测的路线，由于地质不良等原因，不能从那里修路，如能避过泥沼水草地，相信不难找到一条理想的路线。请西北交通部再派勘测队踏勘公路。”

1953 年夏，西北运输总队成立后，其骆驼队沿着 18 军独立支队进藏路线行走，沿途多沼泽地，非常难行。后得知解放前有马帮向西经格尔木再折向南入藏的路线，即进一步调查和派人探察，认为此路可以通行。骆驼队改走此线，自香日德经格尔木再折向南行，直到西藏聂荣宗，道路平坦好走，唯缺草场。因路途甚为遥远，倒毙骆驼甚多。总队领导考虑，不修通公路很难完成运输任务，于是决定向中央军委反映意见。

1953 年 8 月，西北局成立了以慕生忠为指挥长，任启明为副指挥长的青藏公路指挥部。9 月，慕生忠去北京开会，向军委彭德怀副主席汇报了骆驼队运输及路况，提出进一步派人赶着马车实地探路的设想，当即得到彭德怀的赞同。慕生忠返回香日德后，决定由运输总队副政委任启明担负此次探路任务。随即组成 30 余人的探路队，配备木轮马车 2 辆、骆驼 50 峰、骡马 20 余匹，携带面粉千斤，于 11 月中旬离开香日德，经格尔木沿骆驼队走过的路线前进。探路队在严寒的冬季，翻越昆仑山、唐古拉山，跨楚玛尔河、沱沱河，穿过莽莽亘古荒原，艰苦行程 1200 公里。白天遇狂风，飞沙走石劈头打来，就在野地强撑衣物遮挡。夜间狂风刮跑了帐篷，大家只能躺在大雪覆盖的被褥中。饿了，就在砂地挖坑，用牛粪烧红坑壁，把和好的面团放在坑里再压上热灰焖熟了吃。渴了，就啃冰吃雪。这样，于1954年1月23日奇迹般地到达藏北重镇黑河，受到黑河分工委副书记侯杰的热情接待。此次探路，共用了70余天。不久，第二批胶轮马车探路队亦到达聂荣宗。青藏公路的路线终于探查通了。任启明激动地赋诗一首："怒江源头水悠悠，车（指木轮马车）到黑河方解忧，迎风冒雪几千里，人生做事几春秋。"

1954年5月11日，青藏公路在格尔木以南30公里处破土动工。慕生忠带着干部和几百名驼工，扛上铁锹、铁镐走向开工点，做了动员后，即掘开了青藏公路第一锹土。

6月，工程师邓郁清受西北军政委员会交通部派遣来到工地，负责修筑青藏路的工程技术工作。他首先同工兵班及几名石工负责修建昆仑桥。此桥位于艾吉勒沟口，距格尔木70公里，为格尔木河最窄的一段。河道宽约8米、深30余米，两岸为陡峭的峡谷。建桥材料只有从兰州运来的9根仅9米长的东北松及一些圆木，加上少量钢筋和铅丝。采取以圆木竖桩立基、松木为梁、铅丝牵拉的办法，三天即把桥架了起来，命名为"天涯桥"（1956年4月，陈毅副总理路经此处，更名为"昆仑桥"）。此后，邓工程师带着只有几名干部和测绘人员的测量队，一直走在前面测量、设计线路。修建施工进展很快，翻越昆仑山后，几天就前进50公里，到达不冻泉。以后，一直在海拔4500米以上的冻土地带施工。进入长江源头地区，有通天河的4条支流，头一条为楚玛尔河，最大的为沱沱河。这一段地势平坦，河叉多，水不深。施工中无材料架桥，均修建简易的过水路面通过。当进入乌兰木伦河施工时，民工们踏着冰凌修建水路面。近处没有石头就从十里地外运来，再用羊皮筏载上石块、沙包下填到河中。水急皮筏停不住，河沙下陷站不稳，他们就在腰间和皮筏上拴绳，由岸上的人拉着在水中施工。回族民工马占元撑着载有石头的皮筏离岸后翻了，他从水中钻出，追回被冲走的筏子，又从冰冷的水底把一块块石头捞出，重新运到河心填砌。这样，终于建成过水路面。7月下旬，公路通车到五道梁（即可可西里）。27日，西藏工委副书记范明陪同班禅到北京出席第一届全国人民代表大会，从拉萨一路骑马、坐轿至五道梁，即换乘汽车前往兰州。

两个月修通300公里到达可可西里的急造公路，完成了第一期修路任务。慕生忠再次到北京向彭德怀汇报，并提出继续修建的经费等问题。彭德怀对他们奇迹般地快速修路十分高兴，答应所提出需要的经费200万元、工兵1000人、汽车100台均由军委调拨。9月6日，中央军委批准青藏公路继续修建，车辆、机械、帐篷、经费等陆续下拨到位，并令西北军区调工兵第2团参加施工。

9月下旬，工程进入唐古拉山口，这是青藏公路的最高点。唐古拉山口海拔5231米，气温常年在零摄氏度以下，冬季甚至达到零下30摄氏度，空气中的含氧量比平原地区少一半。山口两边是冰峰雪岭，公路沿坡盘旋而上，北坡长23公里，南坡长8公里。民工们迎着风雪冰雹，奋力拼搏。此时供应困难，伙食常是加盐的面疙瘩，没有蔬菜，不见油腥。夜晚帐篷里冷得像冰窖，只好两人挤在一个被窝里睡。人人面色紫黑，嘴唇干裂，消瘦得都变了形。但为了抢在大雪封山前打通此段，大家都不畏艰难困苦，争着要求到山顶最高处施工，并在大风雪中边抡镐边喊：

“加油，战胜唐古拉！”这样，仅用1个月时间，提前于10月20日越过唐古拉山。29日，工兵第2团以及100辆汽车进入唐古拉以南草原地带，工程进度明显加快，31日，各工程队到达西藏境内的安多，绕过4800米的安多拉，于11月16日修到黑河。公路从宽37米、水深40厘米的沙夹卵石的黑河河床通过，12月2日到达距拉萨90公里的羊八井峡谷。

羊八井峡谷地处冈底斯山脉的堆龙河谷，谷长15公里，为一大型石峡，属于青藏公路最艰巨的“卡脖子”工程地段。此时康藏公路东线的修路部队和西线的修路民工已在巴河桥会师，康藏公路全线贯通。为使青藏公路尽快通车拉萨，西藏军区决定以工兵第8团一个营从南往北，西北军区工兵第2团从北往南，合力劈开石峡，并以第155团从拉萨向羊八井施工。经过十个昼夜的突击施工，终于打通了石峡。

1954年12月15日下午2时，全长1200公里的格尔木至拉萨段青藏公路全线粗通，施工总共用了7个月零4天时间。青藏公路在高海拔地区修建，自然条件异常艰苦。能够在较短的时间内粗通，堪称公路建设史上的一大奇迹。

第四节　修筑“两路”的意义

康藏公路、青藏公路同时通车拉萨，结束了西藏没有现代公路交通的历史。

毛泽东为此题词：“庆贺康藏、青藏两公路的通车，巩固各民族人民的团结，建设祖国。”

1954年12月25日这一天，在西藏拉萨、西康雅安、青海西宁同时举行两路通车典礼。通车典礼隆重而热烈。当满载筑路功臣和粮食物资的350辆汽车，从康藏、青藏两条公路汇集于拉萨布达拉宫广场时，受到西藏党政军民3万人的盛大迎接。修筑两路的领导陈明义、穰明德、慕生忠和筑路的功臣们热情握手，相互祝贺。国家交通部代表王一凡、西南军区慰问团团长胥光义、西藏军区司令员张国华、政委谭冠三以及西藏地方政府和班禅堪厅的代表都在会上讲话表示祝贺。在京出席第一届全国人民代表大会的达赖、班禅向庆祝大会发来贺电，并分别在《人民日报》上发表文章，热烈祝贺康藏、青藏公路通车。

川藏公路之业拉山七十二拐

图片来源：http：//pp. 163. com/ljw1979/pp/13817099. html。

西南军区司令员贺龙撰文说：“康藏公路和青藏公路的通车，必然会促进西藏民族的政治、经济和文化事业的发展，康藏人民的物质生活和文化生活，也必然会随着祖国大规模的社会主义经济建设的发展而逐步改善和提高，这对于加强和巩固祖国的统一，增强汉藏民族人民的团结，建设边疆，保卫祖国的社会主义建设，以及维护远东和世界和平，必然产生巨大的作用。”

同日，《人民日报》《光明日报》《工人日报》都发表社论，高度评价康藏、青藏两路通车拉萨的重大意义，高度赞扬进藏部队指战员、工程技术人员和广大藏族人民为两路建设所作出的巨大贡献。

康藏、青藏公路通车拉萨，每年由汽车运入西藏的粮食、物资约10万吨，从而彻底粉碎了西藏反动上层想要把进藏部队、工作人员困死饿跑的企图。

从此，中国共产党和人民解放军在西藏坚实地站稳了脚跟。

相关链接 “两路”建设创造世界公路史奇迹

2014年8月6日，习近平总书记对川青藏公路通车60周年作出重要批示，对“两路”精神的内涵进行了阐述。他指出，60年来，在川青藏公路建设和养护公路的过程中，形成和发扬了一不怕苦、二不怕死，顽强拼搏、甘当路石，军民一家、民族团结的“两路”精神。新形势下，要继续弘扬“两路”精神，养好两路，保障畅通，使川藏、青藏公路始终成为民族团结之路、西藏文明进步之路、西藏各族同胞共同富裕之路。

60多年前，为建设西藏、经营西藏，为民族团结、边防巩固，党中央作出了修筑川藏、青藏公路的重大部署。人民解放军和广大各族群众以及工程技术人员组成的筑路大军，在极为艰苦的条件下，战胜千难万险，历时5个春秋，在“人类生命禁区”和“世界屋脊”创造了公路建设史上的奇迹。川青藏公路的建成，可以说是我国和平建设时期的辉煌成就，是我国交通建设史上的伟大壮举。

川藏、青藏公路的通车，结束了西藏没有现代公路的历史，改变了西藏原始的交通运输方式，可以说是开创了西藏现代交通运输事业的新纪元。长期以来，国家调拨支援西藏经济建设所需的物资95%都是通过公路源源不断地运进的，支援西藏的43项重点工程、62项援建项目，以及抗震救灾、青藏铁路建设等重点工程建设所需的大型设备，也是通过公路运进来的。60多年的实践充分证明，川藏、青藏公路是民族团结之路、是西藏文明进步之路，也是西藏人民富裕之路。

60多年来，在党中央、国务院的关怀和全国人民的支援下，在西藏各族同胞的努力下，在一代代交通人的奋斗下，以川藏、青藏公路通车为起点，西藏现代交通运输事业从无到有，从小到大，从线到网，从单一公路交通方式到综合交通全面发展，发生了历史性的飞跃。到2013年底，西藏公路通车总里程达到7万多公里，西藏已经基本建成以拉萨为中心，以20条国省道干线公路、74条专用公路和众多农村公路为基础，辐射西藏中部、东部、西部三个经济区的公路网。拥有贡嘎、邦达、米林、昆沙、日喀则5个民用机场，开辟了拉萨至北京、成都、香港、加德满都等29个通航城市、48条国内国际航线。青藏铁路首条延伸线拉萨至日喀则铁路2014年8月也建成通车。西藏已经初步形成铁路、公路、民航、邮政协调发展的综合交通运输体系。

参考资料

[1] 中共中央文献研究室，中国人民解放军军事科学院．建国以来毛泽东军事文稿（上卷，1949年9月—1951年12月）[M]．北京：军事科学出版社，中央文献出版社，2010.

[2]《解放西藏史》编委会．解放西藏史［M］．北京：中共党史出版社，2008.

[3] 李钊．永恒的筑路丰碑［N］．战旗报，2014－12－10.

[4] 杨传堂．"两路"建设创造世界公路史奇迹［EB/OL］．(2014－11－14)．http：//news. xinhuanet. com/politics/2014－11/14/c_ 1113256481. htm.

[5] 袁晞．社论串起来的历史［M］．北京：人民出版社，2009.

第三章 天堑变通途

长江，古称天堑，源远流长，水深浪阔，是我国第一大江。据历史记载，除太平军曾于1852年和1853年先后在武汉三镇搭过三座浮桥以外，5000公里的长江上从来没有一座真正的桥梁。

武昌、汉口隔岸相望，过去只能依靠木船和轮渡来运送南来北往的物资和行人。长江两岸的民谣曾这样唱道：黄河水，治不好；长江桥，修不了。

新中国成立以后，为实现我国人民的愿望，党和政府决定修建武汉长江大桥，为民造福。1950年，政务院责成铁道部进行桥梁的测量勘探工作。1955年9月大桥工程开工，到1957年10月建成通车，仅用了2年零1个月时间，比计划提前了1年零3个月，创造了我国建桥史上的一大奇迹。

第一节　武汉长江大桥建设背景

武汉三镇位居中国腹地、长江中游，汉水由此汇入长江，拥有重要的地理位置优势，曾被孙中山誉为“内联九省、外通海洋”的大商埠。至清末时期，武昌为湖北省会，汉口为商埠，汉阳也发展了一定的工业基础。1906 年，京汉铁路全线通车，而粤汉铁路也在修建当中，建桥跨越长江、汉水连接京汉、粤汉两路的构思即为各方所关注，并多次进行规划。

一、第一次规划

据历史档案显示，在武汉建第一座长江大桥的设想最早由湖广总督张之洞提出，用以沟通南北铁路。1912 年 5 月，中国铁路工程师詹天佑被北洋政府聘为粤汉铁路会办。詹天佑在进行粤汉铁路复勘定线的过程中，考虑到将来粤汉铁路与京汉铁路会跨江接轨，为此在规划武昌火车站时也预留与京汉铁路接轨出岔的位置。1913 年，在詹天佑的支持下，国立北京大学（今北京大学）工科德国籍教授乔治·米勒带领夏昌炽、李文骥等 13 名土木门学生，到武汉对长江大桥桥址进行初步勘测和设计大桥的实习，并由时任北京大学校长严复将建桥意向代陈于交通部。这一次成为武汉长江大桥的首次实际规划，当时提出建议将汉阳龟山和武昌蛇山之间江面最狭隘处作为大桥桥址，经武昌汉阳门、宾阳门连接粤汉铁路，并设计出公路铁路两用桥的样式。当时构思的桥梁结构仿照当时世界著名的最大钢桥——英国苏格兰爱丁堡的福斯桥，桥面铺设铁路、公路、电车路、人行道。此次规划虽然未获实行，但其选址被历史证明为十分适宜，与此后几次规划选址基本相同。

二、第二次规划

1919年2月，孙中山写就了《实业计划》，阐述了开发中国实业的途径、原则和计划，提出中国经济建设的宏伟蓝图，在其论述中即提到关于武汉修建长江大桥或隧道的选址问题。为连通武汉三镇，孙中山当时提出“在京汉铁路线于长江边第一转弯处，应穿一隧道过江底，以联络两岸。更于汉水口以桥或隧道，联络武昌、汉口、汉阳三城为一市。至将来城市用地发展扩大，则更有数点可以建桥或穿隧道”。1923年，由辛亥革命时的参谋长孙武组织，依据孙中山的规划思想，编制了《汉口市政建筑计划书》。该《计划书》明确提出：“以汉阳之大别山麓（龟山），武昌之黄鹄山麓（蛇山）为基，架设武汉大铁桥，可收平汉、粤汉、川汉三大铁路，连贯一气之完美。”

当时的平汉铁路黄河大桥在建设过程中为求节省经费、提早通车，导致建筑质量较差，仅作为临时桥梁使用。1921年，北洋政府拟建黄河大桥新桥并施行公开招标，交通部又聘请美国桥梁专家约翰·华德尔为顾问，除筹建黄河大桥新桥外，并请其设计武汉长江大桥。华德尔选择的桥址与1912年北京大学所拟位置大致相同；设计方面采用简单桁梁、锚臂梁、悬臂梁混合布置，并主张使用合金钢建桥以减轻重量，预算建筑费用为970万银元，华德尔并建议向美商贷款。华德尔的方案曾引起政府关注，拟定桥址也做过实地钻探，惟建设费用庞大，计划不了了之。

1927年1月，广州国民政府迁都武汉；同年4月合并武汉三镇，设武汉市。1929年4月，国民政府成立武汉特别市政府，进一步推动了武汉的市政建设。同年刘文岛任武汉特别市市长后，再次邀请华德尔来华，研商长江建桥之事。华德尔对1921年的设计方案作出了修订，为保证长江轮船的通行，大桥采用简单桁梁并设升降梁，全长4010英尺，共15孔，桥面一层由公路铁路共用，桥面升起时可高出最高水面150英尺。这次计划同样由于耗资巨大而无下文，且国民政府正忙于应付内部军事派系斗争，包括蒋桂战争、中原大战等内战，无暇顾及长江大桥的建设。

三、第三次规划

1935年，鉴于粤汉铁路即将全线建成通车，平汉、粤汉两路有必要在武汉连通。当时铁道部曾考虑仿照1933年建成的南京铁路轮渡，但由于武汉的长江水位涨落幅度比南京大一倍，两岸引桥工程较困难，被迫搁置铁路轮渡的方案。同年，由茅以升担任处长的钱塘江大桥工程处又对武汉长江大桥桥址作测量钻探，并请苏联驻华莫利纳德森工程顾问团合作拟定又一建桥计划。计划为一座固定式的铁路公路联合桥，桥址位于武昌黄鹤楼到汉阳莲花湖北刘家码头之间，全长1932米，设两台7墩8孔，6、7号桥墩间为大型轮船通航航道，主跨237.74米，以拱形钢梁架设于6、7号墩之上，桥下在最高洪水位时净高30米；桥面一层，公路铁路并列。包括汉水铁路桥和引桥在内，工程需要花费国币1060万元。为了募集资金，还曾拟定了过桥收费、分期还本付息的办法。惟集资困难，结果也不了了之。1937年3月，长江南岸的粤汉铁路徐家棚站（今武昌北站）与北岸平汉铁路刘家庙站（今江岸站）之间的铁路轮渡通航，火车乘渡轮过江从此成为“江城一景”。

四、第四次规划

中国抗日战争结束后，百废待兴，而兴建武汉长江大桥的计划也再度旧事重提。湖北省政府于 1946 年 8 月 25 日举行会议，决定邀请粤汉区、平汉区铁路管理局及中国桥梁公司共同组织成立武汉大桥筹建委员会，省政府主席万耀煌为主任委员，茅以升为总工程师；1946 年 9 月初，中华民国行政院工程计划团团长侯家源偕同美国桥梁专家鲍曼等考察武汉长江大桥桥址。1946 年，由中华民国内政部营建司司长哈雄文陪同美国市政专家戈登来汉

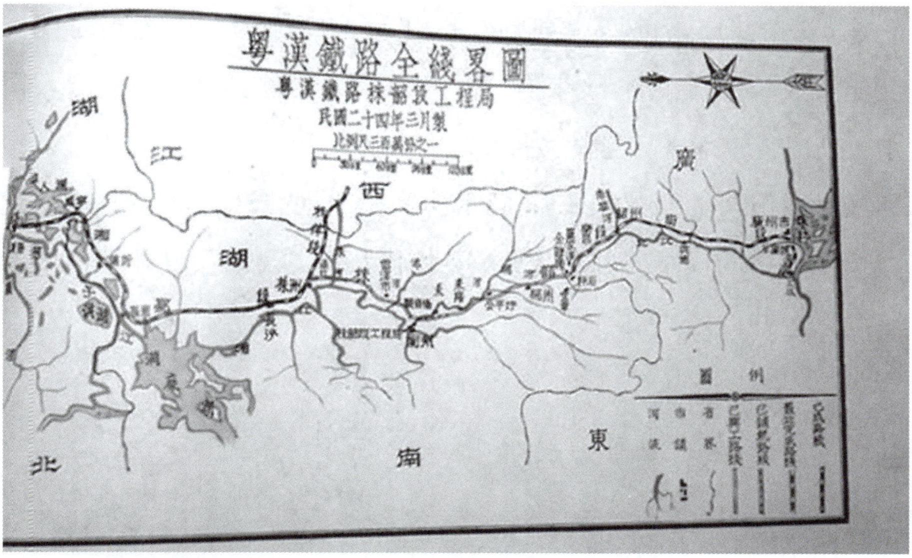

粤汉铁路全线图

图片来源：http：//www. quancang. com/dispbbs. asp？BoardID＝118&ID＝92819。

视察，并有平汉区铁路管理局局长夏光宇参加，当时提出的建桥意见是：铁路和公路合并可降低造价，位置仍以龟山、蛇山之间为宜；为减少墩数、便利船运，决定改用较长跨度的悬臂拱桥，设四墩五孔，同时考虑到铁路干线运输日益繁忙，大桥可适当提高载重等级。后因国共内战、经济困难，国民政府无暇顾及长江大桥的建设，武汉长江大桥的计划再次搁置。

五、第五次规划

1949 年，中华人民共和国成立后不久，时年 63 岁、自 1913 年起多次参与武汉长江大桥规划、勘探的李文骥，联合茅以升等一些科学家、工程师向中央人民政府上报《筹建武汉纪念桥建议书》，提议建设武汉长江大桥，作为“新民主主义革命成功的纪念建筑”，并详述前四次规划经过和受挫的原因，论述当时中国能建成大桥的可能性与具体工程内容、经费预算（600 亿旧人民币）等。中央政府对此甚为重视，1949 年 9 月 21 日至 30 日，中国人民政治协商会议第一届全体会议在北平召开，会议上通过建造长江大桥的议案，并于 1949 年末电邀李文骥、茅以升等桥梁专家赴京，共商建桥之事。

第二节　武汉长江大桥建设始末

1950 年，根据中央人民政府的指示，开始筹划修建武汉长江大桥，并进行初步勘探调查。

1952 年，武汉长江大桥设计事务所成立，以梅旸春工程师为主成立了测量钻探队，取得第一手资料；地质部派出以优秀地质工程师谷德振为首的队伍，在两岸奋战 8 个月，彻底查清了桥址地区的地质情况。大桥选址方案经中央财经委员会批准确定后，铁道部立即组织力量进行初步设计。时任铁道部副部长的吕正操同志回忆说：长江，古称“天堑”，要在上面架设桥梁，中国没有先例，世界上也无现成经验可循。

1953 年 2 月 18 日，毛泽东在武汉听取中共中央中南局领导关于大桥勘测设计的汇报，并登上武昌黄鹤楼视察了大桥桥址。1953 年 4 月 1 日，周恩来总理批准成立武汉大桥工程局。1953 年 7 月至 9 月，铁道部派出代表团携带武汉长江大桥全部设计图纸、资料赴苏联首都莫斯科，请求苏方协助进行技术鉴定。苏联政府对大桥设计文件的鉴定十分重视，指定了 25 位最优秀的桥梁专家组成鉴定委员会，由苏联交通部副部长、时任桥梁工程总局局长的古拉梁夫同志任主席。鉴定会的改进建议包括稍微调整汉阳岸的桥址、同意采用气压沉箱法施工等，且鉴于桁架梁结构的丹东鸭绿江大桥在朝鲜战争中被炸毁时梁部坠落，故处于战备考虑建议长江大桥桥梁形式改为三孔一联等跨连续梁。1954 年 1 月 21 日，周恩来总理主持召开政务院第 203 次会议，听取铁道部部长滕代远关于筹建武汉长江大桥的情况报告，讨论通过了《关于修建武汉长江大桥的决议》，决定采纳苏联的鉴定意见、批准长江大桥的初步设计，正式任命彭敏为武汉大桥工程局局长，杨在田、崔文炳任副局长，同时批准了 1958 年底铁路通车和 1959 年 8 月底公路通车的竣工期限。

随后，铁道部向政务院提出报告，要求聘请前苏联专家组来华支援，总理迅速予以批准。1954 年 7 月，以康士坦丁·谢尔盖耶维奇·西林为首的专家工作组一行 28 人来华进行技术援助。西林是苏联著名桥梁专家，曾于 1948 年至 1949 年间两次赴中国，协助修复东北地区铁路和松花江大桥，并参加过成渝、天兰、兰新铁路的桥梁建设。西林来到中国后，认为长江大桥不宜采用气压沉箱法施工，原因是长江水深流急，沉箱需要下沉深达 30 米至 40 米，在接近四个大气压的环境下，每名工人只能每天工作约半小时，实际作业时间仅有十几分钟，而且只能在枯水季节的几个月内进行施工，必然大大延长施工时间、危害工人的健康，而且需要购置大量特殊设备，加大工程投资。西林建议用管柱钻孔法，不但能在水面施工，不受深水期的限制，而且不影响工人身体健康，但这种方法当时仍然是一种新技术，苏联也尚未实践过。大桥建设部门对管柱钻孔法的设计方案经过 3 个月的讨论和半年的试验，证明确实可行，经请示铁道部长滕代远、周恩来总理后，国务院于 1955 年上半年批准对新方案“继续进行试验，并将新旧方案进行比较，也是落实党中央提倡的‘依靠群众，一切通过试验’的方法”。

1954 年 2 月，在 1950 年初步勘测的基础上，由地质部、水利部、铁道部联合组成的武汉长江大桥地质勘探队，开始进行武汉长江河槽及两岸的地质评估。1954 年夏秋，武汉遭遇了自 1855 年有水文记录以来的最大洪水，勘探队最终在 1955 年 1 月 10 日完成了武昌黄鹤楼和汉阳龟山之间的地质评价。1955 年 1 月 15 日，武汉长江大桥桥址选线技术会议在汉口召开，正式决定选择龟山、蛇山一线。1955 年 2 月，铁道部成立了武汉长江大桥技术顾问委员会，作为大桥工程的技术咨询机构，茅以升任主任委员，其他委员包括罗英、陶述曾、李国豪、张维、梁思成等。1955 年 5 月下旬至 6 月初，按管柱钻孔法编制出武汉长江大桥技术设计方案，铁道部集中全国著名的桥梁专家和桥梁建筑工程师，举行了武汉长江大桥技术设计审查会议，对大桥的技术设计、施工进度和总预算进行了周密的审查。1955 年 7 月 18 日，国务院批准了这些报告，标志着武汉长江大桥建设工程开始进入实施阶段。

经国务院批准后，武汉长江大桥于 1955 年 9 月 1 日提前正式动工。武汉长江大桥全部工程除了大桥本身以外，还包括大量配套工程，包括汉水铁路桥、大桥联络线、由丹水池站经江岸西站至汉水铁路桥头的汉口迂回线（今京广铁路正线）、江岸站至江岸西站的联络线、江岸西编组站、汉西站、汉阳站等设施，其中汉水铁路桥和长江大桥正桥和引桥工程由铁道部武汉大桥局负责施工，其余铁路及跨线桥工程由铁道兵施工。铁路从粤汉铁路武昌南站起，以立体交叉跨越武珞路、中山路、武昌路、解放路，沿蛇山至黄鹤楼处，横跨长江，过江后沿龟山以立体交叉跨越汉阳月湖正街，至阮家台处过汉水，又跨越张公堤及仁寿街至玉带门站与京汉铁路接轨。早在进行大桥设计规划的同时，作为武汉长江大桥配套工程之一的汉水铁路桥于 1953 年 11 月 27 日率先动工兴建，两岸铁路联络线工程也同时开始进行，并于 1954 年 11 月 12 日建成，1955 年 1 月 1 日正式通车。而汉水公路桥也于 1954 年 10 月 30 日开工兴建，1955 年 12 月建成通车，并被命名为“江汉桥”。

苏联政府获悉武汉长江大桥采用管柱钻孔法施工后，于 1955

年底派出以运输工程部部长科热夫尼科夫为首的代表团来华，参观长江大桥的施工。最终，西林的管柱钻孔法获得了苏联政府的认可，中国铁道部与苏联运输工程部签订了协议，对这种施工技术作出了正面评价。大型管柱钻孔法使大桥施工速度大为提高，桥墩基础工程从全面开工到基本完成仅用了1年零1个多月的时间。

武汉长江大桥工程为全国所关注。1956年2月18日和3月6日，滕代远先后向刘少奇和毛泽东同志汇报了铁路工作情况。为了武汉长江大桥的工程质量，确保“这个桥的质量至少保证100年”，他每年至少要去武汉两次，有时出差绕道也要去一下。

1956年6月，大桥钢梁铆了两个月后，当汉阳的钢梁向江心伸出第一孔时，有人报告：铆合质量发现问题。这样大的钢梁，在工地进行铆合是个复杂的技术工作，每孔钢梁跨度为128米，最厚的部分达到170厘米，而使用的铆钉直径是26厘米，现场将铆钉烧热后，甩递到作业平台，趁热用跳动风顶联合铆钉枪铆接。要确保质量，就必须使铆钉与孔眼填充密实，这样才能使铆钉永不松动。开始时，铆合速度不慢，当一孔钢梁完成十万颗铆钉的铆合工作后，质检人员用铲掉铆钉的办法发现钉孔填充密实度不合标准，这会造成铆接松动现象。当场叫停所有铆合工作，专门集中技术人员研究解决。苏联专家从国内休假返回，反映在苏联也发生了同样问题，正在研究改进。施工人员从未遇到铆合这么厚的钢梁，这样长，这般粗的铆钉。在7级铆工宋大振和其他工人、技术人员，以及苏联专家的共同钻研下，获得了一套完整的铆合长铆钉和提高钉孔密实度的经验，同时，将不合格的铆钉全部铲下来，重新铆合，不仅铆钉全部填满钉孔，而且高出国标

5%，终于解决了这个难题。铆合工作停工一个月之后，又重新启动了。1956 年 10 月，大桥各桥墩下沉管柱和从管柱内向江底岩盘钻孔的工作全部完成。

1957 年 3 月 16 日，大桥桥墩工程全部竣工。长江大桥采用三联九孔的等跨间支梁进行安装，使用平衡悬臂拼装架设法，从武昌、汉阳两岸分别向江中同时推进，全部钢梁均由山海关、沈阳桥梁厂制造，钢材由鞍山钢铁提供；1957 年 5 月 4 日，大桥钢梁顺利合龙，同日举行了庆祝大会。武汉长江大桥（连同配套工程）总投资预算 1.72 亿元，实际只用了 1.384 亿元；大桥本身造价预算 7250 万元，实际只用了 6581 万元。

1956 年 6 月，毛泽东从长沙到武汉，第一次游泳横渡长江，当时武汉长江大桥已初见轮廓，毛泽东即兴写下《水调歌头·游泳》一词，其中广为传诵的一句“一桥飞架南北，天堑变通途”，正是描写武汉长江大桥的气势和重要作用。1957 年 9 月 6 日，毛泽东第三次来到武汉长江大桥工地视察，并从汉阳桥头步行到武

武汉长江大桥落成通车

图片来源：http：//bbs. cnhubei. com/thread – 590335 – 1 – 1. html。

昌桥头。

1957 年 9 月 25 日，武汉长江大桥全部完工，并于当天下午举行正式试通车。1957 年 10 月 15 日，5 万武汉人民在武汉长江大桥举行了大桥落成通车典礼。

在 2 年零 1 个月的建设中，武汉长江大桥工程局在施工中执行落实铁道部“建成、学会”的指示要求，坚持训练修桥工人队伍与培养我国建桥人才相结合、解决建桥难题与总结建桥经验相结合，涌现出众多先进工作者和先进集体，多人荣获全国、全路先进工作者，培养和提拔了 153 名技术人员、90 名工程师，使得 3724 名优秀工人掌握了先进技术，实现了“不仅要建成一座大桥，更要办成一所桥梁大学”的目的。

经过多年的发展，昔日的武汉大桥工程局已成为中国唯一一家集桥梁科学研究、勘测设计、工程施工、机械制造四位一体的大型工程公司，有员工 21000 余名，拥有资产总额近 60 亿元，具备了在各种江河湖海及恶劣地质环境条件下修建各种类型桥梁的能力。现已在国内外设计建造了 700 余座大桥，取得傲人的成绩，当之无愧是中国的“桥王”。

50 多年来，历经风雨沧桑的大桥，巍然屹立在大江之上，每日汽车通行量由初期的数千辆上升到近十万辆，大桥肩负着每分钟 60 多辆汽车、6 分钟一列火车通过的荷载，经受了无数次洪水、大风的洗礼，更承受了 76 次意外碰撞事故的考验，其中最严重的一次发生在 1990 年 7 月 28 日，一艘重达 900 吨的吊船正面撞上桥墩，没有造成大碍，工人们为此维修了一个月。任凭风吹雨打，大桥并未伤筋动骨，24805 吨重的钢梁无弯曲变形，8 个桥墩表面无一裂纹，可承受6万吨压力，可抵御每秒10立方米流量、5米流速的洪水，100多万颗铆钉无一松动，全桥无变位下沉，可抗8级以下地震和强力冲撞。它留有足够的净空，常年可供各种吨位的船舶顺利通过，终年航行无阻。

第三节 武汉长江大桥建设的意义

武汉长江大桥是新中国成立后在“天堑”长江上修建的第一座大桥，也是古往今来，长江上的第一座大桥，是我国第一座复线铁路、公路两用桥，建成之后，成为连接我国南北的大动脉，对促进南北经济的发展起到了重要的作用。

武汉长江大桥

图片来源：http：//www.china.com.cn/aboutchina/data/zgdq/2008－04/15/content_ 14954844.htm。

武汉长江大桥的建设，凝聚着我国桥梁工作者无穷的智慧和精湛的工艺。8 个巨型桥墩矗立在大江之中，米字形桁架与菱格带副竖杆使巨大的钢梁透出一派清秀的气象；35 米高的桥台耸立在两岸，给大桥增添了雄伟气势。大桥从晴川阁、龟山、莲花湖、龟山电视塔、古琴台到蛇山、黄鹤楼、首义园、彭刘杨路，绵亘连接，相得益彰，组成一片宏大连绵、美丽动人的景点群。它不仅是长江上一道亮丽的风景，而且也是一座历史丰碑，在江城人们的生活中留下了不可磨灭的印象。

大桥的建设得到了当时苏联政府的帮助，苏联专家为大桥的设计与建造提供了大量的指导，但是中苏关系破裂之后，苏联政府就撤走了全部专家，最后的建桥工作是由茅以升先生主持完成。武汉长江大桥全长 1670. 4 米，正桥是铁路公路两用的双层钢木结构梁桥，上层为公路桥，下层为双线铁路桥，桥身共有八墩九孔，每孔跨度为 128 米，桥下可通万吨巨轮，8 个桥墩除第 7 墩外，其他都采用“大型管柱钻孔法”。

大桥建成之后，将武汉三镇连为一体，极大地促进了武汉的发展。从全国的宏观角度来看，大桥的建成意义更是在于将京广铁路连接起来，使得长江南北的铁路运输通畅起来。大桥像一道飞架的彩虹，在长江天堑上铺成了一条坦途。平汉铁路和粤汉铁路由此实现了连接（两线也因此而改称为京广线），南北交通发生了根本性的变化，大大促进了武汉市铁路枢纽建设进程，使素有“九省通衢”之称的武汉市成为全国重要的铁路枢纽。大桥通车后，社会经济效益十分巨大，仅通车的头 5 年，通过的运输量就达 8000 多万吨，缩短火车运输时间约 2400 万车小时，节约的货运费超过了整个工程造价。随着国民经济的不断发展，大桥的通过量也不断增加，直接间接的经济效益更难以计数，在国民经济建设中发挥了无可替代的重大作用。

2002 年，武汉长江大桥进行了首次大修。经中科院专家测评，该桥的寿命至少在 100 年以上。

相关链接　南京长江大桥

1956 年，武汉长江大桥还在建设之中，中华人民共和国又作出了在南京建设长江大桥、贯通京沪铁路线的决定。武汉大桥的设计施工是在苏联专家的帮助下进行的，而南京大桥的设计工作全部由中国完成。

1958 年 9 月，国务院批准成立南京长江大桥建设委员会，由江苏省省长惠浴宇担任主任委员，副主任委员为彭冲、彭敏、王治平。建设委员会选定了宝塔桥桥址方案，提出大桥按铁路、公路两用桥设计，考虑桥下可通航万吨级海轮，兼顾城市需要和对美观的要求，并且要求大桥的修建应遵循“多、快、好、省”的方针。中苏关系破裂后，中国决定走“自力更生”的道路，依靠自身力量完成大桥的建设，铁道部发动全国有关方面共同攻关。

1958 年 10 月，铁道部与中国科学院技术科学部在武汉召开南京长江大桥技术协作会议，还成立了以同济大学桥梁专家李国豪为主任委员的技术顾问委员会。经过多方协作，大桥工程局在胡兢铭主持起草的《设计意见书》的基础上完成了南京长江大桥设计方案。设计工作由大桥工程局总工程师梅旸春主持，得到了同济大学、中国科学院、地质研究所、哈尔滨工业大学、大连工学院、长沙铁道学院等院校和科研机构的大力支持，李国豪、张维、谷德振等专家参加了设计。大桥正桥钢梁设计由王序森主持，大桥现场设计由曹祯主持，引桥和桥头堡的设计由王伟民、周璞负责。

1959 年 1 月南京大桥定测工作开始，6 月完成。1960 年 5 月批准了南京工学院（今东南大学）钟训正提出的南京大桥桥头堡为复堡式红旗方案。1960 年 6 月，大桥工程局就南京大桥技术设计文件上报铁道部进行鉴定，大桥总体建设方案编制完成。1961 年 4 月得到国家计划委员会批准。

1960 年 1 月 18 日，主体工程正桥桥墩开工，正桥 9 号墩钢围笼浮运下水，宣布南京大桥正式开工，大桥建设全面启动。大桥在建设过程中，克服了技术、自然灾害等多方面的困难。由于桥址地质复杂，正桥下部基础采用 4 种方式建造：①在浅水面覆盖层深厚墩址处，采用重型混凝土沉井，穿越深度达 54.87 米，创造了当时的中国记录；②在基岩好而覆盖层较厚的墩位处，选用钢板桩围堰管柱基础，并首次采用大直径 3.6 米先张法预应力混凝土管柱；③在基岩较好、覆盖层较厚，但水位甚深的墩位处，采用首创的浮式钢沉井加管柱的复合基础；④在水深、覆盖层厚，但基岩强度较低的墩位处，采用浮式钢筋混凝土沉井，上部为钢筋混凝土结构，下部为钢与钢筋混凝土组合结构。利用钢气筒充、泄气来浮托纠偏。由于技术限制，潜水员只能使用普通的设备进行水下探测，清基潜水作业深达 65 米。

1964 年 9 月，大桥工程遭遇建设中的最大危机：在秋汛洪水的冲击下，5 号和 4 号桥墩悬浮沉井的锚绳先后崩断，自重 6000

多吨的沉井在激流中作最大幅度60米的周期性摆动，大桥面临着沉井倾覆、桥址报废的巨大危险。建桥工人在洪水中冒着生命危险，连续抢险近两个月，最终采用林荫岳的“平衡重止摆船”方案克服了沉井摆动，使大桥转危为安。

大桥建设还克服了国际形势、国内政治经济等方面的困难和干扰。1960年，中国向苏联订购1.399万吨高强度低合金钢用于大桥钢梁，然而由于中苏关系破裂，从苏联进口的部分钢材不合格，苏联后来更拒绝供货。1961年，中国决定使用国产钢材，走自力更生的道路。1963年，鞍山钢铁公司成功研制出符合要求的“15锰”桥梁钢，生产该型号钢材1.4万吨，保证了大桥钢梁的架设。大桥开工不久，中国面临三年困难时期，大批工程下马。大桥工程被要求新工人一律精简，经费被压缩到每年不超过3000万元，只够维持日常开销。经铁道部副部长彭敏与江苏省领导江渭清、惠浴宇等人调研上报，周恩来总理批准大桥作为特例继续招工、购买设备，南京市政府则保证了生活物资的供应，施工得以继续进行。经国家计委特批专款，1965年冬大桥全面复工续建，11月17日正桥桥梁架设。

1966年春，正桥桥墩全部出水，然而当时国际形势紧张，中国在西南开展大规模的“三线建设”加强战备，占用了大量物资和资金，大桥工程的物资再度短缺。当时还有人说，既然大桥在战争中肯定挨炸，是否还有必要完工。铁道部部长吕正操、副部长彭敏接周恩来总理指示到南京调查，与江苏省委第一书记江渭清和南京军区副司令员张才千研究后，确定了“简化、快通、耐用，准备挨炸，炸了再修”的原则。周恩来总理批示，不停工，继续架设钢梁使铁路通车，公路桥和附属工程从简，尽量压缩投资。大桥再次全面复工。大桥建成前，每天有数千名南京市民在大桥工地义务劳动，大桥建设者热情高涨。

1965 年 10 月和 1966 年底南北引桥分别架设完成，1966 年 4 月 9 座正桥桥墩竣工，11 月开始从两岸相向架设正桥钢梁。1967 年 8 月 16 日正桥合龙，22 日竣工。1968 年建设桥头堡，这个 70 米、24 层高的建筑仅用 28 天就建设完成。大桥全部工程共用钢材 6.65 万吨（其中正桥钢梁总重 3.16 万吨）、混凝土 38.41 万立方米，总造价 2.87577 亿元（其中正桥 1.3151 亿元、桥头建筑 1687.7 万元、公路引桥 2579.2 万元、回龙桥 175.7 万元）。南京长江大桥的成功建设，以及中国在建桥过程中发展出的低合金桥梁钢和深水基础工程等技术，是中国桥梁建设的里程碑。

1968 年 9 月 30 日，铁路桥首先通车，南京市 50000 多军民举行了隆重的通车典礼，同时大桥的配套工程南京火车站也举行落成典礼。10 月 1 日，上海铁路局正式接管铁路桥并开始运营，凌晨 3 时，从福州开往北京的 46 次快车成为铁路桥上通过的第一列客车。

1968 年 12 月 29 日，公路桥正式通车，南京长江大桥全线贯通。

1969 年 9 月 21 日，毛泽东主席视察南京长江大桥。由于南京长江大桥是第一座完全由中国人建造的长江大桥，所以中国国内普遍把大桥看作“自力更生的典范”和“社会主义建设的伟大成就”，称之为“争气桥”。

南京长江大桥位于南京市鼓楼区下关和浦口区之间，是长江上第一座由中国自行设计和建造的双层式铁路、公路两用桥梁，在中国桥梁史上具有重要意义，创造了中国桥梁建设史上的许多新纪录，具有极大的经济意义、政治意义和战略意义，是20世纪60年代中国经济建设的重要成就之一。

南京长江大桥是中国东部地区交通的关键节点，上层为公路桥，长4589米，车行道宽15米，可容4辆大型汽车并行，两侧各有2米多宽的人行道，连通104国道、312国道等跨越长江的公路网；下层为宽14米、全长6772米的双轨复线铁路桥，连接津浦铁路与沪宁铁路干线，是国家南北交通要津和命脉。大桥由正桥和引桥两部分组成，正桥九墩十跨，长1576米，最大跨度160米。大桥通航净空宽度120米，桥下通航净空高度为设计最高通航水位以上24米，可通过5000吨级海轮。长江大桥是南京的标志性建筑、江苏的文化符号，也是中国的著名景点之一，以“天堑飞虹”为名列为新金陵四十八景之一。大桥建设8年，耗资2.87577亿元，耗用38.41万立方米混凝土、6.65万吨钢材。1960年以“世界最长的公铁两用桥”被载入《吉尼斯世界纪录大全》。2014年7月，南京长江大桥入选不可移动文物。

参考资料

[1] 袁晞．社论串起来的历史［M］．北京：人民出版社，2009.
[2] 滕久昕．武汉长江大桥修建始末［N］．北京青年报，2010-10-16.

[3] 武汉长江大桥历史背景 [EB/OL]. (2012 - 10 - 16). http://hbwh.wenming.cn/zhuanti/whcjdq/intro/201210/t20121016_383487.html.

[4] 南京长江大桥历史足迹征集 [EB/OL]. (2015 - 03 - 25). http://www.yangtse.com/zt/njcjdq/.

第四章　送“瘟神”

新中国成立前，鼠疫、霍乱、天花、黑热病、血吸虫病等广泛流行，造成民众大量死亡，贫病交加，民不聊生。尤其是血吸虫病，在我国流行历史甚长，分布广泛，病人众多。据解放初的调查估算，我国 12 个省、自治区、市约 1 亿人口区域流行血吸虫病，有 1000 多万病人，40% 不同程度丧失劳动能力。江苏高邮县新民乡，一次洪水后全乡 7000 多人口 4014 人急性发病，死亡 1335 人，死绝 31 户，留下孤儿 91 人。安徽贵池县一个村庄 120 多户，由于血吸虫病流行，到解放时仅剩 1 户 4 人。“千村薜荔人遗矢，万户萧疏鬼唱歌。”血吸虫病极大危害人民的生命健康，严重影响新中国的经济建设与社会稳定。

第一节　血吸虫病的历史与危害

血吸虫病俗称“大肚子病”，是由于人或牛、羊、猪等哺乳动物感染了血吸虫所引起的一种传染病和寄生虫病。

血吸虫病在中国的流行历史可追溯到2000年前。20世纪70年代分别在湖北江陵和湖南长沙两地出土的西汉古尸（肝脏、肠道）中查到了血吸虫虫卵，这一发现证实了血吸虫病在中国的流行历史至少在2100年以上。

血吸虫病是一种严重危害人民健康的寄生虫病。新中国成立后，从1956年至1957年，中国对血吸虫病进行了全面普查。多方面的调查结果表明，中国血吸虫病流行区遍及长江流域及以南的江苏、浙江、安徽、江西、湖南、湖北、四川、云南、福建、广东、广西及上海等12个省、自治区、直辖市。其范围北至江苏省的宝应县，南至广西壮族自治区的玉林县，东至上海市的南汇县，西至云南省的云龙县。流行区内血吸虫的中间宿主钉螺的分布面积达143亿平方米，患者近1000万人，其中晚期病人60万人，约有1亿多人口受到威胁。其中尤以江苏、安徽、浙江、湖北、湖南、江西六省最为严重。

血吸虫病的流行和蔓延给疫区民众的生产、生活等带来了严重的生态危害，它不仅使广大民众的身体饱受疾苦，更主要的是直接危害了广大民众的生命、生产、生活、生育和生长。

一是土地荒芜、村庄凄凉现象严重。据新中国成立后的回顾性调查，江西省丰城县白富乡埂头村原有张、朱、熊等十八姓1400余户、4000余人口、耕地6000亩，因血吸虫病危害，到1949年全村仅剩一个寡妇和一个小女孩，大片土地荒芜。湖北省江陵县资市乡本是一个富饶的产米区，由于血吸虫病为患多年，全乡12000亩肥沃良田变成了杂草丛生的荒野，疫区人民生活无着，只能“春天吃鱼蒿，夏天吃野草，秋天吃米糠，冬天把饭讨”，房屋无力修理，任其坍塌，到处是残垣断壁，杂草没膝。

二是“绝户村”“寡妇村”众多。据20世纪50年代初期的调查资料，在民国时期的30多年间，江西全省疫区贫病交加，因血吸虫病死亡32万人，绝5.4万户，毁灭村庄1315个，许多村庄成了远近闻名的“绝户村”。还有因血吸虫病肆虐而导致的疫区男丁伤亡、妇女寡居现象。1955年11月，浙江省嘉善县通过对10个居民户的调查，证明血吸虫病对生命危害极大，这10户人家原有人口67人，10多年间因病而死44人，剩下的23人大多是孤儿寡妇，人们称之为“寡妇村”。浙江省杭州市临安县昌化镇株柳村原是1100多户、4900多人的大村，解放时仅剩下63户251人，其中寡妇68人，也成了远近闻名的“寡妇村”。

血吸虫病患者

图片来源：http：//news. hexun. com/2013 -03 -23/152412311. html。

三是侏儒患者多，劳动力缺乏。因患血吸虫病，新中国成立初期诸多疫区的儿童乃至青壮年身体发育受阻，严重者则成为侏儒。据 1955 年江西医学院龙懿道报道，江西省玉山县疫区医院内晚期血吸虫病患者 300 人中有 75 人为此类侏儒，占 25%。另据 20 世纪 50 年代初期血吸虫病流行地区的典型调查，当时全国还有大约 40% 左右的血吸虫病患者劳动能力受到不同程度的损害，约有 5% ~10% 的晚期病人丧失了劳动能力，并且受到了死亡的威胁。1950 年 6 月到 1951 年 11 月，湖南省地方病防治实验委员会在岳阳、临湘、湘阴三县进行疫情调查，发现血吸虫病流行所造成的劳动能力减退和消失现象十分严重，许多年轻力壮的血吸虫病患者染病之后时常发冷发热，四肢无力，久之便不能劳动，直至卧床待毙。

血吸虫病的流行和肆虐使广大疫区变得极度荒凉。曾有报道称江西省余江县血吸虫病流行区内“有屋无人住，有田无人种，蒿草遍地，荒塚累累”。血吸虫病严重的生态危害不仅使新中国面临异常艰巨的血吸虫病防治任务，而且也给党和政府带来了严峻的执政考验。

第二节　党和政府的决策部署

新中国成立以后，血吸虫病严重的生态危害逐步引起了党和政府的高度重视。1949 年底，中国人民解放军第三野战军某部在华东某地进行水上练兵时，有不少指战员感染了血吸虫病。华东军区卫生部在积极组织治疗的同时，将血吸虫病疫情上报中央人民政府卫生部。卫生部随即组织2000余医务人员前往上海、南京一带，协助当地驻军防治血吸虫病，并在华东、中南建立了7所血吸虫防治所，进行经常性防治工作。1950年4月21日，卫生部发布《关于血吸虫病防治工作的指示》，要求各地寄生虫学家、农业化学家及市县乡村行政人员共商扑灭良策。1951年4月10日至23日，卫生部在北京召开了全国防疫专业会议，明确了今后防疫工作的方向，制定了包括血吸虫病在内的19种传染病的防治方案。在卫生部的领导与号召下，华东、中南、西南等地的部分血吸虫病严重流行区积极行动起来，先后开展了血吸虫病防治试点工作。其中，浙江省的血吸虫病防治试点工作较为突出，到1953年6月，该省共成立了3个防治所、16个防治站、200个防

重点防治血吸虫病

图片来源：http：//news. hexun. com/2013 -03 -23/152412311. html。

治小组，调查了26个市县的血吸虫病感染率，治疗了1.2万多名病人。但限于人力、物力和缺乏明确的防治方针、规划等，新中国成立之初到1955年，全国各地防治血吸虫病的成效相当有限。

1955年以后，随着农业合作化的发展，消灭血吸虫病已成为保障人民健康、保护疫区生态环境和促进生产建设的急迫任务。毛泽东也注意到了血吸虫病防治工作的重要性。1955年11月，毛泽东在杭州召集华东、中南地区省委书记开会研究农业问题时，专门听取了卫生部副部长徐运北关于防治血吸虫病情况的汇报，并指示卫生部“要把消灭血吸虫病作为当前的政治任务”。中共中央根据毛泽东的提议，迅速成立了由中共华东局、江苏、浙江、福建等省、市委书记以及卫生部、农业部同志组成的中央防治血吸虫病9人领导小组，统一领导南方12个血吸虫病流行省、区、市的血防工作。1955年11月23日至25日，中央防治血吸虫病9人小组在上海召开第一次全国防治血吸虫病工作会议，确定了“加强领导，全面规划，依靠互助合作，组织中西医力量，积极进行防治，七年消灭血吸虫病”的方针和“一年准备，四年战斗，两年扫尾”的具体步骤。

毛泽东亲自参与制定的“农业十七条”和《全国农业发展纲要（草案）》都把防治和基本消灭严重危害人民的疾病，首先是消灭血吸虫病，作为一项重要内容。1956年1月26日，中共中央向全国公布了《全国农业发展纲要（草案）》；2月17日，毛泽东在最高国务会议上又发出“全党动员，全民动员，消灭血吸虫病”的号召。《全国农业发展纲要（草案）》的公布和毛泽东的号召，成了全党全民向血吸虫病开战的动员令。

1956 年 3 月、12 月，中央防治血吸虫病 9 人小组在上海先后召开了第二次、第三次全国血吸虫病防治工作会议，通过了《关于第三次全国防治血吸虫病会议的报告》。1957 年 2 月 6 日，中共中央批转了上述报告和《1957 年防治血吸虫病工作要点》，批示指出：“加强党对防治血吸虫病工作的领导，是完成防治任务的基本保证。”4 月 20 日，国务院发布了《关于消灭血吸虫病的指示》，4 月 23 日，中共中央发出了《关于保证执行国务院关于消灭血吸虫病指示的通知》，为全国各地消灭血吸虫病的工作提供了科学规划和组织保障。

第三节 全民动手消灭血吸虫病

根据党中央的战略部署，1955 年成立中央血吸虫病防治领导小组，卫生部成立血吸虫病防治局，各地成立血防所、血防站等机构，在流行区先后建立了 16 个防治所、78 个防治站、420 个防治小组。一场消灭血吸虫病的人民战争就此打响。

一、宣传群众

动员、教育群众认识血吸虫病的危害，自己起来与血吸虫病作斗争，是消灭血吸虫病的首要任务。为此，各地先后召开由流行区干部和积极分子参加的血防扩大会议，学习党中央、国务院关于消灭血吸虫病的指示，学习防治血吸虫病的知识，统一思想认识。接着，流行区又分别召开会议，运用幻灯、墙报、讲课、图片和文娱演唱等群众喜闻乐见的形式，广泛开展宣传教育，使之家喻户晓，人人皆知，破除患血吸虫病是“风水不好”“命中注定”等封建迷信思想，树立科学观点。有的流行区还结合各种会议，解剖钉螺，组织干群在显微镜下看尾蚴，宣讲血吸虫生活史，还有的组织血吸虫病人忆家史、诉病苦、讲危害。通过广泛宣传教育，大大提高了疫区干群的思想觉悟以及与血吸虫病作斗争的自觉性和积极性。

二、查螺灭螺

钉螺是我国血吸虫的唯一中间宿主，查杀钉螺是为了消灭其宿主，杜绝其发育繁殖的巢穴。1956 年大规模血吸虫病防治工作展开后，各省、自治区、直辖市的血吸虫病疫区卫生防疫机关、血吸虫病防治小组等首先开展了钉螺生态习性与分布调查工作。在此基础上，从 1956 年初到 1957 年底的两年间，全国有血吸虫病流行的 12 个省、区、市动员了大量的人力，在 17.5 亿平方米的面积上对血吸虫中间宿主钉螺进行了一次到几次的剿灭，一些比较典型的市县如江西省余江、婺源、上犹，安徽省太平、祁门，湖北省谷城，湖南省慈利等 7 个县基本上消灭了血吸虫病，100 多个乡基本上扑灭了钉螺。

在灭螺工作中，疫区各地群众根据钉螺的生活习性和孳生环境，以改造生态环境为主，把灭螺措施与农田水利建设等紧密结合起来，取得了发展生产和消灭钉螺一举两得的成效。具体而言有以下几种方法：一是围垦。此种方法适于湖沼型地区，主要是结合兴修水利，发动当地群众筑堤围圩进行垦植，改变自然环境以达到彻底消灭钉螺和增加生产的双重目的。1952 年至 1953 年，湖南省最先在杨林寨湖沼区开辟农场9000亩，使湖沼区有螺面积由7500亩减至175亩，钉螺自然死亡率由1%增至69.4%。这一办法后被广泛应用于江西、湖南、湖北等省沼泽地区的广大农村。二是开新填旧。此种方法适于山区沟渠型地区，主要是在生长钉螺的水沟附近另开新沟，以开出的新土填没旧沟消灭钉螺。江西省余江县在1956年至1957年春天结合兴修水利，采取了开新沟、填旧沟的修沟土埋办法，既消灭了钉螺又改善了灌溉水系，扩大耕种面积2000亩，增产粮食50万斤。三是挖河疏道。此种方法适于水网型地区，主要是结合挖河泥积肥、疏浚河道的方法，将河岸壁上的螺土深埋以消灭钉螺。1957年春季，上海市发动群众200万人次，将5000多条有螺河道全部抽干河水进行灭螺，消灭钉螺达95%。四是改水田为旱田。此种方法是在有钉螺孳生的水田改种旱地作物，再经过1～2年使钉螺停止繁殖、渐趋死亡。1958年上海市北郊将有螺水田622亩改种棉花等旱地作物，通过自然环境的改变造成钉螺生存繁殖困难，乃至最后死亡。

三、管理粪便，管制水源

管理粪便的目的是为了杀灭粪便中的血吸虫卵，防止未经处理的粪便污染水源，给血吸虫病以传染的机会；管制水源则是为了防止血吸虫病疫区水流中的尾蚴侵入人体或动物体内继续传染血吸虫病。新中国成立前后，长江中下游及其以南的血吸虫病疫区农村粪缸多置于村庄或住宅附近的河岸，露天无盖，雨天粪水四溢，流入河内污染水源。因生活习俗原因，疫区群众习惯直接从河中、塘中等取水饮用，因而造成血吸虫病感染。在1951年4

月的一次检查中，苏南无锡县西部太湖边上的大渲村全村共有露天粪缸186只，其中1/3放置在河边。该村钉螺分布广泛，居民血吸虫病感染率很高，根据大便检验的结果，该村422人中有大便阳性者128人，感染率达30.33%。

基于对粪便和水源管理工作重要性的认识，血吸虫病疫区各省都十分重视这一工作。湖南省从1956年开始进行“两管”防护工作试点，1957年采取“先严重地区，后一般地区”的步骤在疫区全面展开，各疫区50%以上的乡、社、集镇基本上管理好了粪便。1958年7月，湖南省在沅江召开全省粪管工作现场会，总结交流经验，制定了《湖南省防止血吸虫病粪便管理工作纲要》，提出“因地制宜，全面管理，由低到高，综合利用”的方针，加强粪管工作。1956年大规模血吸虫病防治工作展开后，浙江省把管理好粪便和保护好水源看做是堵塞血吸虫病传染途径的一个重要环节，除将疫区各地的粪缸大部分集中并加荫加盖外，同时还在粪缸边设清水缸来洗刷粪具，保护水源清洁。为保持用水卫生，疫区各地除了分塘用水、在群众中订立管理水源公约外，还进行了修建水井、寻找山泉水源的工作。广东省则根据实际情况，通过对四会等县粪便堆沤灭卵效果的现场试验，建立了粪便处理使用制度，对一些残塌崩漏的厕所、粪坑等提出一律加盖加棚、粪水不得外溢等要求。在管水工作中，广东省着重提倡饮用井水和自来水，血吸虫病流行区内先后建了一大批水井，保证村民都能用上井水等。

四、查治病人

要从根本上控制和逐步消灭血吸虫病，还必须积极治疗病人，恢复患者的健康，以彻底消灭血吸虫病的传染病源。新中国成立后疫区各省已开展了一定程度的血吸虫病治疗工作，如江苏省在新中国成立后的三年间共检查了72万多人，有3.8万血吸虫病人在有效治疗中恢复了健康。1956年大规模血吸虫病防治工作展开后，全国各地疫区将已有科学成果如皮内反应实验、检查粪便的沉淀孵化方法等，广泛推广应用于疫区病人、病情的查证和落实。在此基础上，从1956年到1957年8月，全国各地血吸虫病疫区共建立了19个防治所、236个防治站、1346个防治组，培养训练了1.7万多名专业防治干部，有309个县市开展了大规模的防治工作。在血吸虫病治疗方法方面，疫区各地卫生防疫人员和当地群众也进行了积极探索。如湖南省岳阳、沅江的研究小组分别采用锑剂短程疗法和中药加减胃苓汤对290个血吸虫病患者进行治疗，结果证明锑剂短程疗法安全疗效达93.2%，中药加减胃苓汤对消除腹水和改善症状有明显疗效。

上述以传染源控制为主消灭血吸虫病的生态办法，在1957年底至1958年全国各地消灭血吸虫病运动中被广泛推广和应用。1958年4月，江苏省结合积肥大搞灭螺和粪便、水源管理的运动，“将近20天时间，每天都有几百万群众奋勇作战，出现了轰轰烈烈，惊天动地，‘白天满地人，黑夜满地灯’的动人景象”。同一时期，湖北、湖南、浙江、上海等疫区的广大群众在当地政府领导下，掀起了群策群力、热火朝天的防治血吸虫病运动，有力地推动了全国各地的血吸虫病防治工作。

第四节　防治血吸虫病取得的成就

在党和政府及血吸虫病流行地区人民群众的共同努力下，20世纪50年代血吸虫病防治工作取得了很大成绩。

第一，全国血吸虫病得到有效防治。随着血吸虫病防治工作的开展，截至1957年底，全国血吸虫病疫区共有江西省的余江、婺源、上犹、奉新、浮梁，湖北省的谷城、襄阳、大冶，湖南省的慈利，安徽省的祁门、太平，浙江省的德清、绍兴和上海市的北郊区、东郊区等13个基本消灭血吸虫病的县市和2个郊区；各地还有343个乡镇基本消灭了血吸虫的中间宿主钉螺；全国各地治疗了50万病人，其中包括10万左右的晚期病人。在1958年防治血吸虫病的群众运动中，全国各地先后收治300多万病人，灭螺面积达33亿平方米，治疗病人数与灭螺面积均超过了前几年的总和。值得称赞的是，江西省余江县成为根除血吸虫病的标兵。余江县是江西省东部血吸虫病重灾区，该县在1955年中共中央提出限期消灭血吸虫病后，根据中央及省、地委消灭血吸虫病的规划精神，制定了“半年准备，一年战斗，半年扫尾，两年消灭”的计划。其具体方法主要是从生态环境治理和改造入手，采用“开新填旧”灭螺，藕塘变鱼塘、刨土培塘堤灭螺，以及改造厕所，进行粪管；保护水源，防止新感染；使用一到三遍的锑剂治疗血吸虫病患者等。在强调政治任务和进行群众性运动的方式下，余江县的大规模血吸虫病防治工作取得良好成效：钉螺被根除；

收治 4392 名血吸虫病患者，死亡率仅为 0.67%，治愈率达到 95.5%。1958 年 6 月 30 日，《人民日报》发表了长篇报道《第一面红旗——记江西余江县根本消灭血吸虫病的经过》。当时正在杭州视察的毛泽东阅读这篇通讯报道后作《送瘟神》诗二首，其宏大的气魄和高昂的意气极大地鼓舞了全国各地的疫区群众。

疾控工作人员防治血吸虫病

图片来源：http：//news. hexun. com/2013 - 03 - 23/152412311. html。

第二，血吸虫病疫区生态面貌发生深刻变化。首先，大批病人被治愈，恢复了健康。有统计资料证实，到 1957 年 9 月底，湖北省共治疗血吸虫病人 14 万人，有 80% 以上的人恢复了健康，体力有了显著的增长，劳动效率提高 30% 以上。另据 1959 年各地调查的结果，全国血吸虫病疫区病人治愈率已达85%以上，死亡率降低到0.1‰。其次，过去杂草丛生、钉螺密布的荒野变成了良田。1958年春季，上海市在消灭血吸虫病运动中采取修水利、挖河泥、灭钉螺的办法，不但消灭了有螺河道中95%的钉螺，而且积肥1.5亿担，修治水利1808万土方，改良土壤25万亩，做到了除害灭病与发展生产齐头并进。最后，“寡妇村”“绝户村”及劳动力缺乏状况被彻底改变，人民生活水平显著提高。根据1956年至1958年湖南省湘阴县20个乡的统计，经过大规模的血吸虫病防治工作，原来不能劳动、治疗后恢复劳动能力的有1681人，提高劳动能力的有3859人；“五保户”变成“自给户”的有249户，由贫农生活水平提高到中农水平的有882户，提高到富农水平的有315户；治好病后结了婚的有485人，恢复婚姻的有59人，以前因病未生育、现怀孕生子的有179人，治好了病在1957年参军服役的青年有37人。疫区各地出现欣欣向荣的新气象，人民生活面貌发生了根本变化。

第五节　防治血吸虫病的政治意义

新中国成立初期，新政权面临内外交困的严峻考验，国内是经济文化极端落后、一穷二白的状况，钢、煤、谷、棉人均是世界最末位，国际上世界“冷战”局面出现，美国采取扶蒋反共、敌视新中国的政策。通过传染病防治提高政府公共领域事务管理的能力水平，稳定社会秩序，巩固人民政权，成为党和政府的重大政治任务。当时，人们把血吸虫等传染病视为旧政权的政治隐喻，反映旧时代对人们身心危害的缩影。50年代《人民日报》登载的《党和政府对人民健康无限关怀》《青春回到了“寡妇村”》等文章，通过翔实生动的事例，将血吸虫病归结为旧政权的反动统治，以防治血吸虫病取得的成就讴歌了新政权的优越性。

党和政府把血吸虫病防治提到政治高度，进行社会动员，协调各方面开展防治工作，以高度的责任感建立健全卫生防治机构，实行疫情报告制度，制定卫生政策法规，开展科学研究，迅速有效控制消灭危害严重的传染病，充分体现了我们党全心全意为人民服务的根本宗旨和较高的执政领导水平。血吸虫病的有效防治，不仅提高了人民的健康水平，使得农业生产得到恢复发展，而且对于国民经济第一个五年计划顺利实施完成，恢复发展建国初期经济起到了重要作用，更重要的是塑造了新中国良好的政治形象，巩固了新生的人民政权。

相关链接　毛主席与《送瘟神》

毛主席对嘉兴南湖红船“开天辟地”有着特殊感情，新中国成立后虽然日理万机，但他十分关心嘉兴，特别是对消灭血吸虫病更是高度关注。

历史上，嘉兴地区流传着“天怕黄苍、人怕肚胀”的民谣。据记载，从1908年至1949年，嘉兴县4岁至14岁得血吸虫病的有2740人，感染率达40.7%。其中曹庄乡15岁至29岁青年患病率达89%，到了家家户户有病人的程度。

1953年，爱国民主人士沈钧儒回故乡嘉兴扫墓时，耳闻目睹血吸虫病的严重危害，就上书毛主席陈述己见。毛主席看到沈钧儒的来信，非常重视，亲自复信，并指出：血吸虫病危害甚大，必须着重防治。之后，毛主席又指出：就血吸虫病毁灭我们的生命而言，远强于过去打过我们的一个或几个帝国主义。

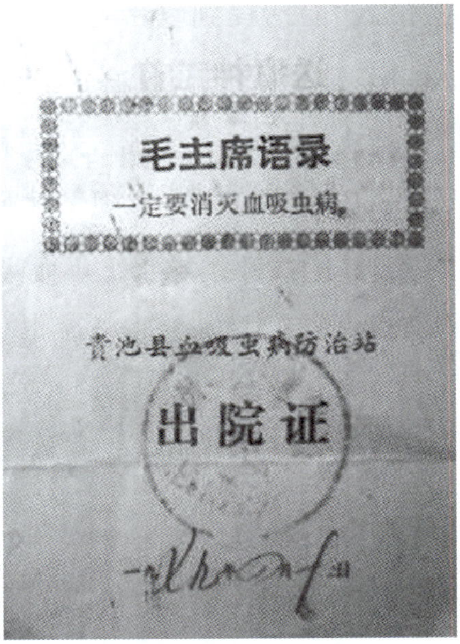

贵池县血吸虫病防治站出院证

图片来源：http：//blog. sina. com. cn/s/blog_ 12f83c3480102v10o. html。

1955年，党中央在杭州召开中央政治局扩大会议。期间，毛主席通知卫生部副部长徐运北来汇报血吸虫病防治情况后，指出：血吸虫病是危害人民健康的疾病，它关系到民族的生存繁衍，关系到生产的发展和新农村的建设，关系到青年能不能参军保国，我们应该认识到问题的严重性。共产党人有责任帮助群众解除疾苦，把血吸虫病消灭掉。

1958年7月1日凌晨，西子湖畔传出毛主席在杭州撰写了《七律二首·送瘟神》的消息。原来，当他读到《人民日报》6月30日江西省余江县消灭血吸虫病的报道时，心情久久不能平静，浮想联翩，写下了壮丽诗篇《七律二首·送瘟神》。他以无产阶级革命家的胸怀和气魄，在诗篇中纵贯古今，讴歌了党和人民群众的力量，赞扬了艰苦奋斗、气壮山河的革命豪情和改天换地的革命斗志。毛主席《送瘟神》诗篇的发表，给嘉兴疫区人民防治血吸虫病增添了战斗力量。

附：

七律二首

送瘟神

一九五八年七月一日

读六月三十日《人民日报》，余江县消灭了血吸虫。浮想联翩，夜不能寐。微风拂煦，旭日临窗。遥望南天，欣然命笔。

其一

绿水青山枉自多，华佗无奈小虫何！
千村薜荔人遗矢，万户萧疏鬼唱歌。
坐地日行八万里，巡天遥看一千河。
牛郎欲问瘟神事，一样悲欢逐逝波。

其二

春风杨柳万千条，六亿神州尽舜尧。
红雨随心翻作浪，青山着意化为桥。
天连五岭银锄落，地动三河铁臂摇。
借问瘟君欲何往，纸船明烛照天烧。

参考资料

[1] 李洪河 . 20 世纪 50 年代国家对血吸虫病的防治［J］. 当代中国史研究，2012（4）.

[2] 张晓丽 . 20 世纪 50 年代新中国传染病防治工作的历史考察［EB/OL］.（2013 - 10 - 19）. http：//www. hprc. org. cn/gsyj/yjjg/zggsyjxh_1/gsnhlw_1/d12jgsxslw/201310/t20131019_ 244940. html.

[3] 丁文杰，黄兴华 . 五十年代基本消灭　血吸虫病为何重现长江中下游（2）［EB/OL］.（2005 - 07 - 20）. http：//news. china. com/zh_ cn/history/all/11025807/20050720/12498618_ 1. html.

[4] 施有铨 . 毛主席与"送瘟神"［N］. 浙江老年报，2007 - 12 - 21.

第五章　新中国十大建筑

为迎接中华人民共和国成立10周年，中央人民政府决定在首都北京大兴土木，建设包括人民大会堂在内的国庆工程。由于这项计划大体上包括10个大型项目，故又称“十大建筑”。

从1958年9月5日确定国庆工程的建设任务，满怀激情的建设者仅仅用了不到一年的时间，到1959年9月就全部完成了人民大会堂、中国革命博物馆和中国历史博物馆、中国人民革命军事博物馆、北京火车站、北京工人体育场、全国农业展览馆、钓鱼台国宾馆、北京民族文化宫、民族饭店、华侨大厦共10座建筑，总面积达67.3万平方米。1959年9月25日，《人民日报》为此专门发了社论，盛赞这些建筑是“我国建筑史上的创举”。著名建筑师张开济回忆说：“20世纪50年代的国庆十大工程，在短短不到一年的时间内就全部建成，创造了世界建筑史上的奇迹。”

第一节　十大建筑的决策与调整

进入1956年，中国提前完成了第一个五年计划。全国人民的生活水平有了很大提高，精神面貌也发生了深刻的变化，中国共产党在全国各族人民心目中有着极高的威信，广大人民群众渴望能直接听到党中央的声音。于是，从1956年起，便酝酿在北京建设一个大型的礼堂，以供党中央开会使用。这个呼声到1958年时变得更加高涨。1958年7月，北京市规划局专门去莫斯科考察，准备筹建一座能够容纳万人的礼堂。8月，中共中央作出指示，为庆祝中华人民共和国成立10周年，中央设想在北京建一批包括万人大礼堂在内的重大建筑工程，这些工程还有革命博物馆、历史博物馆、国家剧院、军事博物馆、科技馆、艺术展览馆、民族文化宫、农业展览馆等。这些重大建筑必须在1959年国庆节时投入使用。

1958年9月5日，中共北京市委书记处书记、副市长万里在市政府会议上，传达了中央关于筹备庆祝国庆10周年的通知，要求在国庆10周年之前建好人民大会堂、革命博物馆、历史博物馆、国家剧院、军事博物馆、科技馆、艺术展览馆、民族文化宫、农业展览馆，加上原有的苏联展览馆（即北京展览馆）共十大建筑。此即最初所提国庆十大工程，又称十大建筑。

随后，设计、占地拆迁、工程准备等工作开始。1959年2月28日，周恩来总理在国务院会议厅召集各位副总理及有关部委的领导开会，商讨调整国庆工程问题，北京市有万里、吴晗、贾庭

三、赵鹏飞、沈勃等参加会议。当时，国庆工程占地需拆迁民房21000多间，而周转房仅有5000余间，致使4000多户居民要投亲靠友自行解决住房。政府曾接到拆迁户来信，反映居住困难问题。为此，会议就压缩、缓建一些国庆工程进行研究。尽管有人提出，清华大学师生连夜加班完成了国家剧院的设计工作，若推迟缓建，很难说服大家。周总理仍强调指出：我们修建国庆工程，须同时注意解决人民居住问题。不能像旧社会那样，只顾追求表面上的繁华，而不顾人民的实际困难。我们推迟一些建筑，把材料和劳动力省下来，解决人民的居住问题是完全必要的。总理指出，1959年北京计划新建30万平方米住宅，实在太少了，至少应新建50万平方米，并争取在国庆节前建成，以便能让困难户早日搬进新居。

此次会后，又经几度研究，鉴于原计划的十大建筑有的已经建成，如苏联展览馆；有的推迟缓建，如科技馆、艺术展览馆（即美术馆）、国家剧院；有的原来算作两座，如中国历史博物馆、中国革命博物馆，实际是一座建筑（大厦分南北两大部分，南半部为中国历史博物馆，北半部为中国革命博物馆）；有的虽为国庆工程却未列入十大工程，如钓鱼台国宾馆；有的当时正在兴建，后又列入国庆工程，如北京火车站、华侨大厦、民族饭店、工人体育场。所以，最后完成并确定为首都国庆的十大建筑是：人民大会堂、中国革命博物馆和中国历史博物馆、中国人民革命军事博物馆、北京火车站、北京工人体育场、全国农业展览馆、钓鱼台国宾馆、北京民族文化宫、民族饭店、华侨大厦。因而，20世纪50年代首都十大建筑，实际是1958年9月以后开工兴建的，在10周年国庆前夕竣工的十大献礼工程。这样此前已竣工的苏联展览馆、电报大楼，及此后竣工的艺术展览馆、工人体育馆都不应列入十大建筑。一些图书之所以误把上述工程列入，皆因不了解十大建筑产生的全过程。

第二节　十大建筑简介

一、人民大会堂

1958年9月8日，中共北京市委书记处书记、北京市副市长万里在中央电影院向在京的设计、施工单位的专家做动员报告。他指出，中央政治局扩大会议作出了1959年要大规模地庆祝国庆10周年、展现中国各方面成就的决定。届时将邀请外宾和华侨来参加国庆活动，需要建设万人大会堂和5000人的大宴会厅以及居住的宾馆等重点工程。这些工程要少而精，既实用又美观；既保证质量，又讲究艺术，且要具有民族风格和特色。同时，万里还对其他几个重大建筑项目作了明确指示。

报告会结束后，根据中央指示，向各地的建筑专家发出了邀请信，共同进京研究相关工作事宜。由于各省、区、市领导对这次邀请极为重视，所以各地被邀请的建筑专家在9月10日晚就已到齐。到京后，有关方面便立即要求各路专家在5天之内拿出第一稿方案。9月15日，第一稿方案如期完成。到9月20日，专家组已经进行了第三稿方案的设计。面对如此快的进度，刘仁、郑天翔、万里等要求专家们再广开思路，解放思想，不拘一格。应当承认，许多建筑专家在解放后确实做过不少建筑设计工作，但他们从未设计过规模如此宏伟和高质量的建筑物，所以，第三稿所提出的方案仍属老一套者居多。同时，由于老专家间不好互提意见，设计方案进展不大。由于方案定不下来，一切工作就无法正常进行，各方面的领导都很着急。周恩来得知这个情况后，专门指示专家组还要进一步解放思想，要广泛发动群众，可以让一些优秀青年专家参加到方案设计中来。根据周恩来的指示，专家组的青年人逐渐多了起来。由于年轻人思想活跃，老框框少，与老专家结合在一起便能取长补短、互相促进、共同提高。经过新老专家的反复讨论，专家组主要在以下 5 个问题上存在较大争议：一是大会堂的地基是在天安门前正阳门部位，还是在天安门广场西侧；二是大会堂的高度是否可以超过天安门；三是大会堂和革命历史博物馆的距离是 350 米、400 米，还是 500 米；四是大会堂要不要大屋顶；五是纪念碑左右是摆两个建筑物还是摆四个。

经过最后研究讨论，北京市委在第四稿的基础上，就专家组提出的问题作出如下决定：一是大会堂的位置在广场西侧，包括宴会厅、会议室等辅助设施；二是大会堂的高度可以超过天安门，但要注意协调；三是大会堂和革命历史博物馆的距离为 500 米；四是纪念碑左右各摆一个建筑物；五是在形式上要尽量发挥大家的创造积极性。决定最后报请总理审定。

根据北京市委指示，专家组随即又拿出了第五稿方案。上级对专家组提出的“大会堂正门中心是否正对纪念碑的中心”“宴会厅的位置在大会堂南边还是北边”“大会堂和革命历史博物馆是否完全对称”三个问题给予了答复：“大会堂正门中心不要正对纪念碑，其余问题可发动建筑专家们进一步研究。”此后，专家组又在 1958 年 10 月 4 日拿出了第六稿方案。

1958 年 10 月 6 日，国庆工程设计总指挥部将大会堂、革命历史博物馆和国家剧院的第六稿方案送到中南海总理办公室，请周恩来审定方案。周恩来听了汇报后，又认真地看了各个方案，然后指着北京建筑设计院的方案，用商量的口气说：“大会堂是不是这个方案比较好一些？”同时又指着一个设计有大屋顶的方案说：“这个可以作美术馆的建筑形式。”接着又说：“革命历史博物馆可以和大会堂基本对称，但建筑面积要小一些，做成一实一虚。”关于万人大会堂内部的形式，设计方案已有圆形、方形、六角形、扇形和椭圆形等几种形状。周恩来审视了一会儿又说：“大会堂要看得好，听得好，是不是可以采用这种形式？”说着，他用笔在纸上画了一个近似的马蹄形，又补充说：“你们研究一下，是不是这样好一些？”

从中南海回来后，专家组根据周恩来的指示，又做出了第七稿方案。1958 年 10 月 9 日，当第七稿方案送交总理同意后，选取七稿中较有特点的 8 个方案，制成照片，向全国 27 个省及一些大城市进一步征求意见。

经过前七稿方案的探讨，专家组共做出 84 个平面图，189 个立体图。之后又请清华大学、北京建筑设计院和北京市规划局分别组织少数有经验的建筑师，在发往全国的 8 个方案的基础上各做一个综合方案，以便最后提请总理审定。至此，外地来京参加国庆工程设计的专家陆续离京。1958 年 10 月 14 日，周恩来审查了专家组送交的由清华大学、北京建筑设计院和北京市规划局设计的 3 套方案。他首先详细地看了 3 套方案的平面图和立体图，同时，还反复查看了规划局的设计方案，从远及近，又由近及远，并一再征求在场同志的意见，最后决定采用北京市规划局的设计方案。总设计师是张镈。

人民大会堂

图片来源：http：//news. rexian. net. cn/2014/0815/565467. shtml。

人民大会堂完全由中国工程技术人员自行设计、施工，1958年10月动工，1959年9月建成，仅用了10个多月的时间就建成了。人民大会堂集中了当时全国各地的建筑材料，建筑工人加班进行建设，创造了中国建筑史上的一大创举。

人民大会堂建筑风格庄严雄伟，壮丽典雅，富有民族特色，以及四周层次分明的建筑，构成了一幅天安门广场整体的庄严绚丽的图画。大会堂壮观巍峨，建筑平面呈“山”字形，两翼略低，中部稍高，四面开门。外表为浅黄色花岗岩，上有黄绿相间的琉璃瓦屋檐，下有5米高的花岗岩基座，周围环列有134根高大的圆形廊柱。人民大会堂正门面对天安门广场，正门门额上镶嵌着中华人民共和国国徽，正门迎面有12根浅灰色大理石门柱，正门柱直径2米，高25米。四面门前有5米高的花岗岩台阶。人民大会堂建筑主要由三部分组成：进门便是简洁典雅的中央大厅。厅后是宽达76米、深60米的万人大会堂；大会堂北翼是有5000个席位的大宴会厅；南翼是全国人大常务委员会办公楼。大会堂内还有以全国各省、市、自治区名称命名、富有地方特色的厅堂。内部设施齐全，有声、光、温控制和自动消防报警、灭火等现代化设施。

二、中国历史博物馆和中国革命博物馆

中国历史博物馆前身是国立历史博物馆，筹建于1912年，馆

中国历史博物馆

图片来源：http：//news. rexian. net. cn/2014/0815/565467_ 2. shtml。

址最初在北京国子监旧址，1917 年迁至故宫午门、端门及东西朝房。新中国成立后，党和政府对博物馆事业十分重视，于 1958 年 8 月决定在天安门广场东侧兴建新馆，馆舍在次年 9 月落成，定名为中国历史博物馆。“中国通史陈列”是中国历史博物馆的基本陈列，展出了从距今 170 万年的元谋人开始至 1912 年清朝皇帝退位前的历史，包括文物资料 9000 余件。“中国通史陈列”自展出以来，接待了数以万计的国内外观众，向人们展示了中国悠久的历史和灿烂的文化。

中国革命博物馆前身是中央革命博物馆筹备处，成立于 1950 年 3 月。筹备处最初设在北海团城，不久迁入故宫西华门武英殿。1958 年 10 月开始在天安门前修建新馆，1959 年 8 月落成。1960 年 8 月定名为中国革命博物馆，筹备处同时撤销。中国革命博物馆占地 46000 平方米，建筑面积 32500 平方米。收藏我国自 1840 年鸦片战争以来近现代革命历史文物 12 万件，列为一极品的就有 2224 件，如林则徐、邓廷祯、怡良合奏虎门销烟完竣的奏折，太平天国天王洪秀全的玉玺，清帝宣统退位诏书，陈望道译《共产党宣言》全译本，李大钊遇害时的绞架，方志敏《可爱的中国》手稿，第一届全国政协代表的签名簿，中央委员会通过的中华人民共和国国徽、国旗模型，开国大典时毛泽东在天安门城楼上按电钮升起的第一面五星红旗等珍贵的历史文物，生动地再现了中国人民为争取自由与民主的斗争史。中国革命博物馆的基本陈列《近代中国》反映从 1840 年鸦片战争到 1949 年中国人民取得最后胜利，建立中华人民共和国的历史。陈列展示了中华民族为救亡图存，反抗帝国主义的侵略和封建主义的压迫，前仆后继，英勇斗争的精神和活动，全面科学地反映了近代中国社会的发展历程，多侧面地反映了中国近代社会经济、文化、教育、科技、艺术等方面的发展，印证了中国人民选择中国共产党和社会主义道路的必然性。

1969 年 9 月，中国革命博物馆和中国历史博物馆合并，称中国革命历史博物馆。

三、中国人民革命军事博物馆

1958 年 8 月，中共中央政治局北戴河会议决定，为庆祝国庆 10 周年，在北京新建革命博物馆、历史博物馆、军事博物馆等博

中国人民革命军事博物馆

图片来源：http：//www. qingdaonews. com/gb/content/2008 –04/16/content_ 7837435. htm。

物馆和展览馆。9月10日，中央军委第115次会议讨论通过在北京兴建军事博物馆的决定。10月12日举行开工典礼。1959年3月12日，经中共中央军事委员会批准，将正在筹备的军事博物馆正式定名为“中国人民革命军事博物馆”。1959年7月，中国人民革命军事博物馆竣工。

中国人民革命军事博物馆是中国唯一的大型综合性军事历史博物馆，占地面积8万多平方米，建筑面积6万多平方米，陈列面积4万多平方米。主楼高94.7米，中央7层，两侧4层。博物馆正门上方“中国人民革命军事博物馆”匾额是毛泽东主席亲笔书写。

四、北京火车站

北京站历史可追溯到公元1901年（清光绪二十七年），原址位于正阳门瓮城东侧，始建于1901年，建成于1903年，旧称“京奉铁路正阳门东车站”。历史上曾沿用前门站、北京站、北平站、北平东站等站名。1949年9月30日改称“北京站”至今。

北京站现址1959年1月20日开工兴建，9月10日竣工，9月15日开通运营。原址被拆除。北京站成为当时中国最大的铁路客运车站。北京站建筑雄伟壮丽，浓郁民族风格与现代化设施设备完美结合，其建设速度之快、规模之大，堪称中国铁路建设史上的一个奇迹。

北京站占地面积25万平方米。总建筑面积8万平方米。车站布局为纵列式，分为到发场、交接场、调车场。北京站站舍大楼坐南朝北，东西宽218米，南北最大进深124米。站前广场面积4万平方米。

北京火车站

图片来源：http：//news. rexian. net. cn/2014/0815/565467_ 10. shtml。

1959年9月13日至14日，北京站新站建成之始，毛泽东主席、刘少奇主席、朱德委员长、周恩来总理和中央其他领导同志，曾先后到站视察，毛泽东主席视察新建北京站后亲笔题写“北京站”站名。车站根据周总理指示将这三个立体大字放置车站正面中央正上方。

五、北京工人体育场

1958年9月5日，北京工体项目被正式确定为首都工人阶级向建国10周年的献礼工程。随即，建设者们用11个月零13天的时间将工体项目工程全部建设完成。1959年9月13日，一座巨大的椭圆型建筑，在当时北京东郊的一片大苇坑上拔地而起，成为当时的“北京十大建筑”之一。体育场占地35公顷，建筑面积 8 万多平方米，能容纳 7 万观众。

北京工人体育场

图片来源：http：//news. rexian. net. cn/2014/0815/565467_ 9. shtml。

六、全国农业展览馆

全国农业展览馆作为国庆 10 周年首都十大建筑之一，其地理位置、规模、布局和风格均由周恩来总理亲自审定。展览馆位于北京市东三环北路农展桥东侧，地理位置优越，有京都“龙眼”宝地之说，可谓“风水好、有灵气”，交通十分便利，四通八达。全馆占地 52 公顷，拥有 10 座中国传统建筑风格的展览馆，建筑总面积达 25000 平方米。展览馆 1959 年正式落成后，举办了新中国成立后第一个全国性的大型展览——国庆 10 周年全国农业成就展览。从此，全国农业展览馆名震京华，令世人瞩目。

全国农业展览馆

图片来源：http：//news. rexian. net. cn/2014/0815/565467_ 8. shtml。

七、钓鱼台国宾馆

钓鱼台国宾馆是坐落于北京海淀区玉渊潭东侧的一处古代皇家园林及现代国宾馆建筑群。始建于金代的古钓鱼台，迄今已有800余年。至清代，乾隆皇帝（公元1736年至1795年）敕命疏浚玉渊潭并在此兴建行宫，收为皇家园林。

中华人民共和国政府为隆重庆祝国庆10周年，接待来华参加国庆的外国元首及政府首脑，于1958年选址古钓鱼台风景区，责成外交部组织、筹划、营建国宾馆，并定名为“钓鱼台国宾馆”。经一年多努力，于1959年建成17栋接待楼，全部是二层青砖红瓦楼房。各楼从中心湖南侧起始，沿逆时针方向，由“一号楼”

编号至“十八号楼”，钓鱼台国宾馆于1959年国庆庆典前夕启用，以后陆续有扩建修葺。钓鱼台国宾馆园区南北长约1公里，东西宽约0.5公里，总面积42万平方米，总建筑面积16.5万平方米，湖水面积5万平方米。

钓鱼台国宾馆

图片来源：http：//news.rexian.net.cn/2014/0815/565467_3.shtml。

钓鱼台国宾馆环境宁静幽雅，楼台亭阁间有绿荫花卉、林木石桥，古典情调与现代建筑和谐结合。

八、北京民族文化宫

民族文化宫坐落在北京长安街西侧，于1959年9月建成，是一座具有博物馆性质的民族风情展览馆。它的建立，体现了党和国家的民族政策，是中国56个兄弟民族平等、团结、进步、繁荣的象征。

民族文化宫建筑独特，极具民族情调。文化宫建筑面积32000平方米，主楼13层，高67米，东西翼楼环抱两侧，中央展览大厅向北伸展，飞檐宝顶冠以孔雀蓝琉璃瓦，楼体洁白，塔身高耸。整个建筑造型别致、富丽、宏伟、壮观，具有独特的中国民族风格。在国内外享有很高的声誉，深受全国各族人民的喜爱。曾被英国出版的《世界建筑史》列为新中国“第一宫”。

北京民族文化宫

图片来源：http：//news. rexian. net. cn/2014/0815/565467_ 5. shtml。

民族文化宫的宗旨是：为民族文化事业服务，为民族工作服务，为各民族的团结进步事业服务。1959年10月1日，在中华人民共和国建国10周年之际，伴随着民族文化宫的落成，《十年来民族工作展览》经由周恩来、朱德、邓小平、宋庆龄等党和国家领导人亲自审定后对外展出。刘少奇、周恩来、陈毅、李富春、彭真、李先念等党和国家领导人，以及西哈努克亲王、墨西哥总统等国际友人，都曾亲临民族文化宫博物馆，出席展览开幕仪式、参观展览或出席相关会议活动。这次展览，展示出各族人民在中国共产党领导下，政治、经济、文化等方面所取得的光辉成就，教育和鼓舞了各族人民，使民族平等、团结政策深入人心。

九、民族饭店

北京民族饭店位于西城区复兴门内大街北侧，1959 年开业，经周恩来总理提议命名。民族饭店在 50 年代末堪称中国五星级饭店，建筑面积 4.7 万平方米。有各类客房 473（间）套。设有中餐厅、潮州餐厅、海鲜火锅餐厅、咖啡厅、西餐厅和土耳其烧烤

民族饭店

图片来源：http：//news. rexian. net. cn/2014/0815/565467_ 6. shtml。

餐厅。中餐主营淮扬菜、山东菜、潮州菜、川菜、港式粤菜火锅和傣、侗、新疆等少数民族风味菜。西餐擅长俄、法、意式大菜，土耳其特色烧烤和西式糕点。

民族饭店是北京第一个在建筑技术上采用预制配式钢筋混凝土框架结构体系的高层建筑。曾经有欧美、亚非拉等30多个国家的元首随行团在这里下榻，并举办酒会、记者招待会。举世瞩目的中美关系正常化的最新消息就是从这里向全世界发布的。

十、华侨大厦

新中国成立初期，周恩来总理就向海外侨胞承诺，要在北京为侨胞建个家。后在著名爱国华侨领袖陈嘉庚倡议下，北京华侨大厦建成，北京华侨大厦也因此得名。旧华侨大厦建成后迎来的

华侨大厦

图片来源：http：//news. rexian. net. cn/2014/0815/565467_ 7. shtml。

第一批客人，是全国各地来北京参加国庆10周年庆典的侨胞。在新中国十大建筑中，它规模最小。1988年，旧华侨大厦被拆除重建。如今名称犹存，实物难寻。

第三节　十大建筑的时代特点

20世纪50年代首都十大建筑同后来八九十年代十大建筑相比，有其独特的时代特点。

第一，规模大、工期短。以当时的国情而言，一是占地面积大，如农展馆占地50多公顷，比天安门广场还大；二是建筑面积大，如北京火车站达25万平方米、人民大会堂达17万多平方米，比明清两代经营了数百年的皇宫总建筑面积还大；三是工期短，从开工到竣工也就一年，如人民大会堂工期仅10个月。

第二，中央决策、全国支援。十大建筑是1958年8月北戴河举行的中央政治局扩大会议决定的、周总理亲自审定设计方案，专门委派国务院一位副秘书长负责联系工程建设事宜。他说："要古今中外，一切精华，皆为我用，中国人民之所以伟大，就因为我们能吸取世界一切好的东西。"时任中共中央总书记的邓小平曾作出指示：修建中要贯彻少而精、质量要好、艺术要精。18个省市和中央有关部门派来施工队伍，提供物资，承接任务，仅建筑工人就有14000多人。十大建筑凝聚了全国人民的智慧和创造精神。

第三，土洋结合、革命加拼命。全国劳模、原北京建工集团高级工程师杨嗣信把十大建筑的建设概括为四句话："小米加步枪”，“土洋结合，以土为主”，“粗粮细做”，“革命加拼命”。他说，当时大部分是土机器，上不去，就用卷扬机代替塔吊。人民大会堂好多水磨石、木装修，现在看这些材料土里土气，可做出的活却是一流，质量一直到现在还那么好。这就是“粗粮细做”。另外就是“革命加拼命”，24 小时连轴转，涌现了一批青年突击队。

第四，推动了城市建设，确立了北京城市布局。国庆十大建筑与改扩建天安门广场的工程同步进行。广场发展了原有的南北中轴线，打通、展宽、延伸了长安街，十大建筑中的人民大会堂、中国历史博物馆和中国革命博物馆、军事博物馆、民族文化宫、民族饭店和北京火车站等 6 个建筑耸立长安街两侧，形成新的东西轴线——神州第一街。两线垂直相交于天安门广场，改建后的广场达 40 公顷，雄伟、壮丽、宽阔，可供 50 万群众进行集体活动。改变了北京旧城以故宫为中心、体现封建帝王唯我独尊的格局，呈现出人民当家作主的新中国首都的新风貌。

第四节　新中国的建筑方针

2000 多年前，维特鲁威在《建筑十书》中提出了“实用、坚固、美观”的建筑原则，成为建筑经典思想，至今仍启迪着世界的建筑学人。

1952 年 7 月，第一次全国建筑工程会议提出建筑、设计的总方针：（1）适用；（2）坚固安全；（3）经济；（4）适当照顾外形的美观。1955 年 2 月，建筑工程部召开设计及施工工作会议，明确提出全国的建筑方针，就是“适用、经济、在可能条件下注意美观”。1956 年，国务院下发了《关于加强设计工作的决定》，明确提出“在民用建筑的设计中，必须全面掌握适用、经济、在可能条件下注意美观的原则”。

“适用、经济、在可能条件下注意美观”的建筑方针较为原则，比如，对“在可能条件下注意美观”就存在不同的理解，有的认为：既然是“在可能条件下注意美观”，就是可要可不要美观，没有条件就可不注意建筑的美观了；也有的把适用、经济和美观对立起来，认为要美观就要多花钱，钱少了就达不到美的要求。于是，有些设计就尽量减少装饰，搞得过于简陋。对此，梁思成先生曾说过：“作为建筑师应该在任何条件下注意美观”，同意梁先生意见的有不少人。但实际上，当“面积”和“造价”都卡得很紧，主要是解决“有”“无”问题时，除了不“零乱”外，对“美观”很难有所作为。

关于如何正确理解建筑方针和“可能条件下的美观”问题，李富春在 1955 年 6 月 13 日，中央各机关、党派、团体的高级干部会议上作题为《厉行节约　为完成社会主义建设而奋斗》的报告时指出：“……在第一个五年计划开始的第一年，中共中央还提出了‘适用、经济，在可能条件下注意美观’的基本方针，所谓‘适用’就是要合乎现在我们的生活水平、合乎我们的生活习惯并便于利用，所谓‘经济’就是要节约，要在保证建筑质量的基础上，力求降低工程造价，特别是关于非生产性的建筑要力求降低标准，在这样一个适用与经济的原则下面的‘可能条件下的美观’就是整洁朴素而不是铺张浪费。”

我国的建筑方针强调了“适用、经济、美观”三要素“三位一体”的建筑原则，要素简单、关系简单、表述简单，易于共识。这一方针既讲了目的，又讲了手段；既是建筑工作的基本方针，也是建筑创作的指导思想。广大建筑工作者根据“适用、经济，在可能条件下注意美观”的方针，进行了大量的建筑实践活动，很多设计师既注意建筑的使用功能，又注意建筑的风格及美观。因此，在中国出现了一批适用、经济而又美观的建筑物。

天安门广场和人民大会堂是10周年国庆工程的核心和“重中之重”，周总理要求古今中外，一切精华皆为我所用。万里和彭真、刘仁等北京市领导同志更是谨慎从事、精心设计、精心施工。“十大建筑”在艺术创作方面作出大胆尝试：人民大会堂、中国革命博物馆和历史博物馆采用了欧洲古典立柱建筑形式，在内部和外部装饰等方面却以民族建筑的手法进行了处理；民族文化宫、全国农业展览馆、北京火车站外观更注意借鉴民族建筑形式。“十大建筑”有6项建在北京旧城区内，分别为人民大会堂、中国革命历史博物馆、民族文化宫、民族饭店、北京火车站和华侨大厦。这批规模宏大、气势雄伟的现代化建筑，都体现了“适用、经济、美观”的建筑原则，它们的建成标志着以天安门广场和人民大会堂为代表的“国庆十大工程”取得巨大成功，不仅美化了全国人民的首都——北京，而且在全国人民心中留下了美好、自豪的印象，更体现了新中国的蓬勃生命力和人民建设社会主义的火热豪情。

相关链接　“人民大会堂”命名的由来

1959年9月9日凌晨，就在人民大会堂即将竣工之时，万里和国务院副秘书长齐燕铭等陪同毛泽东视察人民大会堂。

毛泽东向万里询问工程情况，万里一一作汇报。当毛泽东听万里说只用了10个月时间就完成了比花10多年时间才初步完成的故宫总面积还大的工程时，毛泽东风趣地说：“你是万里嘛！别人是日行千里，而你是日行万里。施工进度好快啊！很好！”毛泽东问：“你们现在怎么叫这座建筑物的？”万里回答：“施工中叫人大礼堂工程，有的人主张叫人民宫。”毛泽东说：“有些封建。”万里接着说：“还有人说叫全国人民代表大会堂。但大家觉得名字太长，不易上口。”毛泽东听后打比方说：“人们问老百姓，你到哪里去了？老百姓一定说，到人民大会堂去，就叫人民大会堂吧！”自此，万人大会堂正式定名为人民大会堂，沿用至今。

建成之后的人民大会堂在中国人民心目中占据了一个重要位置，它长久地牵动着全国各族人民的特殊情感，象征着人民当家作主的政治寓意。著名作家冰心曾这样写道：“走进人民大会堂，使你突然地敬虔肃穆了下来，好像一滴水投进了海洋，感到一滴水的细小，感到海洋的无边壮阔。”

参考资料

[1] 北京十大建筑：一次无与伦比的奇迹［EB/OL］.（2014-10-02）. http：//news. cnr. cn/special/cscq/news/201410/t20141002 _

516541748. shtml.

[2] 新中国的建筑奇迹 [EB/OL]. (2014-09-03). http://www. xzbu. com/1/view-6139441. htm.

[3] 陶宗震. 新中国"建筑方针"的提出与启示 [J]. 南方建筑, 2005 (5).

第六章　甩掉“贫油”的帽子

石油被誉为“黑色金子”“工业血液”，对于发展国民经济、推动社会进步有着极端的重要性。全国解放前夕，米高扬受斯大林委托转告毛泽东，根据第二次世界大战的经验，有两样东西很重要，一个是石油，另一个是橡胶。毛泽东对此十分赞同。

然而，新中国成立初期，我国石油工业的基础却十分薄弱，全国只有甘肃玉门老君庙、陕西延长、新疆独山子等几个小油田，累计探明石油地质储量不到0.3亿吨，全国只有8台破旧的钻机，52口油井。1949年石油产量仅有12万吨，只占当年能源总产量的1/100，这对于百废待兴的新中国来说，无异于杯水车薪。因为缺油，首都北京的汽车背上了煤气包，有的地方汽车甚至烧起了酒精、木炭。为了搞生产、搞建设，新中国不得不大量进口“洋油”，1949年“洋油”的进口量超过200万吨，所耗资金占中国进口物资花费的第三位。而一些西方国家基于新中国“贫油”

的状况，对新中国实行石油禁运，企图将红色政权扼杀在摇篮里。石油极度匮乏让经济发展滞后的新中国举步维艰，毛泽东对此可谓忧心忡忡，他说：要进行建设，石油是不可或缺的，天上飞的，地上跑的，没有石油转不动啊！朱德也痛心地说：石油重要啊！没有油，坦克、大炮还不如个打狗棍，打狗棍拿着还可以打狗，坦克、大炮没有油就开不动啊！毛泽东甚至做起了发展人造石油或从油母页岩中提取石油的打算。可以说，一顶“贫油”的帽子，压得新中国喘不过气来。尽快发展石油工业，成为非常急迫的事情。

第一节 “贫油”帽子的由来

中国是世界上最早发现和利用石油的国家之一，早在2000多年前就在陕北发现了石油。然而，自1878年近代石油勘探技术在中国出现以后的近半个多世纪里，中国的石油工业几乎没有什么发展，过着依赖“洋油”的日子。据史料记载：早在1867年，中国海关就曾进口“洋油”。到了1894年，进口的“洋油”达24万吨，耗银800万两，仅次于用于购买鸦片的外流白银。而在1904年至1949年的45年中，各种“洋油”高达2788万吨，总价值近33亿美元，而平均每年生产石油只有6.5万吨。

尽管当时中国的石油工业十分落后，但国人对我国的石油仍抱有很大希望。1910年在天津出版的《地学杂志》第八号，便曾乐观地报道：“吾国石油，蕴藏綦富，征之于古，自晋唐以来，已有载之篇籍者……延长一县，周二百里内外，皆有油质外溢，加之产富质良为各处冠，西人谓其面积之广约北美油田十分之四，当不诬也。”对于这个延长油矿，国人可谓寄予厚望，1903 年即筹办开发，后又开办延长石油公司经营。

《地学杂志》

图片来源：http：//a4. att. hudong. com/12/23/16200000193979133843234036426. jpg。

1914 年至 1916 年，美孚石油公司技术人员在陕北延长及山东、河南、甘肃、河北、东北和内蒙古等地区进行石油勘探调查，却没有什么收获。当时主管地质矿业的农商总长田文烈惋惜地承认：“石油则陕西一省最称丰旺，自年前一经美孚公司之勘测，已证为绝无巨大之价值。”“瞻念前途，逸焉多虑。”那些在中国做过地质调查的外国人，主要是美国人，在陕北探油失败后，写了一些谈论中国石油的文章。这些文章大多对在中国找到丰富油藏的可能性表示了怀疑或悲观的态度。其中，美国地质学家艾·斯达金于1920年公开声称："中国的石油储量极其贫乏。"而美国斯坦福大学地质学教授勃拉克韦尔德则在1922年写了一篇题为《中国和西伯利亚的石油资源》的论文，他在其中指出，中国没有中、新生代海相沉积，古生代沉积也大部分不生油，除了中国西部、西北部某些地区外，所有各个年代的岩层都已剧烈褶皱、断裂，或多或少被火成岩侵入，并由此得出了"中国决不会生产大量石油"的结论。美孚公司的勘探失败对世界影响很大，"中国贫油"的舆论从此在世界范围传播开来。

日本帝国主义在侵占中国东北前后，曾耗费十几年时间，投入了大量的人力、物力和财力，在牡丹江、辽宁锦州和阜新、内蒙古的扎赉诺尔以及河北省承德等地进行石油地质调查，但最终一无所获。日本投降以后，内野敏夫等人编写了《东北矿产》一书，认为：在东北找石油没有希望。1945年，国民党政府从美国请来地质学家芮奇，他在中国石油储量这个问题上的意见是："建议你们忘却了吧。"几十年的探索都没能有可喜的发现，谁也没能摘掉中国"贫油"的帽子。

第二节　理论上的突破

长期以来，传统石油地质理论认为石油仅仅为海洋生物生成，即所谓的"海相生油"。这一理论认为，浅海中每年都有大量的浮游生物死去并且沉到海底，河流又把大量枯萎的植物和淤泥带到海洋，植物和浮游生物混合在一起，然后淤泥和盐分又把它们覆盖起来，于是在海底形成一种沉积物。当这些植物和动物腐烂时，沉积物中就开始生成油气。

“海相生油”理论得到了许多专家的论证。1863 年，加拿大著名石油地质学家 T. S. 亨特阐明了石油的原始物质是低等海洋生物；前苏联地球化学之父 B. A. 别纳科依在其名著《地球化学概论》中也明确指出，石油是海洋生物生成的；美国明尼苏达大学埃蒙斯教授于 1921 年断言：“所有的产油层几乎毫无例外地都是海相地层或与海相地层密切相关的淡水地层。”事实上，20 世纪 50 年代以前所发现的大多数含油气盆地的生油岩都是海相沉积地层，并且世界上产油量多，储量最大、最丰富的中东地区的生油岩也都是海相地层。这也清楚地说明，世界范围内海相生成的石油十分广泛，一般情况下也最丰富，而陆相生成的石油较具局限性。

由于中国缺少海相地层，并且数十年来未能发现大油田，恰似验证了“海相生油”理论的准确与可靠。这一理论也在一定程度上成为在中国寻找石油的思想禁锢和认识误区。即便到了 20 世纪 40 年代，认为我国石油储量不丰的中国地质学家不止一位，包括一些提出了陆相地层可以生成石油的学者，也不抱乐观的态度。甚至到了解放前夕，我国知名地质学家谭锡畴在他的《世界工业矿产概论》中，还认为我国自产石油“实不足供万一之用”，“在世界石油矿业中甚难占得一席也”。他提出将来可向印尼、缅甸、中东、苏联以及远向美国进口石油的主张。

当然，也有不少人提出了不同看法，李四光在 1928 年发表的《燃料问题》一文中指出：“美孚的失败，并不能证明中国没有油田可办。”他认为：“中国西北方出油希望虽然最大，然而还有许多地方并非没有希望。据说热河也有油苗，四川的大平原也值得好好研究，和四川盆地类似的地域也不少，都值得进行一番考察。”1935 年至 1936 年，李四光在英国讲学期间写的《中国地质学》一书中提到“东海、华北有经济价值的沉积物”，其中的“沉积物”实际指的就是石油。

20 世纪 20 年代至 30 年代，以谢家荣、潘钟祥、黄汲清、孙健初等为代表的地质学家先后到陕北高原、河西走廊、四川盆地及天山南北进行油气地质调查，分别于 1937 年和 1939 年在陆相盆地中找到了新疆独山子油田和甘肃玉门老君庙油田，拉开了探索中国陆相生油理论的序幕。

1932 年至 1934 年间，潘钟祥先后 4 次赴陕北调查石油及油页岩，发现油苗主要产于三叠系延长层及侏罗系延安组中，岩层由灰绿色砂岩、页岩、少量灰黑色灰岩及煤层组成，砂岩常成交错层状，主要为河流、沼泽、泥沼及湖相沉积，含植物、淡水瓣鳃类和鱼类化石，没有海相化石及其他海相迹象，无疑属陆相沉积。1935 年他赴四川调查石油地质，发现油气产于白垩系下部的自流井层（后划为侏罗系）。由灰黑色页岩及一、二层石灰岩组成，富含瓣鳃类化石，是湖相沉积，对“四川主要油层，普遍均相信属于上三叠纪”（海相地层）表示怀疑。1940 年，潘钟祥赴美国堪萨斯大学和明尼苏达大学学习石油地质学及矿床学。在美学习期间，他从浩瀚的文献中发现了诸如美国科罗拉多州西北部泡德瓦斯油田的原油产于陆相第三系的例证，并于 1941 年在美国《石油地质学家协会志》（AAPG）上发表了题为《中国陕北和四川的白垩系石油的非海相成因问题》的论文，其中明确指出：“石油也可能生成于淡水沉积物，并且可能具有工业价值。”这是中国人最早提出的“陆相生油”论点，也是中国学者首次将有创新观点的石油地质学研究成果介绍到世界上，受到国外石油地质学家的重视。著名地质学家黄汲清院士评论说，该文“明确提出了陆相地层也可以生油并能形成油田，这在当时是一种新颖的见解。它对中华人民共和国成立以来的找油工作有着重大影响”。

1943年，黄汲清在其领衔完成的《新疆油田地质调查报告》里提出了“多期多层生储油”的陆相沉积生油学说，他指出：“‘陆相生油说’看起来似乎很简单，实际上关系重大。如果准噶尔盆地和酒泉盆地，即中国西部的陆相盆地，可以形成有经济价值的油田，那么，中国东部的陆相盆地，例如，华北盆地和松辽盆地，也可以形成同样的油田。”可以说，“陆相生油”理论的提出，突破了“中国贫油”论的束缚，为在中国陆相盆地中找到大量石油提供了依据。

20世纪40年代中期，中国地质工作者在玉门油田所开展的古生物研究工作，又为证实陆相地层生油提供了新的佐证。1948年翁文波把松辽盆地列为具有含油远景的地区。1951年，潘钟祥提出中国石油大多生于沉积盆地之中的“盆地说”。从1955年开始，人们在新疆准噶尔盆地找到了克拉玛依油田，并陆续在酒泉、柴达木、塔里木、四川、鄂尔多斯等盆地找到了油气田，进一步明确了陆相沉积含油，是中国石油地质的特征。随着新中国石油事业的蓬勃发展，潘钟祥进一步研究了陆相生油问题，1957年发表了《中国西北部的陆相生油问题》，他研究了从20世纪40年代以来中外学者有关陆相生油问题的研究成果及看法，介绍了中国西北部的陆相油田，略述了外国陆相生油的实例和现代湖相沉积中所含的碳氢化合物等，认为中生代第三纪，中国西北部有许多大小不等的内陆盆地，其中沉积了湖相、沼泽相及河流相的沉积物，产有丰富的石油，进一步论证得出了“陆相不仅能生油，而且是大量的”这一重要结论。

第三节　高层决策与石油勘探

毛泽东主席历来从国家安全与发展的战略高度来看待石油的地位与作用，他迫切希望摘掉中国“贫油”的帽子，多次作指示、提要求、指方向。在 1952 年 8 月 7 日，李四光被国务院任命为新中国地质部的第一任部长后，毛泽东多次强调：新中国的地质工作，必须首先重视调查研究。1953 年，他又特别强调，新中国的“地质部是党的地质调查研究工作部”。1955 年，毛泽东指示周恩来大力支持地质部成立了地质力学研究室，后来在这个研究室基础上发展为专门的地质力学研究所。1956 年，他再次强调：“地质部是地下情况的侦察部，它的工作搞不好，一马挡路，万马不能前行……”

为适应石油工业大发展的需要，中央于 1955 年成立了石油工业部，毛泽东亲自点将，提出由时任解放军总后勤部部长的李聚奎任部长。1958 年初，考虑到李聚奎年事已高，毛泽东又一次点将，亲自找到同样是解放军总后勤部部长的余秋里将军谈话，鼓励他挑起为祖国献石油的重担。毛泽东听说余秋里 43 岁，幽默地说“43 岁，儿童团嘛。”接着，他神情严肃地指出：我多次讲过，“夺取全国胜利，这只是万里长征走完了第一步。”“我们熟习的东西有些快要闲起来了，我们不熟习的东西正在强迫我们去做。”“我们必须克服困难，我们必须学会自己不懂的东西。我们必须向一切内行的人们（不管什么人）学经济工作。拜他们做老师，恭恭敬敬地学，老老实实地学。不懂就是不懂，不要装懂，不要摆官僚架子。”

毛泽东也十分重视石油工业部职工队伍建设。新中国成立后，百端待举的石油战线急需大批高素质的干部和职工。为了解决这一问题，1952 年 2 月，毛泽东以中央军委主席的身份发布命令，将西北野战军第 57 师整建制改编为“石油工程第一师”，7700 多名指战员投入石油工业，成为新中国第一代石油队伍的骨干力量。大庆会战时，为解决职工短缺，毛泽东又一次批准动员 3 万复员兵参加会战。后来，胜利石油会战、华北石油会战、江汉石油会战等都有大批转业军人和解放军部队作为主力参加。在毛泽东的直接关怀下，石油战线形成了以复员转业军人为骨干的、特别能战斗的职工队伍。

1953 年 12 月，毛泽东将时任地质部部长的李四光请到中南海菊香书屋，咨询中国石油资源的情况。当时，在座的还有刘少奇、周恩来、朱德等中央领导人。在谈话中，毛泽东问李四光：“外国的学者，也包括我们的某些学者，多少年来，几乎一致认定，只有海相地层才有工业开采价值的油田，而我国，大部分是陆相地层，这个问题你怎么看呢？”李四光十分肯定地回答毛泽东说：“我认为外国人那套理论在我们这里可以搁起。问题不在

'陆相'、'海相'，而在于有没有石油和储油的条件，在于对地质构造规律的认识。”接着，他根据数十年对地质力学的研究，从新华夏构造体系的观点出发，向毛泽东、刘少奇、周恩来、朱德等中央领导人分析了我国地质条件，指出：“在我国辽阔的领域内，天然石油资源的蕴藏量应当是丰富的。松辽平原、包括渤海湾在内的华北平原、江汉平原和北部湾，还有黄河、东海和南海，都蕴藏有石油。”听到这里，周恩来笑着说：“我们的地质部长很乐观啊！”毛泽东当即作了关于开展石油普查勘探的战略决策。

1953 年，地质学家李四光对中国地质进行了深入考察。经过 3 年的普查，发现许多有利于证明松辽盆地蕴藏油气的证据。1954 年地质部设立矿产普查委员会，李四光兼任主任委员，谢家荣、黄汲清等任常务委员，谢家荣兼总工程师。1955 年初，地质部召开第一次石油普查工作会议，规划实施 3 年石油普查战略方针。从这一年开始，在全国范围内开展了战略性的石油普查勘探工作。地质部组织了 24 个地质队、18 个物探队、20 个地形测量队、共 1200 多人的石油勘探队伍开赴全国各地，在一些辽阔的中、新生代沉积盆地中，在约 200 多万平方公里的面积内进行了程度不同的石油普查，打了 3000 多口普查钻井，总进尺 120 多万米。从所取得的大量地质资料看，不仅初步摸清了我国石油地质的基本特征，而且证实了我国有着丰富的天然石油资源。

1956 年 2 月，毛泽东在听取石油工业部负责人李聚奎、康世恩汇报时强调：“要在全国广泛开展石油勘探，要有全国规划。”在这一战略指导下，地质和石油部门对普查的资料进行研究，认识到松辽盆地是很有希望的含油盆地。1958 年 2 月，主管石油工业的邓小平听取余秋里的汇报时指出“石油勘探工作应从战略方面来考虑问题，要选择突击方向，排出先后次序，第二个五年计划期间，东北地区能够找出油来就很好”，“对于松辽，苏北等地的勘探，都可以热心一些，搞出一些初步结果”。根据这次谈话精神，石油工业部于1958年6月先后组建松辽石油勘探局、华东石油勘探局、华北石油勘探处，从此，石油勘探实施战略东移。正是石油勘探重点从西部转向东部，让大庆、胜利、华北、辽河等一系列大型油田横空出世，彻底改变了中国石油工业的面貌。

第四节 大庆石油大会战

根据石油勘探战略东移的统一部署，1958年下半年，松辽石油勘探局在黑龙江省安达县任民镇和吉林省前郭旗登娄库打了两口基准井——松基1井和松基2井。尽管这两口基准井均没有见到油流，但却查明了盆地的石油地质情况，取得了大量的岩心，为后来进一步勘探石油积累了可贵的地质资料。石油工业部领导专门组织了专家讨论，大家一致认为，不能简单下结论，同时，谨慎部署打第三口井。

1959年4月11日，在黑龙江省肇州县大同镇西北，小西屯以东2000米、高台子以西100米处，松基3井正式开钻。在井深1050米到1461米井段中连续取芯，都见到了油砂，“含油饱满，气味浓烈”，岩屑和钻井泥浆监测中也见到了油气显示。9月26日16时25分，松基3井喷出了低比重和含硫量的优质工业油流，这一喜讯通过电波迅速传播开来，国人为之欢欣雀跃！随后，勘探队在位于长垣上的另一个高点处的葡7井也钻出了油，这意味着松辽盆地发现了含油面积很大的油田。这一发现不仅为李四光的地质力学提供了极好的验证，还彻底否定了美国地质学家认为“中国决不会生产大量石油”的谬论，进而改写了中国石油工业发展的历史！

由于恰逢中华人民共和国成立10周年，出油的日子又临近国庆，时任黑龙江省委第一书记的欧阳钦提议，以大同镇为中心，包括周围有石油构造地区在内，成立大庆区，同时将大同镇改为大庆镇；而石油工业部领导在研究松辽油田勘探、开发方案时，也一致同意将新发现的油田命名为大庆油田。大庆油田的横空出世，是石油勘探战略东移结出的硕果，印证了我国陆相生油理论的伟大胜利，打破了中国“贫油”的论断，掀开了新中国石油工业崭新的一页！

1960年1月，石油工业部党组召开扩大会议，经反复研究和讨论，准备用集中优势兵力打歼灭战的方法，组织石油会战，进一步加快大庆油田的勘探和开发。并于同年2月13日，向中共中央提出了《关于东北松辽地区石油勘探情况和今后工作部署问题的报告》。报告中说：“最近，我们对东北松辽地区的石油勘探情况和今后工作部署问题，作了反复的研究和讨论。从现在已经掌握的资料来看，可以说形势很好，来头很大。目前，已经在黑龙江省肇州县大庆（原名大同镇）地区，探明了一块二百平方公里储油面积的大油田。初步估算，可采储量在一亿吨以上，大体上相当于新疆克拉玛依油田。产油情况很好，现在已经打出来的探井，经过一个多月的采油试验，平均每口井日产量在十二吨左右。”“油层产油性良好，出油稳定。油层埋藏不算很深，第一、二两组油层深度在一千米左右，而且地层松软，打井容易。总起来看，开发和建设这里的油田，有很多便利条件。整个大庆地区，从地质资料上看，是一个很大的适于储油的构造带，面积达两千余平方公里。现在拿到手的这块油田，仅是其中的一小部分，边界尚未摸到。看来，储油面积还会有大的扩展，远景非常乐观。”“根据这个地区的情况，我们认为应该下一个狠心，用最大的干劲，用最高的速度，迅速探明更大的油田面积和更多的新油田。为此，我们的部署是：第一、甩开钻探，在现已探明的二百多平方公里储油面积的四周，向外扩展。在两千平方公里的构造范围内部署钻探，以求迅速探明油田的面积和储量究竟有多大。第二、在已经探明的储量面积内，选择一两块地区，打出一批生产试验井，进行油田开采试验。第三、在大庆构造带以外的附近地区，还发现有许多好的构造，储油的可能性很大。准备用一部分勘探力量，有选择地进行钻探，以期找出新的油田。”“为了实现上述任务，我们打算集中石油系统一切可以集中的力量，用打歼灭战的办法，来一个声势浩大的大会战。”

中共中央于 1960 年 2 月 20 日批准了石油工业部党组的这个报告：“积极地、加快地进行松辽地区的石油勘探和开发工作，对于迅速改变我国石油工业的落后状况，有着重大的作用。”2 月 21 日，石油工业部在黑龙江省哈尔滨市召开了大庆石油会战第一次筹备会议。2 月 22 日，中共中央发文《中央决定动员三万名退伍兵给石油工业部》，使大批经过抗美援朝锻炼的骨干复员战士和转业军官投入到石油会战第一线。于是，石油系统 37 个厂矿、院校组织的人员，国务院一些部门人员以及老一辈石油人，会同转业军官及退伍兵，合计4万多人，在滴水成冰的3月，从四面八方迅速挺进到大庆，展开了轰轰烈烈的石油大会战。

1960年4月，喊出“宁肯少活二十年，拼命也要拿下大油田！”口号的铁人王进喜，率领1205钻井队在没有吊装设备，缺少水源等困难条件下，仅用5天零4小时的时间，打出了大庆的第一口油井——萨55井，创造了当时钻井的最高记录。这口井完钻井深1200.76米，于5月25日开始自喷生产，每日产油113吨。

“铁人”王进喜

图片来源：http：//ent. cctv. com/news/special/C12913/20040915/100454. shtml。

石油会战队伍集中的同时，勘探工作仍在进行。大庆长垣北部的 3 口探井相继喷出工业油流，对石油会战重点地区的转移起了推动作用。第一口探井位于萨尔图构造中央部位的萨 66 井，于 1960 年 3 月 11 日完钻喷油，日产原油 50 吨左右。第二口探井位于高台子以北、萨尔图以南的杏树岗构造上的杏 66 井，于 4 月 9 日完钻喷油，日产原油 27 吨。第三口探井则位于大庆长垣最北部喇嘛甸构造上的喇 72 井，亦于 4 月 25 日完钻喷油，用 5 毫米油嘴试油，日产原油 48 吨；用 14 毫米油嘴试油，日产原油 174 吨。这三口探井相继喷油，表明大庆长垣的含油面积又进一步向北延伸。在南起敖包塔，北到喇嘛甸的 800 余平方公里范围内，都发现工业油流，显示出了大油田的轮廓。长垣北部地区的地质条件优于南部地区，越往北地下油层越厚，油井产量越高，这意味着大庆油田是中国过去没有且在世界上也是少有的特大油田。为此，人们把萨 66 井、杏 66 井和喇 72 井三口探井喷油，称为“三钻定乾坤”。

在大庆油田钻出高产工业油流后，1961 年渤海湾盆地东营凹陷的“华 8 井”也开始喷油，接着又在 1962 年从“营 2 井”获高产油流，据此，1964 年 1 月 21 日石油工业部党组向党中央报告提出组织“华北石油会战”，1 月 25 日中央批准了这个报告，同意组织华北石油会战。随后相继发现胜利油田、大港油田等高产油田，开辟了渤海湾石油勘探新领域。

第五节 石油战线会战成就

1963 年，持续 3 年多的大庆石油大会战胜利结束，共探明面积达860多平方公里、地质储量达22.6亿吨的特大油田，这在当时是世界上为数不多的大油田。3年来，大庆油田开发建设了146平方公里的油田，累计生产原油1166.2万吨，占全国同期原油产量的51.3%，共完成财政上缴10.6亿元，除回收投资外，为国家积累资金3.5亿元。而1963年当年，全国生产原油647.8万吨，仅大庆油田就生产了439.3万吨，占67.8%，并形成600万吨的生产能力。可以说，大庆油田从根本上改变了中国石油工业的面貌。

1963年12月3日，在第二届全国人民代表大会第四次会议上，周恩来总理庄严宣告："我国经济建设、国防建设和人民生活所需要的石油，不论在数量或者品种方面，基本上都可以自给了！中国人民使用'洋油'的时代，即将一去不复返了！"12月4日，《第二届全国人民代表大会第四次会议新闻公报》宣布："我国需要的石油，过去绝大部分依靠进口，现在已经可以基本自给了。"这意味着，我国石油工业彻底甩掉了"贫油"的帽子！

大庆石油会战不仅为我国的石油工业打下了坚实的基础，同时也涌现出王进喜等一批具有时代精神的劳动模范，他们发扬和创建了"铁人精神""八三传统"。1964年1月25日，《人民日报》一版头条通栏刊出毛泽东主席的号召："工业学大庆"。此后，"工业学大庆"运动便在全国轰轰烈烈地开展起来。"大庆精神""铁人精神"成为新中国工业企业的价值追求，大庆石油会战实践中形成的"三老四严""四个一样"等优良作风和"两参一改三结合"等管理经验在我国工业企业产生了深远影响。

石油大会战誓师大会

图片来源：http：//c. hiphotos. baidu. com/baike/c0% 3Dbaike80% 2C5% 2C5% 2C80% 2C26/sign = 1272252c2ff5e0fefa1581533d095fcd/cefc1e178a82b901a8fde906718da9773912efb7. jpg。

在铁人精神的激励下，一代代大庆人坚持不懈，努力奋斗，大庆油田很快进入了高速生产阶段，并于1976年首次突破年产5000万吨原油大关，进入世界特大型油田的行列。1976年到2002年，大庆油田进入高产稳产阶段，创造了连续27年5000万吨以上高产稳产的奇迹。再两年后，全国原油年总产量突破1亿吨，进入了世界产油大国行列。也就是这一年，中国开始了改革开放，一系列工业生产有了充足的保障。

大庆油田的发现让西方世界“权威”了近半个世纪的中国“贫油”论不攻自破。之后，在党中央的决策下，展开了一次又一次石油会战。胜利、大港、华北、辽河等一系列大型油田横空出世，捷报接二连三地传来，彻底改变了中国石油工业的面貌。

相关链接 地质学家李四光

李四光，蒙古族，湖北省黄冈县人，字仲拱，原名李仲揆。他是世界著名科学家、地质学家，是中国地质事业的奠基人之一。新中国成立后曾先后担任地质部部长、中国科学院副院长、全国科联主席、全国政协副主席等职。他创立了地质力学，为我国的地质、石油勘探和建设事业作出了巨大贡献。他的一生，正如周恩来所评价的："李四光同志是一面旗帜……在科研工作中作出了卓越成就，对社会主义建设作出了很大的贡献。"

参考资料

[1] 王大锐. 中国人创立并发展的理论——陆相生油 [J]. 百科知识，1997 (10).

[2] 从"贫油国"到石油大国 [EB/OL]. (2000-12-05). http://www.qzwb.com/gb/content/2000-12/06/content_84867.htm.

[3] 马宏. 毛泽东与中国特色的石油工业发展道路 [G] //中共中央党史研究室. 毛泽东与当代中国：全国纪念毛泽东同志诞辰110周年学术研讨会论文集（上）. 北京：中央文献出版社，2003.

[4] 何民. 黄汲清与中国石油大发现 [J]. 新西部，2007 (10).

[5] 梁波，陈丽杰. 日本在中国东北石油地质调查失败的原因探析 [J]. 中国石油大学学报：社会科学版，2009 (1).

[6] 戚耀琪．这桶油，让贫油国帽子扔到太平洋 [N]．羊城晚报，2009-09-07.
[7] 胡杰．从“贫油国”到石油大国的巨变：中国石油勘探开发60年发展历程 [J]．中国石油和化工经济分析，2009 (10).
[8] 孙学民．大庆油田的发现与建设（1959~1966）：黑龙江省石化工业的历史性巨变 [J]．黑龙江史志，2010 (18)：33-35.
[9] 赵赓．李四光：摘掉中国贫油帽子的功勋 [J]．党史文汇，2010 (11).
[10] 中国陆相生油理论的奠基人是谁 [EB/OL]．(2011-07-24)．http://shiyou.baike.com/article-43948.html.
[11] 李精华，高晶．大庆石油会战中的社会动员 [J]．大庆社会科学，2012 (3)：19-22.
[12] 杨满良．大庆油田是怎样发现的 [J]．西部资源，2012 (6)：42-43.

第七章 研制“两弹一星”

“两弹一星”的成功研制，是20世纪下半叶中华民族创立的辉煌伟业，是短期内历尽艰难打破国际封锁的非凡奇迹，大大加强了我国的综合国力和国防力量，振奋了国威、军威，彰显了社会主义制度的优越性，展现出中华儿女团结一致、勇攀科技高峰的伟大力量。那些火热的战斗岁月和光荣的历史足印，值得我们永远铭记。

第一节 “两弹一星”伟大决策的历史背景

以毛泽东同志为核心的党的第一代领导集体，高瞻远瞩、审时度势，于1955年1月、1956年5月先后作出研制原子弹、导弹的战略决策。1958年5月，毛泽东同志发出“我们也要搞人造卫星”的号召。从此，“两弹一星”事业拉开序幕。

一、美国的核威胁和核讹诈

1945 年 7 月 16 日，美国炸响人类第一颗原子弹。爆炸威力相当于 2 万吨 TNT 当量，爆炸中心温度是太阳表面温度的 1 万倍。从此，人类进入了核时代，核威胁的阴影也开始笼罩世界。

1950 年 6 月 25 日，朝鲜战争爆发。以美军为主的所谓联合国军对朝鲜展开立体进攻。与此同时，美国军舰游弋于台湾海峡，美国战机入侵中国领空。蒋介石也声称要反攻大陆，福建沿海地区遭到台湾飞机猛烈轰炸。1950 年 10 月 25 日，中国人民志愿军赴朝作战，很快稳定朝鲜战局。在美军遭到沉重打击后，美国总统杜鲁门曾在记者会上公然表示将采取必要的措施以应付军事局势。当时主张对中国使用核武器的主要是麦克阿瑟，其计划是把 30～50 颗原子弹投到中国的空军基地和敏感地区，沿鸭绿江设置一条“放射性钴地带”。后来解密的文件中显示，1950 年 12 月，一批还没装配好的原子弹运到停泊在朝鲜半岛海域的航空母舰上，供舰上飞机进行模拟训练。同时，一批装有核弹头的导弹被送到美国设在日本的军事基地冲绳。核攻击的目标都是中国。

1953 年，艾森豪威尔接替杜鲁门入主白宫，军人出身的总统向选民承诺将尽快、体面地结束朝鲜战争，而且不需要发动传统的攻势。而能够实现这个承诺的只有一样东西——原子弹。艾森豪威尔后来在回忆录中写道：“为使我们的代价不至过于高昂，我们将不得不使用原子武器。”根据后来解密的白宫文件的记录，艾森豪威尔曾明确告诉来访的印度总理尼赫鲁，他打算对中国使用原子弹。有确切证据表明，艾森豪威尔在他第一届总统任期内，有三次准备使用核武器，其中有两次是针对中国的。虽然美国最终没有在朝鲜战争中使用原子弹，但在其后的岁月里，针对中国的核讹诈、核威胁从来没有停止过。

1954 年 8 月 3 日，美国宣布向台湾提供军事援助，并准备签订军事同盟条约。在此背景下，国民党部队疯狂袭扰大陆东南沿海地区。9 月 3 日，中国人民解放军炮击金门。台湾海峡的炮声一响，美国首先想到的又是原子弹。艾森豪威尔在回忆录中写道，美国不会为保卫金门、马祖这两个小岛派出军队，但决不会无动于衷。美国国务卿杜勒斯在访问台湾时说："我们必须使用原子武器。"杜勒斯还多次扬言，一旦在远东发生战争，将使用一些小型战术原子武器。有人请艾森豪威尔对杜勒斯的话发表看法，于是他说出了那句名言："我找不出任何理由不使用核武器，就像你在打仗时找不到任何理由不使用子弹一样。"艾森豪威尔还表示："我希望这一回答能帮助中国人了解美国保卫台湾的坚定决心。"台湾是中国的领土，这次核威胁更深地刺痛了中国。

毛泽东同志曾看过一部关于朝鲜战场的纪录片。片中，一批批美军战机从陆地、从海上腾空而起，排山倒海的炸弹倾泻在我军阵地上，志愿军官兵在燃烧的火球中翻滚……这些场景令他深深震撼。不久，总参举办炮兵武器展览，一天晚上，毛泽东同志突然来到那些大炮前驻足观看。他对周恩来同志说：过去我说枪杆子里面出政权，现在看来，光有枪杆子还不行，还要有炮杆子，要有强大的海军、空军，没有，我们用枪杆子打下的政权就不稳，中国人就还要受帝国主义的欺负。周恩来同志也感叹道：一个国家没有自己的军事工业，就像一个软体动物，身子直不起来，只能永远爬着走。

1955 年 1 月 15 日，中央书记处召开扩大会议，专门研究发展中国原子能事业，毛泽东、刘少奇、周恩来、朱德、邓小平、陈云、彭德怀、彭真、李富春、薄一波等中央领导人参加会议，李四光、刘杰、钱三强等科学家也出席了会议。会上，毛泽东同志说：“出兵朝鲜我想了三天，要不要搞原子弹，我想了三年，结论是两句话：一，原子弹一定要搞；二，既然要搞，那就早搞。”

1945 年 7 月 16 日，在美国新墨西哥州阿拉莫戈多附近的沙漠地区成功进行核试验

图片来源：http：//www. guokr. com/question/490407/？ answer = 537162#answer537162。

二、苏联的背信弃义和中断援助

1958 年 4 月 18 日，国防部部长彭德怀收到苏联国防部部长马利诺夫斯基元帅的信。信中说，为指挥苏联在太平洋地区活动的潜艇，苏联迫切希望在1958年至1962年，由苏联和中国共同建设一座大功率长波电台，资金可以主要由苏方承担。这封信给我们出了一个大难题。不同意，必有伤和气，尤其是苏联帮我们在前。可是我们不能拿原则、拿主权去讲这个和气。我们的原则是不和任何国家搞军事同盟，主权问题更是半点不能含糊。毛泽东、刘少奇、周恩来和彭德怀多次研究后，决定同意建电台，建成后两国共同使用，欢迎苏联提供技术支持，但一切费用由中方承担，所有权属中国。

彭德怀于1958年6月12日复信马利诺夫斯基说明了上述意思。但苏联方面对中国拥有电台所有权这一原则性立场不予重视，仍坚持由双方共同建设和管理。就在双方为共建电台一事发生争执期间，苏联又向中国提出建立共同潜艇舰队的问题，并建议中方向苏联订购先进的海军装备。6月28日，周恩来据此给赫鲁晓夫写信，希望苏联在中国海军建设方面给予新的技术援助。这之后，苏联驻华大使尤金突然求见毛泽东。尤金说，赫鲁晓夫让他代为转达，为应对台湾海峡的紧张局势，希望同中国商量建立一支共同潜艇舰队。毛泽东明白苏联建联合舰队不仅是对付美国，还想控制中国，便对尤金说："要讲政治条件，连半个指头都不行。"尤金只好电告赫鲁晓夫，请他亲自来谈。7月31日，赫鲁晓夫来到北京，却黯然离开，一无所获。中苏关系也投下了浓浓的阴影。

1959年9月15日至28日，赫鲁晓夫访问美国，与艾森豪威尔在戴维营发表会谈公报。赫鲁晓夫与艾森豪威尔拥抱的照片出现在各大报刊头版上。9月30日，赫鲁晓夫匆忙赶到中国，参加中华人民共和国10周年庆典并进行国事访问。

到达当晚，赫鲁晓夫就与毛泽东开始了会谈。赫鲁晓夫说，通过访问，他认为美国人是爱好和平的，而现在却有一股势力反对和平。由于美国支持台湾的蒋介石政府，而苏联又是中国的盟友，他希望能缓和国际紧张局势，消除战争。赫鲁晓夫认为中国人民解放军对金门的炮击只能加剧紧张气氛，并可能导致世界大战爆发。对于赫鲁晓夫要将台湾暂时独立出去的提议，毛泽东坚决拒绝。赫鲁晓夫见说不通，又换了个话题，希望中国尽快释放被扣押的8名美国人，并在随后的会谈中继续坚持这一主张，又遭到毛泽东的断然拒绝。此次系列会谈均不欢而散，这也是赫鲁晓夫最后一次来中国。当赫鲁晓夫愤然离开会场时，在场的聂荣臻就意识到，苏联或许不会再给中国原子弹技术资料了。

1960年7月16日，苏联政府正式照会中国政府，宣布召回在华工作的全部1390名专家和顾问，并于9月1日前全部离境。同时单方面撕毁了两国政府签订的12个协定，终止343项专家合同和257个科学技术合作项目，并要中国归还在朝鲜战争期间购买苏联武器装备所欠下的350亿元人民币债务。从此，中苏两个友好国家的关系分崩离析了。

三、国内的“上下马”之争和艰难统一

苏联撕毁协定、停止援助，给中国的尖端技术研制造成了极大困难；而“大跃进”等左倾思潮也给国民经济带来了灾难，中

央针对国民经济比例严重失调的状况，提出了“调整、巩固、充实、提高”的八字方针。在经济困难的情况下，有些大项目要下马，有些项目要大力压缩，有的要调整。

此时，在国防工业和国防科研部门，产生了“两弹”是“上马”还是“下马”的激烈争论。主张“下马”的认为，导弹、原子弹技术高度复杂，没有了苏联的援助，仅仅依靠我国的工业和科技力量难以造出“两弹”，况且“两弹”投入巨大，会影响国民经济的发展。当时气氛很紧张。陈毅就是在这个时期说了一句著名的话：“就是把裤子当了，也要把原子弹搞出来！”大概也是在这个阶段，张爱萍也说了一句至今听来都荡气回肠的话：“再穷，也要有一根打狗棒！”

然而，就在中国两弹“上马”与“下马”之争尚无定论时，美军又举行了一次针对中国的核战争演习，代号“高跟行动”，主要内容为：全球美军进入三级戒备状态；陆基洲际导弹处于发射状态；“北极星”导弹核潜艇驶出港口，进入大洋深处；战略轰炸机飞赴各基地进入一级作战状态。1961 年 9 月 8 日，位于太平洋的第七舰队突然接到命令，全体进入作战状态；9 月 9 日，驻太平洋地区美军接到命令，核导弹飞向中国大陆的战略目标。第七舰队舰载攻击机和核潜艇发射的导弹飞向中国机场、桥梁、通信设施等重要目标；持续轰炸 4 天后，美军地面部队出动，进入中国大陆……

1961 年 11 月 14 日，张爱萍、刘杰、刘西尧起草了《关于原子能工业建设的基本情况和急待解决的几个问题的报告》。这份绝密件呈送到毛泽东同志案头。最终，毛泽东指示：国防尖端技术，不但不应该下马，而且要抓紧进行。

第二节 自主研制“两弹一星”的伟大实践

苏联单方撕毁核技术援助协定后，撤走了全部专家，甚至连一张纸片也不留下，有人还讥讽中国若离开苏联帮助，即使20年也搞不出原子弹。这反而让中国人憋足了一口气。当时，毛泽东同志曾鼓励大家：“不要怕，没什么了不起！我们还是要下决心搞尖端技术。赫鲁晓夫不给我们尖端技术，很好。如果给了，这个账是很难算的。”从此，中华民族开启了独立自主、自力更生研制“两弹一星”的伟大实践。

一、拿出自己的原子弹

作为参与原子弹研制的主要力量之一，二机部建议把苏联来信拒绝提供原子弹教学模型和图纸资料的日期——1959年6月，作为第一颗原子弹的代号“596”。毛泽东再次号召：“自己动手，从头做起来，准备用8年时间，拿出自己的原子弹！”1962年11月3日，毛泽东又在二机部提出的争取在1964年，最迟在1965年上半年爆炸我国第一颗原子弹的“两年计划”报告上批示：“要大力协同做好这件工作。”

自主研制原子弹的重任落在了中国科研人员的身上，他们全力投入到制造原子弹的庞大系统工程中，面临着大量理论课题和关键技术需要攻克，需要许多新型材料和精密仪器仪表，有些急需的高精尖仪器还要从西欧秘密买进，当时国家正处在三年困难时期，中央却没有丝毫犹豫，决定动用中央黄金储备300万两支持研制工作。而对于很多买不来的关键部件，广大科研人员则充分发扬不畏艰难、团结一致的精神，自主攻克了一个个重大技术难关。

在自行设计原子弹理论方案阶段，就经历了很多曲折。朱光亚、邓稼先等技术业务领导有效地对任务进行了总体分解，并按大的学科安排了主攻方向，合理组织人力。同时努力掌握相关学科发展前沿，结合实际鼓励创造性地解决问题。当时，邓稼先领导一批大学生采用特征线方法对一个模型进行试算，但结果却与预先给定的“标准答案”不一致。随后，他们一次次地重算，而所有的计算都是先在手摇计算器和电动计算器上进行，然后再手工把成千上万的结果数据画在大坐标纸上。这样的计算先后进行了九次，历时半年多，最后发现原来苏联专家传授的“标准答案”错了。这样，他们不仅掌握了原子弹的内爆规律、树立了信心，而且对特征线方法有了独到的理解。几年后，研究人员看到苏联出版的一本有关特征线方法的专著，相比之下，我国的方法已不在它之下。经过两年多努力，中国自行设计的原子弹理论方案终于形成，也在理论设计部门的学科建设上有了很大进展。

在艰辛探索理论方案的同时，大江南北的科研和生产试制人才也纷纷向西北大漠试验基地聚集。1959年12月18日，在新疆罗布泊一个名叫黄羊沟的大戈壁滩上，钉上了中国第一颗原子弹爆炸位置的标桩。据说，当时有一对夫妻接到命令后互相隐瞒着出发，到途中的一棵树下等车时，才发现是为同一任务而来。没有人知道他们的姓名，那棵树却留下了一个甜蜜的名字——“夫妻树”。“饥餐砂砾饭，渴饮苦水浆。”张爱萍将军的诗是对基地生活真实写照。在这里，一年有八九个月要穿棉衣，最低温度零下 40 摄氏度。三年自然灾害期间，许多人因为营养不良得了夜盲症、浮肿病，在沙海中每移动一步，在发射架上每攀登一次，都十分困难。

研制工作的顺利开展，既离不开科研人员的无私奉献和不懈努力，也得益于整体的科学规划和统筹协调。1962 年，中央即成立了由周恩来同志任主任的 15 人专门委员会（即中央专委），集中统一领导两年规划的实施。在全国范围开展了大协作，20 多个省区市，900 多家研制生产单位，协同二机部进行新材料和专用设备的研制、核武器关键技术和核燃料生产工艺的攻关，充分体现了社会主义集中力量办大事的优越性。在研制过程中，根据研制关系错综复杂和多部门大协作的特点，我国探索出了“两条指挥线”的管理模式，即以计划调度为中心的总指挥线和以总设计师系统为核心的技术指挥线。在上级集中统一的领导下，分工负责，相互渗透，有机联结为畅通灵敏的体系。此外，军队、国民经济的多个部门和海内外各方爱国力量都在研制过程中发挥了重要作用，形成了巨大合力。

虽然创业异常艰难，但始终阻挡不了会战大军前进的脚步。到 1962 年底，科研人员基本掌握了以高浓铀为主要核装料的原子弹的物理规律，完成了物理设计和爆轰物理、核弹飞行弹道、引爆控制系统台架等三大关键试验。1963 年秋天，中国第一颗原子弹的方案按预定计划顺利实现。1964 年 10 月 16 日，随着一声巨响，腾空而起的橙黑色云团覆盖了人们的视线。涌动的蘑菇云越来越大，越来越高，不一会儿，平坦的大漠上便腾升起一座火山。核爆炸成功了！中国人“拿出自己的原子弹”的夙愿终于实现了。

就在蘑菇云冉冉腾升的第二天，苏共中央第一书记、苏联部长会议主席赫鲁晓夫被解除职务。毛泽东同志曾风趣地说，中国原子弹爆炸成功，是给赫鲁晓夫发的一个一吨重的大勋章啊！

在原子弹爆炸成功的第三年，中国第一颗氢弹空爆试验成功。从原子弹到氢弹，美国用了七年多时间，苏联用了四年，法国用了八年多，而中国却只用了两年八个月。

二、终结“有弹无枪”局面

导弹是中国国防力量中不可缺少的重要武器。新中国的导弹研制几乎是与原子能工业同时起步的。1956 年 3 月，周恩来同志主持召开中央军委和国务院有关部门负责人会议，会议作出了发展导弹的决定，并成立了以聂荣臻同志为主任的国防航空工业委员会，具体领导导弹航空工业工作。会议决定，把发展原子能和导弹航空工业作为我国国防现代化的两个关键项目，把研制“两弹”放在优先的重要地位。

1964 年 7 月 9 日，“东风二号”常规导弹在钱学森的主持下发射成功。这一步走在了原子弹爆炸之前，也为发展战略核武器创造了有利的条件。

尽管有了常规导弹，但要发展为战略导弹，实现原子弹与导弹结合，却并非易事。其实，在原子弹爆炸之前，中国就把“两弹”结合提到了议事日程上。周恩来同志曾说过：中国核爆炸成功后，有人嘲笑我们有弹无枪，我们要用导弹把原子弹打出去，用行动来回答舆论的挑战。如果没有能将原子弹送到世界任何一个地方的工具，那么中国的核威慑将等于零。

“东风二号”常规导弹发射成功后，钱学森提出了“两弹结合”的设想，即导弹与核弹头对接发射。1964年10月10日，钱学森向聂荣臻报告了“两弹结合”的初步方案。会后，聂荣臻握着钱学森的手说：“看来你又要忙一阵了！”

然而，这一大胆设想却需要承担巨大的风险。因为在钱学森的记忆里，有过一次失败的记录。那是1962年，一枚由我国自行研制的中近程导弹，起飞后仅20秒就提前改变了轨道，结果落在地上。有了这次教训后，周恩来同志非常重视安全问题。他要求研制和试验单位务必做到“导弹在飞行中不能掉下来，掉下来也不能发生核爆炸”。

科学家们把将原子弹装在导弹上比作一个“哆嗦汉”的丈夫“娶”了个“娇滴滴”的小姐。因为导弹起飞前要有起竖、粗瞄、垂直测试、火工品安装、燃料加注、精瞄等一连串的哆嗦事。而原子弹却是个怕热、怕冷、怕潮、怕振动、怕过载、怕冲击、怕静电、怕雷电的“娇小姐”。导弹、原子弹分属不同领域，此前两个系统分别研制，互不了解。如今“两弹”联姻还要有一个复杂的过程。

听到这个比喻，张爱萍哈哈大笑说：“我就要当‘哆嗦汉’和‘娇小姐’的介绍人，硬要把他们撮合在一起欢欢喜喜拜天地. 我要当他们的证婚人，给历史做个见证。不要怕美国人说中国是‘有弹无枪’，我们就要枪好弹好，打出一朵朵漂亮的、有声有色的蘑菇云。”

钱学森深知两弹“联姻”的困难。美国从原子弹到两弹结合搞了13年，苏联搞了6年。他说，我们暂定3年“结婚”。“两弹”的科学家们又一次回到了茫茫的戈壁滩上。谁都没想到，仅仅两年，两次冷实验都成功了，下一步就要正式发射核导弹了。

我国第一颗原子弹爆炸成功

图片来源：http：//www. eku. cc/xzy/sctx/114448. htm。

此前，美国和苏联的核导弹试验都是从自己的国土上往海里打，考虑到当时中国的海军还不够强大，中央决定在罗布泊进行试验。但最让周恩来揪心的不是两弹结合能不能成功，而是试验场周围的群众能不能安全疏散。甘肃柳园是核导弹飞过的地方，那里有5万居民。周恩来反复询问，导弹会不会落到柳园？尽管弹道设计专家余梦伦多次计算证实，导弹落到柳园的概率仅为十万分之六，可在发射前，周总理还是指示，一定要把这5万居民撤出来。

在“两弹结合”热试验前20天，为确保万无一失，先后进行了三次冷试验，并且有一次试验故意炸毁了一枚导弹。而故意炸毁的目的，就是为了检验安全自毁系统是否可靠。导弹起飞后一切正常，飞行约一分钟后，地面发出炸毁指令，导弹随即凌空爆炸。随后，又连续进行了两次冷试验，也就是发射了两枚不装核材料的普通弹头。两发模拟核弹头飞行正常，引爆控制系统工作可靠，并在弹着区内预定的高度按程序起爆了炸药部件，从而进一步检验了导弹以及爆炸控制系统的可靠性。

在整个准备过程中，参试各单位都严格做到精益求精，设想了一切可能出现的情况，确保万无一失。有一个小故事至今仍被人传颂：发射二中队操作手王长山对弹体进行内、外检查时，发现弹体内部24号插头部位有一根长约5毫米的小白毛。他小心翼翼地用镊子夹，用细铁丝挑，都没能取出，最后找来一根猪鬃，费了好大的劲，终于挑出了那根小白毛。钱学森听说后，特意赶来，对王长山进行了热情的表扬，他还掏出一块手绢，郑重其事地把那根小白毛包好，说：我要带回北京去，这是作风细致最典型的事例，每一个科技人员都应该受到教育。

1966年10月20日夜，在人民大会堂福建厅召开了“两弹结合”试验前的最后一次中央专委会。会议决定报请毛泽东主席批准同意最终的“两弹结合”试验，并由聂荣臻元帅亲自到现场去主持这次试验。

1966 年 10 月 27 日 9 时，东风—2A 核导弹点火升空。9 分 14 秒后，核弹头在距离发射场 894 千米之外的罗布泊弹着区靶心上空 569 米高度爆炸。中国的导弹核试验圆满成功，中国拥有了可以用于实战的导弹核武器！

三、环宇高奏《东方红》

1957 年 10 月 4 日，苏联发射了人类历史上第一颗人造地球卫星，揭开了人类向太空进军的序幕。紧随其后，1958 年 1 月 31 日，美国成功发射了第一颗人造地球卫星。主要大国对外太空的争夺，实际是从发射人造地球卫星开始的。

苏联成功发射人造地球卫星后，党中央高度重视，聂荣臻副总理要求中国科学院密切注意有关情况。中国科学院也应苏联天文委员会之邀，组织南京、北京、上海、昆明等地对该星进行观测。随后，中国科学院建议开展中国的卫星研究工作。

1958 年 5 月，在党的八届二中全会上，毛泽东同志两次讲到卫星问题。他认为苏联卫星上天是件好事，并说："我们也要搞人造卫星。"同时还指出，要搞就搞得大一点。毛泽东的这一号召表明了中国人民的自信和能力，也表达了中华民族屹立于世界民族之林的勇气和决心。

会后，中央即要求中国科学院和国防部五院组织拟定卫星规划。1958 年 10 月，一个以人造卫星和火箭为专门研究对象的机构在中国科学院秘密成立，代号为"581"小组，意为 1958 年的头号重大任务，由钱学森任组长，赵九章任副组长。在当时大跃进的形势下，科技人员热情高涨，但对可能遇到的困难则想得较少。中国科学院向聂荣臻副总理建议我国卫星规划分为发射探空火箭、发射小卫星、发射大卫星三步走；力争苦战三年，实现第一颗卫星上天。

但中国的卫星怎么起步？很多人心里却没有数。关键时刻，邓小平同志科学分析了国内经济和科技形势，实事求是地对卫星发射战略作了精准分析和调整。1959 年 1 月，中国科学院副院长张劲夫传达了邓小平同志关于现在放卫星与国力不相称，要调整空间技术研究任务的指示。由于国家经济、技术力量有限，只能优先保证导弹和原子弹的发展，需要对卫星发射战略作出调整，先重点开展卫星单项技术的研究，创造必需的研究试验条件，打下良好的基础，一旦条件成熟，就可以在短时期内研制和发射我国的人造卫星。

虽然总体战略作出了调整，但经过几年努力，我国仍然在研制、发射探空火箭方面取得了显著进展，而且在开展单项课题研究和试验设备研制方面攻克了一系列关键技术。例如大型振动台、冲击台、地面气候模拟试验箱、噪声模拟室、直径 6 米的离心机和直径 2 米的高真空罐等空间环境模拟试验设备，可进行探空火箭箭头和小型卫星的整星环模试验。另外，北京、上海、山西三地科学仪器厂的组建，也形成了卫星本体加工生产、总装测试的主体力量。

1964 年 12 月，卫星倡导者之一的赵九章写信给周恩来建议尽快制定卫星发射计划。1965 年 1 月，钱学森也提出把人造卫星研制尽早列入国家计划的建议。随后，中央专委原则批准了第一颗人造卫星的规划方案。由于主要建议都是 1965 年 1 月提出的，所以工程代号为“651 工程”。

1965 年 10 月 20 日至 11 月 30 日，“651 会议”在京召开，全面论证了“东方红一号”方案，把目标归结为 12 个字——“上得去、抓得住、听得见、看得见”。共有十几家大单位、上百名专家参会，一直开了 42 天。会后，中央即组建了“651”设计院和“701”工程处，并在全国各地安排落实了近 200 个预研和试制项目，大到分系统、小到元部件，“东方红一号”研制工作全面开始。

但卫星工程上马不久，“文化大革命”开始了，这无疑对卫星研制产生了很大影响，“东方红一号”的倡导者赵九章被打倒。此外，中国科学院等知识分子集中的地方，也相继受到破坏。为保证卫星工程顺利进行，1966 年 12 月，中央决定将卫星研制任务改由国防科委全面负责。1967 年 1 月，中央军委又对东风基地下达了关于“不搞四大（大鸣、大放、大字报、大辩论），坚持正面教育”的指示。中国科学院卫星研制科研队伍、试验基地、科研设施及工厂一起转交国防部门，实行军管。随后，中央很快抽调力量组建新的机构集中搞人造卫星。中国科学院所属“651”卫星设计院、自动化所、力学所、北京科学仪器厂等十余家单位以及当时的七机部部分骨干一起组建中国空间技术研究院，钱学森任院长。关键时刻，党中央的一系列决策使我国人造卫星事业进入有计划、有步骤、有组织、有领导地开展工作研制的时期。

根据中央要求，在中国空间技术研究院组建后，钱学森实际上担负起了“东方红一号”研制工作的总体技术协调和组织实施工作。钱学森不主张专为发射人造卫星设计研制运载火箭。他建议充分利用已有导弹和探空火箭的技术基础，将二者结合组成发射卫星的运载火箭。事实证明这一思路大大缩短了研制时间、减少了人力、物力投入。

为了使卫星运行轨道尽量覆盖全球，让世界人民听得到、看得见，广大科研人员不厌其烦地进行分析、推演和调试，将各种问题一一落实解决。例如，为使卫星上天后能“看得见”，由于卫星直径仅有 1 米，亮度相当于 7 等星，而即使在天气、光线都好的情况下，人的肉眼也只能看到 6 等星，基本看不见 7 等星。经过反复构思，科研团队提出在末级火箭上加一个特殊材料制成的“围裙”，即在卫星上天后，末级火箭脱离，“围裙”撑开有几十米，可大面积反射太阳光，与卫星一前一后，速度、轨道差不多，从而能够“看得见”。

经过艰苦工作，1968 年初，“东方红一号”卫星的初样研制完成，1970 年 1 月，“东风－4 号”发射成功，并顺利实现高空点火和两级分离，卫星的运载火箭问题基本解决。1970 年 4 月 1 日，装载着 2 颗“东方红一号”卫星和 1 枚“HTK 长征一号”运载火箭的专列抵达酒泉卫星发射场。4 月 24 日凌晨，毛泽东同志批准实施发射。晚上 10 点，国防科委指挥向周恩来同志报告：卫星、火箭分离正常，卫星入轨了！周恩来同志立刻向毛泽东同志报告了这一喜讯。一时间，“东方红一号”播送的《东方红》乐曲响遍全球，震动了世界。

第三节 “两弹一星”成就对新中国国际地位的巨大影响

由于近代以来的屈辱和长期战争的磨难，新中国成立之初即面临“一穷二白”的艰难局面，经济接近崩溃边缘，农业落后，工业几乎是一片白纸，人民生活水平低下……而60多年后，中国的社会主义建设取得了举世瞩目的成就，成为世界第二大经济体。中国正以独特的形象自立于世界民族之林，成为对世界有重大影响的国家。回顾新中国的历史，我们应当看到，研制“两弹一星”的伟大实践，对新中国综合国力的提升和中华民族伟大复兴具有重要意义。

一、原子弹爆炸成功后国际社会的反映

当中国原子弹爆炸成功的消息传出后，全中国为之欢庆、全世界为之震惊，很多国家都给予了高度关注。

外界评论，中国原子弹爆炸成功令克里姆林宫十分尴尬。1959年苏联终止对中国大型项目援助并撤走专家、撕毁协议时，就曾断言中国20年也搞不出原子弹，可中国不到10年就搞出来了。这下苏联人丢尽了面子。同样巧合的是，中国于1964年10月16日爆炸原子弹，10月17日赫鲁晓夫下台。

美国的反应则较为特殊，一方面，低调安抚亚洲盟国说中国的核试验很落后，构不成威胁；另一方面，领导层却反映强烈，肯尼迪指出，“中国拥有核武器将打乱世界政治”，“是不可容忍

的”。美国政府随即派特使和苏联交涉，希望合作解除中国的核力量。他们商定，要通过多种途径把中国的核力量消灭在萌芽状态。但中国通过强有力的外交挫败了这一企图。

拥有核武器的法国反应最为活跃：法国研究人员惊呼：“中国在核试验方面取得惊人成就”，“中国将成为拥有八亿人口大国相称的强国”；蓬皮杜则讲得更精彩：“中国第一颗原子弹爆炸，一夜之间改变了中国在世界上的地位。”

新西兰《人民之声》报评论说：“中国防御力量的加强是保卫社会主义阵营的成果和阻止美国实现核战争阴谋的重要因素。”朝鲜领导人金日成和崔庸健在贺电中指出：“这不仅是对战斗中的革命人民的鼓舞，也是对保卫亚洲和世界和平事业的巨大贡献和对顽固进行核讹诈政策的美帝国主义者的有力打击。”越南领导人胡志明在贺电中指出：“越南人民为兄弟的中国人民的这个辉煌成就而感到欢欣鼓舞，并且把它看作是对自己抗美救国斗争以及对世界工人阶级和世界人民争取和平、民族独立、民主和社会主义斗争的强大鼓舞力量。”此外还有许多中小国家也都发表声明热烈支持，认为中国取得的成就“不仅是中国的重大胜利，也是第三世界的胜利。”

二、改善外交环境、提升国际地位

一个国家要自立于世界民族之林，既要不断提升自身实力，又必须取得国际社会的广泛支持。而国际社会的认可又离不开强大的综合国力，特别是国防实力。陈毅元帅曾说：我这个外交部长的腰杆还不太硬，你们把原子弹、导弹搞出来了，我的腰杆就硬了。“两弹一星”的成功研制，对我国改善外交环境、提升国际地位有巨大的保障和促进作用。

新中国成立后，我国致力于与各国和平共处、共同发展，有效地增进了各国人民对中国的了解。然而，由于美国操纵联合国，中国却长期被拒于联合国之外。随着中国原子弹爆炸成功，中国的外交环境发生了急剧变化。

早在 1963 年会见法国总统戴高乐时，尼克松就说：“十年以后，当中国在核技术方面取得了显著进展的时候，我们就没有别的选择了。”意思是，现在不把它扼杀在摇篮中，就得承认它。戴高乐明白美国人的想法，巧妙地回答尼克松道：“你现在承认中国要比将来由于中国强大起来而被迫承认它更好一些。”随着世界对中国的呼声一片，美国不得不考虑自己的对华政策。

1968 年尼克松当选美国总统后，立即着手改善中美关系。尼克松认识到，要彻底消灭中国的核力量是不可能的，和占世界四分之一人口的大国对立是不明智的。1972 年尼克松访华，使敌对几十年的两国由对立走向对话，不久，美国同中国正式建立了外交关系。

而当日本于 1971 年得知美国国务卿基辛格秘密访华后，马上意识到中美将建立外交关系。日本首相田中角荣立即采取行动，并于 1972 年 9 月同中国正式建立外交关系。

尼克松访华是世界外交史上的重大事件，随即在世界上引起巨大反响。1971 年 11 月，在第 26 届联合国大会上，阿尔巴尼亚、阿尔及利亚等 23 国提出了要求恢复中国在联合国一切合法权利的提案交联合国讨论，最终以压倒性优势的多数票获得通过。时任

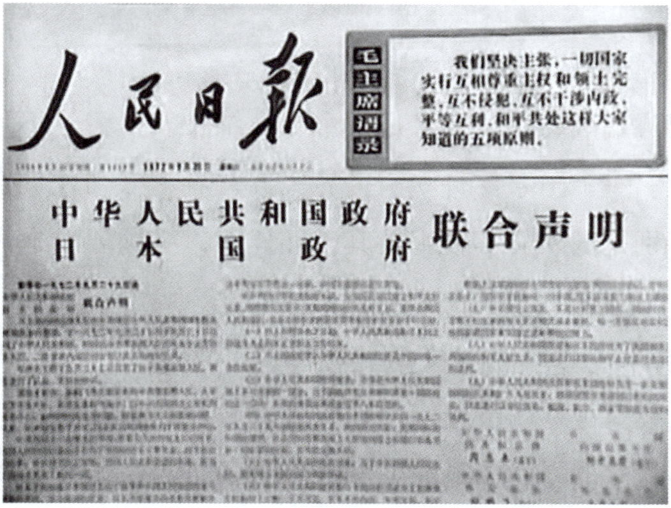
人民日报

毛主席语录

我们坚决主张，一切国家实行互相尊重主权和领土完整，互不侵犯，互不干涉内政，平等互利，和平共处这样大家知道的五项原则。

中华人民共和国政府
日本国政府
联合声明

1972 年中日建交

图片来源：http：//news. cntv. cn/2013/09/17/ARTI1379398959717405. shtml。

外交部长兼中国代表团团长乔冠华代表中国在发言中全面阐述了中国的对外政策，获得经久不息的掌声，中国声望大升。

中国加入联合国之后，和中国建立外交关系的国家很快增加到 100 多个。周恩来同志在评论这件事时指出：如果没有 1964 年中国原子弹爆炸的一声巨响，就没人理睬我们。这一论断深刻道出了原子弹爆炸对中国外交胜利的影响，是最恰当的评价。邓小平同志也曾说过，如果 60 年代以来中国没有原子弹、氢弹，没有发射卫星，中国就不能叫有重要影响的大国，就没有现在这样的国际地位，这些东西反映一个民族的能力，也是一个民族、一个国家兴旺发达的标志。

三、增强国防实力、保障国家安全

重要尖端国防科学技术是一个国家维护安全稳定不可或缺的重要手段。一个国家要自立于世界民族之林，必须发展自己的科学技术特别是国防科学技术及其工业体系，必须要掌握和拥有具有“杀手锏”作用的战略威慑武器。

“两弹一星”的成功研制，在国内外产生了巨大而深远的影响，它不仅打破了超级大国的核讹诈和核垄断，在很大程度上制止了世界战争的爆发，也使中国成为世界上有影响的大国，成为一支维护世界和平稳定的重要战略力量。

同时，把“两弹一星”的研制放到整个新中国的建设发展史中来看，我们更应当清醒地认识到：只有我们的战略核力量强大了，发生核战争的危险性才能降低。因此，“两弹一星”的成功研制，有效保障了我们的国家安全。以毛泽东同志为核心的党的第一代中央领导集体，在当年国民经济基础十分薄弱的情况下，即使饿肚子也要造核武器，绝非是为了拿核武器去吓唬人，也不是为了和美苏这样的大国搞军备竞赛，完全是为了新中国能有一个相对和平的生存环境，为了不让中国人民时刻生活在大国的核威胁中。后来的实践证明，“两弹一星”的成功研制为中国60多年的和平发展赢得了稳定的外部环境。在今后相当长的一段时期内，我国仍然生活在一个极不太平的国际环境中，要想继续保持和平发展的外部环境，我国仍需有足够的战略武器威慑力量。

相关链接　新中国经历的5次核危机

自1945年8月两颗原子弹分别投在广岛、长崎之后的半个多世纪中，人类面临了多次核危机，其中直接针对中国的就有5次。

第一次：1950~1953年朝鲜危机

1950年10月19日，中国人民志愿军跨过鸭绿江开赴朝鲜战场。在中朝军队凌厉的攻势面前，美军节节败退，一直退到三八线以南，美国部分高级官员甚至认为朝鲜战争的爆发是苏联大规模入侵欧洲的前兆。“联合国军”最高统帅麦克阿瑟为挽救败局，亲自建议杜鲁门总统动用原子弹，企图遏制中朝军队的进攻。杜鲁门于7月1日下令秘密在关岛地区部署原子弹部件，后因顾忌苏联的力量而作罢。

1951年4月，志愿军发动了一场大规模攻势后，杜鲁门下令向关岛地区紧急运送核部件，9月至10月，美军举行了核战演习并公开报道。一时间，核战争阴云密布。对此，中国方面已有所估计并作出了相应的准备，同时通过舆论加以揭露。核武器在杜鲁门时代终于未敢在朝鲜战场上使用。1953年3月，刚刚入主白宫的艾森豪威尔又扬言要使用核武器。然而慑于共产主义阵营的核实力，这位前盟军总司令最终未敢在朝鲜战场上使用核武器。

第二次：1955年金门、马祖危机

1955年1月18日，中国人民解放军解放一江山岛。2月8日至12日，国民党军队全部撤逃大陈岛等岛屿，美国认为中共将对金门、马祖发起总攻，担心美国可能会卷入一场规模更大的战争。对此，美国采取了两手策略，首先向中国发出核威胁。艾森豪威尔在被问及美国在亚洲的全面战争中是否会使用核武器时说："我认为没有理由不能使用原子弹。"此后，美国国务卿杜勒斯又一次发出了核威胁。

关键时刻，1955 年 4 月 23 日，周恩来在万隆会议期间发表了重要声明："中国人民同美国人民是友好的。中国人民不要和美国打仗。中国政府愿意同美国政府坐下来谈判，讨论和缓远东紧张局势的问题，特别是和缓台湾地区的紧张局势问题。"这个声明给缓和台海局势带来了转机。4 月 26 日，杜勒斯表示将与北京就停火举行会谈，解放军对金门、马祖炮击立即减少，至 5 月中旬炮击完全停止，台湾海峡恢复平静。

第三次：1958 年炮击金门危机

为打击国民党自 1957 年以来不断叫嚷"反攻大陆"的嚣张气焰，1958 年 8 月 23 日，中国人民解放军以猛烈炮火轰击大小金门等岛屿。美国再次举起了"核大棒"。

1958 年 9 月 4 日，美国国务卿杜勒斯又一次力促对中国使用核武器。同日，美国参谋长联席会议向总统建议，授权第七舰队司令认为必要时可下令向中国投掷原子弹。

面对威胁，中国不吃这一套。9 月 8 日，毛泽东同志在最高国务会议上说："美国侵略者的这一套，只能去征服那些时刻准备向美国原子弹、氢弹投降的机会主义者。"与此同时，艾森豪威尔犹豫不决，态度先硬后软，借口会招致苏联的报复，称"对任何地区问题都不想使用核武器"，转而反对使用核武器。

第四次：1963 年欲打击中国核设施

美国一直密切注视中国研制原子弹的情况。从 1961 年开始，美国利用从台湾起飞的 U－2 高空侦察机多次飞临兰州等西北地区，还利用间谍卫星拍摄了多处核设施照片。

1963 年 1 月，肯尼迪总统在国家安全会议上强调，禁止核武器试验条约的重点就是对付中国。当时正值中苏关系破裂，美国觉得可以利用。1963 年 7 月，美国特使哈里曼赴莫斯科，带去了美苏联手对付中国原子弹的计划。但赫鲁晓夫拒绝把中国原子弹问题当作威胁，对该计划不感兴趣。

与此同时，美国也研究了单独破坏中国核武器的行动计划，其中包括对罗布泊试验场等目标由美国实施公开的常规空中轰炸，或由蒋军实施空中轰炸，或实施秘密的地面袭击，或空投特种兵破坏。但美国考虑到单独干要冒很大的政治风险和军事风险，最终没有采取军事行动。

第五次：1969 年中国面临“外科手术式”核打击

1969 年 3 月，中苏先后在珍宝岛发生了三次较大规模的武装冲突。由于中方预先有准备，苏方被毁坦克、装甲车 17 辆，苏军死 58 人，伤 94 人。显然，苏方“吃了亏”。

珍宝岛冲突爆发后，苏联准备动用在远东地区的中程弹道导弹，携带当量几百万吨级的核弹头，对中国的军事、政治等重要目标实施“外科手术式”核打击。

毛泽东听取了周恩来的汇报后说：“不就是要打核大战嘛！原子弹很厉害，但鄙人不怕。”同时果断提出了“深挖洞、广积粮、不称霸”的方针，全国很快进入了“要准备打仗”的临战态势。

后来，苏联领导人出于全球主要战略对手是美国，战略重点在欧洲，袭击中国后必然会遭到中国的核报复等多方面考虑，突然采取了缓和措施。1969 年 10 月 20 日，中苏边界谈判在北京举行，由珍宝岛事件引发的紧张对峙局势开始缓和。20 世纪中国的最后一次核危机随之灰飞烟灭。

参考资料

[1] 陶纯，陈怀国．国家命运［M］．上海：上海文艺出版社，2011.

[2] 中国经历五次核危机 美苏借机想对中国下手［EB/OL］．（2012 – 11 – 05）．http：//www. ldyx. org/index. php？ m = content&c = index&a = show&catid = 65&id = 259.

[3] 两弹突破对我国科技发展的带动作用［EB/OL］．（2011 – 08 – 12）．http：//www. ldyx. org/index. php？ m = content&c = index&a = show&catid = 66&id = 3176.

[4] 李学勇．“两弹一星”光耀民族精神［N］．解放军报，2010 – 6 – 5.

[5] 李廷富．浅谈两弹一星成就的伟大历史意义［R］．首届中国两弹一星历史研究高层论坛论文，2009.

[6] 顾德欣，李大光．发展“两弹一星”对国际战略格局和国家安全的影响［R］．首届中国两弹一星历史研究高层论坛论文，2009.

[7] 李鹰翔．我国核工业初创时期的苏援与自主［J］．中国核工业，2009（10）.

[8] 国家知识产权局机关党委．伟大的中国精神［M］．北京：

知识产权出版社，2015.
[9] 毛泽东：“我们也要搞人造卫星”[EB/OL].（2009 - 08 - 03）. http：//news. qq. com/a/20090908/002646. htm.
[10] 胡平. 心月何处：欧阳自远与中国嫦娥工程［M］. 上海：东方出版中心，2007.
[11] 中国航天之父钱学森［EB/OL］.（2009 - 11 - 02）. http：//tv. cntv. cn/videoset/C14607.
[12] 顾保孜. 逼出来的“两弹一星”［J］. 湘潮，2009（4）.
[13] 两弹惊世［EB/OL］.（2011 - 06 - 07）. http：//dangshi. people. com. cn/GB/14835915. html.
[14] 陶纯，陈怀国. 惊心动魄的“两弹结合”试验［J］. 民族文学，2014（10）.

第八章　牛胰岛素合成

在中国人民的印象中，牛胰岛素合成与“两弹一星”是新中国科技发展史上可以相提并论的两大成就，前者作为我国曾经最早获得过诺贝尔奖提名的科技成果而更加为人津津乐道。

从 1958 年 12 月课题正式确定，中国科学家经过六年多的艰苦努力，在 1965 年 9 月 17 日通过化学方法成功地合成了结晶牛胰岛素。这是世界上首次由人工合成具有生物活力的蛋白质。蛋白质是生命的物质基础，是生命活动的主要承担者，而蛋白质研究则一直被喻为破解生命之谜的关键点。牛胰岛素的人工合成，对我国乃至世界的生命科学发展产生了极大的推动作用，标志着人类在认识生命奥秘的道路上迈出了关键性的一步。

第一节　生物化学研究和牛胰岛素合成项目的确立

自从 1838 年荷兰教师穆尔德首次将蛋清、黏液质及动物胶等蛋白物质命名为蛋白质之后，西方科学界一直将蛋白质作为生命系统中的重要物质进行研究。1873 年，恩格斯撰写的《自然辩证法》一书中更是作出了“生命是蛋白体的存在方式”这一著名论断，从哲学角度将蛋白质在生命活动中的地位提升到空前的高度。然而，由于科学水平和技术条件的限制，整个 19 世纪的相关研究都比较粗糙，人们只了解到蛋白质的一些表面的性质，甚至直到 20 世纪初，不少知名科学家还坚持认为蛋白质是没有固定化学结构的。直到生物化学学科的出现，才使得进一步研究蛋白质成为可能。

一、国际生物化学研究

20 世纪初以来，西方科学家开始使用化学方法对蛋白质等生命物质进行深入研究，化学家费歇尔首先完成了将蛋白质拆分成单个氨基酸，然后再将单个氨基酸连接成肽链的过程，到 1907 年时，他已经能合成含有 18 个氨基酸的肽链，并且提出了著名的肽键学说。随着科学家的不断探索，证明了同一种蛋白质具有固定的大小和组成，并且实现了蛋白质的提纯和结晶。美国化学家维格纳奥德在 1934 年和 1953 年分别合成了肌肽和催产素，并找到了将二硫键引入多肽分子的一种方法，并因此获得了 1955 年的诺贝尔化学奖。同时，英国化学家用层析法将天然蛋白质水解产生的各种单一氨基酸和多肽非常精确地分离出来。

在上述这些技术的基础上，英国生物化学家桑格于 1955 年测定了胰岛素全部 51 个氨基酸的成分及其排列顺序。这是人类第一次搞清一种重要蛋白质分子的全部氨基酸序列，桑格也因此获得 1958 年诺贝尔化学奖。

但是，以上的种种进展并不意味着此时人工合成蛋白质就可以水到渠成。因为科学家们同时也发现，表现出生物活性的蛋白质不只是简单的一条氨基酸链，而是具有复杂的空间结构，而且这种或折叠或卷曲或聚合的结构一旦遭到破坏，都可能引起蛋白质变性。所以，就算克服巨大困难合成了具有正确氨基酸序列的肽链，如果没有折叠成一定的空间结构，就不会产生预期的生物活性，也就谈不上合成了蛋白质。而对蛋白质的结构和功能之间是什么关系，怎样用人工方法折叠肽链等关键问题，科学界还是一无所知。当桑格因胰岛素测序工作而获得诺贝尔奖时，《自然》杂志发表评论文章说："人工合成胰岛素还不是近期所能做到的"。

二、国内生物化学研究基础

与创造出灿烂科技成就的古代中国相比，积贫积弱的近代中国在科技发展史上乏善可陈，直到洋务运动之后，现代科学的许多门类才传入中国并得到了缓慢发展。到 19 世纪末 20 世纪初，一批归国的科学家和留学生逐渐将在西方学得的科学技术和研究方法带回中国，又进一步促进了近代中国的科技发展。但是当时的中国，连年社会动荡，科技事业发展的物质基础又极其薄弱，即使在这种条件下，20 世纪 20 年代才起步的中国生物化学研究，也曾为世界所瞩目。比如北京协和医学院的吴宪教授在蛋白质变性理论方面的学术成果，对蛋白质大分子高级结构的研究有着划时代的重要意义。他与生理学家林可胜一起发起成立了中国生理学会，办起了有国际声望的学术季刊《中国生理学杂志》，并且培养了一批高质量的人才。直到太平洋战争爆发后，由于研究经费断绝，他们的研究工作才随之停止。从那时起到新中国成立期间，抗日战争和三年内战带来的经费极度缺乏，使得科学研究很难进行，同样地，生物化学研究在中国基本停止。

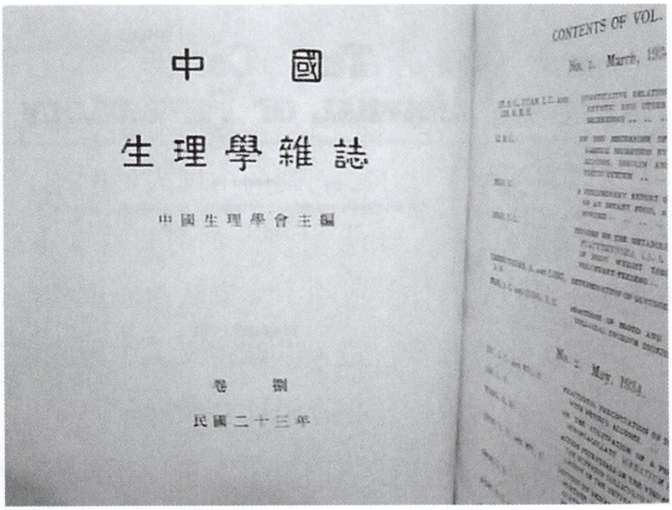

民国版《中国生理学杂志》

图片来源：http：//book. kongfz. com/item_ pic_ 11770_ 92895643/。

新中国成立后，党和政府高度重视科技工作，大批海外人才在民族情感的感召下归国奉献，同时加上苏联等友好国家的帮助，我国的科学研究工作开始了新的历程，包括生物化学研究在内的各个学科框架初步得以重新搭建。但是当时中国的科研条件却支持不了胰岛素合成这样高级别的研究，具体体现在：严重缺乏相关原材料，当时国内只能生产纯度不高的甘氨酸、精氨酸、谷氨酸三种氨基酸，而合成胰岛素所需要的另外 14 种氨基酸都只能从香港辗转进口，不但价格昂贵，而且时间上没有保障；没有相关人才支撑，中苏专家交流停止，国内没有人做过多肽合成，研究过二肽合成的专家也只有寥寥几人；没有相关研究经验，不明确如何分析、鉴定合成的中间产物及最终产物，各个方面几乎都是一片空白。

三、牛胰岛素合成项目的确立

中国的1958年是“火红的年代”，豪言壮语、雄伟目标比比皆是。一百多年来受尽了欺压、剥削的中国人民刚刚完成了社会主义改造，超额完成了“一五”计划，面对自己在工业、农业、教育、军事等领域创造的伟大成绩，大家从内心里相信通过自己的双手，中国很快会“跑步”进入共产主义。中国人民热切渴望尽快摆脱贫穷落后的面貌，一心盼望社会发展一日千里，于是喊出了“人有多大胆地有多大产”的口号，希望能种出120万斤一亩的山药、500斤一颗的大白菜。不但工农业要大跃进，科学技术也要大跃进，要“苦战三年，基本改变我国科学技术面貌，争取在一九六二年完成十二年科学规划，赶上世界先进的科学技术水平”。

在这样的社会氛围中，许多科学家都在自己相关研究领域内提出了颇为超前的宏大设想，其中的大部分人也都相信，这些宏伟目标确实是可以实现的。在此背景下，中国科学院上海生物化学研究所（以下简称“生化所”）的高级研究人员提出了“合成一个蛋白质”的设想。

1957年苏联卫星上天以后，东西方冷战以高技术领域竞争为主要形式，所有大国的科学技术研究无不服从于“弘扬国威”的最高政治需要。我国当时也正在秘密研制“两弹”，如果在基础研究中拿出重要成果，正好与国家战略目标相一致。这个设想被拿到“上海市科学技术工作跃进展览会”上后，吸引了前来参观的高层领导的注意和重视，在他们的支持下，“合成一个蛋白质”被列入了全国1959年科研计划（草案），成为国家意志的一种体现。具体合成什么蛋白质呢？当时已经确定了一级结构的蛋白质只有胰岛素一种，没有别的选择。经过国内多家科研机构的知名专家论证，到1958年12月，人工合成胰岛素课题就确定了下来，后来还获得了国家级机密研究计划的代号“601”——意为“1960年第一项重点研究项目”。

第二节 牛胰岛素合成的研究过程

由于客观条件的限制和各种内外因素的影响，合成项目的研究并不是一帆风顺，整个过程从时间上可以大体分成下面三个阶段：初步探索、中期调整和后期冲刺。

一、初步探索和进展

“合成一个蛋白质”的设想被提出后，生化所很快开始了准备工作。研究人员们选择尝试合成催产素作为练兵，完成后，生化所将技术转让给上海生物化学制药厂。20世纪60年代初该厂开始生产催产素并出口创汇，一季度可得外汇24万元。这是国内第一个投入实际应用的多肽。课题确定后，为了克服实验原料短缺，生化所在1958年下半年组织了技术小组，从无到有生产出了十几种氨基酸，并在此基础上组建了东风试剂厂。东风试剂厂后来由小到大，生产的七百余种生化试剂不仅能供国内科研使用，还有部分产品出口创造了很好的效益，“文革”前夕，一年可上交利润200多万元。以上的两项准备工作造就了基础研究推进工业生产的两个范例。

为了摸索合成路线，生化所先建立了五个研究小组分别进行探索，后来整合力量，确定由归国专家邹承鲁和钮经义负责的两个小组，分别进行天然胰岛素拆合以及胰岛素肽链有机合成的工作。同时北京大学正式加入进来，进一步充实了研究力量。

1959年正式开始胰岛素合成工作后，经过反复试验，邹承鲁

人工全合成牛胰岛素动物试验获得成功的场面，右二为杜雨苍，右三为龚岳亭

图片来源：http：//alumni. cas. cn/kyws/201503/t20150312_ 4321012. html。

小组先将天然胰岛素拆开成稳定的 A 链和 B 链，然后又经过多次失败，克服了许多技术障碍，摸索出一套方法，在11 月时使 A 链和 B 链再合成的胰岛素活力提高到 5% ~10%。而在 1960 年时，加拿大科学家运用类似方法得到的合成物，其活力只达到 1% ~2%。在拆合工作快速取得突破的同时，肽链合成工作也取得了一定的进展，1959 年底，钮经义小组不但掌握了多肽合成的各种技术，还将 B 链的所有 30 个氨基酸都连成了小肽，最长达到八肽。北京大学也做了氨基酸分离、特殊试剂合成、分析分离方法的建立等工作，还合成了一些二肽。

初步的探索成果说明，先分别合成 A、B 两个肽链，然后再结合二硫键来组合肽链的合成路线是可行的，解决了胰岛素合成的大路线问题。也说明蛋白质的高级结构取决于一级结构，只要合成物的一级结构和天然的相同，就可以得到有活力的人工合成胰岛素。这个结果极大地鼓舞了所有参与合成工作的同志。

二、“大兵团作战”和“调整巩固”

虽然没能按原计划在一年时间内完成胰岛素合成的全部工作，但是最关键的探索工作已经完成。一系列重要成果的取得，使人们产生了一种错误印象，认为剩下的工作主要是“堆肽”这样的技术活。就在这个时候，“反右倾”运动掀起了第二次“跃进”高潮，直接影响了胰岛素工作的研究方式。

1960 年初，生化所、北京大学化学系都集中了大量人力，开始了军事味道浓厚的“大兵团作战”。复旦大学生物系也开始使用人海战术进行胰岛素合成，并在 1960 年 5 月宣布合成了胰岛素。虽然后来证明这是一条假消息，但当时却深深刺激了中国科学院，促使上海分院组织了300多人的“特大兵团作战”，希望在最短的时间内完成胰岛素合成，以在竞争中胜过高校。北京大学化学系也组织了“大兵团”，停止与生化所的协作，独自进行胰岛素B链合成。

“大兵团作战”开始后，所有参与人员的热情十分高涨，大家不分昼夜努力工作，甚至有人将铺盖搬进了实验室。几个单位的人员“战斗”了几个月后，除了造成人力、财力的大量浪费外，没有取得什么实质性的进展，大家逐渐认识到，“大兵团作战”这样的军事斗争方式，并不适合用于进行基础科学研究。如果所有实验步骤都是清楚无误的，组织大量人手进行流水线作业可能提高效率。但是胰岛素合成工作本身是具有开创性的，并不是简单的工作量堆积，存在很多需要摸索的地方，采用“简单粗暴”的研究方式，其造成的结果就是弄巧成拙。于是，中国科学院首先进行调整，将研究队伍精减到几十人，并恢复了正常建制。在交了一笔昂贵的学费之后，1960年下半年，北京大学、复旦大学等高校的“大兵团作战”也逐渐停止。

1960年初，我国的国民经济已经陷入困难，到下半年，这种情况仍在持续加深，人民生活水平不断下滑，科研经费大大缩减。1960年冬，中央决定对国民经济实行“调整、巩固、充实、提高”八字方针。中国科学院、高等教育部也开始逐步对科研工作进行调整。由于之前“大兵团作战”的失利，加上困难时期不少同志都“因为吃不饱饭而身体浮肿、生病，工作根本没法做”而产生了情绪，在各单位的工作讨论会上，让这个课题下马的呼声此起彼伏。面对这种情况，相关单位领导主动承担责任，硬是坚持要将课题进行下去。时任国务院副总理的聂荣臻也很关心大家的情绪问题，在打消了研究人员的种种顾虑之后，明确表示：人工合成胰岛素，100 年我们也要搞下去。就这样，生化所、中国科学院上海有机化学研究所（以下简称“有机所”）和北京大学的研究队伍坚持了下来。

1961 年 7 月，中央批准了有“科学宪法”之称的《关于自然科学研究机构当前工作的十四条意见（草案）》（以下简称《科研十四条》），9 月，中央又批准了《中华人民共和国教育部直属高等学校暂行工作条例（草案）》（以下简称《高教六十条》）。这些文件在总结之前工作弊端的基础上，提出了一系列切实可行的措施和策略，进一步在科研机构和高校工作中落实了“调整、巩固、充实、提高”八字方针，为科学研究提供了较为安定的环境。

在随后的几年里，坚持下来的二三十名科研人员克服了孤独与苦闷，默默地勤奋耕耘，终于取得了一定的进展，并在学术期刊上发表了相关论文。

三、协作攻关终获成功

1963 年下半年，国内经济形势转好，也给胰岛素合成工作带来了希望。8 月，中国科学院举办的一次天然有机化学学术会议上，北京大学化学系、有机所和生化所的代表分别汇报了他们在胰岛素合成方面的研究成果，大家这才惊奇地发现对方还在继续研究。在国家科委的撮合下，三家单位明确了分工，终于决定重新开始合作。

可是随后，美国和联邦德国的研究小组先后宣布，他们合成了有微弱活性的人工胰岛素。消息传来，研究人员们一度感到泄气，但经过严谨地分析，他们认为国外研究小组尚未找到正确的路径，进度并没有声称的这么快，离全合成还有一定距离。而我们的工作比竞争对手们领先，只要扎实推进，一定能率先达成目标。1964 年初，北京大学化学系派人到上海与有机所的同志并肩作战，共同合成胰岛素 A 链。他们经过研究和实践，确定了 A 链“九肽 + 十二肽”的合成路线，并对缩合方案、保护基团、同位素标记、纯化条件等问题提出了创新性的解决方案。

为了与整体部署相配合，北京大学放弃了对羊胰岛素 A 链的研究转而主攻牛胰岛素 A 链的 1 ~ 9 肽合成，有机所担负 A 链 10 ~ 21 肽的合成。大家吸取前阶段工作的教训，对研究各阶段数据的要求非常严格，合成工作“一步一个脚印”地向前推进。经过半年的努力，两个单位的研究人员完成了 A 链的合成，并且用人工合成 A 链和天然 B 链接合获得成功。生化所负责的 B 链小组也在 1964 年 8 月成功合成 B 链，并得到了人工合成 B 链和天然 A 链接合的胰岛素。同时，胰岛素拆合工作也取得了较大进展，天然胰岛素氧化后恢复活力百分比由 1960 年的 5% ~ 10%，达到了 1964 年的 30% ~ 50%。

在积累了一定数量的 A 链和 B 链后，开始进行由两链接合胰岛素的工作，可在这最后一步中，研究人员们又遇到了较大困难。此时，国外同行在得知了我们的研究进度后紧追不舍，我们为了抢在竞争对手之前拿到胰岛素结晶，也在全力冲刺。而几次接合实验的失败打击，更增添了几分压力。杜雨苍研究员创造的多次抽提、冻干的提纯方法又一次为大家带来了希望。1965 年 9 月 3 日，研究人员再次进行人工 A 链和人工 B 链全合成实验，并将产物放在冰箱里冷冻了 14 天。

1965 年 9 月 17 日清晨，三家单位的相关研究人员汇聚到了生化所的实验室，杜雨苍从冰箱中取出了闪闪发光、晶莹透明的立方体结晶——这就是大家为之奋斗了六年多的成果，人工合成胰岛素结晶。接下来的生物测试中，被注入合成胰岛素的小白鼠发生了预期的惊厥反应，跳了起来。“跳了！跳了！”研究人员抑制不住内心的激动，欢呼起来。

经过六年零九个月的努力，中国人终于在世界上第一个用人工方法合成了胰岛素。

1966 年 10 月 24 日，《人民日报》在头版头条刊登《我国在世界上第一次人工合成结晶胰岛素》一文，并发表社论《用毛泽东思想打开“生命之谜”的大门》，高度赞扬了人工合成胰岛素工作。

第三节　牛胰岛素合成项目的历史意义

一、牛胰岛素合成，是生命科学发展史上的重要里程碑

蛋白质作为人类最早发现的在生命现象中起主导作用的物质，一直是生命科学研究的重点。科学工作者们在实验室中成功合成尿素，实现了生命科学上从无机到有机的第一次飞跃，牛胰岛素合成是生命科学上的又一次重大飞跃。这是人类第一次在实验室中使用化学方法合成了一个具有生物活力的物质，突破了从一般有机化合物领域到信息量集中的生物大分子领域之间的界限。而且合成的实践同时证明了蛋白质的一级结构在很大程度上可以决定其特定的高级空间结构等重大命题。所以，牛胰岛素合成不仅

标志着人工合成蛋白质时代的开始，还突破了当时人们的认知局限，使人类对生命现象有了更客观的全新认识，对国内外随后进行的对蛋白质结构与功能、晶体结构测定等结构生物学方面的研究有着重要意义。

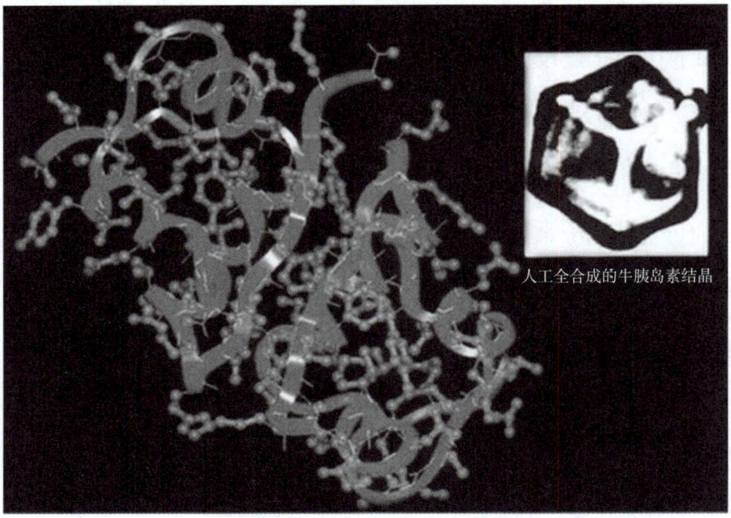

人工全合成牛胰岛素结晶图

图片来源：http：//alumni. cas. cn/kyws/201503/t20150312_ 4321012. html。

二、牛胰岛素合成，为我国生物化学的发展奠定了基础

首先，牛胰岛素合成工作培养了一批科研人才。到20世纪八九十年代，参与合成工作的人员中，不少都成为我国多肽和蛋白质领域研究的带头人，其中有一些还获评中国科学院院士，而他们又像种子一样培育了一批又一批学生，为我国科研事业储备了人才。其次，在物质方面，胰岛素工作不但直接促进了氨基酸和有关试剂、药品的生产，还有力地推动了我国多肽产业的发展。

最后，科研水平得到提高，在胰岛素合成工作的基础上建立的胰岛素晶体结构研究获得了重要成果，合成工作积累的成功经验对后来的生物化学研究起了重要的指导意义。

三、牛胰岛素合成，提振了我国人民的信心

当时的新中国，国民经济刚刚走上发展道路，人民群众生活并未全然脱离困难，在科技研究条件上可谓“一穷二白”。在这样薄弱的基础上，中国科学工作者历经六年多的科研攻关，创造条件，克服一切困难取得了牛胰岛素结晶，其意义不仅仅是在于一项研究成果的取得，更重要的是在与德、美等发达国家的国际“科学竞赛”中获得了胜利。新中国成立后的“两弹一星”工程和牛胰岛素合成等大型项目的成功，就像一剂又一剂的强心剂，不断坚定了中国人民的自信，鼓励大家齐心协力，团结奋进，在社会发展各方面取得了一个又一个胜利。

四、牛胰岛素合成，提高了我国的国际声誉

生物化学发展史上的几个里程碑工作都是以胰岛素为研究对象的，不少科学家因此而获得诺贝尔奖。我国的胰岛素合成工作成果正式发表后，也在国际上引起了极大轰动，有上百名著名科学家来信祝贺。英国电视台在黄金时间播出了中国成功合成人工结晶胰岛素的消息，《纽约时报》也用大篇幅进行了报道。后来，牛胰岛素合成工作还得到了诺贝尔化学奖的提名，最后虽与诺贝尔奖失之交臂，但引以为豪的是，中国科学家严谨务实的学术精神、在艰苦条件下取得的丰硕成果和世界领先的科研水平得到了

举世公认和普遍尊重。由于胰岛素合成工作在国外的巨大影响，它在我国一段时间内的对外交流活动中被赋予了重要的政治意义，作为引人注目“明星项目”，赢得了极高的国际声誉。

五、牛胰岛素合成，是我国科技研究“举国体制”的胜利

新中国成立以来，在党中央高度重视和领导下，广大科技工作者自力更生、艰苦奋斗，建立起全面独立的科研体系，形成了规模宏大的科学技术队伍。特别是按照“苏联模式”建立起来的科技体制在实际运行中发挥了巨大作用。在改革开放之前，中国的科技体制实行中央计划管理，将有限的资源在短时间内调动起来，集全国之力攻关，使牛胰岛素人工合成等有重大影响的战略性项目在短时间内取得了重大突破。改革开放后，关系国计民生和国家安全的关键领域的科研工作仍然以“举国体制”为保障，其中市场配置科技资源的基础性作用得到了更大程度的发挥。经过不断的探索和完善，这种科技创新的“举国体制”将会继续体现其优越性，在创新型国家的建设中发挥重要作用。

相关链接

1. 牛胰岛素人工合成与诺贝尔奖

1966 年 4 月上旬，胰岛素人工合成项目的主要负责人之一邹承鲁和生化所所长王应睐因另一项研究工作，被邀请参加在华沙召开的欧洲生化学会联合会议第三次会议。他们把在胰岛素合成中担当重任的龚岳亭也带了过去，希望在这个国际会议上介绍关

于胰岛素人工合成的情况，并准备公布实验结果。尽管早就递交了摘要，但他们的演讲时间仍被严格限制在10分钟之内。在邹承鲁报告完另一项成果后，只留给龚岳亭很短一点时间。尽管如此，龚岳亭的简要报告仍然引起了轰动。

人民日報

我們一定要有无产阶级的雄心壮志，敢于走前人没有走过的道路，敢于攀登前人没有攀登过的高峰。

毛泽东思想武装的中国人民有志气有能力攀登前人没有攀登过的高峰

我国在世界上第一次人工合成結晶胰島素

科学工作者在毛泽东思想指导下，经过六年多的艰苦工作，为我国夺得了这项理论科学研究的"世界冠军"。这一杰出的重大成就，标志着人类在揭开生命奥秘的伟大历程中迈进了一大步，为生命起源的唯物辩证学说取得了一项有力的新论据。

1966年12月24日《人民日报》的报道

图片来源：http：//alumni. cas. cn/kyws/201503/t20150312_ 4321012. html。

会议结束后，一些国际知名的科学家访问了中国。1966年4月26日，法国巴黎科学院院士特里亚教授访问了生化所。他说："这是很好的合作例子，可以得诺贝尔奖。"同年4月30日，瑞典皇家科学院诺贝尔奖评审委员会化学组的主席、乌普萨拉大学生化所所长、诺贝尔奖得主蒂斯利尤斯也访问了生化所。他说："你们第一次人工合成胰岛素十分令人振奋，向你们祝贺。美国、瑞士等在多肽合成方面有经验的科学家未能合成它，但你们在没有这方面专长人员和没有丰富经验的情况下第一次合成了它，使我很惊讶。”在被询问对此事的看法时，他说：“人们可以从书本中学到制造原子弹。但是人们不能从书本中学到制造胰岛素。”“文革”爆发不久，诺贝尔奖得主、英国剑桥大学的肯德鲁爵士也来中国访问。他告诉大家，中国人工合成胰岛素的消息被英国电视台安排在晚上的“黄金时间”播出，至少有几百万人观看了这条新闻。毫无疑问，这是最为英国人所知的中国科学成就。

这些著名科学家的来访和言论很自然地让人们把人工合成胰岛素工作和诺贝尔奖联系了起来。但中国科学家确切地获得诺贝尔奖提名却是后来的事。1973 年 11 月 16 日，杨振宁致函中国科学院院长郭沫若，称自己准备提名生化所、有机所、北京大学代表各一人合得 1974 年诺贝尔化学奖，请郭沫若提供具体的人选。该信被迅速传达给有关部门。经过一段时间的考虑，中国科学院和外交部的有关领导提出：虽然如果我国科研人员获得了诺贝尔奖，对提高我国的国际威望会起到某些积极作用，但考虑到该奖由资本主义国家颁发，且我国胰岛素研究成果是科研人员在党的领导下集体努力的结果，难以提出有突出代表性的人选，因此婉言谢绝了杨振宁的好意。

“文化大革命”终于过去。1978 年 9 月，杨振宁再次向中国领导人表示，自己愿意为胰岛素合成工作提名诺贝尔奖。10 月，他又向周培源提及此事。周培源向聂荣臻副总理汇报了此事。稍后，瑞典皇家科学院诺贝尔化学奖委员会写信给王应睐，请他推荐诺贝尔化学奖候选人名单。与此同时，另一位著名的美籍华裔逻辑学家王浩教授也主动提出要为胰岛素工作提名诺贝尔奖。

这一次，对于从不同地方涌来的相同建议，新的中央领导人非常重视。这种态度的改变是不难理解的：十年“文化大革命”刚过去不久，中国经济依然处于崩溃边缘，一切都还百废待兴。如果能在社会生产力有决定性意义的科学领域获得一项世界大奖，对于激励士气、鼓舞人心、改良中国的国际形象必然有重大价值。

在他们的指示下，从1978年12月11日起，中国科学院在北京友谊宾馆召开了一个为期近十天的“胰岛素人工全合成总结评选会议”。会议由中国科学院副院长钱三强主持，生化所、有机所、北京大学化学系共有60多名相关科学家、科研组织者参会，其主要目的是为了确定诺贝尔奖候选人。

经过长时间的小组讨论和评选委员会无记名投票，“选出人工合成胰岛素研究成果突出者4人，分别是钮经义、邹承鲁、季爱雪、汪猷”。在分别征求评委的意见之后，钱三强决定：“推荐钮经义同志代表我国参加人工全合成研究工作的全体人员申请诺贝尔奖金”。可诺贝尔奖评选有个不成文的规则，每个单项的获奖人数不多于3人。

只剩一个候选人之后，杨振宁、王浩、王应睐分别向诺贝尔化学奖委员会推荐了人工合成胰岛素工作。但出乎国内人意料的是，这项工作没能获奖！

对于未获奖的事实，国人是难以接受的。虽然未能如愿获得诺贝尔奖，但人工合成胰岛素工作还是获得了其他多个重要奖项。

1982年7月，国家自然科学奖在断评20多年后再度开评，人工合成胰岛素工作获“国家自然科学一等奖”。

1997年9月，香港求是基金会给人工合成胰岛素工作颁发了“杰出科技成就集体奖”。

除集体奖外，相关研究、组织人员也部分因为胰岛素工作而获得过一些重要奖项。政府还以中国特有的方式对胰岛素合成工作和相关科学家进行了表彰。

2. 中国科学家屠呦呦获诺贝尔奖

2015 年 10 月 5 日，瑞典卡罗琳医学院宣布：将 2015 年诺贝尔生理学或医学奖授予 85 岁的中国药学家屠呦呦以及其他两位科学家，表彰他们在寄生虫疾病治疗研究方面取得的成就。屠呦呦因“有关疟疾新疗法的发现”而获奖。这是中国科学家因为在中国本土进行的科学研究而首次获诺贝尔奖，是中国医学界迄今为止获得的最高奖项，也是中医药成果获得的最高奖项。

屠呦呦是诺贝尔生理学或医学奖的第 12 位女性得主。20 世纪六七十年代，在极为艰苦的科研条件下，屠呦呦团队与中国其他机构合作，经过艰苦卓绝的努力并从《肘后备急方》等中医药古典文献中获取灵感，先驱性地发现了青蒿素，开创了疟疾治疗新方法，全球数亿人因这种“中国神药”而受益。目前，以青蒿素为基础的复方药物已经成为疟疾的标准治疗药物，世界卫生组织将青蒿素和相关药剂列入其基本药品目录。

诺贝尔生理学或医学奖评委让 · 安德森说：“屠呦呦是第一个证实青蒿素可以在动物体和人体内有效抵抗疟疾的科学家。她的研发对人类的生命健康贡献突出，为科研人员打开了一扇崭新的窗户。屠呦呦既有中医学知识，也了解药理学和化学，她将东西方医学相结合，达到了一加一大于二的效果，屠呦呦的发明是这种结合的完美体现。”

诺贝尔奖评选委员会说，由寄生虫引发的疾病困扰了人类几千年，构成重大的全球性健康问题。屠呦呦发现的青蒿素应用在治疗中，使疟疾患者的死亡率显著降低，为每年数百万感染相关疾病的人们提供了“强有力的治疗新方式”，在改善人类健康和减少患者病痛方面的成果无法估量。

参考资料

[1] 熊卫民，王克迪．合成一个蛋白质：结晶牛胰岛素的人工全合成［M］．济南：山东教育出版社，2005.

[2] 邹承鲁，梁栋材，等．从合成蛋白质到合成核酸［M］．长沙：湖南教育出版社，2009.

[3] 曹天钦．胰岛素人工合成的科学意义［J］．生命科学，2015（6）：766－770.

[4] 于晨，王应睐．王应睐所长谈牛胰岛素的人工合成［J］．生命科学，1985（1）：30－34.

[5] 黄祥云．牛胰岛素事件及其科学社会学研究［J］．生命科学，1992（1）：26－34.

[6] 刘仲华，商璐．屠呦呦获2015年诺贝尔生理学或医学奖［N］．人民日报，2015－10－06（1）.

第九章 杂交水稻

水稻，是世界上三分之一人类的主食。水稻具有明显的杂种优势现象，主要表现在生长旺盛、根系发达、穗大粒多、抗逆性强等方面，因此，利用水稻的杂种优势以大幅度提高水稻产量一直是育种家梦寐以求的愿望。但是，水稻属自花授粉植物，雌雄蕊着生在同一朵颖花里，由于颖花很小，而且每朵花只结一粒种子，因此很难用人工去雄杂交的方法来生产大量的第一代杂变种子，所以长期以来水稻的杂种优势未能得到应用。

首次成功的水稻杂交是由美国人 Henry Beachell 在 1963 年于印度尼西亚完成的，Henry Beachell 也因此被学术界称为“杂交水稻之父”，并由此获得 1996 年的世界粮食奖。1968 年，日本科学家新城长友经过多年努力找到了野生的雄性不育株，提出了一系列诸如赶粉等杂交水稻育种新方法，首次成功实现了基于“三系法”的水稻杂交技术。但是无论是 Henry Beachell 还是新城长友，其方案都存在某些缺陷，无法进行大规模的推广，使得水稻杂交停留在实验室阶段，未能完成杂交水稻的产业化。

中国湖南农学家袁隆平在此基础上成功地寻找到了合适的野生的雄性不育株，并突破了日本人无法实现的杂交水稻育种技术，完成了杂交水稻研究工作的最后一步，选育出了第一个得到大面积应用的杂交水稻品种——南优 2 号，大大提高了中国的水稻产量。1981 年，袁隆平荣获中国第一个国家发明特等奖，被中国人称之为“杂交水稻之父”。

第一节　杂交水稻及其基本原理

杂交水稻指选用两个在遗传上有一定差异、优良性状互补的水稻品种进行杂交，生产具有杂种优势的第一代杂交种用于生产，这就是杂交水稻。杂种优势是生物界普遍现象，利用杂种优势提高农作物产量和品质是现代农业科学的主要成就之一。

杂交水稻是通过不同稻种相互杂交产生的，而水稻是自花授粉作物，对配制杂交种子不利。要进行两个不同稻种杂交，先要把一个品种的雄蕊进行人工去雄或杀死，然后将另一品种的雄蕊花粉授给去雄的品种，这样才不会出现去雄品种自花授粉的假杂交水稻。可是，如果技术人员用人工方法在数以万计的水稻花朵上进行去雄授粉的话，工作量极大，实际并不可能解决生产的大量用种。因此，研究培育出一种水稻做母本，这种母本有特殊的个性，它的雄蕊瘦小退化，花药干瘪畸形。靠自己的花粉不能受精结籽。

为了不使母本断绝后代，要给它找两个对象，这两个对象的特点各不相同：第一个对象外表极像母本，但有健全的花粉和发达的柱头，用它的花粉授给母本后，生产出来的是女儿。长得和母亲一模一样，也是雄蕊瘦小退化，花药干瘪畸形、没有生育能力的母本。另一个对象外表与母本截然不同，一般要比母本高大，也有健全的花粉和发达的柱头，用它的花粉授给母本后，生产出来的是儿子，长得比父、母亲都要健壮。这就是技术人员需要的杂交水稻，一个母本和它的两个对象，人们根据它们各自不同特点，分别起了三个名字：母本叫做不育系，两个对象，一个叫做保持系，另一个叫做恢复系，简称为“三系”。有了“三系”配套，技术人员就知道在生产上是怎样配制杂交水稻了。生产上要种一块繁殖田和一块制种田，繁殖田种植不育系和保持系，当它们都开花的时候，保持系花粉借助风力传送给不育系，不育系得到正常花粉结实，产生的后代仍然是不育系，达到繁殖不育系目的。技术人员可以将繁殖来的不育系种子保留一部分来年继续繁殖，另一部分则同恢复系制种，当制种田的不育系和恢复系都开花的时候，恢复系的花粉传送给不育系，不育系产生的后代，就是提供大田种植的杂交稻种。由于保持系和恢复系本身的雌雄蕊都正常，各自进行自花授粉，所以各自结出的种子仍然是保持系和恢复系的后代。

水稻有籼稻和粳稻两个亚种。理论上讲，亚种间杂交稻可比品种间杂交稻增产 30% 以上。目前，已经基本解决利用亚种间杂种优势的主要难题，新育成的亚种间超级杂交稻穗大粒多、品质优良，在生产试验、示范中比现有的品种间杂交稻增产 20% 以上。

第二节　袁隆平与杂交水稻

1930 年 9 月 7 日，袁隆平出生于北京协和医院。1931 ~ 1936 年，随父母居住北平、天津、江西九江、江西赣州、湖北汉口等地。1936 年 8 月开始读书，1949 年 8 月至 1950 年 10 月，在重庆北碚夏坝的相辉学院农学系读书。1951 年 7 月，在西南农学院报名参加空军，体检、政审合格，后因在校大学生更需参加经济建设而未入伍，继续留校学习。1953 年 8 月从西南农学院农学系毕业后，服从国家统一分配，到湖南省怀化地区的安江农校任教。同年，被分配到偏远落后的湘西雪峰山麓安江农校教书。

袁隆平在三亚南繁基地观察水稻

图片来源：http：//j. news. 163. com/docs/10/2015032108/AL7DCCM8 9001CCM9. html。

1960 年，30 岁的袁隆平根据一些报道了解到杂交高粱、杂交玉米、无籽西瓜等，都已广泛应用于国外的生产中，并开始进行水稻的有性杂交试验。7 月，在安江农校实习农场早稻田中，袁隆平发现“鹤立鸡群”的特异稻株。1961 年春天，他把这株变异株的种子播到创业试验田里，结果证明了 1960 年发现的那个“鹤立鸡群”的植株，是“天然杂交稻”。当时，袁隆平是一个安江农校的教师，但面对当时严重饥荒，他立志从事水稻雄性不育试验，用农业科学技术击败饥饿威胁。

1964 年，中国开始了对水稻雄性不育的研究。在 1964 年到 1965 年两年的水稻开花季节里，袁隆平与科研小组在稻田进行杂交育种试验。后在稻田里找到了 6 株天然雄性不育的植株。经过两个春秋的观察试验，对水稻雄性不育材料有了较丰富的认识。1966 年 2 月，袁隆平发表了他的第一篇论文——《水稻的雄性不孕性》，刊登在中国科学院主编的《科学通报》半月刊第 17 卷第 4 期上。5 月，国家科委九局局长赵石英同志获悉袁隆平发表的《水稻的雄性不孕性》一文后，高度重视，以国家科委九局名义致函湖南省科委与安江农校，支持袁隆平的水稻雄性不育研究活动，指出这项研究的意义重大，如果成功，将使水稻大幅度增产。6 月，“文化大革命”开始，袁隆平遭受冲击，水稻雄性不育试验被迫中断。

1967 年 3 月，湖南省科委发函安江农校，要求学校将“水稻雄性不孕”研究列入计划。4 月，袁隆平起草“安江农校水稻雄性不孕系选育计划”，呈报省科委与黔阳地区科委。6 月，由袁隆平、李必湖、尹华奇组成的黔阳地区农校（安江农校改名）水稻雄性不育科研小组正式成立。

1968 年 4 月 30 日，袁隆平将珍贵的 700 多株不育材料秧苗，插在安江农校中古盘7号田里，面积133平方米。5月18日晚上，中古盘7号田的不育材料秧苗被全部拔毁，成为至今未破的谜案。袁隆平心痛欲绝。事发后第4天才在学校的一口废井里找到残存的5根秧苗，继续坚持试验。

1969年冬，袁隆平、李必湖、尹华奇等到云南省元江县加速繁殖不育材料。1970年夏，袁隆平从云南引进野生稻，拟在靖县（安江农校又搬迁到了靖县）做杂交，后因没有进行短光照处理而未成功。秋季，袁隆平带领李必湖、尹华奇来到海南岛崖县南江农场进行三季水稻研究试验，向该场技术员与工人调查野生稻分布情况。

1970年11月，在袁隆平关于“把杂交育种材料亲缘关系尽量拉大，用一种远缘的野生稻与栽培稻进行杂交”的构想指导下，助手李必湖和冯克珊在海南岛南红农场找到“野败”，为籼型杂交稻三系配套打开了突破口。

1971年春，湖南省农业科学院成立杂交稻研究协作组，袁隆平调入湖南省农业科学院杂交稻研究协作组工作。

1972年3月，国家科委把杂交稻列为中国重点科研项目，组织协作攻关。袁隆平将“野败”材料分发到中国10多个省市的30多个科研单位，用了上千个品种与“野败”进行了上万个测交和回交转育的试验，扩大了选择概率，加快了“三系”配套进程。当年，袁隆平选育成了中国第一个应用于生产的不育系“二九南1号”。

1973年，协作组通过测交找到了恢复系，攻克了“三系”配套难关。同年10月，袁隆平在苏州召开的水稻科研会议上发表了《利用“野败”选育三系的进展》的论文，正式宣告中国籼型杂交水稻“三系”已经配套。

1974年，袁隆平育成中国第一个强优势杂交组合“南优2号”。在安江农校试种中，667平方米产量628公斤。翌年，晚稻栽培1.33公顷，667平方米产量511公斤，成功攻克“优势关”。之后，在湖南省委、省政府的支持下，获大面积制种成功，为次年大面积推广做好了种子准备，使该项研究成果进入大面积推广阶段。1975年，袁隆平又攻克了“制种关”。

1977年，袁隆平发表《杂交水稻培育的实践和理论》与《杂交水稻制种与高产的关键技术》两篇重要论文。1978年3月，袁隆平出席中国科学大会并获奖。1978年10月，袁隆平晋升为湖南省农业科学院研究员。

1979年4月，袁隆平首次出国出席菲律宾国际水稻研究所召开的科研会议，会上宣读他用英文写的《中国杂交水稻育种》的论文并即席答辩，与会者一致公认中国杂交水稻研究处于领先地位。12月，国务院授予袁隆平中国先进科技工作者与中国劳动模范的称号。同年，袁隆平任农业部科学技术委员会委员、中国作物学会副理事长、中国遗传学会理事、湖南省生物学会理事、湖南省遗传育种学会副理事长、湖南省农学会理事。

1980年5月，袁隆平应邀赴美进行杂交稻制种技术指导。9月，中国农业科学院和国际水稻研究所共同在湖南省农业科学院举办杂交稻技术国际培训班，袁隆平作为主讲人给来自10多个国家的专家讲授杂交水稻方面的主要课程。翌年9月，又举办了第二期。10月，赴菲律宾国际水稻研究所进行技术指导与合作研究。之后五年，袁隆平每年都去菲律宾国际水稻研究所1~3次，进行合作研究。

1981 年 6 月，袁隆平的籼型杂交水稻获中国第一个特等发明奖。1982 年 8 月，袁隆平被聘为中国杂交稻专家顾问组副组长。是年，袁隆平被国际同行誉为“杂交水稻之父”。

1983 年 8 月，袁隆平第二次应邀赴美国考察杂交稻试种情况并进行技术指导。

1984 年 6 月，湖南杂交水稻研究中心成立，袁隆平任中心主任。同年获国家级有突出贡献的中青年专家称号。

1985 年 10 月，袁隆平荣获世界知识产权组织“发明和创造”金质奖章和荣誉证书。同年，袁隆平发表《杂交水稻超高产育种探讨》一文，提出选育强优势超高产组合的四个途径，其中花力气最大的是培育核质杂种。可是多年的育种实践却没有产生出符合生产要求的组合。他果断迅速地从核质杂种研究中跳了出来，向新的希望更大的研究领域去探索。

1986 年，袁隆平培育成杂交早稻新组合“威优 49”。4 月，袁隆平应邀出席在意大利米兰附近召开的“利用无融合生殖进行作物改良的潜力”国际学术讨论会。10 月，世界首届杂交水稻国际学术讨论会在长沙召开，袁隆平在会上作了《杂交水稻研究与发展现状》的专题学术报告，并提出了今后杂交水稻发展的战略设想，得到与会专家、学者的赞同，并写进了会议文件。

1987 年 11 月，袁隆平荣获联合国教科文组织巴黎总部颁发的 1986 ~ 1987 年度科学奖。联合国教科文组织总干事姆博先生赞扬袁隆平取得的科研成果是继 70 年代国际培育半矮秆水稻之后的“第二次绿色革命”。袁隆平将获奖的 1.5 万美元全部捐献作为杂交水稻奖励基金，以奖励在这一领域有突出贡献的中青年科学工作者。在袁隆平指导下，李必湖的助手邓华风在安江农校籼稻三系育种材料中找到一株奇异的光敏核不育水稻，历经两年三代异地自交繁殖，于1988年7月育成光敏核不育系，并通过省级技术鉴定，定名为“安农S—1光敏不育系”。光敏核不育系的育成，使袁隆平两系法的设想变为现实。

1991年8月，袁隆平应日本学会邀请，赴日本作两系杂交稻研究新进展学术报告。9月，赴美国参加洛克菲勒基金年会。

1992年1月，袁隆平出席并主持在湖南长沙召开的国际水稻无融合生殖会议。4月，率中国代表团参加在菲律宾国际水稻研究所召开的第二届杂交水稻国际学术讨论会。7~8月，受联合国粮农组织委托赴印度作杂交水稻方面的学术报告。10~11月，受联合国粮农组织委托以首席顾问身份赴印度指导杂交水稻技术三周。

1993年11~12月，袁隆平受联合国粮农组织委托第三次赴印度传授杂交水稻技术。同年，他撰写的《对大面积推广玉米稻要持慎重态度》一文，对于稳定湖南粮食产量起到了重大作用。

1994年2~3月，袁隆平赴美国休斯敦与美国水稻技术公司草签合作开发两系法杂交稻协议。5月，赴印度尼西亚参加洛克菲勒基金会年会。9月，袁隆平在湖南长沙主持中国杂交水稻专家顾问组组长碰头会。

1995年5月，袁隆平当选为中国工程院院士。8月袁隆平郑重宣布中国历经9年的两系法杂交水稻研究已取得突破性进展，可以在生产上大面积推广。10月，获联合国粮农组织“粮食安全保障”荣誉奖章。12月，“国家杂交水稻工程技术研究中心”在

“湖南杂交水稻研究中心”的基础上正式成立，袁隆平任主任。

1996年7月，袁隆平出席在湖南省张家界市召开的“863”计划重大技术项目复审会议。9月，出席由中宣部与中华全国总工会在北京人民大会堂联合举行的中国科技十杰表彰大会，发表题为《攀登杂交水稻研究新高峰，解决中国人吃饭问题是我的毕生追求》的演讲。10月，出席在北京举办的学术报告会，作《从杂交稻育种领域看粮食增产潜力，中国有能力解决吃饭问题》的学术报告。11月，出席在印度举行的“第三届杂交水稻国际会议”。12月，两院院士评出中国重大科技进展新闻，两系杂交稻技术获重大突破的新闻名列榜首。

1997年3月，袁隆平赴美国休斯敦出席水稻技术公司年会，应邀赴缅甸指导杂交水稻生产。8月，获国际农作物杂种优势利用“杰出先驱科学家”荣誉称号。9月，在长沙出席并主持“农作物两系法杂种优势利用国际学术讨论会”，作了题为《农作物两系法杂种优势利用的现状与前景》的学术报告。11月，发表《杂交水稻超高产育种》的重要论文。

1998年8月，袁隆平参加在北京召开的第18届国际遗传学大会，作《超高产杂交稻选育》报告。9月，应邀赴埃及参加第十九届水稻国际委员会会议。10月，参加在上海举行的“第六届国际水稻分子生物学会议”。12月，出席在广东肇庆举行的“863”计划“超级杂交稻”项目会议。

1999年6月，“袁隆平农业高科技股份有限公司”正式挂牌成立。12月，袁隆平出席由中宣部、科技部、人事部联合在北京人民大会堂隆重举行的中国“杰出专业技术人才”表彰大会，荣获“杰出专业技术人才”金质奖章，发表题为《发展杂交水稻，造福世界人民》的演讲。

2000年3月底至4月初，袁隆平赴菲律宾国际水稻研究所参加水稻科研会议，宣读《超级杂交稻育种》论文，并对湖南杂交水稻研究中心设在菲律宾的杂交稻试种基地进行现场考察。7月，袁隆平赴安徽安庆主持召开中国两系法优质杂交早稻示范现场会。8月，以袁隆平名字命名的高等院校“袁隆平科技学院”在湖南成立，袁隆平出任名誉院长。8月至9月袁隆平在湖南郴州主持中国超级杂交稻现场验收会，超级稻第一期目标达标。同年袁隆平主持的国家“863”计划两系法杂交水稻研究项目通过科技部的验收。

2001年2月19日，袁隆平院士获首届“国家最高科学技术奖”。颁奖仪式在人民大会堂举行，由时任国家主席江泽民亲自颁授奖励证书和奖金。5月，袁隆平分别赴越南参加联合国粮农组织主持的“在亚洲加快大规模杂交水稻发展的政策支持会议”，赴孟加拉参加国际水稻所及亚洲发展银行杂交水稻项目的第四次技术委员会会议。7月，赴香港中文大学考察并作学术报告。9月，袁隆平院士因在杂交水稻研究中有突出贡献以及为亚洲带来粮食安全而获得菲律宾“麦格赛赛政府服务奖”。拉蒙·麦格赛赛奖被视为亚洲的诺贝尔奖。12月，经时任国家主席江泽民推荐，袁隆平院士赴委内瑞拉考察推广杂交水稻的可能性与前景。

2002年7月，袁隆平分别赴香港参加在香港中文大学举行的生物技术及作物改良会议；赴泰国曼谷参加由联合国粮农组织主持的“第二十次国际水稻委员会会议”。同年，袁隆平院士荣膺“科学中国人（2002）年度人物”称号。

2003 年 3 月，袁隆平赴乌拉圭参加学术会议，并作“杂交水稻在中国的发展”学术报告。

2004 年 3 月，袁隆平出任国家杂交水稻工程技术研究中心天津分中心首席科学家。5 月，袁隆平获得沃尔夫奖，以色列总统为其颁奖。8 月，袁隆平应马来西亚元首基金会邀请对马来西亚进行考察访问。9 月，袁隆平获得泰国国王金镰奖。10 月，胡锦涛总书记在湖南调研期间，专程赴袁隆平主持的国家杂交水稻工程技术研究中心，详细察看了超级杂交稻选育项目的进展情况，充分肯定了他们作出的重大贡献。

2005 年 10 月，应外交部邀请，袁隆平在外交部第四期大使参赞学习班上作有关杂交水稻的报告。11 月，在 2005 年亚太地区种子协会（APSA）年会上，袁隆平院士被授予“APSA 杰出研究成就奖”。2006 年 4 月，袁隆平当选美国科学院外籍院士。

2007 年 3 月，袁隆平在香港中文大学联合书院作学术报告。他表示：在第一、第二阶段取得良好成果的基础上，第三阶段超级杂交水稻育种计划已顺势推出，目标是在 2015 年将每亩水稻产量提高到 900 公斤，并达到“种三产四”，即种植 3 亩田，产出原来 4 亩田的稻谷。

2011 年 9 月，袁隆平指导的超级稻第三期目标亩产 900 公斤高产攻关获得成功，湖南隆回县百亩试验田亩产达到 926.6 公斤。

2012 年 8 月，袁隆平在青岛农业大学做了题为《发展杂交水稻，保障粮食安全》的主题报告，并被青岛农业大学聘请为学校高级顾问。

2014 年 1 月，袁隆平和他的团队凭借“两系法杂交水稻技术研究与应用”项目获得国家科技进步特等奖，这是袁隆平第二次登上国家最高科技奖的领奖台。这一年，由挪威议员提名，袁隆平光荣当选2014年度诺贝尔和平奖候选人。

2015年10月，湖南省政府下发文件，免去袁隆平的湖南杂交水稻研究中心主任职务。此次任免是根据国家相关规定作出的，免去行政职务后，85岁的袁隆平仍将继续自己的科研项目，并负责具体的科研工作。

袁隆平从事杂交水稻研究已经半个世纪了。50多年来，他始终在农业科研第一线辛勤耕耘、不懈探索，为人类运用科技手段战胜饥饿带来绿色的希望和金色的收获。他的卓越成就，不仅为解决中国人民的温饱、保障国家粮食安全作出了贡献，更为世界和平和社会进步树立了丰碑。

第三节　杂交水稻对中国及世界粮食安全的影响

粮食是人类一切活动的第一能源基础，是国家发展和社会稳定的物质基础。目前，全世界有8亿人处在饥荒之中，面对如此沉重的粮食压力，世界各国一直在为加快现代农业发展、提高粮食产量、合理控制因城市化导致耕地面积的减少而努力。水稻在我国是最重要的粮食作物，有60%以上人口特别在南方地区人口以稻米为主食。杂交水稻的问世，大大促进了我国粮食生产发展，为我国这个世界第一人口大国解决吃饭问题立下了汗马功劳，同时也大大促进了世界各国杂交水稻事业的发展。

我国从1964年开始研究，1973年实现杂交水稻“三系”配套，1976 年全国大面积推广，当年就以 208 万亩累计增产稻谷 2.5 亿吨以上；近年杂交水稻面积已占全国水稻种植面积的 50%。单产由 1976 年的 280 公斤每亩，到 20 世纪末的 600 公斤每亩左右，比常规稻一般每亩增产 100 公斤以上。在重庆未成为直辖市之前的四川是一个有上亿人口的大省，如何保障这一亿多人口的吃饭问题是一个非常重要的问题。杂交水稻在四川的推广改变了全川水稻生产现状。1992 年，杂交水稻达到 4280.9 万亩，占水稻生产总面积 91.5%，亩产从 1977 年的 284 公斤提高到 1992 年的 476 公斤，平均年递增 12.8 公斤，是 28 年前的 2.5 倍多。全省水稻增加产量占全部粮食增加产量的 54.3%。又比如在江苏，根据统计资料分析，1976 年种植常规稻 1252.1 万亩，平均单产 237.7 公斤，总产 29.76 亿公斤，1976 年后种植水稻 18 年，全省累计种植杂交水稻面积 19241.3 万亩，平均年种植面积 1131.8 万亩，占水稻总面积 30%，总产 53.47 亿公斤，占水稻总产 37.1%，取得了良好的经济和社会效益。据联合国粮农组织统计，1990 年我国杂交水稻面积占世界水稻面积的 10%，产量却占了总产量的 20%。杂交稻问世以来，已累计推广 3 亿公顷，增加粮食产量 4 亿吨，仅每年增加的稻米产量就可以养活 7000 万人，实现了我国粮食供求总体平衡，缓解了人口迅猛增长与耕地面积不断减少的矛盾，保证了我国内部粮食安全，为全面建成小康社会提供了根本的物质保障。

1979 年 4 月，袁隆平参加国际水稻研究所年会，发表了题为《中国的杂交水稻》的专题报告，引起各国专家学者的强烈反响。同年国际水稻研究所组织专家团到我国考察，世界各国的农业科学家被我国研制的杂交水稻所具有的强大的杂种优势震惊了。杂交水稻在我国的巨大成功鼓舞了世界各国对杂交水稻的研究，纷纷要求与我国建立技术合作机制，积极向我国学习。以印度为例，人口的急剧增长和粮食的严重不足，让印度政府面临巨大的粮食危机。中国杂交水稻的成功，让印度为之心动，投入巨资在全印度建立拥有 12 个科研院校参加的杂交水稻科研协作网。联合国粮农组织聘请袁隆平院士为首席顾问，从 1992 年起，定期到印度进行杂交水稻育种和繁殖制种技术指导，与此同时受联合国粮农组织委托，以国家杂交水稻研究中心为依托先后分别为印度培训了多批专业技术人才，印度很快在杂交水稻育种上取得了突破性进展。在越南，由于地理毗邻，生态条件相似，中国许多杂交水稻种子可以在越南生产上直接应用。因此，越南直接从中国购买大批种子。1993 年越南北方共种植了 60 多万亩杂交水稻。据越南 1993 年给联合国粮农组织的一份报告中说：由于种植杂交水稻，在不增加投入的情况下，就增加了 1 亿公斤稻谷。越南农业部已将杂交水稻列为全国首项重点推广项目，同时聘请中国技术专家指导他们的科学研究，中国也积极为越南培训了数批高级专业技术人才。

中国杂交水稻研究已处于世界领先地位，有力地推动世界杂交水平研究进展，促进了全球范围内水稻单产的迅速提高，为缓解世界粮食问题作出了杰出贡献。

第四节　袁隆平对转基因水稻的看法

“虽然我国杂交水稻技术目前在国际上领先，但如果不加强分子育种技术研究，短则五年、长则十年，我国的杂交水稻技术就要落后国际水平了。”中国工程院院士、“杂交水稻之父”袁隆平2010年2月7日接受新华社记者采访时说。

中国粮食连续6年增产，但从长远来看，人口、资源、生态等因素为保障粮食安全提出很多挑战。“在耕地有限而人口众多的中国，要解决粮食问题，关键要靠科技创新。”袁隆平说。正是在他领衔研究的杂交水稻技术研究方面取得的重大突破，帮助中国实现了水稻产量的大幅度提高。

袁隆平说，亩产800公斤二期目标和亩产900公斤三期目标的实现，靠的都是常规技术，但要进一步提高产量，就必须运用分子技术手段，从理论上讲，只要把常规技术和分子技术结合运用，水稻单产的潜力还是很大的。

目前，中国杂交水稻技术在国际上遥遥领先，但是颇有忧患意识的袁隆平说，国际上生物技术得到广泛研究和推广，而且效果很好，目前一些跨国种业公司正在利用生物技术研究杂交水稻，如果不加强生物技术的研究和应用，他们的杂交水稻技术很可能会在短期内超过中国。

袁隆平透露，杂交水稻研究技术在不断进步，最早是品种间杂交，进一步是利用亚种间杂交实现优势，超级稻三期研究要从亚种间杂交发展到运用分子技术进行杂交。根据这一技术路径，目前中国超级稻三期目标研究中正在应用分子技术，比如把玉米碳四基因转到水稻中体现远缘基因的杂交优势，但这一技术难度比较大，目前正在进行技术攻关研究。

一段时间来，中国发放转基因水稻安全证书的举措引起社会的广泛关注。袁隆平认为，今后利用生物技术开展农作物育种是农业科技的发展方向和必然趋势，转基因技术是分子技术中的一类，因此必须加强转基因技术的研究和应用，没有技术就没有地位。对待转基因产品，应当持科学慎重的态度而不是拒绝的态度。

相关链接　转基因大米和杂交水稻的区别

转基因大米是通过在现有的稻子基因中，转入其他生物具有特定功能的基因片段，使其拥有更好性状的一种稻子结出来的大米。转基因大米具有高产、抗盐、抗水涝、抗旱、抗虫害等性质。杂交水稻指选用两个在遗传上有一定差异、优良性状互补的水稻品种进行杂交，生产具有杂种优势的第一代杂交种，用于生产，这就是杂交水稻。通过杂交，将品种 B 的控制优良性状的基因传到品种 A 上，从而获得优良性状的后代。从广义上来说，杂交和转基因都是通过获得优良基因进行遗传改良，同样在后代引入了新的 DNA 和所需的农艺性状。但二者相比较，具有以下明显区别：

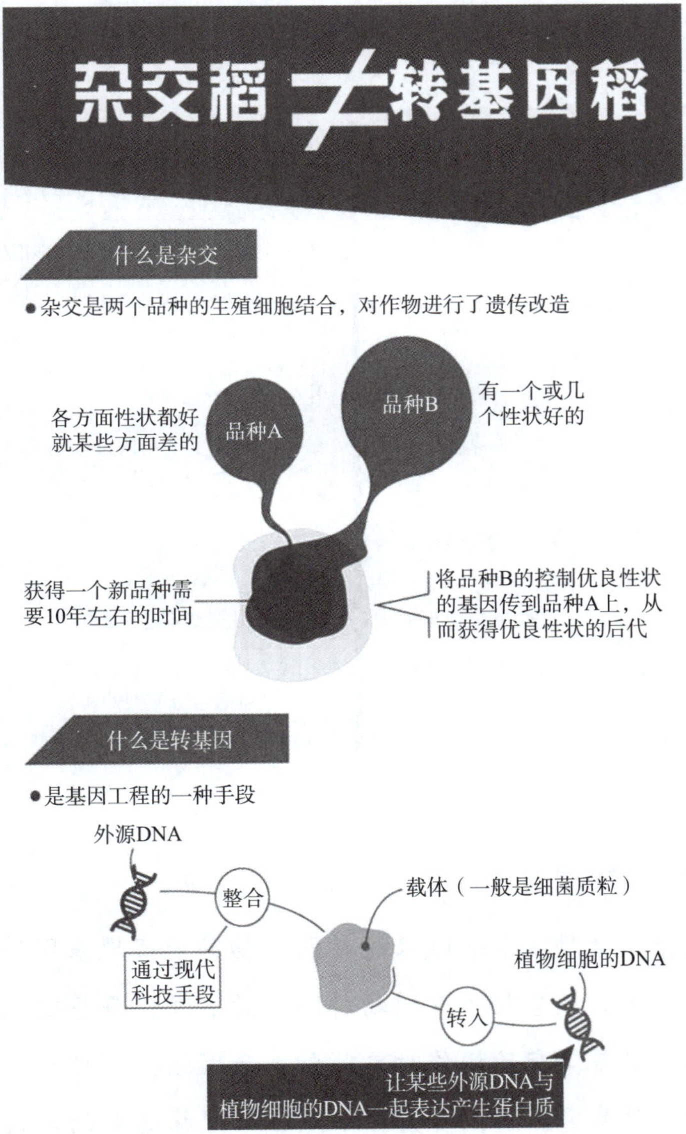

杂交稻≠转基因稻

图片来源：http：//www. xkx. gov. cn/_ d276844838. htm。

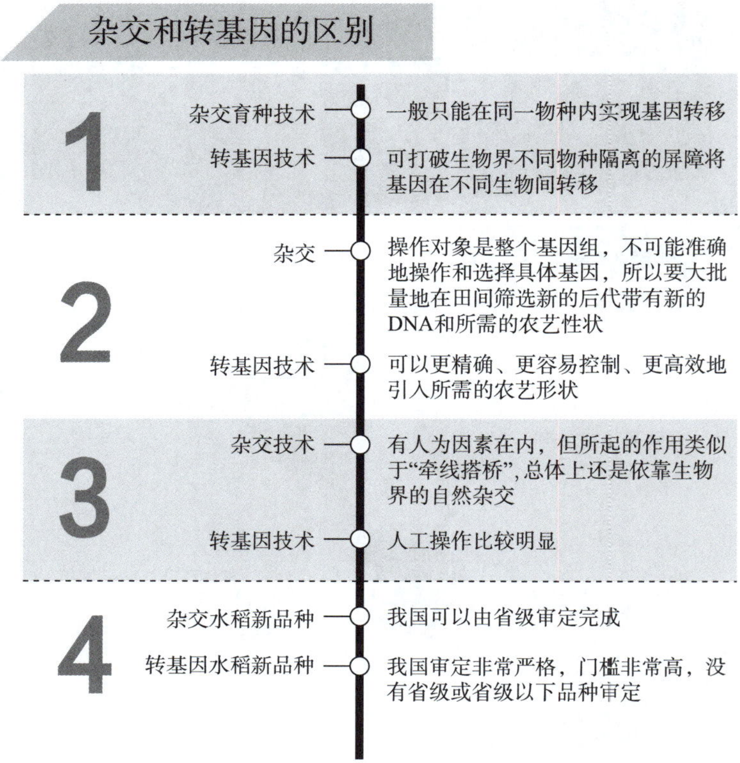

杂交与转基因的区别

图片来源：http：//www. xkx. gov. cn/_ d276844838. htm。

一是杂交育种技术一般只能在同一物种内实现基因转移，而转基因技术可打破生物界不同物种隔离的屏障，将基因在不同生物间转移。二是杂交的操作对象是整个基因组，不可能准确地操作和选择具体基因，所以要大批量地在田间筛选新的后代带有新的 DNA 和所需的农艺性状，而转基因技术可以更精确、更容易控制、更高效地引入所需的农艺性状。三是目前的杂交技术尽管也有人为因素在内，但所起的作用类似于“牵线搭桥”，总体上还是依靠生物界的自然杂交。而转基因技术的人工操作就比较明显。

当然，还有一个非常重要的区别，目前我国对转基因水稻新品种的审定非常严格，门槛非常高，没有省级或省级以下品种审定。而杂交水稻新品种则可以由省级审定完成。

参考资料

[1] 陈德铭．中国政府将加速使杂交水稻走向世界［EB/OL］．(2009－09－11)．http：//www. chinanews. com/cj/cj－gncj/news/2009/09－11/1862430. shtml.

[2] 袁隆平．生物技术是解决粮食安全重要出路［J］．江苏农村经济，2010（3）：8－8.

[3] 郑风田．超级杂交水稻对中国的意义［J］．高中生，2012(1)：30－30.

[4] 廖泳祥．杂交水稻研究对中国及世界农业的影响［EB/OL］．(2012－08－16)．http：//www. docin. com/p－462799275. html.

[5] 转基因大米与杂交水稻的区别［EB/OL］．(2015－03－02)．http：//j. news. 163. com/docs/30/2015030217/AJNI5B6S90015B6T. html.

[6] 杂交水稻［EB/OL］．http：//baike. baidu. com/link？url＝btzWB3xfgCfYqBAU2Gr－OrN－Roq VYM24An CCLIQu65f9CHhIMriuMvP6jQnPLV－GdruRmLOHVz9Zue9Jxl9Dpcwqy3JTPTgkUCYgWGvz6J_ .

第十章 超级计算机

1984 年 10 月 1 日，北京天安门广场，庆祝新中国成立 35 周年的国庆大典上，群众游行中的一辆彩车格外引人注目。与其他的彩车不同，这辆车展示的不是绚丽夸张的模型和富有激情的口号，而是一台真正的“银河－Ⅰ”巨型计算机机柜。电视转播使广大民众感受到了阅兵的震撼，也使得这辆“银河”彩车和“银河－Ⅰ”、“我国首台巨型亿次机”等描述成为大家的共同记忆。

如今，这台圆柱形的机器静静地矗立在国防科技大学计算机学院的“银河”机房里。1983 年 12 月研制成功的“银河－Ⅰ”亿次巨型计算机，不仅填补了国内空白，大大缩短了国内与国外计算机研究的代差，更是彻底打破了西方大国对我国高性能计算机技术的封锁，使我国成为继西方少数发达国家之后，能独立设计和研制超级计算机的国家。

第一节　我国超级计算机研制的背景

一、我国计算机技术的初步发展

自 1946 年世界第一台电子计算机“ENIAC”诞生至今，70 多年的时间里计算机技术日新月异，已经成为现代人类社会不可或缺的生产工具。中国的计算机研制工作起源于 1956 年制定的《全国十二年科学技术发展规划》，其中把计算机列为我国发展科学技术的重点之一。随后在前苏联专家的指导和技术支持下，中国科学院计算研究所等单位于 1958 年制作完成了我国第一台小型电脑，103 型计算机，经过改进后的运算速度可达到每秒三千次。1959 年国庆节，我国第一台大型通用电脑，104 型计算机也宣布完成，其运算速度达到每秒一万次，为新中国成立十周年献上了一分厚礼。103 机和 104 机都属于第一代电子管计算机，它们的诞生填补了我国计算机技术的空白，并且在实际应用中解决了大量过去无法计算的经济和国防等领域的难题，是我国计算机工业发展史上的第一个里程碑。

进入 20 世纪 60 年代，尽管经历了三年经济困难时期，并受到苏联专家全部撤走的影响，我国计算机科研工作者们的热情却丝毫不减。帝国主义的封锁政策，逼迫我国的计算机研制采取了“使用国产器材，依靠自身力量”的技术路线，逐渐从“仿制”走向了“自主研制”，1964 年我国第一台自行设计的大型电子管计算机 119 机研制成功，随后又研制了晶体管计算机 109 型，其改进型 109 丙型在随后的“两弹一星”研究中发挥了重要作用，被誉为“功勋机”。到60年代后期，我国半导体工业也在艰难困境中经历从无到有，逐渐能生产包括集成电路在内的全系列半导体部件，有力地支撑了我国的计算机行业发展。在西方先进国家的计算机研究告别电子管和晶体管，首先于1964年进入集成电路时代之后，我国科研工作者紧追不舍，小规模集成电路通用数字电子计算机“111机”的研制成功，标志着我国的计算机研究于1970年迈入了集成电路时代。

第一台电子计算机ENIAC（Electronic Numerical Integrator And Calculator）

图片来源：http：//www.360doc.com/content/15/1120/22/6828497_ 514676693.shtml。

二、超级计算机初露锋芒

提高运算速度是计算机技术发展中永恒的主题。国际上从20

世纪 60 年代中期开始的超级计算机研究，更反映了人类对更高运算速度的渴望。超级计算机是指由大量的处理器组成的，能执行同时代的普通计算机和服务器所不能完成的大型、复杂课题计算的计算机。超级计算机具有很强的计算和处理数据的能力，其主要特点就是超高速度和超大容量，因为上述与大型机、小型机等其他机型明显区分的特点，超级计算机通常也被称为巨型计算机。1976 年美国 Cray 公司研制成功的“Cray－1”（克雷－1）流水线向量巨型计算机，标志着巨型计算机技术的成熟，并开始进入商品化阶段。随后，苏联、法国、英国以及日本等国奋起直追，纷纷开始研制各自的巨型计算机。

自计算机的诞生之日起，其强大的计算能力就决定了它与军事、科研之间的紧密联系。第一台计算机“ENIAC”就执行过弹道计算、天气预报、热能点火、风洞试验设计等任务，甚至还为第一颗原子弹的研制计算过数据。随后几十年的世界计算机研究，也大多是基于军事目的进行，每当功能更强的计算机问世，必定首先用于满足军事领域的迫切需求。首先研制出巨型计算机的美国，自然将其视作重要的战略资源，是“军备竞赛的基本要素”。美国国防部及其他与军事密切相关的政府部门，作为巨型计算机的最大用户，也一直在为其研发提供巨额费用。美国政府及相关军事研究机构于 1976 年购买并使用了两台“Cray－1”型机，在充分体验到其强大功能的同时，为了保持绝对优势，美国政府决定“不应让这种计算机输出到任何国家”，尤其对社会主义阵营的国家，必须实行严格的技术封锁和禁运。因此，原本由苏联定购的第三台“Cray－1”型机，最终因美国国防部的强烈反对而交易搁浅。

三、我国超级计算机研究的立项

超级计算机的研制工作，具有前期投入大、研究难度高、关乎国计民生等特点，因而像其他国家级工程一样，从立项到实施都需要国家和政府强有力的主导。20 世纪 70 年代，在“两弹一星”研制成功后，我国的国防实力和国际地位得到了大幅提高，但随着四个现代化建设的不断深入，许多基础理论研究和模拟实验的计算工作，都迫切需要运算速度更高的计算机来完成。由于没有高性能的计算机，我国勘探的石油矿藏数据和资料不得不用飞机送到国外去处理，不仅费用十分昂贵，而且处理时间不能保证，各领域的关键数据也不能保证安全，很容易被外国取得。有关部门多次向当时的国防科委反映，如果没有运算速度达每秒一亿次以上的计算机系统，将严重制约我国国防科学研究和经济建设。

1972 年 10 月，国防科委召开会议，专门研究我国巨型计算机的研制问题，会议向中共中央专门委员会建议将其列入国家重点工程项目。1974 年初，中国科学院、四机部和国防科委联合向国务院、中央军委、中央专委提出组织全国力量，开展巨型计算机研制。1975 年 10 月和 1977 年秋，时任国防科委主任的张爱萍两次指示国防科技大学的前身长沙工学院的计算机研究所，针对巨型计算机的研制工作进行前期调研。在调研基础上形成的《关于研制巨型电子计算机事项的请示》，于 1977 年 11 月 14 日呈报中央，11 月 26 日获中央批准。

1978 年 3 月 4 日，在中央部署研制工作的汇报会议上，邓小平同志作出重要指示："中国要搞四个现代化，不能没有巨型机！"他决定将研制任务交给国防科委，由长沙工学院完成，规划用6年时间、2亿元经费，研制出每秒运算1亿次的巨型计算机，以解决我国现代化建设中的大型科学计算问题。

自此，以长沙工学院计算机研究所为主，全国20多个单位协同参与的亿次巨型计算机研制工作终于正式拉开帷幕。1978年5月，巨型计算机工程正式立项，代号785工程，它即是未来的"银河－Ⅰ"型超级计算机。

第二节　"银河－Ⅰ"型超级计算机工程

1978年，党的十一届三中全会的召开拉开了我国改革开放的序幕。党中央、国务院决定在原哈军工的基础上组建国防科技大学。同年，我国开始了首台超级计算机的研制工作。

一、国内外的巨大差距

当时的国内计算机研究水平，与国外有巨大的差距。首先，我国电子计算机研制起步比美国（1946年"ENIAC"）晚了整整一代。当国际上致力于第二代晶体管计算机时（1959～1964年），我们正在研制第一代电子管计算机。到20世纪60年代中期，我国的第二代晶体管计算机研制成功，而那时国外已经开始发展第三代中小规模集成电路计算机（1964～1972年），虽然紧追不舍，却还有着近十年的差距。我国第三代计算机的研制因受到"文化大革命"的冲击，进展更为缓慢，直到1970年才成功，至此与国外的差距进一步扩大。

到 70 年代中期，国外已经相继出现了“CDC7600”“Star－100”及“CRAY－1”等型号的超级计算机，运算速度能达到上千万甚至上亿次，当时我国自行研制最高水平的计算机是远望号测量船的中心计算机 151 型（运算速度为百万次级），而要研制运算速度提高 2 个数量级的超级计算机，其难度可想而知。

二、众志铸神机，“银河”落九天

在立项前后，研究团队通过进行全国性的调查研究，对国内元器件、原材料及有关设备的生产与质量的情况有了深入的了解。他们发现国内制造的元器件和原材料，在品种、精度、性能和可靠性等各方面不尽如人意，难以满足研制高性能超级计算机的要求，如果从元器件生产开始攻关，可能二十年也造不出亿次机。经过论证，大家决定不再坚持之前研制国产计算机采用的原件全部国产、闭门造车的思路来研制“银河”，而是充分利用改革开放的条件，一方面从国内采购质量过关的器材与设备，另一方面从国外引进国内无法提供的原材料，对于国内没有而且国外又封锁的，他们就自主创新。经过各个单位部门的分工合作，器材供应达到了足量及时、质优价廉、性能达标等要求，为超级计算机的研究与开发奠定了物质上的基础。

时任国防科大计算机研究所所长的慈云桂教授带领团队，为项目完成付出了辛勤的汗水。在他的主持下，从元器件的选取、体系结构的确立、部件设计、工艺实施到软件开发，科研专家们都经过了充分的论证与反复的实验，先后攻克了 100 多道技术难关。

为了达到积极跟踪国际最新水平的目标，科研专家们不惜抛弃了辛苦好几个月才完成的工作成果，重新设计了更为先进的总体方案。硬件方面，为了克服元器件水平的限制，他们创造性地提出了双向量阵列的全流水化体系结构；在增加存储通道的同时，采用主存素数模方案使访问冲突大为减少，大大提高了存储器实际存取速度，他们还早于国外两年，首先选用高速动态 MOS 集成器件做主存，超越了国外同等机型的容量；他们设计锲形柱状管道结构，进行等压短风道送风，避开了液冷技术的困难；在印制底板的组装中，他们采用了先进的绕接技术。

在软件方面，科研专家们决定要与国外主流巨型机软件相兼容，以便充分发挥巨型机硬件的性能，为此，他们采用软件工程方法，自主研制了并行操作系统、向量化编译、多级诊断和并行

“银河－Ⅰ”巨型计算机

图片来源：http：//news. ifeng. com/mil/detail_ 2008_ 10/21/473209_ 0. shtml。

算法等多种软件及工具，出色地完成了近200万行结构化的程序设计任务。

对于规模如此巨大的工程，质量第一是关键。慈云桂带领研制人员在工程质量上层层把关、精益求精，从设计、实验、生产、测试到调试，都强调质量第一的思想，反复检验，确保了整个系统的硬件和软件各个方面的高质量。整机的元器件以数十万计，主要靠工厂技术员和工人们用手工完成制作和组装。全机底板2.5万条绕接线，12万个绕接点，每个都检查8遍以上；全机800多块多层印刷板，每块板上平均有5000个金属化孔，全部都进行了孔壁检查、孔导通测试和绝缘测试。其中全机200多万个焊点无一虚焊，更是创造了一个工程奇迹，极大地保证了亿次机的运行稳定性。

经过近五年的奋力拼搏，我国首台亿次巨型计算机终于在1983年12月22日诞生，主机在国家级技术鉴定中正常运转了441小时，顺利通过了国家鉴定。时任国防科委主任的张爱萍题诗一首：“亿万星辰汇银河，世人难知有几多，神机妙算巧安排，笑向繁星任高歌”，并亲自挥笔命名其为“银河”。

“银河-Ⅰ”亿次巨型计算机的研制成功，充分证明了中国人民的坚强意志和聪明才智。在艰苦的研制过程中，年轻的科研团队受到了锻炼，经受住了考验，克服了一个个工程难关，用智慧和汗水凝结成了“胸怀祖国、团结协作、志在高峰、奋勇拼搏”的银河精神。正是在这种精神的引领下，科研专家们勇攀高峰，仅用5年多时间和1/5的研究经费就完成了任务。“银河-Ⅰ”型的研制成功，彻底打破了西方大国在超高性能计算机上对我国的封锁，使我国跻身于世界巨型机的研制行列，标志着我国计算机技术发展到了一个新阶段，与国外的差距缩短至7年（“银河－Ⅰ”型与“CRAY－1”型相比较）。“银河－Ⅰ”共生产了3台，分别应用于石油勘探、高校科研等领域。作为令国人为之骄傲的“争气机”，“银河－Ⅰ”的机柜在1984年国庆节的天安门广场上，接受了全国人民的检阅。

三、“银河－Ⅰ”工程的启示

“银河－Ⅰ”作为我国改革开放初期完成的一项超级工程，不仅赢得了国际声誉、支援了国民经济建设、填补了国内技术空白，更重要的是它的成功为我国之后开展各种重大工程提供了借鉴。

1. 国家层面的支持是重大工程的成功前提

重大工程项目，特别是与国家安全等领域密切相关的项目，其开展往往受到国内外政治、经济、军事等因素的影响和制约。巨大的前期投入，决定了它们不能由某个单位或部门独立承担，必然需要从国家层面上进行规划、组织和协调，并动用各方面的资源进行集中保障。“银河－Ⅰ”型机的研制，自始至终都体现着国家意志的强大力量。“银河－Ⅰ”工程立项之时，我国的计算机技术水平与国外相比明显落后，并且科研人员十分缺乏，并不具备研制巨型机的条件。但为了实现技术上的跨越，尽早摆脱关键项目计算受制于人的状态，只能由国家主导，先后调集近200名专项工作人员，协调各种相关力量联合攻关，有效推动了项目进行。在国家的组织和支持下，“银河－Ⅰ”工程的最终成功，不但突破了技术上的枷锁，达到了项目目标，更是推动了我国的计算机研究、半导体生产等各个产业的大发展，而项目中积累的经验，更是为之后的中国超级计算机事业发展奠定了坚实的基础。从“两弹一星”到载人航天，多年来的实践表明，国内各个超级项目高效率、高质量地实现都离不开国家意志的规划和支持。

2. 灵活的技术引进是重大项目的有效助力

“银河－Ⅰ”工程立项之前，科研专家们便通过调研清楚地认识到了当时国内技术条件落后的现实，于是他们基于实际情况制定了“内外结合”的研制思路：“学习国内外先进经验，尽量以当前国际先进水平为起点，积极采用先进技术，引进必要的技术、设备，洋为中用。”他们通过研读国外巨型机商品宣传册了解先进技术动向，借鉴“Cray－1”型机有利于内部信号传输的圆柱体外形，在逻辑设计、工艺组装、冷却技术、软件等方面完全自主创新，并大胆使用国外成熟元器件，“内外结合”地完成了既符合中国国情又与国际主流机兼容的“银河－Ⅰ”。当时正值我国改革开放初期，工程团队充分利用各种条件，进口了必要的先进技术组件用于研制，这是适应于时代的创举。随着改革开放的深入，我国各种重大项目的开展思路逐渐拓宽，成功将“技术引进”和“自主创新”有机结合的工程范例比比皆是，我国的高铁项目就是其中的翘楚。通过这种方式，我国的科技、制造等产业得到了跨越式发展，有力地推动了国民经济建设。

3. 高效的组织管理是重大项目的可靠保障

统一领导、行政和技术两线式指挥、总设计师制度以及“集中力量，大力协同”等，都是新中国建国初期“两弹一星”等重大工程的成功经验。“银河 - Ⅰ”工程吸收了这些经验，并在垂直指挥方式、预先研究和模型机研制等方面加以发展。在实施过程中，团队还采用项目评审技术（Program/Project Evaluation and Review Technique，PERT）等现代项目管理的重要方法，来协调整个项目的各个工序。成功运用强大的组织方式和科学的管理制度，是“银河 - Ⅰ”工程顺利推进的坚实保障，也为后续的超级计算机研究提供了经验借鉴。

第三节　我国超级计算产业的发展和展望

一、“银河 - Ⅰ”之后我国超级计算机的发展

为了紧跟世界超级计算机的发展，满足国内需求，在成功研制“银河 - Ⅰ”之后，国防科技大学计算机系于 1986 年开始研制“银河 - Ⅱ”10 亿次超级计算机，并于 1992 年 11 月研制成功，使得我国成为继美、日之后，第三个设计制造 10 亿次超级计算机的国家。1994 年，“银河 - Ⅱ”超级计算机在国家气象局正式投入运行，用于天气中期预报。在这之后，我国的超级计算机研究速度明显加快，除了国防科技大学继续研制的“银河”“天河”系列之外，中国科学院计算技术研究所、国家并行计算机工程技术中心、联想集团等三家单位分别开始研制“曙光”“神威”及“深腾”等系列的超级计算机，都取得了令人瞩目的成果。

2015 年 11 月发布的世界超级计算机 500 强排行榜中，中国自主研制的“天河二号”再次位居榜首，蝉联“六连冠”。大量高性

能的超级计算机投入使用，为我国的科技研究和产业创新提供了强大的计算支撑。例如，2015 年 5 月，国内相关研究团队在“天河二号”上成功进行了 3 万亿粒子数中微子和暗物质的宇宙学数值模拟，揭示了宇宙大爆炸 1600 万年之后至今约 137 亿年的漫长演化进程；而 2015 年 11 月正式下线的国产 C919 大型客机在设计过程中，就曾借助过“天河二号”系列开展高精度外流场气动计算。超级计算机与百姓的生活也息息相关，利用它可以为民众提供提前 120 小时的雾霾自动化预警预报，精度可以达到 3 公里以内。

我国的超级计算机已广泛应用于生物医药、新材料、工程设计与仿真分析、天气预报、智慧城市、电子商务、云计算与大数据、数字媒体和动漫设计等多个领域，还将广泛应用于大科学、大工程、信息化等领域，为经济社会转型升级提供重要支撑。

二、我国超级计算的未来

在国际高科技竞争日益激烈的今天，高性能计算技术及其应用范围已成为显示经济发展水平，印证综合国力的一个重要标志，也是创新能力和经济建设中塑造一个国家核心竞争力的关键武器。

中国超级计算系统的整体研制能力已处于国际前列，体系结构等部分技术已领先国际水平。但是，国际超级计算技术的竞争不会停止，世界各国均在投入巨资加速研制，力图争夺信息产业领域的制高点。例如，美国就已经公布了“珊瑚”计划，表示将投资 3.25 亿美元建造两台超级计算机，其运算速度有可能达到“天河二号”的 3 ~ 5 倍。

如今，第三次工业革命已初现端倪，高科技制造业、新能源

“天河二号”超级计算机

图片来源：http：//j. news. 163. com/docs/10/2014072309/A1R3QSO P9001QSOQ. html。

产业、互联网发展带动的各领域产业变革，已经逐步开始替代传统产业引领经济增长。云计算、智慧城市、“互联网 +”等原本陌生的名词，开始逐渐进入并改变了我们的生活，大数据、先进制造业、信息高速公路等概念也已经慢慢走进现实。可以预见，在未来的变革过程中，信息和数据将会成为一项重要的战略资源，能否快速收集挖掘数据，能否深入分析及利用数据则有可能成为影响国家经济发展的关键问题。在这个背景下，超级计算机产业和超级计算技术的研究和应用，正逐渐向信息服务和数据处理延伸。未来，在克服了数据安全、应用研制、外围信息产品对接等问题之后，我国超级计算产业必然将在国民经济发展的各个方面发挥出其重要作用。

相关链接　中国巨型计算机之父——慈云桂

慈云桂教授（1917—1990），著名计算机科学家

图片来源：http：//www. nudt. edu. cn/CYG_ AWARD/prof. html。

慈云桂，1917 年生于安徽省桐城县杨树湾（今属枞阳县）。他自幼聪颖过人，曾在桐城中学和安庆高中就读。在湖南大学学习期间，他不仅各科成绩出类拔萃，而且在全校的数学、国文和英文竞赛中连获第一名。

1943 年 7 月大学毕业后，慈云桂被保送到昆明西南联大的清华大学无线电研究所做研究生，潜心于微波理论与雷达技术的研究。1946 年 1 月至 7 月，他被选派赴英国考察雷达技术，后被分配到清华大学物理系工作。

新中国成立以后，他曾分别在大连高等海军学校、哈尔滨军事工程学院任教，其间，他主持建成了雷达和声纳实验室，研制了我国早期的舰用雷达和声纳，为我国雷达和水声事业的发展起到了奠基作用。

年富力强的慈云桂工作魄力大，说话号召力强。他经常告诫他的学生和青年教师："业精于勤荒于嬉，行成于思毁于随"，"书山有路勤为径，学海无涯苦作舟"。这也是他本人几十年治学生涯中一贯遵循的格言。

翻开中国国产计算机的史册，慈云桂主持研制的计算机多达五六种型号，除 901 电子管计算机外，主要包括全晶体管化的

441B 系列通用计算机，百万次级 151－3/4 型集成电路计算机，以及每秒运算达一亿次的“银河－Ⅰ”巨型计算机。这些计算机都富有当时的时代气息，先后成批生产了约 200 台，在国民经济和国防建设中发挥了重大作用。

在“银河－Ⅰ”型机研制开始时，担任工程技术总指挥和总设计师的慈云桂在总体方案论证会上发出誓言：“现在我刚好 60 岁，就是豁出这条老命，也一定要把我国的巨型机搞出来。”自此，他带领科研人员日夜奋战，开始了中国计算机史上最为壮观的战役，也翻开了他人生中最绚丽的一章。作为总设计师，他主要负责总体结构与系统分析，提出了指导研制的一系列新思想、新方法和新工艺。“银河－Ⅰ”型终于在 1983 年 12 月研制成功，通过了国家鉴定，开启了中国超级计算机的历史。

慈云桂对于中国计算机事业的独特贡献，在于他对计算机发展具有敏锐的洞察力与战略远见，能够在计算机的各个发展阶段把准研究的大方向，不失时机地提出新的攀登高峰，而且，每一次都凭着顽强的意志、执著的追求以及求实的科学作风使预定目标得以实现。他的业绩与贡献，在国际上也产生了重要影响。

慈云桂在国防科技大学工作 40 余年，一直坚守在教学和科研第一线。1961 年 5 月，他晋升为教授，开始招收研究生。他编写的高等院校统编教材《数字积分机原理、结构与应用》再版三次。1966 年 4 月，他创建了电子计算机系，任系主任。1972 年，该系扩建为计算机系兼研究所，他兼任所长。1979 年 7 月，他被任命为国防科技大学副校长，兼电子计算机系主任和计算机研究所所长。20 世纪 80 年代中后期，他积极参与和组织国际计算机学术活动，并集中较多时间指导博士生从事新一代计算机前沿课题研究。几十年来他培养的大批计算机专业人才，如今已成为计算机战线上的学术带头人，为中国计算机科技人才的培养和发展作出了杰出的贡献。

1985 年 1 月，慈云桂被任命为国防科工委科技委常委，1989 年 7 月改任国防科工委科技委顾问。1990 年 7 月 21 日卒于北京，享年 73 岁。

慈云桂是中国计算机界的一代宗师，中国巨型计算机之父，国防科技大学计算机系、计算机研究所的创始人。慈云桂院士从研制电子管计算机开始，继而到晶体管计算机、集成电路计算机，又从一般大型机到“银河”亿次巨型机，他始终活跃在中国计算机科学技术与国防建设的最前沿。他与同事们共同奋战的经历就是一部中国计算机发展史的光辉篇章。

参考资料

［1］国防科技大学校史编审委员会．国防科技大学校史：1953－1993［M］．长沙：国防科技大学出版社，1993.

［2］赵阳辉．妙算神机在“银河”：中国计算机事业的先驱慈云桂［J］．自然辩证法通讯，1999，21（5）：61－70.

［3］赵阳辉，吴迪．银河亿次巨型计算机工程组织管理研究［J］．科技管理研究，2010（3）：9－11.

［4］孟庆余．忆银河－Ⅰ软件系统研制过程：追寻银河精神［EB/OL］．（2003－09－28）．http：//it. sohu. com/75/05/

article213810575. shtml.

[5] 赵建国. 国产“银河”巨型计算机令世界瞠目 [N]. 中国知识产权报, 2009 - 10 - 14 (10).

[6] 金振蓉. 巨型机与新中国共腾飞 [N]. 光明日报, 2009 - 10 - 01 (10).

[7] 吴锋. 慈云桂: 中国巨型计算机之父 [N]. 中国计算机报, 2006 - 10 - 23 (C14).

[8] 中国超级计算机 [EB/OL]. (2008 - 12 - 28) http: //blog. sina. com. cn/s/blog_ 5a53af350100byxn. html.

[9] 张素.“天河二号”实现六连冠, 中国超算硬件追赶 [EB/OL]. (2015 - 11 - 17). http: //www. chinanews. com/it/2015/11 - 17/7628312. shtml.

第十一章 万众一心斗“洪魔”

水哺育万物，生养万物，也会带来诸多风险与灾难。中华民族自古依水而居，与水相斗。据史书记载，我国几条主要江河洪涝时常发生。黄河：自公元前602年以来的2600多年间，决口达1593次，重大改道26次；长江：自汉朝至清朝末的2100余年中，中下游曾发生大小水灾214次，平均10年一次，1921年来，发生较大洪水12次，约6年一次；珠江：自汉代以来共发生较大范围洪水408次；海河：从1368～1948年约600年间，共发生水灾387次，平均每3年中有2年发生水灾；淮河：从1470年以来比较完整的资料统计分析，近500多年来共发生较大水灾350多次，平均近2年一次。

新中国成立后，党和政府大力兴修水利工程，大大提高了抗御洪水的能力。但由于我国地处太平洋西岸，受季风性气候影响，夏季炎热，暴雨集中，具有降雨强度大、持续时间长、覆盖范围广等特点，特别是影响降雨的天气系统，如西太平洋副热带高压位置的变动，西南涡的运动和热带风暴（或台风）的活动频度发生异常，常常造成我国大面积降雨，当各河流洪水遭遇时常常形成流域性大洪水或局部地区的特大洪水，防汛任务异常艰巨。据统计，1949 年以来，我国共发生 1954 年长江洪水、1958 年黄河中下游洪水、1963 年海河大水、1975 年淮河上游洪水、1998 年长江洪水等 27 场大洪水，给人民生命财产和国民经济造成巨大损失。面对每次洪水，党和政府始终把人民群众的利益放在最高位置，始终与人民群众同呼吸、共命运、心连心，团结带领广大军民与洪魔进行殊死搏斗，充分展示了中国人民万众一心、众志成城、不怕牺牲、敢于胜利的英勇气概和坚强力量。

第一节　1954 年长江洪水

1954 年由于中下游区域梅雨期延长，且雨量大，长江中下游出现了近 100 年间最大的洪水，造成了严重的洪涝灾害。

一、雨情

长江中下游整个梅雨期长达 60 多天。5～7 月内共有 12 次降雨，其中 6 月中旬至 7 月中旬的 5 次暴雨，强度范围都比较大，是全年汛期暴雨全盛阶段。这年汛期，季风雨带提前进入长江流域。4 月份鄱阳湖水系出现大雨和暴雨，赣江上游月雨量达 500 毫米以上。5 月份雨区主要在长江以南，鄱阳湖水系和钱塘江上游雨量在 500 毫米以上，安徽黄山站月雨量达 1037 毫米。6 月份鄱阳湖、洞庭湖水系雨量在 500～700 毫米，湖北洪湖县螺山站月雨量1047毫米。7月份雨区北移，中心在长江干流以北及淮河流域，大别山区和淮河流域雨量达到500～900毫米，降水量达4280亿立方米，为汛期各月中雨量最大的一个月。

二、水情

6月初和7月初赣江等河流多次发生洪水，7月1日赣江丁家渡站（外洲）最大洪峰流量达1.38万立方米每秒；7月31日沅江桃源站达到2.3万立方米每秒；湘江湘潭站也于6月初、6月中和6月底连续发生大水，其中6月30日洪峰流量达1.83万立方米每秒；澧水三江口站6月25日洪峰流量达1.45万立方米每秒，资水桃江站也于7月25日发生1.13万立方米每秒最大洪峰。汉江新城8月11日洪峰流量1.64万立方米每秒。汉口站6月25日超过警戒水位（26.30米），7月18日突破1931年最高水位28.28米。在下游全面高水位的情况下，6月25日至9月6日上游发生4次连续洪水，宜昌先后出现4次大于5万立方米每秒的洪峰流量，8月7日最大洪峰流量达6.68万立方米每秒，其下的枝城达7.19万立方米每秒。8月7日沙市水位达到44.67米，石首最高水位39.89米，8月8日监利最高水位36.57米，8月3日洞庭湖城陵矶最高水位34.55米。经向洪湖分洪并汇洞庭湖出流，洪峰于8月8日到达螺山，最高水位33.17米，最大流量7.88万立方米每秒，当洪峰传到汉口时，汉江于11日出现最大洪峰1.64万立方米每秒。受其影响，汉口站于14日出现最大流量7.61万立方米每秒，18日水位达到最高29.73米。7月16日鄱阳湖湖口水位21.68米。8月1日大通站最高洪水位16.64米，相应最大流量 9.26 万立方米每秒。1954 年长江流域主要支流资水、沅江、澧水洪水比较大，重现期约为 15 年一遇；干流宜昌洪峰流量的重现期为 15 ~ 20 年一遇。以年最大 30 天洪量为分析指标，则 1954 年洪水在宜昌站洪量为 1390 亿立方米，约为 80 年一遇，城陵矶站约为 180 年一遇，汉口（洪量 1730 亿立方米）、湖口站约为 200 年一遇。

三、灾情

1954 年洪水为长江中下游近 100 年间最大的一次，由于新中

1954 年长江流域大洪水

图片来源：http://www.weather.com.cn/zt/kpzt/783731.shtml。

国成立之初非常重视长江的防洪问题，及时加高加固了3万多公里的干支堤防，并利用长江中下游湖泊洼地，建设和安排了荆江分洪区、大通湖蓄洪垦区、白潭湖和张渡湖蓄洪垦区等平原分蓄洪工程，同时采取了一系列措施，加上各级政府领导组织防汛抢险工作得力，保证了重点堤防和重要城市的安全，大大减轻了洪涝灾害损失。尽管如此，1954年洪灾，长江中下游的湖南、湖北、江西、安徽、江苏五省，有123个县市受灾，淹没耕地4755万亩，受灾人口1888万人，死亡3.3万人，京广铁路不能正常通车达100天，直接经济损失100亿元。

四、抗洪斗争

1954年6月，长江干流城陵矶以下河段，由于“梅雨”较强，鄱阳湖、洞庭湖水系相继涨水，各站水位频频上涨，先后超过警戒水位。7月2日汉口水位超过1949年最高水位27.12米，堤防已告急。当时上游尚未进入雨季，荆江河段沙市站水位尚低于43.00米。根据一般规律，7月份雨区可能移至上游地区，中下游水位即将进一步上涨，荆江防汛亦将进入紧张阶段。因此，为保荆江大堤和武汉市两个重点，指挥部决定一方面加高汉口堤防，必要时采取分洪措施。武汉第一期堤防加高工程以防御汉口站水位28.50米为标准，略高于1931年实际最高水位28.28米。7月20日前后完成第一期加高任务，在此期间，由于梅雨延续，上游又进入雨季，干流水位持续上涨，为争取加高堤防的时间，在蒋家码头附近扒口分洪，与老湾溃口共同作用，缓和了水位的涨势。另外，为保汉江下游北干堤及尾闾堤防安全，有利于武汉市的防汛，7 月 19 日在汉江禹王宫扒口分洪，也减缓了武汉水位的涨势。7 月下旬，上游洪水下移到中游，7 月 27 日汉口站出现 28. 48 米水位，第一期加高工程发挥了明显作用。紧接着武汉进行了第二期、第三期加高，第二期工程以防御汉口水位 29. 0 米为标准，第三期工程以防御 29. 5 米超高 1 米为目标。第二期、第三期工程难度极大，当时汉口已基本处于四面受水包围的状况，土料、运输都有极大的困难，为了赢得加高堤防时间，先后在潘家湾、新港和三江口扒口分洪。在各级领导的正确指挥和 30 万军民的努力下，第二期、第三期加高工程都赶在洪水到来之前完成了任务，抗御了汉口站 29. 73 米的历史最高水位，比 1931 年最高水位 28. 28 米高 1. 45 米，此水位比 1931 年汉口溃堤水位高近 3 米。面对滔滔江水，中下游参与防汛的指战员近 1000 万人。这些指战员风雨兼程，夜以继日，建立功勋，有的献出了宝贵的生命，终于取得了抗洪斗争的重大胜利，保住了重点地区和城市的安全。为此，毛泽东主席为武汉市战胜 1954 年洪水题词：“庆祝武汉人民战胜了一九五四年的洪水，还要准备战胜今后可能发生的同样严重的洪水。”

第二节　1958 年黄河中下游洪水

1958 年 7 月中旬受第 10 号台风影响，黄河中下游发生特大洪水，干流花园口站 7 月 17 日洪峰流量 2. 23 万立方米每秒。下游东坝头以下约 400 公里长河段水位超过保证水位，东平湖水位与湖堤顶持平，水情十分严重。

一、雨情

7月11～15日西太平洋副热带高压中心经朝鲜移向黄海南部，此时本年第10号台风在福建沿海登陆，使东南暖湿气流自东南向西北顺坡上爬，形成了7月14～18日黄河中游的连降暴雨和局部大暴雨。三花区间为本次降雨的高值区，日平均最大一天雨量69毫米，最大3天119毫米。暴雨中心的洛河支流涧河仁村站最大24小时雨量达650毫米（调查值）；垣曲气象站最大24小时雨量为367毫米，最大5天雨量为499毫米。

二、水情

在上述暴雨影响下，黄河干流小浪底站水位从14日20时起涨，17日10时，洪峰流量1.7万立方米每秒；伊洛河黑石关站17日13时洪峰流量9450立方米每秒（相当二三十年一遇）与干流洪峰遭遇，17日24时花园口站洪峰流量2.23万立方米每秒，为自1938年有实测资料以来最大洪峰流量，相当于60年一遇。花园口以下，经河槽调蓄，洪峰流量沿程递减，经东平湖自然滞洪，23日12时到达洛口流量为1.19万立方米每秒。

三、灾情

此次洪水对黄河下游防洪威胁较大，曾出现不同程度的险情，如横贯黄河的京广铁路，因受到洪水的威胁，交通中断14天。据不完全统计，山东、河南两省的黄河滩区和东平湖湖区，有1708个村庄被淹，74.08万人受灾，淹没耕地304万亩，倒塌房屋30

万间。三花区间有关各县，也遭到不同程度的水灾。

四、抗洪斗争

1958 年大水来临的时候，中央及河南省、山东省政府立即召开了防汛紧急会议，进行全民动员，全力以赴，组织动员了 200 多万军民上堤防汛，有的每公里上堤人数达 300～500 人。广大军民在“人在堤在，水涨堤高，保证不决口”的战斗口号激励下，仅一夜之间就加修子埝 600 多公里，从而保住了大堤安全。当花园口出现 2.23 万立方米每秒流量时，按规定应启用北金堤滞洪区和东平湖滞蓄洪水，但考虑到花园口站洪峰已经出现，花园口以上各站水位也已回落，伊、洛、沁河和三门峡以干流区间雨势减弱，只要加强防守，充分利用高村以上宽河道和东平湖滞蓄洪水，可以不使用北金堤滞洪区，以减少分洪损失。此意见经黄河防汛总指挥部征得河南、山东两省同意后，并向国务院、中央防汛总指挥部、水利电力部发了请示电报，经周恩来总理批准，决定依靠群众，固守大堤，不使用北金堤滞洪区，只开放东平湖滞洪区，坚决战胜洪水，确保安全。在抗洪斗争的关键时刻，周恩来总理于 7 月 18 日亲临黄河前线，视察水情，指挥抗洪，部署防守。这对治黄抗洪大军是极大的鼓舞，对夺取这次胜利起到了重大作用。7 月 27 日，千里黄河大堤两岸传来令人振奋的消息：新中国成立以来黄河下游最大的一次洪峰驯服地流入渤海。同一天，中央防汛总指挥部发言人向新华社记者发表讲话。发言人说：“自 1946 年人民治黄以来，黄河已经安度了 11 个伏秋大汛，没有发生决口泛滥，今年的特大洪峰，最大洪峰流量 22300 立方米每秒，特大洪水总水量达60亿立方米。这个水量和洪峰流量都和有水文记载以来的最大洪水1933年洪水相似。特别是人民治黄以前历年大洪水到不了东明县高村就要发生决口，因而高村以下的河道是从来没有经过像今年这样大的洪水的。但是今年我们战胜了特大洪水，两岸没有分洪，没有决口，保证了农业大丰收。这是我国人民创造的又一个奇迹。”

第三节　1963年海河洪水

1963年8月上旬，海河流域南部地区发生了一场历史上罕见特大暴雨。暴雨中心河北省内邱县獐么村7天降雨量达2050毫米，为我国大陆当时7天累计雨量的最大记录。这场暴雨强度大、范围广、持续时间长，海河南系大清河、子牙河、南运河等都暴发特大洪水。

一、雨情

海河流域大暴雨的形成，常受台风影响，但这年大暴雨情况不同，主要受连续北上的西南涡天气系统的影响。大暴雨从8月2日开始至8日结束，雨区主要分布在漳卫河、子牙河、大清河流域的太行山迎风山麓，呈南北向分布。8月2日，暴雨区主要在淮河上游及海河流域南部，日降雨量一般在100毫米以下。3日，雨区北移，主要分布在太行山迎风区，暴雨中心在邯郸附近，降雨量达466毫米；4日，雨区继续北移，暴雨强度和范围显著增大，基本上笼罩了海河南系，獐么站日降雨量达865毫米，日降雨量超过200毫米的面积达11.2万平方公里；5日，暴雨区范围少动，但暴雨中心继续北移，黄北坪站日降雨达 500 毫米；6 日，雨区略向北扩展，暴雨强度减弱，暴雨中心较分散，大于 200 毫米的中心多达 11 个，以正定 290 毫米为最大；7 日，雨区又向北扩展，大于 50 毫米的暴雨区面积达 8.08 万平方公里，暴雨强度再度增大，为本次暴雨过程的第 2 个高潮，暴雨中心大清河司仓站日降雨 704 毫米，日暴雨总量达 122 亿立方米，为本次暴雨总量的最大值；8 日，暴雨强度减弱，雨区略向东移和向北扩展，东西向跨度变窄，暴雨中心的北京来广营日降雨 429 毫米，滏阳河、大清河降雨面积显著减小，暴雨进入衰退阶段。7 天累计雨量超过 100 毫米笼罩面积 15.3 万平方公里，相应总降水量约 600 亿立方米，其中 90% 以上的雨区在南系 3 条河流 12.7 万平方公里的流域之内，因此，造成流域汇流异常集中，水库对洪水拦蓄调节作用有限。

二、水情

受 8 月初降雨影响，漳卫河首先涨水，各支流分别于 8 月 3 日、6 日、8 日出现 3 次洪峰，以 8 日最大，卫河在多处决口情况下，北善村水文站洪峰流量 1580 立方米每秒，据推算漳河岳城水库入库洪峰流量 7040 立方米每秒，经水库调蓄下泄 3500 立方米每秒，漳河南堤扒口分洪，洪水侵入黑龙港。滏阳河多数河流于 4 日及 6 日两次出现洪峰，大清河于 8 日前后出现洪峰。10 日以后各河开始回落，15 ~20 日大部分落平。由于各河下游决口、扒口，广大平原平地行洪，尽成泽国。

三、灾情

1963 年 8 月暴雨洪水，给海河流域带来严重的水害。仅据邯郸、邢台、石家庄、保定、衡水、沧州和天津7个地区统计，共有104个县（市）受灾（占总数的96%），其中被水淹的有32个，被水包围的有33个。淹没农田5360多万亩，占播种面积的76%，其中绝收3739万亩，造成粮食大量减产，估算减产粮食25亿公斤；倒塌房屋1265万间，约有1000万人无家可归；水利工程也遭受严重破坏，5座中型水库失事，330座小型水库垮坝；堤防决口2396处，全长350公里的滏阳河堤防全部漫决，溃不成堤；灌区工程有62%被冲坏，大部分排水工程和灌渠被淤平，扬水站、变电站冲毁，1400万亩灌区不能发挥效益；受灾人口约2200万人，特重灾区人口约1200万人，死亡5030人。据铁路部门统计，1963年8月的暴雨洪水造成京广、石太、石德、津浦铁路相续中断，毁坏822处，冲毁铁路75公里，冲毁涵桥209座，路基土方流失165万立方米。这年，全流域有143个县（市）受灾，其中35个县（市）受淹，35个县（市）被水围困，死亡5881人；受灾耕地面积7294万亩，成灾面积6022万亩；损失约60亿元。

四、抗洪斗争

党中央、国务院、中央军委和中央防汛指挥部，对海河流域南系罕见暴雨洪水极为关注，及时动员流域内军民奋力抗洪救灾。8月11日，国务院批复了中央防汛总指挥部呈送的“关于当前海河流域水系特大洪水处理的紧急请示”，确立了“保卫天津市，保卫津浦铁路，尽量缩小灾害范围”的指导方针。在党和各级政府的领导下，军民齐心协力，进行了艰苦的抗洪抢险战斗，最多时出动800多万人，展开了保卫水库和河道堤防安全、护城护村、保卫天津、保卫津浦铁路等战役，采取确保千里堤、三洼（东淀、贾口、文安）联合运用和有计划的扒口分洪等措施，使特大洪峰循序入海，减小了洪水灾害程度，实现了牺牲局部，保全大局的目的，确保了天津市及津浦铁路的安全。

第四节　1975 年淮河上游洪水

1975 年 8 月 4 ~ 8 日受第 3 号台风影响，河南省西南部山区的驻马店、许昌、南阳等地区发生了我国大陆上罕见的特大暴雨，造成淮河上游洪汝河、沙颍河以及长江流域唐白河水系特大洪水，导致板桥、石漫滩两座大型水库垮坝，下游 7 个县遭到毁灭性灾害。

1975 年河南水灾

图片来源：http：//blog. sina. com. cn/s/blog_ 4b0440b70100bt5u. html。

一、雨情

8 月以前本地区干旱少雨。8 月 4 ~8 日连续发生大暴雨，暴雨中心林庄 5 天累计雨量 1631 毫米。大暴雨主要集中在 5 ~7 日 3 天，有 3 次暴雨过程：5 日 14 时至 6 日 2 时，历时 12 小时，主要雨区在洪汝河上游、澧河、干江河一带，暴雨中心的下陈、肖店雨量分别为 471 毫米和 549 毫米。6 日 14 时至 7 日 16 时，历时 26 小时，主要雨区在京广铁路以东洪汝河下游平原地区，暴雨中心上察雨量 759 毫米。7 日 12 时至 8 日 8 时，历时 20 小时，雨区主要在薄山、板桥水库上游一带，暴雨中心林庄 6 小时雨量 830 毫米，郭林 930 毫米。前后 5 天雨量 200 毫米以上雨区范围为 4. 38 万平方公里，相应总降水量 201 亿立方米。林庄 3 天雨量 1605 毫米，24 小时雨量 1060 毫米，6 小时雨量 830 毫米，4 小时雨量 642 毫米，强度之大，均超过了我国大陆上历次实测暴雨的记录，其中 6 小时雨量已达世界最大记录。

二、水情

位于暴雨中心的上游一些支流，洪水量级大，汝河板桥水库（集水面积 768 平方公里）经推算最大入库流量达 1. 3 万立方米每秒，为 600 年一遇；洪汝河滚河石漫滩水库推算的入库洪峰流量为 6280 立方米每秒，约 200 年一遇，洪水量级之大已达到相同流域面积的世界最大记录。洪水位超过板桥、石漫滩防浪堤顶 0. 3 米、0. 35 米，据推算，垮坝流量分别为 7. 81 万立方米每秒和 3. 05 万立方米每秒。洪汝河 8 月 5 日至 9 月 12 日，由班台下泄总水量达55.13亿立方米，沙颍河自8月5日至9月4日通过阜阳下泄总水量达56.85亿立方米，这次暴雨在淮河干流鲁台子以上产生洪水总量为129亿立方米。

三、灾情

此次特大洪水，河南省2座大型水库、2个滞洪区、2座中型水库和58座小型水库垮坝，冲毁涵洞416座，护岸47公里，河堤决口2180处，漫决总长810公里，洪水相互窜流，中下游平原最大积水面积达12000平方公里，造成极为严重洪涝灾害。据不完全统计，河南省有29个县市，1100万人口，1700多万亩耕地遭受严重水灾，其中遭受毁灭性和特重灾害的地区有耕地1100万亩，人口550万人。倒塌房屋560万间，死伤牲畜44万余头，冲走和水浸粮食近20亿斤，死亡26000人。京广铁路冲毁102公里，中断停车18天，影响运输48天。遂平、西平、汝南、于舆、新蔡、漯河、临泉等城关进水，平地水深达2～4米，仓库受淹，工厂停产，建筑设施被毁。直接经济损失近100亿元。

四、抗洪斗争

汛情、灾情发生后，党中央、国务院、中央军委极为关怀，立即派了以纪登奎为团长的中央慰问团，亲临灾区进行慰问，指导和帮助抗洪救灾。中央防洪总指挥部、水电部、武汉军区和全国各省、市也大力支持灾区人民的抗洪斗争。河南省委、省革委立即决定成立前线和后方两个抗洪指挥部，及时组成了25个慰问团和30多个医疗队，分赴灾区工作。为尽快排除水深达3～4米的洪汝河平原积水，经国务院和中央军委批准，武汉军区领导同志亲临指挥，组织实施，加快了洪汝河平原积水排除速度。在薄山水库洪水超过坝顶 0. 14 米、部分防堤墙发生漏水的紧急关头，许多水库职工和家属奋不顾身跳入洪水中，用衣服、被子进行抢险堵漏。当地驻军会同数百民兵立即上坝，连续奋战 16 小时，把大坝加高 1. 5 米，保证了水库安全。在宿鸭湖水库大坝出现裂缝、滑坡的紧急时刻，当地驻军根据河南省委决定，空投炸药雷管将野猪岗、陈小庄处坝段炸开，及时宣泄超蓄洪水，军民奋战 5 天 5 夜完成了大坝加固抢险工程，保证了水库大坝安全。地处沙颍河流域的许昌、周口两地区人民，主动炸开霍堰、包头赵等分洪口，承担分洪任务，作出了牺牲，为确保沙河南堤安全作出了巨大的贡献。同时两地区紧急动员 50 万余干部群众固守沙河南堤，“水涨一寸，堤高一尺，人在堤在”，英勇顽强抗击洪水，一天一夜把沙河南堤加高了 1 米，抢护了百余处险工堤段，在洪水平堤的情况下，确保了漯河、周口两市及漯河市以下沙河南堤安全，战胜了这次特大洪水。

第五节　1998 年长江洪水

1998 年，几年一度的厄尔尼诺现象和拉尼娜现象大发其威，世界范围内天灾不断，幅员辽阔的中国也未能免受其害。夏天入汛以后，由于气候异常，全国大部分地区降雨明显偏多，部分地区出现持续性的强降雨，雨量成倍增加，致使一些地方遭受严重的洪涝灾害。长江发生继 1954 年以来又一次全流域性大洪水，先后出现8次洪峰，宜昌以下360公里江段和洞庭湖、鄱阳湖的水位，长时间超过历史最高记录，沙市江段曾出现45.22米的高水位。湖北、湖南、江西、安徽、江苏等省沿江沿湖的众多城市和广大农村，经济社会发展和人民生命财产安全都受到洪水的严重威胁。

南京军区某部官兵在南京高旺河决堤处封堵决口

图片来源：http：//epaper. xiancn. com/xawb/html/2010－07/19/content_ 257083. htm。

一、雨情

这年汛期，长江流域降雨大致分为4个阶段：6月12～26日，降雨集中在鄱阳湖和洞庭湖区，一般降雨300～800毫米，超过500毫米以上的面积约8万平方公里，以江西贵溪1115毫米、湖南安化789毫米为最大。6月27日至7月15日，降雨集中在四川、重庆及鄂西北等地，降雨100～300毫米，以四川广元477毫米、湖北巴东473毫米为最大。7月20～31日，降雨集中于长江中游沿江地区，一般降雨200～500毫米，以湖南龙山940毫米、湖北黄石826毫米、江西景德镇698毫米为最大。此间，武汉降下特大暴雨，汉阳24小时雨量达到532毫米。8月1～27日，降雨主要集中在长江上游、三峡区间，一般降雨200～500毫米，以湖南桑植842毫米、湖北建始816毫米、重庆巫溪778毫米为最大。

二、水情

6月中旬至7月上旬，两湖水系发生洪水，6月26日鄱阳湖五河入湖最大合成流量为5.02万立方米每秒，出湖流量仅3.19万立方米每秒。洞庭湖水系资水桃江站6月14日洪峰流量1.15万立方米每秒。6月28日湘江长沙洪峰水位39.02米，超过历史最高记录，湘潭洪峰流量1.59万立方米每秒。赣江外洲26日洪峰流量1.84万立方米每秒。长江中下游干流水位自6月24日起相继超过警戒水位，7月4日监利、九江、武穴站水位超历史最高水位。7月中旬至7月下旬，7月23日洞庭湖澧水洪峰流量1.9万立方米每秒，24日沅江桃源洪峰流量2.65万立方米每秒，城陵矶水位超过历史记录，长江中下游干流水位进一步抬升。7月下旬至8月下旬，长江上游接连出现6次洪峰，使长江中下游干流水位持续攀升。7月31日湖口最高水位22.58米，流量3.19万立方米每秒，超1995年0.78米。8月2日，九江站最高水位

23.03 米，超过历史最高水位 0.83 米。8 月 17 日长江上游干流宜昌站出现入汛以来最大的第 6 次洪峰 6.33 万立方米每秒，与清江、沮漳、洞庭湖、汉江洪水相遭遇。虽经葛洲坝、隔河岩、漳河、五强溪等水库调洪削峰，17 日沙市水位达 45.22 米，洪峰流量 5.37 万立方米每秒，20 日螺山水位达 34.95 米，洪峰流量 6.78 万立方米每秒，超历史最高水位 0.78 米；8 月 19 日汉口水位达 29.43 米，洪峰流量 7.11 万立方米每秒，仅次于 1954 年。洞庭湖城陵矶 8 月 20 日水位 35.94 米，洪峰流量 3.59 万立方米每秒，比 1996 年高 0.63 米。9 月 25 日以后长江中下游及两湖水位全线回落至警戒水位以下。

这次洪水的特点是：全流域性，长江中上游干支流相继发生大洪水。其中岷江、嘉陵江、清江洪水超过 1954 年；洪水发生早、来势猛。1～3 月份，两湖地区出现 2 次涨水过程，长江中下游干流出现历史同期最高水位，部分支流超过警戒水位，7 月上旬，长江上游出现第一次洪峰，比常年提前半个月；洪水次数多、间隔短，8 月 7～17 日 10 天内，长江上游连续出现 3 次超过 6 万立方米每秒的洪峰，而 1954 年超过 5 万立方米每秒的洪峰只有 4 次；洪水量级大，上游 80 天来水量为 2545 亿立方米，比 1954 年（2448 亿立方米）多 97 亿立方米，中下游洪水量均小于 1954 年；高水位持续时间长，从 6 月 24 日至 9 月 25 日，历时 3 个月，其中九江河段超过警戒水位长达 94 天。

三、灾情

1998 年的洪水中，据湖北、江西、湖南、安徽、浙江、福建、江苏、河南、广西、广东、四川、云南等省区的不完全统计，受灾人口超过1亿人，受灾农作物1000多万公顷，死亡1800多人，倒塌房屋430多万间，经济损失1500多亿元。其中，湖北省有66个县市受灾，受灾人口3688万，死亡345人。农作物受灾254万公顷，绝收58.8万公顷，倒塌房屋122万间。湖北省有545个民垸堤溃或扒口行洪，淹没面积20.4万公顷，涉及受灾人口545万。被水围困589.6万人，紧急转移安置477.8万人，经济损失达500多亿元。武汉市7月21～23日的特大暴雨，导致武汉三镇一片汪洋，被淹面积46平方公里，占总城区面积的1/5，渍水1.3亿立方米，相当于一个半东湖的容量。江西省也是在这次特大洪水中受灾较严重地区。江西省79个县（市、区）受灾，其中40个县（市、区）重复受灾，受灾人口2213万，死亡193人，失踪70多人。被洪水围困人口368.8万人，紧急转移安置284.7万多人。1998年8月7日，九江长江大堤决口，被朱镕基痛斥为“豆腐渣工程”。

四、抗洪斗争

九江告急！荆州告急！！武汉告急！！！一时间，洪水成了大江南北的共同话题，抗洪抢险成了长城内外的一致行动，一幕幕催人泪下、感人至深的动人画面在洪水中上演，一幅幅战天斗地、可歌可泣的雄壮乐曲在长江流域奏响。

镜头一：8月1日晚上8点25分，湖北嘉鱼簰洲湾。由于民垸发生管涌进而溃口，溃口由10米迅速扩大到800余米，4亿多立方米的洪水以8米高的落差，疯狂地扑向垸内。垸内有一镇一乡、29个村庄、53000余名群众。垸内群众被这突如其来的洪水惊呆了。一时间，逃难的人群，拖儿带女，四处寻找生还的希望。这时候，赶去抢堵管涌的广州军区舟桥旅某营199名官兵和广州空军高炮五团某连的170多人，半路上与洪水遭遇。咆哮的洪水向这支抢险队伍劈头盖脸扑来。面对突然变化的形势，带队领导大声让战士把自己的命令向后面传达：赶快用铁锹捅破顶棚伪装网；会水的和不会水的结成对子；立即脱掉外衣和鞋子；就地抢险，不惜一切代价把群众救出来。水势越来越大，身陷洪水之中的官兵们自我组织起来，抢救群众。“抗洪英雄”、高炮五团某连指导员高建成，在危急关头，把救生衣让给了不会游泳的新战士，在洪流中继续指挥被洪水冲散的战士自救互救，在连续救出8名群众和战士后，自己却因体力不支被急流卷走，献出了宝贵的生命。战士罗伟峰，连续7次下水，把7名群众救上了大堤。当他第八次跳进洪水中时，被一位老大爷死死抱住，动弹不得。危险之中，小罗抱住了一棵大树，使尽全身的力气，双腿紧紧夹住树干，让老人坐在自己的肩上。整整一夜，水涨一寸，他就将老人往上顶一寸，硬是用自己的肩膀顶着老人，一直坚持到天亮。

镜头二：8月7日中午，九江城防大堤4号、5号闸决口。洪水湍急，决口由3米逐渐扩展到近60米，堤内堤外落差高达7米多，九江城区50万人民的生命和财产危在旦夕。在这万分危急的时刻，南京军区抗洪指挥部紧急调遣部队向决口地段集结，军区领导要求抗洪抢险部队不惜一切代价堵住决口，同时在市区西部构筑第二道防线，坚决把洪水挡在城区外面。当晚6点多，驻浙某师两个团和驻闽某师以及武警某部官兵共1500余人陆续乘船抵达决口处，后续增援部队源源不断地赶到。8日晚，北京军区某集团军220名擅长打桩堵口的工兵被空运到九江，9日清晨投入战斗。他们采用新技术，在决口两侧直接用钢管搭架子投放石料。“抗洪抗到水低头，堵口堵到水不流”。在这场恶仗中，很多人连续战斗30多个小时，有的甚至两昼夜没有合眼，先后有20多人因脱水和疲劳过度昏倒。在3个昼夜的决战中，解放军和武警部队24000多名官兵共填筑土石方12万立方米，筑坝用钢材80吨，堵口沉船10艘。10日，九江决口的第三天晚上8时，决口封堵成功。洪魔在钢铁般的官兵们面前无奈地低下了头。

镜头三：万里长江，险在荆江。荆江全长300多公里，上起湖北枝城，下至湖南城陵矶，这段河道蜿蜒曲折，泄洪不畅，汛期往往成为地上悬河。荆江大堤作为武汉防洪的重要屏障，历来是抗洪抢险的重中之重、险中之险。空降兵某军1.5万名官兵就守护在这抗洪形势最为险恶的300多公里的堤段上，奋战79天，度过了79个不眠之夜。8月10日，洪湖燕窝八八潭堤段发生特大管涌。洪湖一旦发生溃口，将直接威胁江汉平源8000多平方公里的土地、包括武汉三镇在内的800多万人的生命财产以及京广铁路的安全。1500多名空降兵突击队赶到现场，面对险情，他们同时实施“正反二级导滤”和“抽水反压”两种方法抢险堵口。官兵们奋力突击，仅用14小时就在管涌周围筑起了一道高1.5米、周长500多米的围堰，很快控制住了险情。8月16日晚，空降兵某军“黄继光连”连长在长江大堤上用移动电话拨通了中央电视台赈灾义演晚会电话，代表正在迎战长江第6次洪峰的全体官兵向全国人民宣示：誓死守住长江大堤。8月17日，第6次洪峰到达荆江大堤。面对汹涌而来的洪峰，万余名空降兵官兵发出震撼天地的誓言：誓与大堤共存亡！人在堤在，我在人民生命财产在！这一天，空降兵官兵奋战24小时，排除28起重大险情。79个日日夜夜，空降兵部队先后排除300多处险情，创造了未溃一堤一圩的奇迹。

经过2个多月的顽强拼搏，广大军民战胜了一次又一次洪峰，成功地保住了大江大河大湖干堤的安全，保住了重要城市的安全，保住了重要铁路干线的安全，保护了人民生命财产的安全，取得了抗洪抢险斗争决定性的伟大胜利。9月28日，全国抗洪抢险总结表彰大会在北京召开。江泽民发表重要讲话强调，在同洪水搏斗中，我们的民族和人民展现出了一种十分崇高的精神，这就是万众一心、众志成城，不怕困难、顽强拼搏，坚韧不拔、敢于胜利的伟大的抗洪精神。

1998年的抗洪斗争，让世人看到了一个万众一心的中国，一个高度团结的民族！1998年抗洪的全面胜利，是中华民族创下的又一个举世瞩目的伟大业绩，是中国人民唱出的又一曲自强不息、人定胜天的壮歌，是世纪之交神州大地上谱写的又一曲改天换地的壮丽凯歌！

相关链接　“大胡子师长”吴长富

提起“大胡子师长”吴长富，人们不会忘记1987年大兴安岭

"大胡子师长" 吴长富

http：//tieba. baidu. com/p/3027279794。

的那场世纪大火。1998 年在北方嫩江流域洪魔肆虐的时候，已经担任某集团军副军长的"大胡子师长"再现风采。唯一不同的只是他那黑密的胡须已经花白。7 月 27 日，再过几个月就要退休的吴长富主动请缨，出任某集团军抗洪前线指挥部总指挥，他准确判断，科学指挥，老当益壮，冲锋在先，在为人民、为国家奉献的岗位上给自己的军旅生涯书写了最后一章。

参考资料

[1] 乐嘉祥 . 1949 年以来中国的大洪水 [J]. 防汛与抗旱，1999 (3)：78 –92.

[2] 张广友 . 目睹 1975 年淮河大水灾 [J]. 炎黄春秋，2003 (1)：14 –21.

[3] 长江水利委员会水文局 . 1954 年长江的洪水 [M]. 武汉：长江出版社，2004.

[4] 马国福 . 1958 年黄河大水灾纪实 [EB/OL]. (2009 –07 –13). http：//newpaper. dahe. cn/jrab/html/2009 – 07/13/content _ 199329. htm.

［5］新中国档案：九八抗洪救灾［EB/OL］.（2009－12－02）. http：//news. xinhuanet. com/politics/2009－12/02/content_12573849. htm.

［6］章猷才．新中国成立以来重大历史事件回顾与思考［M］. 北京：中共中央党校出版社，2012.

第十二章 抵御亚洲金融危机

发生在1997～1998年的亚洲金融危机是继20世纪30年代世界经济大危机之后，对世界经济有深远影响的又一重大事件。1997年7月2日，泰国财政部和中央银行宣布，实行浮动汇率，标志着亚洲金融危机正式爆发。紧接着，在素有“金融强盗”之称的美国金融投机商索罗斯等一帮国际炒家的持续猛攻之下，危机开始从泰国向其他东南亚国家菲律宾、马来西亚、印度尼西亚等地蔓延。在东南亚得手后，索罗斯开始移师香港，香港庆祝回归的喜庆气氛尚未消散，亚洲金融风暴便已黑云压城。在请示中央政府后，香港特区政府果断决策，入市干预，经过几轮“肉搏战”，国际炒家弹尽粮绝，落荒而逃，香港取得最终胜利，保住了几十年的发展成果。而为了帮助亚洲国家摆脱金融危机，中国政府履行了自己不对人民币实行贬值的诺言，并通过国际机构和双边援助来支持东南亚国家的经济，充分展现了负责任的大国风范。

第一节 亚洲金融危机的主要特征及成因

追求不切实际的过高经济增长速度，是东南亚金融危机的根源。在追求经济高速增长中，东南亚各国和地区没有处理好所引致的各种矛盾与相关问题，直接导致了金融危机爆发。泰国等东南亚国家和地区在追求过快的经济增速中，积累了许多结构性矛盾，加上政府宏观调控能力较弱，这些矛盾未能得到及时缓解。而且，为了实现经济高速增长，必须吸引外资，扩大对外贸易，为此，政府长期维持与美元挂钩的联系汇率制度。随着美元汇率上升，东南亚国家的货币汇率也相应攀升，导致本国币值渐趋高估，在这种条件下，同样是为了吸引外资以促成经济高速增长，又不适时宜地开放短期资本市场，实行资本项目自由化，为国际投机资本投机炒作打开了方便之门。当金融风险加剧时，国际投机者乘机炒作，人们的心理预期急剧恶化，资本大量抽逃，使潜在的经济矛盾在短期内爆发出来。在经济全球化、金融市场一体化的条件下，出现了多米诺骨牌效应，金融危机的影响迅速扩大，酿成了以泰国为发端、快速蔓延到整个东南亚和东亚的亚洲金融危机。可以说，东南亚金融危机爆发是追求不切实际的过高经济增长速度造成的。

具体而言，爆发东南亚金融危机的原因如下。

（1）经济增长过热，出现经济结构失调，信贷资金投向不合理，呆账、坏账大量衍生，金融风险凸现。以泰国为例，在多年的经济高速增长中，房地产价格直线上升，同时带动股市进入繁荣时期，房地产和股市成为人们赚取高额利润的主要投资场所。国内外资本大规模投向房地产和股市，造成房地产严重过剩，房地产商无力偿债，金融机构坏账、呆账激增，受房地产业不景气的影响，股市也走向萧条。面对房地产和股市泡沫破灭，以及各类金融机构坏账、呆账猛增，人们对泰国金融体系的安全性产生怀疑，储户挤兑风潮频发，金融风险暴露无遗。

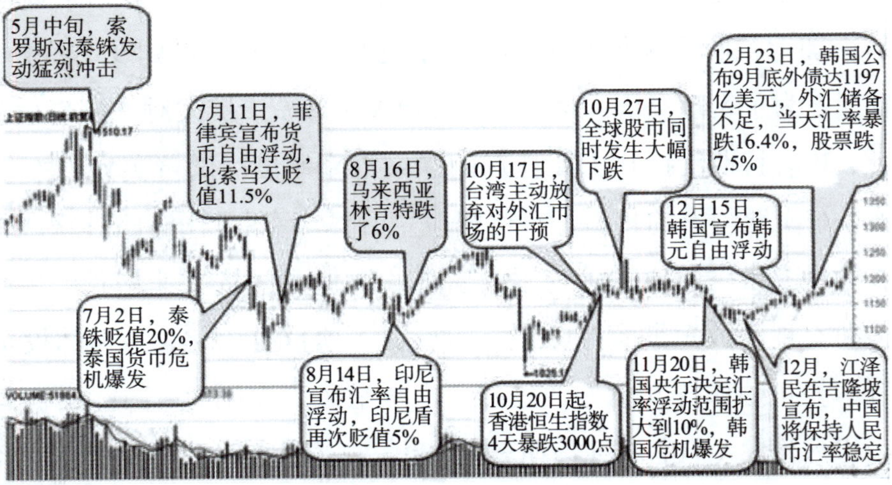

1997 年亚洲金融危机和 A 股表现

图片来源：http：//maoyu51. blog. cnstock. com/522023. html

（2）在追求高经济增长率过程中，进口居高不下，但出口能力下降，经常项目收支失衡，蕴含着金融危机的可能性。长期以来，扩大出口是东南亚国家和地区经济高速增长的重要拉动力量。但是，1996 年，由于本币跟随美元大幅升值，工资成本快速上升，出口竞争力受挫，加之出口产品结构单一，主要是电子产品和服装，受当年世界电子产品需求不振的影响，以及重工业产品受到韩国和原苏联加盟国的挑战，出口大幅回落。与此同时，过旺的投资品需求却推动进口居高不下，致使贸易逆差和经常项目赤字剧增。1991～1995 年，泰国出口年均增长率达 18.7%，但进口增长更快，同期年均增长率高达 19% 以上，其中投资品进口占 90% 左右。1996 年在出口仅增长 1% 的情况下，进口却继续维持在高水平上。经常项目收支严重失衡，使金融体系十分脆弱，金融风险加大。

（3）在以外资弥补经常项目赤字时，举借外债饥不择食，外债结构不合理，严重影响了金融稳定。东南亚国家和地区积极吸引外资，弥补了贸易逆差造成的国际收支赤字。但是，举债规模庞大，短期债务畸高。1992 年泰国外债余额为 20 亿美元，而截至 1997 年 6 月金融危机爆发前，外债总额已突破 90 亿美元，占 GDP 的 50% 以上，其中短期外债总额达 40 多亿美元，接近外债总额的 45%。由于泰国对外资投向疏于引导和监管，大量短期外资（包括短期外债）流入投资回报率很高的房地产业和股市，对泡沫经济推波助澜。而当经济出现恶化，市场需求疲软时，房地产和股市低迷，短期外资见无利可图便纷纷撤离，严重破坏了金融市场的稳定性。

（4）为吸引外资以实现高速增长，过早开放短期资本市场，实行资本项目自由化，使外汇输出输入失去控制。长期以来，泰国的国民储蓄率一直维持在 30% 左右，但投资率却高达 40% 以上，投资缺口靠国内资金无法满足，只有借助于外资。为便于吸引外资，东南亚许多国家和地区都取消了对资本流动的管制，大幅开放资本市场。其实，这些国家和地区开放资本市场的条件远未具备：与美元挂钩的汇率制尚不是市场汇率，不能真实反映实际汇率水平，汇率起不到应有的调节经济活动的作用；存贷款利率远远高于国际货币市场水平，极易遭到国际短期投机性资本套汇套利的冲击；金融监管疏松，国家调控经济的能力由于受到高财政赤字、高贸易逆差、低外汇储备、高通胀率等的制约，十分薄弱。在这种情况下，过早开放短期资本市场，实行资本项目自由化，必然导致外汇进出无法控制。当泰国股市大泻、经济滑坡、银行企业破产、人们抛售泰铢抢购美元、外国短期资本纷纷撤离、泰铢贬值、汇率猛跌时，又缺乏有效的经济手段加以平抑。在正常情况下，可以通过抛售美元和提高利率来维持币值稳定，但泰国外汇储备不多而无能为力。提高利率，在经济稳定情况下可以吸引外资流入和抑制资本流出。而在经济不稳定情况下，由于会增加企业成本，减少利润，反而会加剧股市下跌、经济滑坡和企业破产，从而促进外资抽走。

（5）在追求经济高速增长中，汇率制度渐趋不合理，为国外投机者提供了契机。东南亚国家和地区曾长期实行与美元挂钩的联系汇率制度。它在美元长期疲软时期成功地增强了东南亚出口竞争能力，对实施出口导向战略和高速增长作出了贡献。但后来，这些国家和地区的货币跟随美元升值，严重抑制了出口，却刺激了进口，在保障进口投资品供给和拉动经济高速增长中，也推动了经常项目逆差，投机现象大量出现。在贸易赤字激增时，投机者见有利可图，便抛售持有的东南亚国家、地区的货币，抢购美元。当这些国家、地区平抑汇价的举措难以有效顶住投机者的压力，被迫转而实行有管理的浮动汇率制时，就会发展为金融危机。

泰国的金融危机就是从1997年7月2日被迫宣布实行浮动汇率引起泰铢大幅度贬值开始的。此外，外国投机商投机造势，兴风作浪，是加剧东南亚乃至亚洲金融危机的外部原因。

第二节　亚洲金融危机的基本过程

1997年7月，亚洲金融危机爆发，到1998年底，大体上可以分为3个阶段：1997年7月至12月、1998年1月至1998年7月、1998年8月到1998年底。

第一阶段：1997年7月2日，泰国宣布放弃固定汇率制，实行浮动汇率制，从而引发了一场遍及东南亚的金融风暴。当天，泰铢兑换美元的汇率下降了17%，外汇及其他金融市场一片混乱。在泰铢波动的影响下，菲律宾比索、印尼盾、马来西亚林吉特相继成为国际炒家的攻击对象。8月，马来西亚放弃保卫林吉特的努力，一向坚挺的新加坡元也受到冲击，印尼虽是受“传染”最晚的国家，但受到的冲击最为严重。10月下旬，国际炒家移师国际金融中心香港，矛头直指香港联系汇率制，台湾当局突然弃守新台币汇率，一天贬值3.46%，加大了对港币和香港股市的压力。10月23日，香港恒生指数大跌1211.47点，28日，下跌1621.80点，跌破9000点大关。面对国际金融炒家的猛烈进攻，香港特区政府重申不会改变现行汇率制度，恒生指数上扬，再上万点大关。接着，11月中旬，东亚的韩国也爆发金融风暴，17日，韩元对美元的汇率跌至创纪录的1008∶1。21日，韩国政府不得不向国际货币基金组织求援，暂时控制了危机，但到了12

月 13 日，韩元对美元的汇率又降至 1737.60∶1，韩元危机也冲击了在韩国有大量投资的日本金融业。1997 年下半年日本的一系列银行和证券公司相继破产，于是，东南亚金融风暴演变为亚洲金融危机。

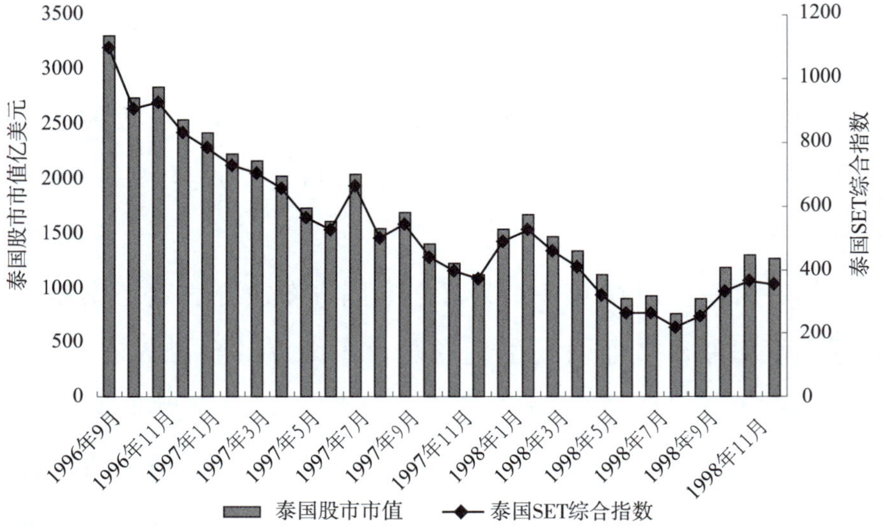

泰国的股市市值及指数（1996.9—1998.12）

图片来源：http：//www.topcj.com/html/3/hgsd/20080725/81495.shtml。

第二阶段：1998 年初，印尼金融风暴再起，面对有史以来最严重的经济衰退，国际货币基金组织为印尼开出的药方未能取得预期效果。2 月 11 日，印尼政府宣布将实行印尼盾与美元保持固定汇率的联系汇率制，以稳定印尼盾，此举遭到国际货币基金组织及美国、西欧的一致反对，国际货币基金组织扬言将撤回对印尼的援助，印尼陷入政治经济大危机。2 月 16 日，印尼盾同美元比价跌破 10000∶1，受其影响，东南亚汇市再起波澜，新加坡元、马来西亚林吉特、泰铢、菲律宾比索等纷纷下跌，直到 4

月 8 日印尼同国际货币基金组织就一份新的经济改革方案达成协议，东南亚汇市才暂告平静。1997 年爆发的东南亚金融危机使得与之关系密切的日本经济陷入困境，日元汇率从 1997 年 6 月底的 115 日元兑 1 美元跌至 1998 年 4 月初的 133 日元兑 1 美元。5～6 月间，日元汇率一路下跌，一度接近 150 日元兑 1 美元的关口，随着日元的大幅贬值，国际金融形势更加不明朗，亚洲金融危机继续深化。

第三阶段：1998 年 8 月初，乘美国股市动荡、日元汇率持续下跌之机，国际炒家对香港发动新一轮进攻，恒生指数一直跌至 6600 多点。香港特区政府予以回击，金融管理局动用外汇基金进入股市和期货市场，吸纳国际炒家抛售的港币，将汇市稳定在 7.75 港元兑换 1 美元的水平上，经过近一个月的苦斗，使国际炒家损失惨重，无法再次实现把香港作为“超级提款机”的企图。国际炒家在香港失利的同时，在俄罗斯更遭遇惨败，俄罗斯中央银行 8 月 17 日宣布年内将卢布兑换美元汇率的浮动幅度扩大到 6.0～9.5∶1，并推迟偿还外债及暂停国债交易，9 月 2 日，卢布贬值 70%。这都使俄罗斯股市、汇市急剧下跌，引发金融危机乃至经济、政治危机，俄罗斯政策的突变，使得在俄罗斯股市投下巨额资金的国际炒家大伤元气，并带动美欧国家股市、汇市的全面剧烈波动，如果说在此之前亚洲金融危机还是区域性的，那么，俄罗斯金融危机的爆发，则说明亚洲金融危机已经超出了区域性范围，具有了全球性的意义。

第三节 亚洲金融危机对香港经济的影响

（1）受亚洲金融危机影响，香港经济步入调整期。香港股市恒生指数曾一度创下16800点历史高位，在亚洲金融危机的影响下，不断下跌，1998年1月12日，恒生指数创下8121点的1995年以来新低，跌幅超过1/2。房地产市场同时大跌。一手市场上，1998年1月7日，新鸿基地产推出跑马地东山台22号，售价比去年高峰期下调40%。二手市场上，先后有多个地产界人士卖出“豪宅”套现，房地产市场交易量大幅度减少。香港土地注册处统记，1997年12月的买卖合约比11月下跌50%，登记总交易额减少60%。持有中原地产四成半股权的王彦文指出，这次房地产低潮可与1982年的状态相比。房地产、金融、股市出现恶性循环关系。港元利率居高不下，楼宇按揭贷款的负担加重，投资者购楼实力减退，香港房地产市场面临进一步萧条。在香港，与房地产有关的贷款超过银行贷款总额的40%，房地产萧条，香港银行盈利的空间大大缩小，香港金融和房地产企业的股票市值超过股市的50%。房地产和金融不好，股市的日子就更难过。1995年，金融、保险、地产及商用服务业占香港GDP的24.5%。1997年6月，上述行业就业人数占香港就业总人数的17.65%。因此，亚洲金融风暴爆发后，金融机构纷纷降低了1998年香港经济增长预测，对外资和一般投资者影响巨大。经济增长放缓，利率高企，市场萧条，香港绝大部分公司日子很难过。为了渡过难关，很多公司不得不收缩业务和裁员。香港政府破产管理署统计数据显示，

1997 年申请破产令的公司达 1142 家，是 4 年来最多的。破产增加，失业率也相应上升。1997 年 7 ~ 9 月的平均失业率全年最低，为2. 2%。随后，10 ~ 12 月达到2. 5%。就业不足率则相对保持平稳，截至 1998 年 3 月中，最新统计数字显示，香港 1998 年初的失业率又上升了 0. 4%，接近 3%。

（2）香港亚太区金融中心地位受到冲击。香港作为亚太区的国际金融中心，首要因素是香港吸引了众多的国际资本到港运作。如果外资流出香港，香港的国际金融中心地位和作用就会大打折扣，甚至名不副实。亚洲金融危机使香港面临了一个留住外资，尤其是日资的危机。日本是香港最主要的放款来源地，占各国家和地区向香港放款总额的一半以上。在亚洲金融危机爆发以后，在港的不少外资银行的亚洲业务明显亏损，日资银行可能因不符合国际结算银行最低资本充足比例的问题，须大幅出售资产套现。1997 年 3 月初，香港财经事务局局长许仕仁回答议员提问时承认，外资银行对港收缩信贷。日本是香港主要融资市场的参与者，但是 1997 年 10 月 23 日，国际炒家进攻港元时，香港的拆息曾咫升至 300 厘，再加上日本本身的问题，日本银行风险溢价大幅上涨，所以不惜以低价出售资产。日本银行与香港的经济活动关系密切，尤其是房地产业，香港的 180 家持牌银行中，有 44 家是在日本注册的银行，占持牌银行的 1/4，包括三和银行、日本兴业银行、住友银行、三井信托银行等大银行，另有 25 家日本银行的驻港办事处，香港的地产贷款有 1/3 来自日本银行，基建项目的融资有 60% 以上由日资银行提供。如果日资银行真的大撤资，对香港经济的影响不可估量。

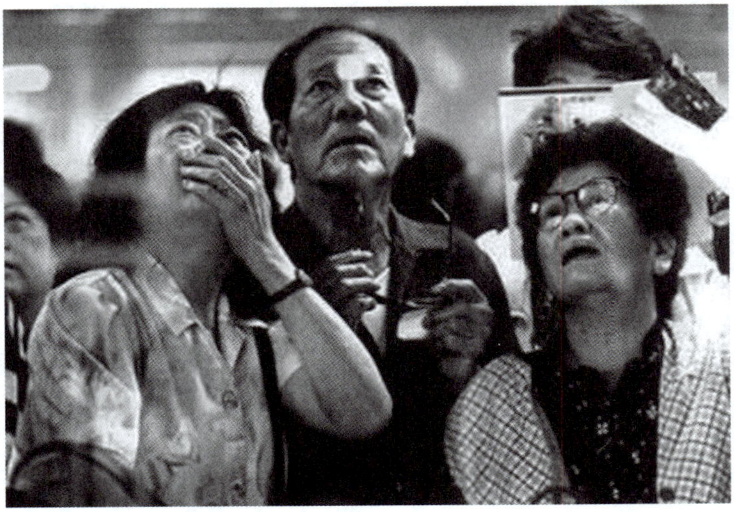

1997 年亚洲金融危机，市民神情严峻

图片来源：http：//mo. ifeng. com/finance/special/szqh18th/news？ ch = dongkan% EF% BF% BD% EF% BF% BD1% EF% BF% BD + + mid% 3D&aid = 72851686&all = 1&p = 2。

（3）香港的外来投资深受影响。1997 年，香港政府工业署进行了两项调查："外来投资香港制造业调查"、"海外公司在香港地区代表调查"。在外来投资制造业方面，截至 1996 年底，以原来成本计算的外来投资存量总值为 480 港元，较 1995 年增加了 6%，主要投资来源地是日本，占总投资额的 38%；第二是美国，占 27%；其后是中国内地和英国，各占 5%。其中 75% 的受访公司认为，香港的基本设施、银行及财务设施以及劳动生产力是为最重要和有利的因素，而劳工成本、办公室或厂房成本被约半数的受访公司视为不利因素。海外公司驻香港地区代表调查结果显示，海外公司在香港开设的代表办事处增加了 10%，在香港设立地区总部数目最多的是美国公司。被调查的公司中，91% 的公司认为，香港作为地区总部或地区办事处，吸引程度与1996年相比，有改善或大致保持不变。而且超过90% 的公司认为，银行及财务设施、政府经济政策及基本设施是香港最为重要及有利的因素。香港特区政府工业署署长何宣威指出，虽然1996年香港的外来直接投资比1995年增加了6% ，但是，受亚洲金融危机的影响，海外公司来港设厂投资的意欲有下降趋势，同时，由于区内金融危机尚未明朗，1998年的工业发展也不乐观。

第四节　香港金融保卫战

国际投机资本在投机商索罗斯等策划下，在1997年亚洲金融危机中连续取胜，1998年集中冲击香港，目的是逼迫联系汇率垮台，人民币贬值，使得他们在亚洲经济崩溃中获取暴利。香港优势是金融服务业，作为国际金融中心，特别是与美国金融市场有特殊联系的金融市场，保持与美元的联系汇率极为重要。联系汇率被看成是香港的生命线，一旦港币贬值，联系汇率也保不住，国际投资者的信心就会崩溃，因此不惜代价保卫联系汇率，成为香港政府的基本政策。

香港政府长期奉行“积极不干预”政策，很难对付有计划的大规模的国际投机资本冲击。此外，国际投机资本在之前的一年来进出香港屡次得手，香港人称香港是国际炒家的“提款机”。1998年7～8月趁日元贬值之机，大肆散布人民币贬值谣言，再度冲击香港。8月3日开始行动，两天之内卖空了价值30亿美元

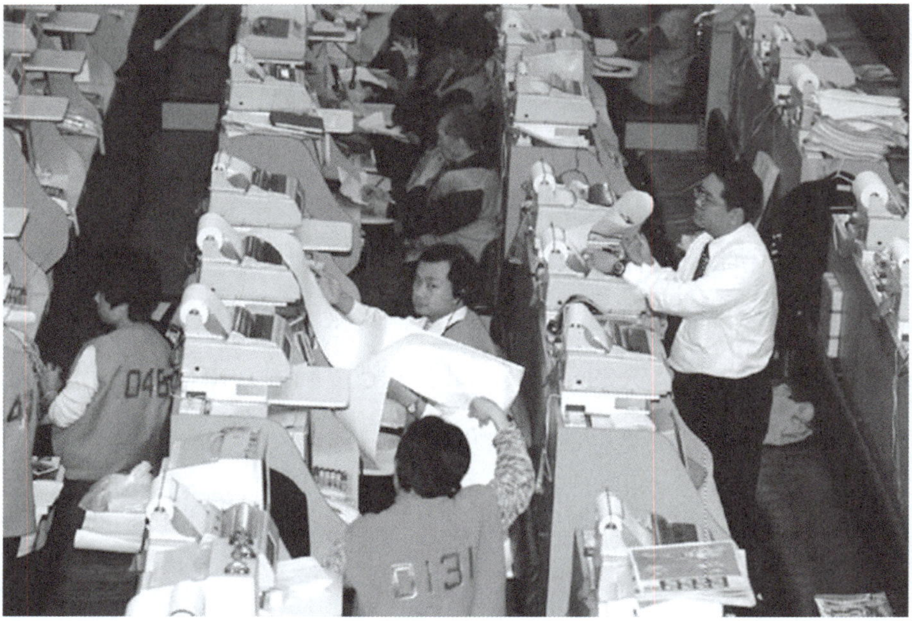

1998 年 2 月 2 日，香港股市交易员在忙碌。当日，香港股市在虎年第一个交易日出现红盘

图片来源：http：//www. chinadaily. com. cn/dfpd/hk15/2012 -06/21/content_ 15517454. htm。

的港币，同时卖空港币指数期货，港股随之剧跌，恒生指数一度跌到 6600 点，香港政府不能提高利率，而是使用外汇储备在期货指数市场上与投机资本展开大战，在 1 美元兑换 7. 75 港元处直接人为干预，香港金融管理局动用 230 亿港元，接下炒家抛售的港币。8 月 6 日，炒家卖空价值 20 亿美元的港元，8 月 7 日出现 100 亿港元卖单，香港金融管理局动用储备吸纳，港府财政储备多以美元存在银行，换成港币后仍存在银行体系中，因此没有抬高同业拆借利率，但炒家以卖空远期港币的办法拉高远期汇率。国际大炒家计算，一旦港府守不住联系汇率，港币可贬值 30%，炒家便可得30%的汇差。

8月14日，港府开始前所未有的对汇市、期市、股市的大幅度干预，打破了香港“积极不干预”的基本政策，在全球金融市场也是绝无仅有。8月14日下午，恒指跌到6500点瞬间，港府突然入市，使期指和恒指以7224点收市，反弹564点，股市交易量81亿港元，大大超过平时30亿~50亿港元的水平，港府动用50亿港元，财政司长曾荫权宣布政府动用外汇基金入市，以破坏炒家同时攻击港币和港股的毒计，炒家如敢再来，必将遭到迎头痛击。他形容这是一场刚刚开始的战争，董建华说此举只为维护稳定利率环境，3天后股市再度开市，18日、19日又升了411点，港府在高位沽出部分股票，使炒家无法估计政府的策略，全日成交70亿港元，恒指收报7732点，4天内股指提高20%。

8月21日星期五，俄罗斯股市暴跌，美英股市下挫，港股下跌214点，以7527点收市，与炒家进入高成本相持阶段，24日股市低开84点徘徊在7400~7500点之间，至收市前一小时港府大举入市狂扫蓝筹，恒指1小时内狂升300点，报收7800点，交易额98亿港元，政府动用的资金在60亿~80亿港元，接近前4天的总和。

8月25日，股市拼杀更为激烈，市场认为股票已超买导致狂沽，单一家欧资银行抛出的汇丰股票即840万股，政府的策略是先缓后急，上午股市狂泻，到下午狂扫蓝筹推动大市止跌回升，港府同时在期指市场上力托8月期指，沽售9月期指，并一改多年来压低息口的做法，出其不意地将隔夜拆息利率抬高至15厘，令炒家措手不及。

8月27日，港府与炒家激战正酣时，索罗斯旗下量子基金总经理出面承认参与香港股市，表示该基金目前已因港府入市而受阻，但最终胜利必将属于自己：“如果港府在基本面上犯了错误，他们所做的一切就不过是向投机者提供利润。”

8 月 28 日是香港恒生期货市场 8 月份结算日，一个月以来市场押下的巨资多空两家，都要在这一天平仓结算。政府入市做的是多头，炒家则持空仓。政府在 6500 点介入炒家手中有大笔未抛出的淡仓期指合约。恒指每推高 1 点，每张合约的损失是 50 港元。恒指越高政府赚钱越多，空方损失越大。政府必定要把指数推高到 8000 点以上，使炒家蒙受损失。但市场中还有大量正常投资者，都要趁机在港府推高股指时把自己的股票抛出赚钱，港府所受到的压力更大，渐成一支悲壮的孤军。

8 月 27 日，香港期股两市已呈腥风血雨，开市未几港府在股市全面托价，在期货市场保 8 月压 9 月。卖单排山倒海，港府照价全收，最后 15 分钟的成交金额就超过 80 亿港元，全日总成交额 230 亿港元，超过前两天总和，恒指报收 7923 点，仅比前一天抬高 88 点，投入资金超过 200 亿港元。

8 月 28 日是关键一日。开市 15 分钟以后，成交额即达到 66 亿港元，交易额每小时翻一番，政府面对全面狂沽独立托盘，12 点半收市，交易额 400 亿港元。下午炒家全力反扑，借入大笔恒指成分股之一的香港电信的股票，在市场抛空。交易额在 2 点时冲上 500 亿港元，突破 1997 年 8 月牛市时所创的 460 亿港元历史高位。至下午 4 点恒指以 7829 点收盘，比前一天回落 93 点，守住了 8000 点高位。全日成交额 709 亿港元，比平时高出十几倍。港府是唯一买家，所付资金不少于 710 亿港元。美国四大证券行要挟要离开香港。美林、大摩、雷曼兄弟和高盛在 1998 年 10 月份纷纷指出：港府干预市场，违反自由经济原则，不但运用外汇基金入市吸纳股票，且成为全球首个期指炒卖活动的参与者，建议客户撤出。但是，这些威胁没有生效，政府的有效干预制止了投机资本的冲击。

第五节　中国政府的应对措施

一、全力支持香港特区政府积极干预

香港是国际金融中心，港币的利率和汇率都与美元挂钩，在金融上是美国金融市场的一部分，但主权回归中国，这是香港在制度上的第一个矛盾。第二个矛盾是联系汇率制度内在的缺陷，给投机资本以肆意投机的自由；如果保持英国人 100 多年来的“积极不干预”，就不能保持香港经济的稳定。第三个矛盾是，香港是中国改革过程中利益转移的中心，如香港出现金融危机必连带广东和全国一大批金融机构。由于以上矛盾，国际投机资本在回归以后要全力冲击香港，有没有阴谋并不重要，政治阴谋和经济策划有没有关系也不重要。香港的基本金融制度是英国制定的，成为国际金融“自由港”的基石，中国保证“一国两制”，原则上也应该保持积极不干预。但资金实力在国际炒家手里，亚洲股市总市值只有 3.5 万亿美元，美国股市高达 12 万亿美元，即使没有什么阴谋，按照平等公开竞争规则，炒家也可操纵市场，这就是公开的垄断。按规则办事是搞“阳谋”，不是搞“阴谋”，国际资本公开按照规则办事就可达到自己的目的。无论是为了在香港赚

钱，还是有打垮香港的阴谋，都是一样。冲击香港，背后有国际垄断投机资本、美国政府和新自由主义经济学家客观达成的共谋。

鉴于如此形势，无论内地还是香港，都不能仅仅依靠所谓“市场经济手段”，仅限于用外汇储备干预市场。中国长期以来外汇极其短缺，1978 年不到 1 亿美元，1985 年 136 亿美元，1994 年人民币贬值 50% 以后出现大量贸易顺差，1997 年才达到 1700 亿美元。而在香港托市 1 个月多发行了 1300 亿港元，需要 200 亿美元的外汇储备增量，显然只有中国中央政府才可能借给他们。这样下去外汇储备会枯竭，难免步入泰国下场。此时敢不敢违背所谓“市场经济规则”，坚持经济主权十分重要。中国政府坚决支持香港当局，把“积极不干预”变成“积极干预”是成功抵御亚洲金融危机的关键，其中最为重要的是：先借出 200 亿美元给香港，然后强化金融交易的管制。

二、坚持人民币不贬值

实际有效汇率是以贸易结构为权数，按加权平均方法计算的名义汇率。1995 年中国外贸结构是：对日本 20%，对韩国 6%，对东南亚 4%，对欧洲 18%，对美国 14. 5%，加上从香港转口约 30%，对台湾地区 6. 36%。1997 年东南亚货币平均贬值 40%，人民币实际有效汇率升值 40%，1998 年日元再贬值 20%，人民币实际有效汇率再升值 7%，给人民币造成贬值压力，如不实行超额贬值就会出现资本外流和贸易逆差。

美国联邦储备委员会主席格林斯潘 1997 年底说，人民币贬值会引起连锁反应，应坚持稳定，希望中国承担一部分压力。朱镕基对美国承诺人民币在 1998 年不贬值，形成了中美协调经济政策、稳定亚洲经济的格局。

当时人民币贬值预期十分严重，1998 年上半年，国际收支有 500 亿美元顺差，仅外贸顺差就有 267 亿美元，但国家外汇储备只增长 6 亿美元，说明大量外汇存入企业和个人的账户上，资金外流严重。中央政府大力宣传人民币汇率稳定，以鼓励国内外对于人民币的信心。

朱镕基于 1998 年 3 月 31 日至 4 月 7 日访问英国，会见华侨代表时谈到：人民币不贬值是一个很困难的决定，不贬值我们是吃很大亏的！对我们有很大的影响！但是我们愿意承担，这里面固然有我们的利益。我们的利益是什么呢？就是香港。但我们主要是为了东南亚国家。我们不愿加深这个危机。我们中国人的古训，就是不要乘人之危。朱镕基 4 月 3 日说：我昨天会见新加坡总理吴作栋，他估计至少在 12 个月内人民币是不会贬值的。我说你也太小看我们了。我讲了这么多次不贬值，你就说 12 个月啊？这是个牺牲！我们已经下定了决心，就有这个本事，不说空话，不说大话。

中国政府承诺 1998 年人民币不贬值，意在以人民币稳定和扩大内需，为周边国家创造一部分市场，支持它们尽快走出困境，这是亚洲走出金融危机的关键因素。

中国采取这样的政策，说明我们具有国际眼光，尽到了国际责任。但中国政府的承诺并不被国际投资者相信，他们认为，中国国际竞争能力必然降低，人民币维持不了 1 年，并可能被迫贬值诱发金融外汇危机。国内经济学家一不相信中国有实力能够挺得住，二不愿意做这样的牺牲，认为这是恢复毛泽东时期的“支持第三世界”。

必须加以批评的是日本“以邻为壑”的态度，在香港金融打颤的关键时刻，日元两次贬值到1美元兑换146日元的水平。把韩国逼到破产边缘，使得中国雪上加霜。日本当时人均GDP已超过1400美元，有2200亿美元外汇储备，8600亿美元海外资产，每年1000多亿美元贸易顺差，日本企业可承受1:100的汇率水平，日元贬值是完全没有道理的。中国只不过人均800美元，谁在尽大国责任，一目了然。

日元在“二战”以后定值为1美元:360日元，40年来升值了4倍。最高点在1995年4月19日，为1:79.75。1998年5月份日元连续贬值，6月15日跌到1:146.43。中国发出严厉警告。韩国的出口结构与日本相似，两国产品激烈竞争，韩国正处于最困难调整时期，一旦日元贬值超过1:150，必然压迫韩元和台币贬值，亚洲第二轮货币战再起。

中国“盯住150日元”，一再抗议日元贬值。同时在香港加强金融交易管制。结果如何？国际投机资本没有再来，日元突然回升到130，亚洲金融危机奇迹般结束了。

三、国内宏观调控的有效配合

中国能在亚洲金融危机中成为中流砥柱，不仅是因为在关键时刻进行国家干预，也由于提前进行了国内经济调整。

1994~1997年，“紧缩政策软着陆”曾经受到经济学界名曰“改革派”实则新自由主义的联合攻击。当时由朱镕基主导进行了坚决的国内经济紧缩，平息北海房地产泡沫；制止外汇黑市上人民币疯狂的贬值；大力收缩货币，在4年之内将经济增长率从13%降低到8%；CPI从20%降低到6%以下；人民币名义汇率在1994年初一次性从1美元兑换5.7元人民币，贬值到1∶8.7，贸易顺差迅速增长，外汇储备从1992年200亿美元增加到1997年1399亿美元。1997年外贸总额3250亿美元，出口1827亿美元增长20.9%，进口1423.6亿美元增长2.5%，成为世界第十大贸易大国。加工贸易由40%增长到52%，贸易顺差60亿美元，创历史最高水平。1997年外资流入640亿美元，对经济增长贡献2个百分点。如没有预先紧缩消除国内经济不平衡，在国际冲击前就不会有实力。

亚洲金融危机使中国付出出口下降、资本外逃的代价，经济增长率“七上八下”，在底线上徘徊。政府采取了扩张政策，3年发行6000亿元国债，出台一系列刺激政策，把经济潜在增长率提高到10%以上，现实增长率于2000年以后再次攀上12%的高峰并持续了7年。人民币没有贬值，而是升值到2010年的1∶6.8。经济超高速度增长，直接因素就是有效抵御了亚洲金融危机。

索罗斯后来说：没有想到中国不守规矩。作为国际投机资本代言人，他看到了中国的政治优势和崛起的前景。2000年以前中国国际收支平衡表一直是负数，说明资本年年外逃。但2000年后连续3年为正数共300多亿美元，这是国际投机资本大举进入中国的拐点，中国进入货币财富大爆发的新历史阶段。

1998年中国有效抵御亚洲金融危机，代替日本成为亚洲核心国家，奠定了后10年经济高速度发展的基础，使中国崛起迈上新台阶。GDP 从 8 万亿元人民币提高到 2009 年的 33 万亿元，平均年增长率在 10% 以上，物价增长在 5% 以下；人民币持续升值，贸易顺差继续；国际资本大批涌入，国家外汇储备从 1400 亿美元增加到24000亿美元。中国崛起和中国模式，都离不开 1998 年抵御亚洲金融危机的经验。

相关链接 | 1997 年亚洲金融危机对我国的启示

在经济全球化、国际金融市场一体化的过程中，对外开放是一个国家、一个地区加速发展的必然选择，但开放进程必须与承受风险的能力相适应。对外开放，融入世界经济主流，必然受世界经济波动的影响，甚至可能被卷入国际金融危机之中。根据东南亚国家的教训，要有效防范国际金融风险，必须处理好以下几个问题。

（1）追求经济高速增长要量力而行，要从自己的国情、国力出发。超出国力的经济增长，必然产生对进口和外资的过分依赖，形成大规模的贸易逆差，加之实施脱离本国条件的资本项目开放政策，自然会酿成金融危机。

（2）严格监控信贷资金投向，防止大规模流入房地产业和股市产生严重的泡沫经济。20 世纪 90 年代初我国的成功经验与东南亚的教训，从正反两方面诠释了这一问题的重要性。今天，当中国运用货币政策启动投资时，应该清醒地看到，经济运行中存在房地产、股市泡沫回潮的危险性。因而，必须严格限制向容易形成呆账、坏账的行业提供贷款，一旦出现房地产和股市过热，仍需及时疏导。

（3）切实调整经济结构，促进产业结构升级，提高出口产品竞争力，实现出口多元化。东南亚金融危机，与产业结构不合理、出口产品结构低级、单一有较大关系。我国同样存在产业结构失调、低附加值的出口产品比重偏大、竞争力不高等问题。今后，在发展劳动密集型的出口加工业时，应注重提高设计和开发能力，提高产品技术含量和附加值，同时，注重出口产品结构升级，实现出口产品多样化。

（4）积极利用外商直接投资，引导外商投资方向。我国与亚洲许多国家利用外资的方式不同，我国是以外商直接投资为主，对外借款已逐步缩减到只占利用外资总额20%～30%，且多为外国政府和世界银行的中长期借款，同时，中国政府鼓励外商向高技术产业投资，严格控制外商投资产业方向。而东南亚国家多以借用外债、使用短期资本为主，对外资投向疏于管理。实践证明，中国利用外商直接投资，所生产的产品有相当部分内销，有效地替代了进口，节省了大量外汇，从而保证了经常项目顺差、高额外汇储备和国民经济高速增长。如果没有大规模的外商直接投资及其产品替代进口，我国要保证经济高速增长，必然会提高进口增长率，由此容易产生贸易逆差甚至金融动荡。今后，我国必须坚决而积极地推进利用外商直接投资工作。

（5）审慎开放短期资本市场和实行资本项目自由化。从长远来看，开放资本项目，实行资本项目下的人民币自由兑换，是对外开放发展的必然结果，中国不会因为有风险便永远拒绝开放资本项目。但是，开放又是有条件的。东南亚金融危机证明，在本币币值高估、利率偏高的情况下，过早开放资本项目，必然导致国际短期投机性资本套汇套利的冲击。我国为维护国际金融的稳定，避免汇率下调对东南亚金融危机雪上加霜，承诺人民币不贬值，为国际社会承担了很大责任，但为此也付出了巨大牺牲。而且，我国利率长期偏高，是世界上高利率国家之一，加之中国金融体制尚未完善，金融监管能力不够，如果贸然开放资本项目，必然会带来不利后果。

（6）加强金融监管，及时化解金融风险。中央银行缺乏有效的金融监管，使金融风险蔓延和加剧，是东南亚金融危机的重要诱因。中国应引以为戒，加快金融体制改革，建立现代金融体系；加强中央银行的监管力度，依法治理金融，规范金融秩序；把国有商业银行办成真正的商业银行；建立中央银行金融风险预警机制和商业银行金融风险防范机制，及时发现并化解金融风险。

（7）加强国际合作，维护世界金融安全。亚洲金融危机的危害性影响不断加剧和扩散的情况表明，国际社会尚未找到适宜的对付全球性金融危机的办法，更未确立起防范全球金融危机的机制。这与许多国家在金融危机冲击面前只顾保全自身，忽视别国利益，特别是发达国家谋求更多地享受经济全球化的利益，却不愿承担相应义务不无关系。我国在对外开放度趋于提高过程中，无法完全避免国际金融动荡的影响，但通过加强与国际社会的合作，呼吁发达国家和国际金融组织及时采取有效应对方案，及早建立起符合经济全球化要求的新型国际金融机制，对于未来保障我国及世界金融安全，都是有益的。

参考资料

[1] 杨帆. 狙击风暴：人民币汇率走势与反危机 [M]. 天津：天津古籍出版社，1999.

[2] 杨帆. 疾风知劲草，烈火炼真金 [N]. 中国改革报，1998-07-01.

[3] 杨圣明. 东亚金融危机的深层透视 [J]. 财贸经济，1998 (8)：25-30.

[4] 张帆. 亚洲金融危机热点问题剖析 [J]. 高校理论战线，1998 (3).

[5] 卫兴华，桑百川. 亚洲金融危机的成因、影响和对我国的启示 [J]. 学术月刊，1999 (1)：18-23.

[6] 林江，刘冰. 亚洲金融危机对香港经济的影响 [J]. 当代港澳研究，1998 (1).

第十三章 天　路

公元641年，文成公主入藏，肩负着“和亲”的历史使命，踏上了遥远的西行之路，一路充满艰辛、充满悲壮，随员和牲畜连连死亡，所携物资尽弃路途……历经3年，才从长安走到拉萨。

100多年前，魏源曾断言：“卫藏安，则西北全境安。”其意为西藏安危关系西北全境安危，西北安危关系国家安全。辛亥革命之后，被迫辞去中华民国临时大总统的革命先行者孙中山先生，依然不懈地致力于国家富强、民族振兴的伟业。他于五四运动前后，发表了一部近20万字的名著《建国方略》。在这本书的“实业计划”中，孙中山规划了“西北铁路”“高原铁路”等七大铁路系统，共计106条铁路干线，约10万公里。“高原铁路”系统共规划16条铁路干线，其中“拉萨至兰州线”“兰州至若羌线”经过今青海省的东部、南部、西部、北部，向西南通达西藏，向西北通达新疆。然而，由于战火连年、时局动荡、人心涣散，此后鲜有志士仁人继续关注青藏铁路的建设。

新中国成立后，毛泽东以政治家的雄才伟略开始思考如何解决西藏问题。他深知，西藏的解放、藏汉民族的和睦、西藏未来的建设发展以及国防巩固等一系列问题的解决，都系于能否建成一条把西藏与内地连接起来的通途。于是，毛泽东在给邓小平和刘伯承的电文中指示："把修筑道路及进军，作为解放西藏的第一步。"他命令挺进西藏的18军："一面进军，一面修路。"1954年12月25日，川藏青藏公路通车。这是历史上首次有了把西藏与内地连接起来的通道。1955年3月9日，周恩来总理主持国务院第七次全体会议，讨论通过了《国务院关于西藏交通运输问题的决定》。首议：要发展，就要修公路、添置车辆；以后，国家每年都给西藏财政补助。从这时起，党中央、国务院开始考虑进藏铁路的建设问题，即便在三年经济困难时期，青藏铁路的线路勘察工作也没有停顿。王震将军出任铁道兵司令员后，曾向毛主席表态："我们一定把铁路修到巴山、天山、昆仑山，一直修到喜马拉雅山去。"1973年，毛泽东会见尼泊尔国王比兰德拉时，再次重申：我们一定会加快青藏铁路建设。

青藏铁路从青海西宁至西藏拉萨，全长1956公里，是世界上海拔最高、线路最长、穿越冻土里程最长的高原铁路，被誉为"天路"。

第一节　进藏铁路的几上几下

一、1956～1961年，青藏铁路经历第一次"上下马"

20世纪50年代，以毛泽东同志为核心的党的第一代中央领导集体在百废待兴、百业待举的情况下，把改善西藏交通状况，当作发展经济、改善人民生活、巩固国防安全、加强各族人民团结的大事列入重要议程。毛泽东、周恩来、邓小平等领导同志对修建进藏铁路曾多次作出重要批示和讲话。

1956 年 1 月，铁道部向扎根在兰州的铁道第一勘察设计院（以下简称“铁一院”）下达了规划、勘测、设计兰青铁路（兰州至青海）和青藏铁路（西宁至拉萨）的任务。铁一院经过认真勘测、考察，在 1957 年底制定了兰青线和青藏线的西格段（西宁至格尔木）、格拉段（格尔木至拉萨）的勘测设计计划。该计划是由东向西逐渐推进，很快得到铁道部批准。然而，始于 1958 年的“大跃进”，导致经济建设严重违背客观经济规律，铁路基本建设项目也因此增长过快，战线拉得过长，摊子铺得过大。从 1960 年起，全国不得不一再缩小基本建设规模，很多项目被迫“下马”。当年 6 月，1958 年成立的青藏铁路工程局被撤销；1961 年 3 月，青藏铁路等全国近千个建设项目一起被停建。被停建的青藏铁路不仅包括了格拉段，而且也包括了西格段（其中西宁至海晏 97 公里 1960 年 11 月铺通）。至此，青藏铁路建设遭遇第一次“下马”。

在青藏铁路第一次“下马”后的数年里，尽管由于当时国际国内因素的制约，青藏铁路的建设一直未被提上议事日程，但仍然有人提出建设青藏铁路的设想。1964 年，在中国引爆第一颗原子弹前夕，美国制定了突然袭击中国核基地的计划。战争威胁和严峻的国际形势迫使毛泽东等最高领导层紧急调整国民经济发展计划，确立了以战备为中心、加快“三线”建设为重点的第三个五年计划。在此背景下，1965 年 9 月 18 日至 10 月 12 日，中共中央在北京召开工作会议，就“三五汇报提纲”提出的10个问题进行讨论。在讨论提纲提出的计划方针和各项指标时，有人提出“增加青藏铁路等8条对战备有重要意义的铁路干线，争取两三年内从西宁修到拉萨，并延伸到亚东”。此后，1966～1968年，以战备为主要任务的“三五”计划受到严重冲击和破坏，许多“三线”建设项目也遭到干扰，被迫停建或缓建，青藏铁路建设的计划同样未能幸免。1969年，国际形势风云变幻，为了适应战备的需要，中共中央和国务院采取果断措施，推动“三五”计划建设重新在全国大规模展开，青藏铁路（西宁至格尔木段）的开工兴建也提上议事日程。

西藏老照片

图片来源：http：//blog.163.com/fangheshun@126/blog/static/13790323 0201192385240584/。

可见，尽管当时青藏铁路未正式开工修建，但建设青藏铁路在我国国防建设中具有重要战略地位，对输送战略物资具有重大意义，即使在非常困难的条件下也受到了中央的高度重视。

二、1974 年青藏铁路再次“上马”

1973 年 7 月，全国计划会议召开，安排青藏铁路西格段的哈尔盖至格尔木 652 公里恢复建设，由铁道兵负责施工。10 月 6 日，铁道兵党委向国务院、中央军委报送了《关于执行在青藏铁路哈尔盖至格尔木段建设任务的报告》，建议国家在年内召开一次修建青藏铁路协作会议。11 月 26 ~ 29 日，国家计委、国家建委在北京召开专门研究、安排青藏铁路哈尔盖至格尔木段建设问题的第一次协作会议。本来，整个 1973 年下半年，国家计委和国家建委研究、安排的都是关于青藏铁路西格段如何恢复施工的问题，但在毛泽东会见尼泊尔国王之后，青藏铁路格尔木至拉萨段的建设问题再一次被提上了中共中央、国务院的议事日程。12 月 9 日，毛泽东在会见尼泊尔国王比兰德拉时表态：“青藏铁路修不通，我睡不着觉。青藏铁路要修，要修到拉萨去，要修到中尼边境去。”这样，1974 年 1 月 12 日，国家建委在北京开会，决定开展青藏铁路关于高寒、冻土、盐湖三大关键技术的科研工作，由中国科学院负责总抓。1 月 31 日，国家建委向中央领导报送了关于青藏铁路建设的初步意见。在中共中央和国务院领导的高度重视下，经过国家计委、国家建委、铁道部的周密部署，青藏铁路西格段于 1974 年正式恢复施工，第二次“上马”。

但是，鉴于当时修建青藏铁路难度较大，铁道兵党委和铁道部党组于 1977 年 11 月 28 日联合向国务院、中央军委呈送了《关于缓建青藏铁路格尔木至拉萨段、修建昆明至拉萨铁路的请示报告》。报告对建设青藏铁路的难度作了分析，建议此段铁路宜推迟修建，同时对为什么修建昆明至拉萨的铁路（滇藏铁路）也作了详细说明。12 月 1 日，铁道部向铁道兵、水电部、国家地质总局等部门发出《请派人参加昆明至拉萨铁路的考察组》的文件，并抄报给国家计委和国家建委。滇藏铁路考察组经过 1 个多月的勘测考察，于 1978 年春节前夕赶到拉萨，并于 2 月 3 日开始绘制滇藏铁路纵面图、平面图、剖面图，分几个组撰写选线报告。与此同时，成都军区和四川省委认为进藏铁路改走昆明，是舍近而求远，因此商请铁道部，请铁二院接着考察川藏线方案。这样，在拉萨的铁二院滇藏铁路考察组又出发考察了川藏线方案，并撰写了考察报告。于是，就出现了青藏线、滇藏线、川藏线三种进藏铁路方案并存的局面。

为及时给中共中央、国务院、中央军委提供决策依据，经过几个月的研究、论证，铁道部部长段君毅和铁道兵司令员陈再道、政委吕正操于 1978 年 7 月 3 日联名向国务院、中央军委上报了《关于进藏铁路的请示报告》，提出了倾向性的意见：先修建滇藏铁路，青藏、川藏铁路何时修，视国家财力、物力再定。7 月 5 日，邓小平在该报告上作了批示，进藏铁路选滇藏线为好，青藏线应该放弃，建议国家计委专门审查，向中央作出报告，以便决策。接到邓小平等领导同志的批示后，8 月 12 日，铁道部立刻电令铁一院：青藏铁路全面下马，桩子打到什么地方，就在什么地方停下。至此，青藏铁路又不得不第二次“下马”，让位于滇藏铁路。但是，由于财力、技术等方面的困难，滇藏铁路的建设最终还是被搁置下来了。

经过数万名铁道兵指战员的顽强拼搏和艰苦努力，青藏铁路一期工程西格段历经20年，走过了“一下两上”的不平凡历程，终于在1979年9月15日胜利铺轨到戈壁新城格尔木。青藏铁路第一期工程铺轨通车后，铁道兵部队广大指战员同西宁铁路分局新线广大职工并肩战斗，密切配合，积极完成了铁路设备的完善和收尾配套，于1984年5月1日，经国家验收正式交付临管运营。

可是，青藏铁路二期工程的建设之路仍然不是一帆风顺的。早在1981年12月召开的中央工作会议期间，西藏自治区党委第一书记阴法唐谈到了青藏铁路的修建问题，胡耀邦、万里等中央领导同志都表示同意他的看法和建议。1982年12月9日，阴法唐到北京参加会议，和时任西藏自治区党委副书记的巴桑一起给胡耀邦、邓小平、陈云、叶剑英、李先念等中央领导同志写报告，提出了加快修建青藏铁路的建议与措施，并设想青藏铁路可从南北两路一齐动工，预计1990年或者稍后一些时间可以修通。这一建议得到胡耀邦等中央领导的赞许。1984年3月，中央召开第二次西藏工作座谈会，西藏自治区主要领导在会上又一次提出了青藏铁路“上马”的问题，指出只有把铁路修通，才能从根本上改变西藏交通运输的落后状况，请国家能够尽早安排。但是，由于当时国务院主要领导刚从欧洲出访回来，提出了“修铁路不如修公路，不如搞航空”的意见，因此，1984～1993年10年间青藏铁路的修建工作再度被搁置。

三、1994～2001年，青藏铁路（格拉段）立项开工、第三次“上马”

1994年7月15日，中央第三次西藏工作座谈会召开前夕，时任西藏自治区党委第一书记的阴法唐和西藏自治区主席多杰才旦一起向江泽民、胡锦涛等中央领导同志汇报工作，又提到修建青藏铁路的问题，建议中央将其列入2000年前的工作计划。江泽民、胡锦涛等中央领导听后很感兴趣，非常重视，随即指示铁道部做好相关准备工作。7月20日，在中央第三次西藏工作座谈会上，江泽民发表重要讲话，指出“进藏铁路的论证和勘探工作要继续进行”。为此，8月29日通过的《中共中央、国务院关于加快西藏发展、维护社会稳定的意见》中明确提出：“交通运输以公路为主，重在骨干道路的整治、维护和建设，力保常年畅通，积极发展航空运输事业，抓紧做好进藏铁路建设的论证和勘查工作。”据此，铁道部于1995年开始组织进藏铁路的论证工作。此后，铁道部等相关部门组织铁路内外专家学者，认真细致地对青藏线、甘藏线、滇藏线和川藏线等4种进藏铁路方案进行比较研究、勘查论证，进藏铁路前期准备工作的力度明显加大，进度明显加快。尽管上述4种进藏铁路方案各有优劣，但经过反复比较、评估，大多数专家认为应首选青藏线为宜。具体理由是：前期工作准备充分；线路短、地势平缓、施工较易，全长1142公里的青藏线格拉段，是目前进藏铁路4个方案中最短的，只有甘藏线的1/2，比川藏线短847公里，比滇藏线也短514.4公里；桥隧不多，投资较小。这时，中央相关部委、西藏自治区也相应作出了积极反应，争取青藏铁路第三次“上马”。

2000 年 3 月 7 日，时任国家计委主任的曾培炎在第九届全国人大第三次会议记者招待会上宣布：2000 年在西部将开工建设一批大项目，同时加快“西气东输”“西电东送”、进藏铁路等一批重大项目的前期工作。11 月 10 日，江泽民在铁道部关于修建进藏铁路的汇报材料上作了长篇批示，指出：“现在看来，修建进藏铁路，从政治、军事上看是十分必要的，从发展旅游、促进西藏地区与内地的经济文化交流也是非常有利的……明年要召开第四次西藏工作会议，届时应正式宣布修建进藏铁路，必将对包括西藏广大干部群众在内的全国各族人民带来很大的鼓舞。建议国务院抓紧认真研究一下，总的意向定下来后，责成计委、铁道部尽快完成可行性研究，以便党中央、国务院及时讨论并作出这个战略决策。”12 月，国家计委在北京主持召开了由国家相关部门参加的青藏铁路汇报论证会，然后正式向国务院上报了青藏铁路项目建议书，为国务院总理办公会议的最后审议做了充分准备。也就是在这次会上，成立了以国家计委主任曾培炎为组长、铁道部部长傅志寰、铁道部副部长孙永福为副组长的国家青藏铁路建设领导小组。2001 年 2 月 8 日，朱镕基主持召开总理办公会议，专门审议青藏铁路立项报告。3 月 5 日，朱镕基在第九届全国人大第四次会议上所作的《关于国民经济和社会发展第十个五年计划纲要的报告》中，再次明确提出：“要集中力量建设西气东输、西电东送、青藏铁路等一批具有战略意义的重大项目。”这样，“建设青藏铁路”就正式纳入《中华人民共和国国民经济和社会发展第十个五年计划纲要》。

2001 年 6 月 25 ~ 27 日，中共中央、国务院在北京召开第四次西藏工作座谈会。会上，江泽民、朱镕基等中央领导同志多次提到修建青藏铁路的问题。江泽民指出："'十五'期间，国家将继续加大对西藏的投入，重点是基础设施建设，国家已决定开工兴建青藏铁路。"朱镕基指出："经过充分论证和准备，青藏铁路即将开工。建设这条贯穿青藏高原的铁路大动脉，不仅对加快西藏发展具有重大意义，而且对实施西部大开发战略也有重要作用。"

2001 年 6 月 29 日，青藏铁路格拉段开工典礼在青海格尔木和西藏拉萨同时隆重举行。至此，酝酿了近半个世纪、经历了"三上两下"波折、寄托着西藏人民千年期盼的青藏铁路建设，在巍巍青藏高原上拉开了序幕！

第二节　唱响"天路"之歌

青藏铁路二期工程于 2001 年 6 月 29 日开工。青藏铁路总投资逾 330 亿元，全线共完成路基土石方 7853 万立方米，桥梁 675 座、近 16 万延长米，涵洞 2050 座、37662 横延米，隧道 7 座、9074 延长米。经过 10 多万筑路大军历时 5 年的艰苦奋战，2006 年 7 月 1 日，青藏铁路格尔木至拉萨段建成通车。为此，中共中央总书记、国家主席、中央军委主席胡锦涛专程前往格尔木出席青藏铁路通车庆祝大会，并发表重要讲话。他指出："建设青藏铁路是几代中国人梦寐以求的愿望，党和政府始终高度重视……进入新世纪，党中央从推进西部大开发、实现各民族共同发展繁荣的大局出发，作出了修建青藏铁路格尔木至拉萨段的重大决策。

经过全体建设者和各方面的顽强拼搏、艰苦奋斗，几代中国人特别是沿线各族干部群众的心愿终于实现了……这不仅是中国铁路建设史上的伟大壮举，也是世界铁路建设史上的一大奇迹。这一成功实践再次向世人昭示，勤劳智慧的中国人民有志气、有信心、有能力不断创造非凡的业绩，有志气、有信心、有能力屹立于世界先进民族之林。建成青藏铁路这一壮举将永载共和国的史册。”

一、建设历程

2001 年 6 月 29 日，中央政府决定投资 262. 1 亿元，修建青海格尔木至西藏拉萨的铁路。青藏铁路开工典礼在青海省格尔木市和西藏自治区首府拉萨同时举行。

2002 年 5 月，青藏铁路冻土试验全面铺开。

2003 年 3 月，青藏铁路铺轨穿越昆仑山隧道。

2003 年 6 月，世界海拔最高的唐古拉山车站开工。

2003 年 8 月，青藏铁路铺架工程成功通过可可西里无人区。

2004 年 5 月，青藏铁路建设形成整体推进态势。

2004 年 7 月，青藏铁路正线铺轨 450 公里。

2005 年 8 月，全线路基、隧道、桥涵等线下工程基本完成。

2005 年 8 月 24 日，铺轨通过唐古拉山，10 月 12 日全线完成。

2006 年 3 月 1 日，货物列车工程运营试验。

2006 年 5 月 1 日，不载客列车工程运营试验。

2006 年 7 月 1 日，全线开通试运营。

二、重点工程

青藏铁路经过地区海拔4000米以上的地段有960公里，翻越唐古拉山线路最高处达5072米；经过多年连续冻土地段550公里，经过九度地震烈度区216公里。沿线高寒缺氧，生态环境脆弱，地壳运动活跃。在这样的区域修建铁路，具有很强的探索性和科研性，建设任务艰巨。广大建设者们不畏艰险，顽强拼搏，科学攻关，再接再厉，创造了许多优质工程、示范工程、精品工程。主要工程有：

（1）南山口铺架基地。南山口铺架基地位于格尔木市以南约30千米处，青藏铁路南山口铺架基地规模之大、技术含量之高，在中国铁路建设史上都居首位。从青藏铁路开始铺轨的一段时间内，中铁一局以平均日铺轨3000米、日架桥3.5孔的速度，不间断地将钢铁大道向拉萨方向推进。他们创造了最高日铺轨6575米、日架桥6.5孔的记录，这一速度与平原地区铺架速度基本相当，并确保了安全与质量。

（2）风火山隧道。风火山隧道位于海拔5010米的风火山上，全长1338米，轨面海拔标高4905米，全部位于永久性高原冻土层内，是世界上海拔最高、横跨冻土区最长的高原永久冻土隧道，有“世界第一高隧”之称。风火山地区气候环境极为恶劣，年平均气温零下7℃，最低气温达零下40℃左右，严寒、缺氧。隧道地质结构主要为含土冰层，饱冰冻土、原始冰川、裂隙冰、砂岩、泥岩及泥沙互层。风火山隧道被列为青藏铁路全线重点工程之首，誉为“天字第一号工程”。隧道口巨幅对联：“乘白云抚蓝天搏击雪域缚苍龙，踏清风邀明月洞穿世界最高隧。”

（3）唐古拉车站。唐古拉车站位于海拔 5068 米的唐古拉山垭口多年冻土区，占地面积约 7.7 万平方米，设计为三股道，是世界上海拔最高的火车站。唐古拉车站由中铁十八局下属的第六项目部承建。根据这个车站所处的地理位置及地质特点，工程设计中采用了片石通风路基。这种设计可以使冻土温度保持相对稳定，以减少对冻土的扰动，达到有效保护冻土的目的。唐古拉车站于 2004 年 8 月建成，成为千里青藏线上的一大景点。

（4）青藏铁路昆仑山隧道。昆仑山隧道全长 1686 米，海拔 4648 米，是世界最长的高原冻土隧道。洞口六月飞雪，一年四季，高寒缺氧，氧气含量只有内地平原地区的一半，最低气温达

青藏铁路

图片来源：http：//www. ctps. cn/PhotoNet/product. asp？ proid = 1005473。

到零下 30℃以下。在昆仑山隧道施工中采取了比平原地区多一倍的工序。在平原地区隧道施工只需在锚喷支护后，外加一层混凝土即可，但在冻土地区隧道施工，还需要设两道防水层和一道保温板，起到防水保温作用，最后再衬砌一道混凝土。这就相当于给隧道穿上了防水保暖衣，有效地解决了冻土隧道施工难题。昆仑山隧道于 2002 年 9 月 25 日贯通。

三、技术难题

青藏线大部分线路处于高海拔地区和"生命禁区"，青藏铁路建设面临着脆弱的生态、高寒缺氧的环境和多年冻土的地质构造等三大世界铁路建设难题。

（1）生态环保。为了保护高原湛蓝的天空、清澈的湖水、珍稀的野生动物，国家环保总局、国土资源部、铁道部在铁路开工前，组成联合专家组对沿线生态环保工作深入调研，制定了具体的环保措施，并专项预算 10 多亿元用于生态环保工程。青藏铁路建设全程监控，仅环保投入就达 20 多亿元，占工程总投资的 8%，是中国政府环保投入最多的铁路建设项目，并在全国工程建设中首次引进环保监理，首次与地方环保部门签订环境保护责任书；在铁路建设史上首次提出"创质量环保双优"的目标；首次为野生动物开辟迁徙通道，位于可可西里国家级自然保护区的清水河特大桥，就是青藏铁路专门为藏羚羊等野生动物迁徙而建设的。青藏高原是巨川大河的发源地，也是世界山地生物物种的重要起源中心，生态环境原始、独特而脆弱，铁路在设计时十分注意减少对生态的影响。在自然保护区内，铁路线路遵循"能绕避就绕避”的原则进行规划。施工场地、便道、砂石料场都经过反复踏勘，尽量避免破坏植被。对植被难以生长的地段，施工时采用逐段移植；对自然条件稍好的地段，则进行人工培植草皮。

青藏铁路经过可可西里和羌塘两个国家级自然保护区。为保护野生动物，铁路沿线修建了25处野生动物迁徙通道。青藏铁路建设总指挥部的电子监测证实，大批藏羚羊通过铁路沿线的野生动物通道自由迁徙。环保总局等部门的调查表明，青藏铁路开工建设以来，沿线冻土、植被、湿地环境、自然景观、江河水质等，得到了有效保护，青藏高原生态环境未受明显影响。

（2）高原病。青藏铁路海拔4000米以上的地段占全线85%左右，年平均气温在0℃以下，大部分地区空气含氧量只有内地的50%～60%。高寒缺氧、风沙肆虐、紫外线强、自然疫源多，被称为人类生存极限的“禁区”。为了战胜高寒缺氧的恶劣环境，保障铁路建设者的生命健康，铁道部、卫生部在中国工程建设史上第一次联合下文，对医疗卫生保障专门作出详细规定，并投入近2亿元，在全线建立医疗卫生保障点。建立健全了三级医疗保障机构。铁路沿线共设立医疗机构115个，配备医务人员600多名，职工生病在半小时内即可得到有效治疗。对职工进行定期体检，安排职工到低海拔地区轮休。青藏铁路在关注建设者的生命健康方面也创造出了许多新纪录。青藏铁路开工以来，累计接诊病人45.3万多人次，治疗脑水肿427例，肺水肿841例，无一例死亡，创造了高原医学史上的奇迹。青藏铁路沿线的所有重点施工段，基本配有高压氧仓等先进设备，有效地解决了建设者缺氧困难。青藏铁路也是民工待遇最高的铁路工程项目之一，铁路部门投巨资对民工管理实行“三统一”，即统一生活、统一居住、统一饮食，第一次规定民工日最低工资，对民工实行免费医疗保障。

（3）高原冻土。冻土在冻结状态下体积膨胀，到夏季则冻土融化体积缩小。在这两种现象的反复作用下，道路或房屋的基底就会出现破裂或者塌陷。青藏高原纬度低、海拔高、日照强烈、地质构造运动频繁，其多年冻土的复杂性和独特性举世无双。为了攻克冻土难题，自青藏铁路开工建设以来，铁道部高度重视青藏铁路冻土攻关难题，先后安排了上亿元科研经费用于冻土研究，并组织多家科研院校的专家，对青藏铁路五大冻土工程实验段展开科研攻关，获得了大量科研数据和科研成果。青藏铁路冻土攻关借鉴了青藏公路、青藏输油管道、兰西拉光缆等大型工程的冻土施工经验，并探讨和借鉴了俄罗斯、加拿大和北欧等国的冻土研究成果。在此基础上，中国科学家采取以桥代路、片石通风路基、通风管路基、碎石和片石护坡、热棒、保温板、综合防排水体系等措施，冻土攻关取得重大进展，青藏铁路的冻土研究基地已成为中国乃至世界上最大的冻土研究基地。

青藏铁路建设创造了许多世界之最：（1）青藏铁路是世界海拔最高的高原铁路：铁路穿越海拔4000米以上地段达960千米，最高点为海拔5072米。（2）青藏铁路是世界最长的高原铁路：青藏铁路格尔木至拉萨段，穿越戈壁荒漠、沼泽湿地和雪山草原，全线总里程达1142千米。（3）青藏铁路是世界上穿越冻土里程最长的高原铁路：铁路穿越多年连续冻土里程达550公里。（4）海拔5068米的唐古拉山车站，是世界海拔最高的铁路车站。

（5）海拔 4905 米的风火山隧道，是世界海拔最高的冻土隧道。（6）全长 1686 米的昆仑山隧道，是世界最长的高原冻土隧道。（7）海拔 4704 米的安多铺架基地，是世界海拔最高的铺架基地。（8）全长 11.7 千米的清水河特大桥，是世界最长的高原冻土铁路桥。（9）建成后的青藏铁路冻土地段时速将达到 100 千米，非冻土地段达到 120 千米，这是火车在世界高原冻土铁路上的最高时速。

第三节　修建青藏铁路的意义

青藏铁路增强了青海、西藏两省区的可持续发展能力。青藏铁路通车后，把煤炭、天然气、石油液化气等能源运进西藏，在很大程度上减轻了各族群众对生物能源的依赖，改变了能源消费的结构。大量粮油、蔬菜等日用必需品通过铁路运到沿线城镇和农牧区，使城镇居民和农牧民的食物消费方式多样化，减轻了过多依赖牛羊肉造成的生态压力，有效保护了生态环境，促进了牧区经济良性循环和可持续发展。越来越多的藏族群众乘坐火车走出西藏到内地观光旅游、参观学习和务工经商，不断开阔视野、增长见识、解放思想，促进了创新精神培育、发展思路拓展和生产方式改变。

青藏铁路推动了青海、西藏两省区的旅游服务业发展。青藏高原自然景观独一无二，人文景观特色鲜明，宗教文化氛围浓厚，旅游资源得天独厚，对国内外游客具有很强的吸引力。过去由于交通不便，中外游客到青藏高原旅游观光也比较困难，严重影响了青藏高原旅游业的发展。青藏铁路通车后，为中外游客到青藏高原旅游观光提供了安全、舒适、便捷的交通工具。青藏铁路通车后仅一年，就有200多万中外旅客乘坐火车进出青藏高原，对大力开发青藏高原旅游资源，推动旅游业发展产生了显著的加速作用，旅游业已逐渐成为青海、西藏两省区经济社会发展的重要支柱。

青藏铁路改善了青海、西藏两省区各族群众的生活。调查显示，青藏铁路未通车前，2005年在拉萨市场，一吨煤炭700多元，一吨水泥800多元，其中仅运输成本每吨就达500元至600元。在拉萨每100元人民币的购买力仅相当于沿海地区的54元。青藏铁路通车后，区外品种繁多的生活必需品、耐用消费品，通

青藏铁路

图片来源：http：//news. hexun. com/2011－10－10/134069520_ 5. html。

过青藏铁路进入西藏；区内土特产等通过青藏铁路运出，通车运营一年共运送货物1100万吨。由于运输成本低廉，西藏商品零售价格和物价总水平逐步下降，城镇居民和农牧民以同样收入可以购买更多商品，各族群众的生活得到很大改善。同时，青藏高原丰富的特色农牧产品通过青藏铁路运往内地，深受广大消费者欢迎，具有很强的市场竞争力，广大农牧民从中获得了丰厚的叠加效益。

青藏铁路增进了藏族同胞同全国各族人民的交流与交往。青藏铁路的建成通车，不仅使西藏发展有了钢铁大动脉的支撑，进入了“铁路经济”时代，而且通过发挥青藏铁路的桥梁和纽带作用，可以更好地落实党的民族政策，解放和发展生产力，增进藏族同胞与全国各族人民的相互团结，推进西藏和谐社会建设，巩固国家西南边防，使西藏各族群众共享改革发展的成果。

总之，青藏铁路的全线贯通，必将对改变青藏高原贫困落后面貌，增进各民族团结进步和共同繁荣，促进青海与西藏经济社会又快又好发展产生广泛而深远的影响。有利于促进西藏工业、旅游业等产业的发展，优化西藏的产业结构，实现我国地区经济的平衡、协调发展；有利于西藏矿产资源的开发，发挥资源优势；有利于降低进出西藏货物的运输成本，提高经济效益；有利于西藏的对外开放，加强与其他地区及国外的经济交流与合作；有利于西藏市场机制的发育和人们市场意识的增强，促进经济的发展；有利于西藏人民生活水平的提高和全国人民的共同富裕；有利于促进我国各民族的共同繁荣，进一步巩固平等团结互助的新型民族关系；有利于我国边疆的稳定和国防的加强；有利于少数民族人民当家做主地位的体现和国家政权的巩固。

相关链接　青藏铁路支线工程

青藏铁路建成以后，以拉萨火车站为中心向外辐射，兴建3条客货两运的支线。这3条支线早已被列入国家《中长期铁路网规划》中，所有项目均要在2020年前完工。这3条铁路分别是：拉萨至林芝（即拉林铁路）、拉萨至日喀则（即拉日铁路）、日喀则至亚东（即日亚铁路）。3条青藏铁路支线，全部建成通车后，青藏铁路将和这3条支线形成一个大大的Y字形，总长度将达到2000多公里。在国家《中长期铁路网规划》中，这3条铁路与其他线路均为西部开发性新线，规划总长1.6万公里，这些线路的

青藏铁路支线——拉日铁路

http：//blog. sina. com. cn/s/blog_ 698713d001018unz. html。

建立，将完善西部地区铁路网络，并打开多条西南、西北以及由此出境的新通道。通往亚东的线路将与印度铁路网连接，形成通向南亚、出印度洋走向世界的战略通道。

拉日铁路是国家“十一五”规划和《中长期铁路网规划》的重要项目之一，于2010年9月26日正式开工建设。线路东起青藏铁路终点拉萨站，出站后向南沿拉萨河而下，经堆龙德庆县、曲水县后，折向西溯雅鲁藏布江而上，穿越长度近90公里的雅鲁藏布江峡谷区，经尼木县、仁布县后抵达藏西南重镇日喀则。拉日铁路全长253公里，投资108亿元，设拉萨南站、白德站、协荣站、曲水站、茶巴拉站、尼木站、卡如站、仁布站、大竹卡站、灯古站、吉琼站、卡堆站、日喀则站13个车站，设计标准等级为国家I级铁路，工期4年，全线为单线，预留电气化条件，列车运行时速不低于120公里，年货运量可达830万吨以上。

2011年1月开工建设的拉萨至日喀则铁路于2014年8月15日开通运营，首趟客车于8月16日9时从拉萨站发出。

参考资料

[1] 青藏铁路终于开通，史无前例意义重大［EB/OL］.（2006-07-06）. http://www.crntt.com/crn-webapp/doc/docDetailCreate.jsp?coluid=73&kindid=1973&docid=100168297.

[2] 王蒲．青藏铁路建设的历史考察［J］．当代中国史研究，2008（4）：22-30.

[3] 曾培炎．西部大开发决策回顾［M］．北京：中共党史出版社，2010．

[4] 青藏铁路建设大事记［EB/OL］．(2006－06－18)．http：//news. xinhuanet. com/photo/2006－06/18/content_ 4712926. htm.

第十四章 抗击“非典”

2002 年 11 月 16 日，一位发热患者在广东省佛山市某医院就诊，因病情严重，该院曾请专家为其会诊。事后据专家回忆，他应是迄今为止广东省有据可查的第一位感染“非典”的病人。就这样，2003 年的羊年伊始，从广东开始，一场突如其来的疫病席卷了中国大地，这一年的春夏之际，广东、北京以及我国其他一些地区，陆续出现了历史上罕见的恶性传染疾病——“非典”，其来势之突然、影响之广泛、后果之严重，超出各方面的预料。

第一节 “非典”的爆发及其对经济的影响

“非典”是一种由 SARS 冠状病毒（SARS－CoV）引起的急性呼吸道传染病，世界卫生组织（WHO）将其命名为重症急性呼吸综合征（Severe Acute Respiratory Syndromes，SARS），在家庭和医院有显著的群体感染发病现象，具有极强的传染性，在患“非典”的病人中，很多都是被传染得病的。世界卫生组织有官员把传染10人以上的病人称为“超级传播者”，而据报道，有一个“非典”病人曾传染了180人。

2003年1月2日，广东省卫生厅接到河源市一份传真，称当地的人民医院因为治疗一位不明原因肺炎患者，接触过病人的多名医务人员被感染。后经卫生部确认，这是中国大陆首个“非典”报告病例。由于“非典”传染性强、危害大、来势猛，且一开始病因不明，给疾病的诊断与治疗带来了严重困难，再加上我国幅员广、人口多、人员流动性大，在多数人还茫然无知的时候，在还没有认清楚到底是什么病毒如此可怕的时候，“非典”随着春运大军，令人猝不及防地、无情地向全国其他省区市，甚至其他国家加速蔓延。截至2003年4月30日，全国报告有疫情的省份达26个。

以广东省为例，从2003年2月5日到10日，“非典”患者已经达到了每天50例以上。没有人想到这场疾病会在如此短的时间让很多人传染，使很多人丧生，以至于有人把它称为“最厉害的病、传播最快的病、最可怕的病”。生活在疫区的人们四周都被“非典”的阴影重重包围，人们对“非典”充满了前所未有的恐惧。

疫情爆发初始，媒体相关报道很少，官方消息不多，各种绘声绘色、耸人听闻的传闻就随着现代化通信工具迅速传播，恐怖情绪也同时迅速蔓延。2月10日，广州的各大媒体同时发布了一条消息，题为《初春谨防感冒肺炎　专家提醒广大市民注意》，文中写道：“近期广州感冒和肺炎的病人增多，专家提醒广大市民，春季容易滋生细菌，市民要避免到人群密集的地方活动，预防方法包括在家里煲醋或服食预防性抗病毒药物。”含糊其词的警告使人们原本就恐怖的情绪演变成了一场遍及珠江三角洲、波及全国的抢购风潮，一时间，市场上的板蓝根、白醋价格猛涨，甚至脱销。

这场史所罕见的重大疫情给我国带来了很大的影响，它不仅严重影响着人们的日常工作和生活，还给我国社会经济的发展带来了巨大的冲击。

“非典”直接冲击的是以人员流动和接触为基础的经济部门，这主要体现在旅游、娱乐、餐饮等第三产业范畴，其中旅游业是受影响程度最严重的领域之一。地处北京长安街黄金地段的五星级东方君悦酒店，2003 年 3 月的入住率曾高达 80%，而进入 4 月份后，情况急转直下。中国国际旅行社 2003 年 4 月初接待的外国游客减少了 1000 万人次，中青旅减少了 700 万人次，广东国际旅行社的出入境游已基本停止。而在香港，自爆发“非典”以来，入港旅客流量减少 40%，空中客流量减少 42%，陆路和海路旅客流量分别下降了 38% 和 50%。因为对疫情的恐惧，人们旅游热情锐减，再加上当年“五一”长假取消，餐饮业、宾馆业和其他旅游服务行业也受到了不同程度的影响。

在“非典”的阴霾下，人们的就业受到了很大影响。首先，“非典”对农民工来说，是一个巨大的打击。由于我国农民收入的主要来源为家庭经营收入和外出务工的工资性收入。相当一段时间以来，农民人均纯收入增长低缓，增加务工收入已经成为农民收入增长的重要途径。由于“非典”的影响，新出来的农民工想要在城市中找一份工作，就不像过去那么容易了。其次，“非典”让用人单位在录用新人上采取了比以前更加谨慎的态度，这不仅受制于对业务前景的估计，而且会考虑降低劳动密集程度，因为多雇一个人等于增加一个可能的感染源。最后，“非典”也给 2003 年应届毕业生就业带来了影响。为保护学生身体健康和生命安全，防治和控制疫情扩散，各个高校纷纷采取紧急措施，限制人员流动，各类校园招聘活动也一律暂停。而三四月份正是毕业生求职择业的高峰期，此时发生的“非典”疫情，对毕业生的签约就业无疑是一个沉重的打击。

“非典”不仅对当时的经济活动带来了巨大的冲击，还具有一定的滞后性扩散影响。由于“非典”所造成的社会心理形态，除了恐慌和疑虑，还有对未来经济前景的不确定性预期，这种不确定性预期包括居民消费的不确定预期和厂商投资行为的不确定预期。在这种观念的影响下，居民即期消费变得谨慎，储蓄存量进一步提高；企业特别是中小企业的防范预期也在增加自我保障费用和谨慎投资方面有所反映。因此，在这样的社会心理形态以及社会人群行为预期下，我国宏观经济的运行不可避免地受到了“非典”的负面影响。

第二节　党和政府的决策部署

“非典”是我国新世纪以来最为严重的一场公共卫生事件。党和政府的强力介入，是打赢这场战役的关键因素。面对严峻的疫情，党中央、国务院把人民群众的身体健康和生命安全放在第一位，将防治“非典”列为各项工作的重中之重，直接领导了这场抗击“非典”的斗争。

2003 年 4 月 2 日，温家宝主持召开国务院常务会议，研究非典型肺炎防治工作。会议强调：（1）要把控制疫情作为当前卫生工作的重中之重。（2）及时向世界卫生组织通报疫情。（3）进一步与世界卫生组织开展有效合作。（4）抓紧建立国家应对突发公共卫生事件的应急处理机制。4 月 12 日，胡锦涛在深圳会见香港特别行政区行政长官董建华时表示，中央政府高度重视广大香港同胞的福祉和健康，十分关心香港“非典”的防治工作，全力支持和帮助香港夺取同疫病斗争的胜利。4 月 13 日，温家宝在全国“非典”防治工作会议上强调，当前，要集中力量抓好以下 6 项重点工作：一是采取果断措施，控制疫情蔓延。二是坚持分类指导，全面加强预防。三是组织力量攻关，尽快查清病原。四是强化救治工作，提高治疗效果。五是抓紧建立全国应对公共卫生事件的应急处理机制。六是加强国际和地区间防治工作的合作和交流，特别是要加强同世界卫生组织的合作，加强同香港、澳门两个特别行政区的合作。4 月 14 日，胡锦涛在广东省疾病预防控制中心考察时指出，要始终把人民群众的安危冷暖放在心上。当前要把防治非典型肺炎的工作，作为关系改革发展稳定大局、关系人民群众身体健康和生命安全的一件大事，切实抓紧抓好。4 月 17 日，中央政治局常委会召开会议，专门听取有关部门关于“非典”防治工作的汇报，并对进一步做好这项工作进行了研究和部署。会议强调当务之急是采取果断措施，控制疫病蔓延。要准确掌握疫情，如实报告并定期对社会公布，不得缓报瞒报。4 月 23

日，温家宝主持召开国务院常务会议。会议决定，成立国务院防治“非典”指挥部，国务院副总理吴仪任总指挥，国务委员兼国务院秘书长华建敏任副总指挥。统一指挥、协调全国“非典”的防治工作；中央财政设立“非典”防治基金，基金总额20亿元，从预算总预备费中安排。4月25日，国务院办公厅发出紧急通知，动员北京等地高校学生和农民工就地务工学习。4月28日，胡锦涛在中央政治局会议上强调，要大力弘扬中华民族精神，充分运用科学技术力量，为防治“非典”斗争提供强大精神动力和强大科技支持，坚决打赢防治“非典”的攻坚战。胡锦涛向全党和全国人民发出号召，在当前这场防治“非典”的斗争中，我们要大力弘扬万众一心、众志成城，团结互助、和衷共济，迎难而上、敢于胜利的精神。广大共产党员和各级领导干部要牢记全心全意为人民服务的宗旨，把做好“非典”防治工作作为贯彻“三个代表”重要思想的自觉实践，团结带领广大人民群众积极投身到防治“非典”的斗争中去。5月6日，国务院召开全国农村“非典”防治工作电视电话会议，温家宝强调，要充分认识做好农村“非典”防治工作的重要性和紧迫性，进一步提高认识，统一思想，加强领导，落实措施，千方百计确保农村不发生大规模疫情，确保广大农民群众身体健康和生命安全，确保农村经济健康发展和社会稳定。

相关中直单位及国家部委也迅速行动起来，中宣部、团中央、教育部、公安部、劳动保障部、交通部、财政部、农业部、商务部、卫生部、国家工商总局、国家质检总局、国家食品药品监督管理局、国家旅游局等部门纷纷下发文件，采取多项措施，全面落实“非典”防治，全力协助防控“非典”。

抗击非典

图片来源：http：//news. sina. com. cn/c/2009 - 09 - 27/013816364570s. shtml。

面对疫情，各地方政府及时变革理念、提升能力，打响了“关爱生命、为健康而战”的抗击“非典”战役。以疫区北京、广州为例，突然爆发的疫情对政府传统管理模式和危机处理能力提出了巨大挑战：既要保证城市机器正常运转，又要严防死守，不让疫情恶化、扩散；既要安抚市民坦然以待，又要众志成城紧急防治；既要动员社会力量，又要避免民众恐慌……庆幸的是，北京、广州做到了！“最高智慧”：在“抗非”主战场任用钟南山院士，锁定“以户为主”的隔离措施，抵抗了疫情、安定了民心、减少了成本、稳定了社会；“最快反应”：信息及时公布，专家、官员出面止住流言，“百姓知情，天下太平”；“最小影响”：疫情肆虐，但学生上课、干部上班、工人生产，城市生活依旧，秩序井然。

面对这场重大疫情灾害，在党和政府的领导下，人们在初期的惊惶失措之后，很快转入到万众一心、众志成城、全力抗击“非典”的斗争中，奏响了一曲战胜病魔的胜利之歌。

第三节　抗击“非典”的应对措施

疫情来袭，党中央、国务院总揽全局，沉着应对，迅速作出了一系列重大决策，果断采取了一系列重大措施，强有力的领导和正确的方针措施为夺取抗击“非典”胜利提供了坚强的组织保证。

一、成立组织，统一指挥

2003年4月28日，由吴仪担任总指挥的全国防治“非典”指挥部在北京正式成立，指挥部由党中央、国务院、军队系统和北京市的30多个部门和单位的人员组成，下设防治、卫生检疫、科技攻关、后勤保障、农村、宣传、社会治安、外事、教育、北京10个工作组和办公室，各工作组（办公室）负责人为指挥部成员，指挥部办公室设在国务院办公厅。其主要任务有4项：(1）贯彻落实党中央、国务院关于防治非典型肺炎工作的决策和部署，统一领导、指挥和协调全国非典型肺炎防治工作。(2）核实各项工作预案，分析、研判疫情，提出紧急应对措施。组织、协调成员部门（单位)，配合地方开展防治工作。帮助解决地方防治工作中遇到的实际问题。(3）对各地防治工作进行指导、检查和督促。(4）研究、处理其他有关防治“非典”的重大事项。

作为指挥全国抗击“非典”斗争的中心枢纽，全国防治“非典”指挥部的成立是进一步贯彻落实党中央、国务院关于防治“非典”工作的各项决策和部署，加强领导，统一指挥、协调各方面力量，进一步加强“非典”防治工作，确保取得最后胜利的关键所在。

除了在中央建立统辖全国的指挥部，各级地方政府也相应建立了地方指挥体系。各事业单位和自治组织也都设立了防治“非典”领导小组或办公室。

二、发布信息，公布疫情

在“非典”流行初期，由于信息不畅造成了社会恐慌。面对这种情形，党中央、国务院果断要求对疫情进行及时、准确的公布，给民众正确的信息引导，以消除谣言。从2003年4月20日起，国内主流媒体开始对“非典”疫情进行报道。按照中央要求，各省、自治区、直辖市卫生厅（局）要将每日20时至次日20时传染性“非典”的临床诊断病例和疑似病例的疫情（包括当日和累计的临床诊断病例及疑似病例数、死亡数、治愈出院数）汇报卫生部，包括零报告，再由媒体对疫情每日一公布。同时，在“非典”防止过程中，一些渎职官员被处罚、罢免的消息也纷纷见诸报端。据统计，1个月内，有120多名中央和地方官员因为防治“非典”不力而受到惩处，范围涉及全国近一半的省、自治区和直辖市。

及时、准确公布疫情这一重大决策，对“非典”防治工作有很大帮助。在抗击“非典”的关键时刻，党中央、国务院正是从信息公开入手，扭转了被动局面。通过主流媒体及时、迅速地将有关信息向公众发布，让民众能第一时间了解疫情发展情况，并及时采取相应措施，让民众了解国家安危，与祖国同呼吸、共命运，“抗非”战役获得了最广大人民的支持，并最终取得了全民胜利。

三、强制隔离，避免感染

隔离是防治传染病最古老、最传统，也是最有效的方式。“非典”之所以造成巨大的恐慌和损失，在于其高传染性。“非典”病毒是依靠近距离飞沫通过呼吸道传播的，切断这种传播途径的难度很大，如果隔离措施没做好，即使是治病救人的场所医院，也不能在疫情面前幸免于难。北京市人民医院是三级甲等医院，在“非典”时期，这家医院发烧门诊 3 月下旬至 4 月下旬曾接待患者高达 8000 多人次。这家大型综合性医院，其急诊是以节省空间和方便病人就诊为原则设计的，所有化验、收费窗口都尽量设在一起。但这却不适合收治“非典”病人。由于患者激增，医院被迫将天井改成留观室，未料想因为通风不畅，造成病毒聚集，而且通过天井蔓延到全楼。这家医院仅一个晚上就曾交叉感染 90 多人，关闭前有 90 多名医护人员被感染。由于交叉感染严重，人民医院被整体隔离。

在没有研制出有效防治疫苗的情况下，为防治病毒传播，保障大多数人的健康，对“非典”病人、病原携带者和疑似传染病人采取隔离措施治疗，是防治“非典”进一步蔓延传播的有效方法。在意识到隔离的重要性后，人们采取了多种隔离方式，主要有住院隔离（传染病院、普通医院隔离病房）、设立临时隔离室、家庭隔离和集体隔离等。采取隔离措施后，“非典”感染率大大下降。

强制隔离，避免感染

图片来源：http：//www. nmg. xinhuanet. com/zt/2009－09/14/content_ 17694300. htm。

四、立法应对，源头防治

防治“非典”既要靠医学科技，更要靠法治支撑。“非典”疫情的爆发，给全国人民带来了巨大的生命财产损失，这种传染病在《传染病防治法》中不是法定传染病，因此，许多地方政府在“非典”爆发初期没有采取传染病防治法所规定的相应措施，致使“非典”从局部地区蔓延至全国。

“工欲善其事，必先利其器”。要战胜“非典”，就必须有一个制度标准来指导全国人民的行动，制度完善是从容应对、妥善处置突发公共卫生事件的关键。在法治社会，这个制度就是法律。2003年4月23日，国务院法制办会同卫生部，开始组织有关专家起草《突发公共卫生事件应急条例》（以下简称《条例》），把突发公共卫生事件的报告与处置纳入法制化管理。5月7日，国务院第七次常务会议通过了《条例》，5月12日，温家宝签署第376号国务院令，公布了《条例》，并自公布之日起实行。

短短20多天的时间，《条例》从制定到颁布，显示了政府治理的效率，非常时期的非常速度让世界刮目相看。《条例》的出台有两个重要意义：一是作为专门针对突发性公共卫生事件的法律法规，《条例》弥补了我国在公共卫生法律体系中的结构性缺失，大大提高了社会安全防护系数，增加了应对突发性事件的手段。二是随着《条例》的颁布，“信息畅通、反应快捷、指挥有力、责任明确”的处理突发公共卫生事件的应急法律制度得以建立，使国家对突发公共卫生事件的处理机制走上了法制化轨道，是依法治国的具体体现。

“非典”期间，卫生部发布了《传染性非典型肺炎防治管理办法》，对“非典”防治工作作了细化规定。为进一步强化对“非典”防治工作所涉刑事责任的追究，《最高人民法院、最高人民检察院关于办理妨害预防、控制突发传染病等灾害的刑事案件具体应用法律若干问题的解释》也同时出台。

第四节　抗击“非典”的攻坚战

在抗击“非典”的战斗中，一个光彩夺目的名字——北京市小汤山“非典”医院，永远铭记在人民心中。它是七千建设大军奋战7个昼夜建成的全球最大的传染病医院，其设备之先进、设施之齐全、条件之舒适令人惊叹。它能够在如此短的时间里拔地而起，本身就是一个奇迹。

为了更好地战胜“非典”，防止医院内的交叉感染，北京市政府决定，选择一块环境交通比较好，具备水、电、气、热等医院必备基础设施，有较大空地便于规划和发展的地方，建设一家收治“非典”病人的专门医院。经研究，位于北京北部小汤山地区的疗养院符合各项要求和条件。4月22日晚，北京市建委召集住总、城乡、市政、建工、城建、中建一局六大集团，紧急部署了小汤山疗养院508间病房、各项配套设施达到国家一级传染病医院标准的建设任务。4月23日拂晓，临危受命的六大集团迅速调集精锐的施工力量和设备陆续进场；下午，在小汤山疗养院内一个约68亩的开阔地界，战役正式打响。

沧海横流，方显英雄本色。4月30日，仅用7天时间，这座拥有1000张床位、各项设施达到国际水平的“非典”医院竣工。“七天七夜，在一片农田里，建起一座具有国家一级传染病标准的野战医院，是世界上史无前例的，应该载入世界吉尼斯记录。”这是时任北京市副市长、代市长王岐山对小汤山医院的评价。

从5月1日23时起，北京市15家医院的156名病人陆续转入小汤山医院。这是小汤山医院收治的第一批“非典”患者。此后，51 天时间里小汤山医院共陆续收治了北京市 60 家医院转入的 680 名患者。这些患者约占全世界“非典”患者总数的 1/8。患者中年龄最大的 79 岁，最小的只有 13 岁，其中合并肺结核、呼吸衰竭、高血压等并发症的多达 151 例。在 680 名患者中，高烧 38℃以上的多达 390 人，92% 的患者两肺有大片阴影。每位患者自走下救护车的那一刻起，从小汤山医院医护人员训练有素、有条不紊的操作中，都能感受到战胜疾病的信心和力量。

小汤山医院的 1383 名医务人员是分 3 批进驻的。他们来自全军各大军区、总后、总装、二炮、海军、空军、武警等 13 个大单位 40 余所医院的 120 个医疗单位，年龄最大的 57 岁，最小的只有 19 岁。这些人中，有的亲人病危，有的婚期将至，有的家有幼儿嗷嗷待哺，有的双亲年迈待尽孝床前。但是，他们没有犹豫和退缩，以最快的速度奔赴抗击“非典”的最前沿——小汤山医院。“谁都知道‘非典’具有极强的传染性，但我们是军人，关键时刻，怎能退缩?”小汤山医院院长张雁灵的这句话，道出了全体医务人员的壮烈情怀!

小汤山医院临时党委于 2003 年 4 月 29 日成立，提出了“一切为了病人，一切为了一线，一切为了首都和国家声誉”的口号。医院的 6 名院领导来自 5 个不同的单位，医务人员互不隶属，互不了解。但是他们团结协作，迅速形成了战斗力，在 2 天内就展开了“非典”病人的医护救治工作。

危重病人的救治，不仅考验医务人员的医疗技术，更是在考验他们的敬业精神和道德良知。比如气管插管，不插，病人就会憋死；要插，就会有非常大的危险。全院报病危的病人先后有20多例，抢救70余次。最激烈的战斗在重症监护室，这里是抢救危重病人的特殊病房。医务人员要一天24小时进行“零距离”抢救和护理，这间只有8张病床的病房，把救治护理“非典”病人的整个过程和全部危险都高度浓缩。以职业论，他们是医务工作者；面对危险，他们是战士；对待患者，他们是天使。“一到抢救的时候，我们就很少考虑自己的安危。”白衣战士们这样说。

经过小汤山医院全体医务人员的日夜奋战，6月20日上午，最后18名“非典”康复患者沿着绿荫掩映、细石铺就的马路迈出医院。680名患者除8例死亡外，其余全部康复。不到1.2%的病死率，是世界上最低的。世界卫生组织的官员专程来到小汤山医院考

2003年5月30日上午，在临河铁路医院救治的最后一批“非典”患者康复出院

图片来源：http：//www. nmg. xinhuanet. com/zt/2009 -09/14/content_ 17694300. htm。

察，对医院的救治工作给予了充分肯定。一位官员当场竖起了大拇指：“小汤山医院创造了世界奇迹，中国军队真了不起!”

面对“非典”的严峻考验，党和人民没有退缩，而是万众一心，决战“非典”。在人民群众的身体健康和生命安全受到严重侵袭和威胁时，一贯把人民的健康和生命视如泰山重的党和政府高度重视；奋战在“非典”第一线的广大工作人员不畏艰辛、不怕牺牲，始终坚守；广大人民群众也积极行动起来，在危难之中抱成一团，紧紧团结在党中央周围，筑起了抗击“非典”的新的坚实的长城。最终，我们打赢了这场攻坚战。2003 年 6 月 2 日，北京疫情统计首次出现三个“零”：新收治直接确诊病例为零、疑似转确诊病例为零、死亡病例为零。6 月 24 日，世界卫生组织宣布解除对北京的旅行警告，并将北京从“非典”疫区名单中删除，这标志着我国抗击“非典”工作取得了阶段性重大胜利!

第五节　抗击“非典”对推动中国社会文明进步的意义

“非典”是一次灾害，是一场危机，但“非典”也是 2003 年推动中国进步十大事件之一。

（1）改善了人民群众的生活方式。“非典”期间，人们养成了良好的生活方式以及个人卫生和公共卫生习惯。例如，以抗击“非典”为契机，很多人开始积极参加体育锻炼，树立了健身意识；勤洗手、不随地吐痰、与人交往保持舒适的距离、不吃野生动物、公共场合不大声喧哗、咳嗽时捂住口鼻等，很多好习惯都是在“非典”这个非常时期培养起来的。

（2）促进了政治文明的进步。抗击“非典”过程中，国家启动了“行政问责制”，对渎职官员严惩不贷；对疫情信息公开制度进行全面改革，这都宣示着党和政府高度负责的精神和坚决保卫人民群众健康福祉的决心。党和国家领导人纷纷亲赴非典重灾区、现身抗击“非典”第一线；加强与世界卫生组织及其他国家的合作，共同防治“非典”，这些行动不仅赢得了人民群众的信任和认可，也在国际上牢牢树立起“负责任的大国”形象。

（3）推进了法治现代化的进程。“非典”时期，我国应对突发公共卫生事件的法律体系得到了不断完善，抗击“非典”斗争体现了“法律至上”的原则，一切防治“非典”的活动都有法可依、有法必依、执法必严、违法必究。

众志成城，共抗“非典”

图片来源：http：//blog. sina. com. cn/s/blog_ 71ac98fd0101hwpd. html。

（4）促进了人与自然和谐相处。“病从口入”，“非典”的发生再一次向人类敲响了警钟，让人们开始重新审视自己的行为是否做到了与大自然和谐统一。尽管许多疾病来源于野生动物，但真正的肇事者并不是动物，而恰恰是人类自己。如果人类无节制地向大自然索取，最终遭到自然界的惩罚也就成为必然。保护环境、统筹人与自然和谐发展，才是通往全面建成小康社会的正确道路。

（5）促使国民走向成熟。经过“非典”的洗礼，我国政府的危机管理逐步走向成熟，国民的心理和行为也逐步走向了成熟。其后的禽流感、甲流 H1N1，甚至是“非典”个别病例再次出现时，没有人再听信谣言、传播谣言；危机来临，人人都能从容以对。

（6）中华民族精神在抗击“非典”中高扬。“多难兴邦”，在“非典”袭击中华大地的时候，胡锦涛指出，要大力弘扬万众一心、众志成城，团结互助、和衷共济，迎难而上、敢于胜利的精神。这是对抗击“非典”斗争中表现出来的民族精神的高度概括，是中华民族精神的升华，是夺取抗击“非典”最后胜利的强大精神力量。一座不垮的大厦，必有挺拔的栋梁；一个不倒的巨人，必有刚直的脊梁。在抗击“非典”过程中体现出来的科学精神、法治精神、民主精神以及培养起来的公民意识，也同样是大厦之栋梁、巨人之脊梁。“一个民族在灾难中失去的，必将在民族的进步中获得补偿。‘非典’肆虐，我们经历了一场磨难，也使中华民族的精神得到升华，中国人民更加团结，中华民族更加坚强。”

相关链接 抗击“非典”的白衣勇士

“非典”对我国的医务工作人员来说，是一次与死神面对面的较量。由于“非典”具有高传染性，且又来势凶猛，在这场生死决战中，白衣战士们舍生忘死，夜以继日地战斗在抗击“非典”第一线，涌现出许多可歌可泣的感人事迹。

叶欣，广东省中医院急诊科护士长，在迎战“非典”的日子里，总是身先士卒，抢救病人的时候总是说，“这里危险，让我来。”在救治病人的过程中她不幸感染了“非典”，英勇牺牲，用生命书写了中国大医之“精诚”。

邓练贤，广东中山大学附属第三医院党支部书记、主任医师，在救治“非典”患者时连续工作30多个小时没有休息的情况下，不幸感染了病毒。然而，躺在病床上的他也从未停止与“非典”病毒的顽强拼搏，最终永远离开了他挚爱的亲人和热爱的事业。

姜素椿，解放军302医院医生，在救治病人时被感染，住院后，他一直参与对自己全程的治疗。在他看来，自己年龄大了，“我愿为治疗‘非典’趟出一条路子来。”他要求为自己注射“非典”康复病人的血清来做治疗试验，病情竟奇迹般地好转。这试验可谓是一种“生死试验”！病情趋向平稳后，姜素椿就开始把自己的想法和经验等写成文字。他的科普文章《非典型肺炎可防可治》，帮助人们科学地认识了“非典”，树立起战胜“非典”的信心。

李晓红，武警北京总队医院主治医师，她用自己的生命诠释着“救死扶伤”的职业内涵。被感染上“非典”后，在最后的日子里，她坚持把自己作为研究对象，与“非典”做着最后的抗争。每当医生查房，她都尽可能把自己的临床症状、用药反应等体验讲给临床医生听，与医生一起分析病情，并多次提醒医生：“现在治疗上是否找到新的办法？如需要试验，就拿我做试验吧！我是医生，我不怕。”她想用自己的生命换取更多人的生命！直到无法用语言和医生交流，她仍以惊人的毅力坚持用笔艰难地在纸上写下了自己对病情的体验和分析。

……

“听到这个消息，我感到晴空霹雳一般，当时不知说什么好，半天说出一句：你们会不会感染上？谁都知道，赶上这事的医生感染率是相当高的……由于他们都同在一个医院工作，所以可以享受只去一个人的待遇。当我要求他们只去一个人时，他们几乎同时说‘我去’。父亲说，他是一家之主，有责任承担这个危险，而母亲说，如果只有一个人去的话，那就是她去。他们就在饭桌上这么平静地争论着。他们让我决定谁去，我快要哭出来了，感到极度的无助和伤心……父亲说他做了30多年的医生，在国难当头的时候，决不能愧对医生这个称号，这是最起码的职业道德。现在，我每到吃饭时就忍不住流眼泪。我亲爱的朋友，请为我的父母祈祷，祝他们平安，好吗?”这是“非典”时期一个孩子写下的文字，他父母所在的医院被北京市卫生局指定为“非典”治疗定点医院，父母都报名去了一线的隔离病房。

白衣天使，白衣战士！我们不能一一说出他们的名字，但他们却用生命捍卫了我们的健康！

参考资料

[1] 何力.SARS：考核中国［M］. 北京：人民出版社，2003.

[2] 张维燕，陈焱. 记忆“非典”［M］. 北京：华艺出版社，2003.

[3] 厉以宁.“非典”对中国经济的影响和我们应采取的对策［J］. 群言，2003（7）：6－9.

[4] 张娟.“非典”纪事：一位北京市民的口述实录［EB/OL］.（2003－03－06）. http：//www. chinatoday. com. cn/china/2003/0306/52. htm.

第十五章　震后对口支援

中国是世界上自然灾害频繁发生的国家之一。从灾害区划看，全国有70%以上的大城市、半数以上的人口、75%以上的工农业产值，都分布在气象、海洋、洪水、地震等灾害区域。具体到地震灾害来看，我国是世界上地震活动水平最高、地震灾害最重的国家。2008年5月12日，四川汶川发生了里氏8.0级的特大地震灾害，这是新中国成立以来破坏性最强、波及范围最广、救灾难度最大的一次自然灾害，其破坏力度和强度，甚至超过了1976年的唐山大地震。

第一节　灾情及政府快速应对

汶川县位于四川盆地西北部边缘，在阿坝藏族羌族自治州东南部，是我国4个羌族聚居县之一。她是大禹的故乡，是阿坝州的南大门，有“川西锁钥”和“西羌门户”之称。她的西南部为著名的卧龙自然保护区，是世界上首屈一指的大熊猫研究和主要繁殖地。

公元2008年5月12日14时28分，北纬31度、东经103.4度，人们永远不会忘记这一时刻，历史永远铭记这一坐标。在这里，四川汶川，8级强震猝然袭来。短短80秒，秀丽的小城变得满目疮痍。桥梁隧道全部被毁，房屋大部分垮塌，数万群众被埋入瓦砾之下。这场突如其来的特大强烈地震，同时还造成通往汶川的公路、通信、电力全部中断，宝成、成昆铁路及相关线铁路15处塌方。强大的地震波，震动四川，震动中国，震动世界——相当于5600颗美国投掷在日本广岛的原子弹所具有的能量在数十万平方公里的区域瞬间释放，迅速波及甘肃、陕西、重庆等16个省区市。中国除黑龙江、吉林、新疆外，所有省区市均有不同程度的震感，甚至泰国、越南、菲律宾、日本等地都有震感。

中国地震局资料显示："此次地震的面波震级达8.0Ms，破坏地区超过10万平方公里，地震烈度可能达到11度。映秀镇以及北川县一带地震破坏最强烈，烈度高达11度，对地表尤其是山区造成了强烈破坏。""地震灾害的特重灾区包括四川的成都市、绵阳市，甘肃的陇南市，陕西的汉中市等地，面积超过十万多平方公里。"汶川地震过后，余震接连不断，且震级多数达到强震级。四川省地震局于2008年6月9日发布监测资料："截止到2008年6月9日，地震区已发生4~6级的余震205次，其中感觉强烈的强震5次，不但对当地的地表及各种建筑设施造成了持续不断的破坏，而且加重了对山体稳定性的破坏，持续引发新的崩塌、滑坡等山区灾害，使得大部分已修复的建筑设施又被损坏，而且还造成了更多的人员伤亡，加重了灾害损失。”

据民政部报告，截至2008年9月25日12时，四川汶川地震已确认69227人遇难，374643人受伤，失踪17923人。直接经济损失8452亿元，四川省450余万户、1000多万受灾群众家园尽毁，流离失所，灾区的卫生、住房、校舍、通信、交通、治安、地貌、水利、生态、少数民族文化等方面受到严重破坏。

汶川地震发生后，党中央、国务院第一时间启动了紧急救援机制，率领社会各界与时间赛跑。

14时28分，地震突发。

14时46分，新华网发布地震消息。

15时55分，胡锦涛总书记就抗震救灾工作作出重要指示：要求尽快抢救伤员，保证灾区人民生命安全；总参谋部应急预案启动。

17时22分，温家宝总理乘专机抵达成都，并随即发表重要讲话，要求各级领导干部站在抗震救灾第一线，身先士卒，带领广大群众做好抗震救灾工作。

18时44分，成都军区、武警四川总队和驻川某师5000余官兵紧急赶赴汶川地震灾区参加救灾。

19时50分，国家地震灾害紧急救援队和国家地震灾害现场工作队从北京乘机飞往灾区。

22时许，武警四川总队、武警水电三总队3000余名官兵，携带救灾装备赶赴灾区。

24时许，已有近2万名解放军和武警官兵抵达灾区开展救援。

此外，中国红十字总会、工信部、交通部、公安部、中国气象局、国家安监总局等中央政府各部门都在5月12日当天作出了迅速反应，采取了紧急救助措施。

解放军战士背着一名刚从地震现场抢救出来的儿童

图片来源：http：//news. e23. cn/content/2013－05－11/2013051100343. html。

地震发生后，从分析收集受灾情况到上报中央并启动应急预案，只用了短短一个多小时；从下达命令到部队出动，仅仅2个多小时。这种快速、敏捷的反应能力已经达到了世界先进国家水平。一个个急促的时间刻度，清晰地记录下党和政府对生命的尊重、对人民的责任，彰显出服务政府、责任政府、民主政府的形象。

第二节　灾后恢复重建对口支援方案

汶川地震造成的受灾面积，相当于西班牙整个国土面积，受灾人口比北欧五国人口总和还多，赈灾难度之大，需救济人数之多，重建工作之浩繁，世所未见。中南海彻夜不眠。一道道决策指令连夜发出，全体中央政治局常委先后走进灾区，走进最需要他们的人民中间。“任何困难都难不倒英雄的中国人民！”“党和政府一定会帮助灾区人民渡过难关。”

灾后恢复重建是一项十分艰巨的任务。为举全国之力，加快地震灾区灾后恢复重建，2008 年 6 月 11 日，国务院办公厅印发《汶川地震灾后恢复重建对口支援方案》（以下简称《方案》）。

《方案》提出，灾后恢复重建对口支援的基本原则是：坚持一方有难、八方支援，自力更生、艰苦奋斗的方针，承担对口支援任务的有关省市积极为灾区提供人力、物力、财力、智力等各种形式的支援；受援地区树立以地方为主的思想，充分发挥干部群众的积极性，互帮互助、苦干实干、生产自救、重建家园。根据各地经济发展水平和区域发展战略，中央统筹协调，组织东部和中部地区省市支援地震受灾地区。按照“一省帮一重灾县”的原则，依据支援方经济能力和受援方灾情程度，合理配置力量，建立对口支援机制。在具体安排时，尽量与安置受灾群众阶段已形成的对口支援关系相衔接。对口支援期限按 3 年安排。在国家的支持下，集各方之力，基本实现灾后恢复重建规划的目标。

《方案》明确了对口支援安排方案：（1）支援方。东部和中部地区共19个省市，即广东、江苏、上海、山东、浙江、北京、辽宁、河南、河北、山西、福建、湖南、湖北、安徽、天津、黑龙江、重庆、江西、吉林。（2）受援方。根据中国地震局提供的汶川地震烈度区划和四川省提供的受灾县市灾情程度，将四川省北川县、汶川县、青川县、绵竹市、什邡市、都江堰市、平武县、安县、江油市、彭州市、茂县、理县、黑水县、松潘县、小金县、汉源县、崇州市、剑阁县共18个县市，以及甘肃省、陕西省受灾严重地区作为受援方。（3）对口支援安排。山东省——四川省北川县、广东省——四川省汶川县、浙江省——四川省青川县、江苏省——四川省绵竹市、北京市——四川省什邡市、上海市——四川省都江堰市、河北省——四川省平武县、辽宁省——四川省安县、河南省——四川省江油市、福建省——四川省彭州市、山西省——四川省茂县、湖南省——四川省理县、吉林省——四川省黑水县、安徽省——四川省松潘县、江西省——四川省小金县、湖北省——四川省汉源县、重庆市——四川省崇州市、黑龙江省——四川省剑阁县、广东省（主要由深圳市）——甘肃省受灾严重地区、天津市——陕西省受灾严重地区。（4）未纳入对口支援的受灾县（市、区）由所在省人民政府组织本省范围内的对口支援。社会各界及境外提出对口支援的，由受灾省人民政府统筹安排。

《方案》指出要坚持“硬件”与“软件”相结合，“输血”与“造血”相结合，当前和长远相结合，调动人力、物力、财力、智力等多种力量，优先解决灾区群众基本生活条件。对口支援的内容和方式主要有：提供规划编制、建筑设计、专家咨询、工程建设和监理等服务。建设和修复城乡居民住房。建设和修复学校、医院、广播电视、文化体育、社会福利等公共服务设施。建设和修复城乡道路、供（排）水、供气、污水和垃圾处理等基础设施。建设和修复农业、农村等基础设施。提供机械设备、器材工具、建筑材料等支持。选派师资和医务人员，提供人才培训、异地入学入托、劳务输入输出、农业科技等服务。按市场化运作方式，鼓励企业投资建厂、兴建商贸流通等市场服务设施，参与经营性基础设施建设。对口支援双方协商的其他内容。《方案》还明确基层政权建设由中央和地方财政为主安排，各级党政机关办公设施不列入对口支援范围。各支援省市每年对口支援实物工作量按不低于本省市上年地方财政收入的1%考虑。具体内容和方式与受援方充分协商后确定。

《方案》还就对口支援工作提出具体工作要求：（1）加强领导，精心组织。灾后恢复重建工作复杂，任务艰巨，支援和受援双方要按照中央统一部署，设立机构，协调配合，抓好各项措施落实。为争取时间，支援方要尽早参与规划设计等前期工作。（2）依据规划，有序推进。灾后恢复重建严格按照灾后重建规划布局、选址要求和各类建设标准组织实施。制定科学合理的建设计划，防止盲目建设，防止盲目攀比。（3）统一政策，统筹安排。为鼓励对口支援的积极性，中央统一研究制定对口支援的优惠政策。同时，对中央财政建设资金、对口支援资金、社会捐助资金以及受灾地区自筹资金统筹安排，合理使用，严格管理，精打细算，努力提高资金使用效益。（4）善始善终，搞好衔接。在安置受灾群众阶段已经部署的帐篷、活动板房等对口支援工作，继续按照原工作部署完成。灾后恢复重建阶段对口支援的各项工作统一按此次安排方案执行。

第三节　对口支援3年成就斐然

一间间漂亮而又浸染着当地文化符号的新房民居，连绵成片，珠玉四落；一条条飞跨江河连通南北的桥梁公路，穿山越谷，丝带飘舞；一片片崭新精致散发着勃勃早春气息的村镇园区，浴火重生，生机盎然。

地，不分东西南北；人，不论省份民族；情，不问亲疏贫富。在中华民族面临危难的关键时刻，四海一心的中国力量，再次凝聚。北京的援建队伍来了，他们冒着余震、滑坡深入什邡，着力推进住房重建。广东的援建队伍来了，他们从酷暑到寒霜扎根汶川，着力推进设施重建。上海的援建队伍来了，他们挥别亲友深入都江堰，着力推进城镇重建。重庆的援建队伍来了，他们带着川渝一家的兄弟之情深入崇州，着力推进产业重建……在全国各省市区的援建大军中，还有两支特殊的队伍：他们原本不在中央确定的对口援建名单之列，却毅然挺身而出，主动担当，分别与成都市大邑县、雅安市宝兴县签订了对口援建协议。他们一个是海南省，另一个是内蒙古自治区。万泉河牵手宝兴河，大草原联结龙门山。山高水长，却隔不断中华民族的血脉深情。

震后对口支援普遍采取先“安居”后“乐业”的模式，把“民生优先”作为首选，将初期援建重资注入住房、医院、学校

映秀新镇建设中汽车起重机作业现场

图片来源：http：//news. hexun. com/2011 - 06 - 03/130236303. html? from = rss。

等惠及民生的工程建设。而后再进一步为经济社会发展注入“造血”功能，确保援建队伍撤出后，灾区依然能持续快速发展。“一省帮一重灾县，举全国之力，加快恢复重建”，“集中力量办大事”，这一社会主义制度的优越性再一次在历史重大关头得到充分体现。中国，用自己的重建速度震撼了世界；中国，用自己的务实行动履行了诺言。

援建省市坚决响应中央号召，按照《方案》的部署要求积极扎实开展对口支援工作，即使在2009年，受国际金融危机严重冲击，对口支援省市在财政收入增长大幅度减少的情况下，援建工作还是“决心不变、力度不变、目标不变”，努力压缩本地行政开支，确保援建资金及时到位，对口支援工作始终体现“三高”特点。一是高效率援建。台湾“9・21”地震灾后重建历时6年，美国新奥尔良飓风灾后重建历时7年，日本阪神地震灾后重建历时 10 年。相比之下，汶川地震受损最为严重，恢复重建的任务最为艰巨，但在援建省市的帮扶下，灾区仅用 2 年多的时间就完成了 3 年的重建任务。二是高质量援建。援建省市不仅创造了让世界惊叹的“中国速度”，关键是将援建工程的质量、安全放在第一位，创造了经得起历史检验的“中国质量”。三是高水平援建。在援建省市的大力帮扶下，地震灾区不仅没有因灾难导致贫困落后，反而实现了跨越式发展。失去家园的人们搬进了新家，重灾乡镇变成了美丽的田园小镇，灾区城乡规划水平显著提高，经济发展方式得到转变，经济发展水平、公共服务水平和人民生活水平蒸蒸日上。

横向比较各地对口支援，在“因地制宜”的基础上，也呈现出不同的区域特色。对口援建让悠闲的四川人感受了一番“广东速度”。在震后民房道路受损严重的三江乡，酷爱自驾游的成都人在地震后 1 年就把私家车开进修葺一新的“农家乐”。广东援建汶川最大的单体项目是汶川一中，专家计算的工期是 500 天，而广东人从掘土到全封顶所用的时间是 73 天。当地人为此惊叹“魔鬼速度”。上海人把质量奉为“圭臬”，在都江堰上海市对口援建项目的工地上，出现频率最高的是“质量”。“若干年后，他们一定记得援建项目建得有多好。”一位上海援建者说。都江堰市医疗中心援建负责人李国忠对媒体说：“我们是采用比上海世博会更高的标准来要求工程质量。”他说，“墙不平整，马上推倒重建……”在什邡马祖新村，物业管理、农贸市场、书店、超市等设施一应俱全。居住在农家乐的游客，可以通过安装的无线路由器上网。这凸显了北京加速什邡城镇化的发展理念。山东人对北川的援建选择“去山东化”，“一律不留山东痕迹”。该省援建的乡镇、新县城项目建成后都不以体现山东元素的字眼命名。北川新县城主干道最初的名为“山东大道”，后经历“齐鲁大道”“齐川大道”“齐心大道”，最终定名为“永昌大道”。当地民众对山东的低调做法颇为感慨。此外，湖南讲“思路”、河北重“规划”、河南则体现“奉献”……各地都通过不同的援建理念改写着震区的风貌。

据统计，全国 19 个对口支援省市全力以赴投入灾后恢复重建，共实施对口支援项目 4121 个，安排对口支援资金 843.8 亿元。多难兴邦，中华民族在灾难中昂起不屈的头颅，挺起不屈的脊梁，燃起炽热的心，再一次以自己特有的方式和胆魄，向世界展示出强大的生命自我修复力量。这场我国历史上救援速度最快、动员范围最广、投入力量最大的抗震救灾斗争，以其壮美的旋律，奏响了胜利的华章！

四川大学陈昌文教授说，“对口支援”是中国执政模型的创新，拉近了中国东、西部间的距离。它所形成的平行化支援甚至比纵向的、自上而下的支援来得更为有效。在汶川地震 3 周年举办的中外媒体“重返灾区看巨变”采访活动中，各国媒体对灾区新貌赞不绝口，“中国式”对口支援备受世界瞩目。来自地震多发地带的中国台湾、日本媒体记者也纷纷表示，中国的对口援建模式效率高、权责分明，值得借鉴。

第四节　震后对口支援的现实意义

汶川地震对口支援是中华民族共御巨灾的一项伟大壮举，不仅让中华民族的精神再次升华，而且集中彰显了社会主义制度的优越性，铺筑了灾区可持续发展的振兴之路，开启了区域间合作共赢的崭新平台，搭建了两地人民之间友谊的桥梁。2013 年 4 月 20 日，四川雅安芦山发生 7 级地震，在初期的抢险救援阶段结束之后，习近平总书记对开展灾后恢复重建工作作出重要指示，要充分借鉴汶川特大地震灾后恢复重建成功经验，突出绿色发展、可持续发展理念，努力实现恢复重建和经济社会发展双赢。

（1）抗震救灾、对口支援，锤炼和升华了伟大的民族精神。一个在灾难中傲然挺立的国家，必然是一个拥有伟大精神的国度；

抗震救灾宣传画

图片来源：http：//news. e23. cn/zhuanti/yaandizhen/。

一个懂得弘扬伟大精神的民族，必定会巍然屹立于世界民族之林。汶川，经受了中华民族遭遇的重大地震灾难，也铸就了中华民族的伟大抗震救灾精神。2008 年 6 月 30 日，汶川大地震 49 天之后，胡锦涛指出："在同特大地震灾害的艰苦搏斗中，我们的民族和人民展示出了十分崇高的精神。这就是万众一心、众志成城，不畏艰险、百折不挠，以人为本、尊重科学的伟大抗震救灾精神。"

（2）为区域协调发展、多赢共享提供了有效途径。在对口支援汶川地震灾区重建的过程中，各支援省市坚持着眼长远，在加快民生项目、基础设施恢复重建的同时，把"输血"与"造血"结合起来，着力推动产业援建，培育灾区经济社会发展新的增长点。例如，结合当地特点，兴建农业示范园、工业产业园，发展特色旅游经济等，缩小了区域经济发展的差距，促进了区域协调、均衡、可持续发展。

（3）为人才交流、文化融合提供了有益尝试。震后对口支援不仅仅是资金、项目、产业、技术的支援，也是人才、理念、文化的援建。选派优秀的教师、医生、警察到援建地支教、支医、支警，集中对援建地干部进行培训，对援建地群众进行技能辅导，这些智力帮扶措施对加强两地人才交流，促进受援地可持续发展提供了强有力的智力支持。此外，援建地区先进的发展理念、管理模式、运作方式等也是对受援地区的一次巨大冲击，北京的奥运速度、上海的世博典范、黑龙江的铁人精神等都极大地更新了受援地区的发展理念。

（4）为提高干部队伍素质提供了实战阵地。对口支援是展示国家形象、干部形象的一个窗口，也是锤炼干部队伍、提升干部素质的一个主战场。在对口支援过程中，两地干部每天朝夕相处，共同克服困难、解决问题，援建干部带来新的观念和方法，有力促进了受援地区干部更新观念、解放思想。同时，对口支援也是援建地培育干部的重要途径。各援建省市精心选派大批负责任、有经验、能力强的干部到受援一线工作，他们也在援建工作中得到了非常好的锻炼，大大提高了个人能力和综合素质。

相关链接　对口支援政策

对口支援，是在我国的政治制度和政府管理体制下萌芽、发展并不断完善的一项具有中国特色的政策模式。

改革开放前，按照“全国一盘棋”的指导思想，中央政府为解决区域发展和资源分布不平衡问题，对各种资源进行全国性调配。当时，虽没有明确提出对口支援的政策概念，但一些地区间的支援协作和交流已形成了一定规模。比如从 20 世纪 50 年代中到 60 年代初，上海派出金融、建筑、纺织、电力、机械、高教等行业的数万名干部、工人和知识分子支援陕西建设，为陕西的经济发展和社会进步作出了重要贡献。

1979 年 4 月召开的全国边防工作会议上，中央 52 号文件将对口支援以国家政策的形式正式确定下来。时任中共中央政治局委员、中央统战部长乌兰夫在大会上作了题为《全国人民团结起来，为建设繁荣的边疆巩固的边防而奋斗》的报告。报告中提出，国家将加强边境地区和少数民族地区的建设，增加资金和物资的投入，并组织内地省市对口支援边疆和少数民族地区。

1984 年 10 月 1 日实施的《中华人民共和国民族区域自治法》第 61 条规定："上级国家机关应当组织和支持经济发达地区与民族自治地方开展经济、技术协作，帮助和促进民族自治地方提高经营管理水平和生产技术水平。"

对口支援政策不仅对少数民族地区起到了显著的帮扶作用，还对打破旧有体制条块分割束缚、加强横向经济联系和协作起到了积极的推进作用。

20 世纪 90 年代初，为解决三峡工程库区移民和再发展问题，国务院出台《长江三峡工程建设移民条例》等法规和政策，其中明确提出要加强对口支援工作。21 世纪初，在国务院出台的一系列推进西部大开发战略的政策中，对口支援也是重要内容之一。

2001 年，国家对《中华人民共和国民族区域自治法》和《长江三峡工程建设移民条例》进行了修订，其中对口支援政策得到了延续和强化。

汶川地震震后对口支援是我国对口支援政策又一次成功的实践与创新。灾难使人民生命财产蒙受巨大损失，如今，曾经山河破碎的地震灾区面貌焕然一新。灾区的恢复重建工作积极、稳妥、有力、有序、有效。原定 3 年的恢复重建目标任务在 2 年内基本完成。灾后恢复重建速度快、质量好，灾区城乡面貌和基础设施发生翻天覆地变化，人民群众生产生活条件发生历史性改变，灾后恢复重建工作取得决定性胜利，再次创造了人类抗震救灾史上的奇迹。其中，对口支援机制发挥了重要作用。它展现了全心全意为人民服务的中国共产党和中国社会主义国家政权的伟大力量；展现了 13 亿中国人民的伟大力量；展现了改革开放的伟大力量；

展现了人民军队的伟大力量；展现了中国特色社会主义的伟大力量。

参考资料

[1] 邓国胜. 响应汶川：中国救灾机制分析 [M]. 北京：北京大学出版社，2009.

[2] 国务院关于四川汶川特大地震灾后恢复重建工作情况的报告 [EB/OL].（2009－10－28）. http：//www.npc.gov.cn/wxzl/gongbao/2009－10/28/content_ 1543778.htm.

[3] 汶川特大地震三周年大型专题 [EB/OL].（2011－05－12）. http：//society.people.com.cn/wenchuan3nian/GB/218387/.

[4] 黄骏. 对口支援机制的成功实践与思考 [EB/OL].（2011－02－09）. http：//www.mzb.com.cn/html/report/172316－1.htm.

第十六章 南水北调

南水北调工程是党中央、国务院根据我国经济社会发展需要作出的重大决策，是实现我国水资源优化配置、促进经济社会可持续发展、保障和改善民生的重大战略性基础设施。功在当代，利在千秋。

第一节 南水北调工程的决策部署

我国是一个水资源十分短缺的国家，人均水资源量 2163 立方米，仅为世界人均水平的 1/4，且时空分布不均，南方水多，北方水少。为缓解黄淮海流域日益严重的水资源短缺，改善生态环境，促进黄淮海流域经济发展和社会进步，党中央、国务院决定在加大节水治污力度、实现污水改造资源化的同时，从水量相对充沛的长江流域向这一地区调水，实施南水北调工程。

南水北调工程构想始于 60 多年前。1952 年 10 月 30 日，毛泽东主席在视察黄河时，听取黄河水利委员会主任王化云关于引江济黄设想汇报后说："南方水多，北方水少，如有可能，借点水来也是可以的。"这是第一次提出南水北调的宏伟设想。

经过20世纪50年代以来的勘测和研究，特别是1998年长江特大洪水，继之以后北方地区连续严重干旱，党中央、国务院不仅加快了工程规划步伐，而且认识到：南水北调既要加强防汛工程建设，利用洪水资源给北方多补水，还要在减少南方洪涝灾害的同时，兼顾北方对水资源的需求。随后，南水北调工程规划开始有序展开。

2000年6月，经过数十年研究规划，南水北调工程总体格局定为西、中、东三条线路，分别从长江上、中、下游调水。

2000年9月27日，时任国务院总理朱镕基在中南海主持召开南水北调工程规划座谈会，提出"三先三后"总体指导原则，即"先节水后调水、先治污后通水、先环保后用水"，这成为南水北调工程规划、建设及运行调度一以贯之的重要原则。

为加大协调力度，提高决策权威。2003年7月31日，成立南水北调工程建设委员会，温家宝、李克强先后担任国务院南水北调工程建设委员会主任，为工程建设如期进行提供了坚强的组织保障。下设南水北调工程建设委员会办公室，作为办事机构，承担工程建设期的行政管理职能。

南水北调工程被称为人类有史以来规模最大的调水工程。它是一个巨型系统工程，涉及主体及配套工程建设、水污染防治、水资源保护、征地移民、文物挖掘保护等多方面工作，也面临着来自各方的意见分歧及利益博弈。工程规划调水规模最终年调水

448亿立方米，涉及人口达4.38亿人，东、中、西线干线总长度达4350公里。其中东线148亿立方米，中线130亿立方米，西线170亿立方米，建设期约40～50年。通过3条调水线路，将分别与长江、淮河、黄河、海河相互连接，构成我国中部地区水资源“四横三纵、南北调配、东西互济”的总体格局。

东线工程：从长江下游扬州江都抽引长江水，利用江苏已有京杭大运河等江水北调工程及与其平行的河道逐级提水北送，连接起调蓄作用的洪泽湖、骆马湖、南四湖、东平湖，然后分两路向北调水，一路经位山最终输水到天津，另一路经胶东地区最终输水到烟台、威海，并逐步扩大调水规模和延长输水线路。规划分3期实施。

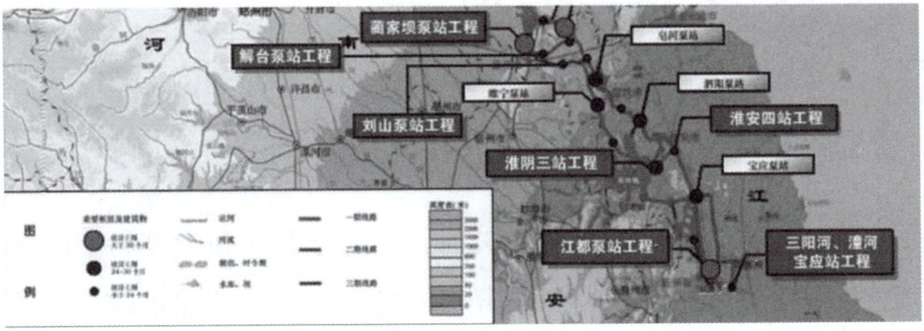

南水北调东线工程示意图

图片来源：http：//bbs. dili360. com/forum. php？ mod = viewthread&tid = 202426&highlight = 。

中线工程：从加坝扩容后的湖北丹江口水库陶岔渠首闸引水，沿线开挖渠道，经唐白河流域西部过长江流域与淮河流域的分水岭方城垭口，沿黄淮海平原西部边缘，在河南郑州以西李村附近穿过黄河，沿京广铁路西侧北上，可基本自流到北京、天津。规划分 2 期实施。

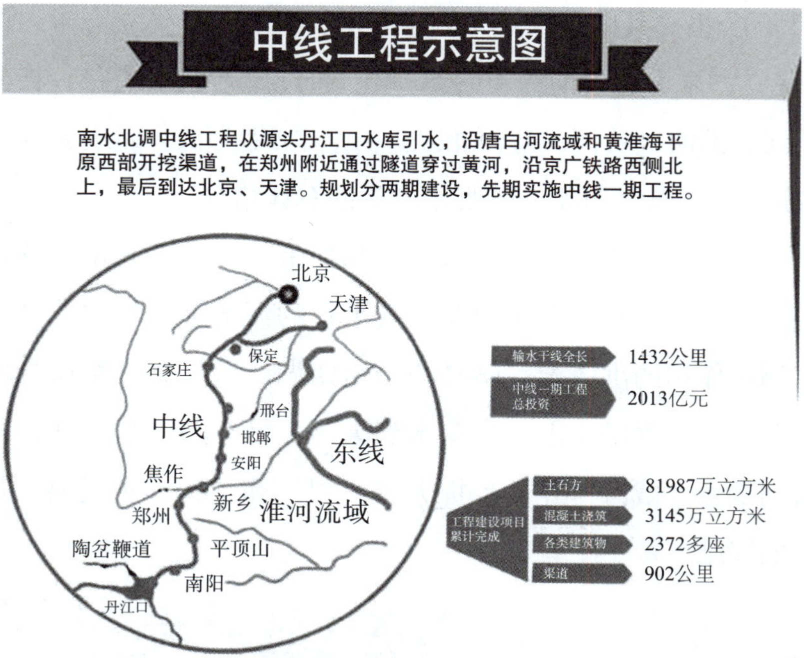

南水北调中线工程示意图

图片来源：http：//www. gzyeah. com/article/2014121226065. html。

西线工程：从长江上游通天河、支流雅砻江和大渡河上游筑坝建库，开凿穿过长江与黄河分水岭巴颜喀拉山的输水隧洞，调长江水入黄河上游。西线工程的供水目标，主要是解决涉及黄河上中游地区和渭河关中平原的青海、甘肃、宁夏、内蒙古、陕西、山西等六省区的缺水问题。规划分 3 期实施。

第二节　南水北调工程的主要特点

南水北调工程是一项规模宏大、投资巨额、涉及范围广、影响十分深远的战略性基础设施；同时，又是一个在社会主义市场经济条件下，采取“政府宏观调控，准市场机制运作，现代企业管理，用水户参与”方式运作，兼有公益性和经营性的超大型项目集群。其建设管理的复杂性、挑战性都是以往工程建设中不曾遇到的。

（1）工程多样性：工程点多、线长，东、中线一期工程包含单位工程2700余个。其中，不仅有一般水利工程的水库、渠道、水闸，还有大流量泵站，超长、超大洞径过水隧洞，超大渡槽、暗涵等。

（2）投资多元性：工程投资巨大，主体工程筹资渠道由政府拨款、南水北调工程基金和银行贷款组成。政府拨款主要由中央政府安排。南水北调工程基金实际是订购南水北调水权，因各省市的需水量、调水距离不同而不同。中央拨款和省市筹集的南水北调工程基金共同构成项目资本金，出资者按比例行使各自的责任、义务和权利。贷款由工程建设的责任主体统一承贷，并以水费收入和工程建设期满后的南水北调工程基金偿还。

（3）管理开放性：一是在项目建设的管理上，既体现项目法人的责任主体地位和作用，又要建立多层次分级负责管理的体系，既充分调动项目法人的积极性，又充分调动所经地区的积极性。二是除主体工程建设以外，还有大量相关工作，如征地移民、生态与环境保护、水污染治理、文物保护、节水、地下水控采、产业结构调整等，涉及众多地区、众多部门的职责和利益关系调整，必须通过中央和地方政府及相关部门有效的合作与协调来实现。三是在南水北调工程建设中各项政策的制定与实施，必须充分考虑有利于工程建设、经济发展、社会稳定的要求，充分听取沿线各级政府和广大人民群众的意见，建立有效的信息沟通的渠道，接受社会、公众的监督。四是南水北调工程建设事关我国经济社会长远发展，必须建立科学民主的决策机制，广泛听取专家和社会各界的意见和建议。

（4）区域差异性：在工程区域上，东、中线一期工程涉及七省市，城乡差别大，经济发展不均衡。水资源调配既有调水区也有受水区，调水区既要做好水资源保护，又要促进当地经济社会发展；受水区用水对象既有城市也有农村；工程沿线既有沿海经济发达省份，也有中部地区经济相对欠发达省份；工程所涉及不同区域里，既有水库移民异地安置，也有干线移民就地后靠；土地调整，既有城市拆迁，也有乡镇补偿等。因此，在政策的制定和把握上，既要考虑政策的统一性，又要研究不同地区不同对象的特殊性，作出符合实际的安排。

（5）技术挑战性：在工程技术上，面临着一些新挑战，如湖北省丹江口大坝加高工程中新老混凝土结合、中线穿黄工程中大断面开挖盾构技术应用、东线低扬程大流量水泵选型和制造、北方地区冬季冰期输水安全以及长距离调水的自动化管理等。在社会管理上，东线治污、中线水源区保护、受水区地下水控采、输水过程中供水安全控制、社会节水措施的落实等，需要同步抓紧工作。在经济管理中，物价指数及有关政策变化引起水价负担及社会承受能力问题、不同水平年水资源的合理调配、还贷风险的控制等，都需要深入研究，妥善解决。

（6）效益综合性：工程效益是通过多方面来体现的。既有经济效益也有社会效益、生态效益；不仅要保证调水的水量，还要保证调水的水质，促进沿线治污水平的提高；不仅要保证调来水的有效利用，还要促进受水区的节水，通过减少受水区地下水的开采，促进区域水资源联合调度和提高利用水平，促进节水型城市和节水型社会的建立。统筹各类不同目标，最终达成南水北调工程总体目标的实现。

第三节　南水北调工程的重要事件

在南水北调工程建设中，我国广大建设者们创下工程建设史上许多之最，充分体现了中国智慧和中国力量。

（1）南水北调是世界规模最大的调水工程之一。南水北调工程是迄今为止世界上规模最大的调水工程，工程横穿长江、淮河、黄河、海河四大流域，涉及十余个省市区，输水线路长，穿越河流多，工程涉及面广，效益巨大，包含水库、湖泊、运河、河道、大坝、泵站、隧洞、渡槽、暗涵、倒虹吸、预应力钢筒混凝土管（PCCP）管道、渠道等水利工程项目，是一个十分复杂的巨型水利工程，其规模及难度国内外均无先例。东、中线一期工程土石方开挖量 17.8 亿立方米，土石方填筑量 6.2 亿立方米，混凝土量 6300 万立方米。

（2）南水北调是世界上供水规模最大的调水工程之一。南水北调工程规划最终年调水规模为年调水量 448 亿立方米。其中，东线 148 亿立方米、中线 130 亿立方米、西线 170 亿立方米。当前实施的东、中线一期工程，建成后的年调水量达 182.7 亿立方米。

（3）南水北调是国内文物建筑单体顶升高度最高的文物保护工程。武当山遇真宫垫高保护工程是南水北调工程文物保护工作中单体规模最大的。工程分为文物解体工程、顶升工程、土石方垫高工程、文物复原工程 4 个子工程，技术复杂，施工难度大。遇真宫山门、东、西宫门整体顶升 15 米，为国内文物建筑单体顶升高度之最。

（4）南水北调是世界距离最长的调水工程。南水北调工程规划的东、中、西线干线总长度达 4350 公里。目前正在建设的东、中线一期工程干线总长为 2899 公里，沿线六省市一级配套支渠约 2700 公里，总长度达 5599 公里。

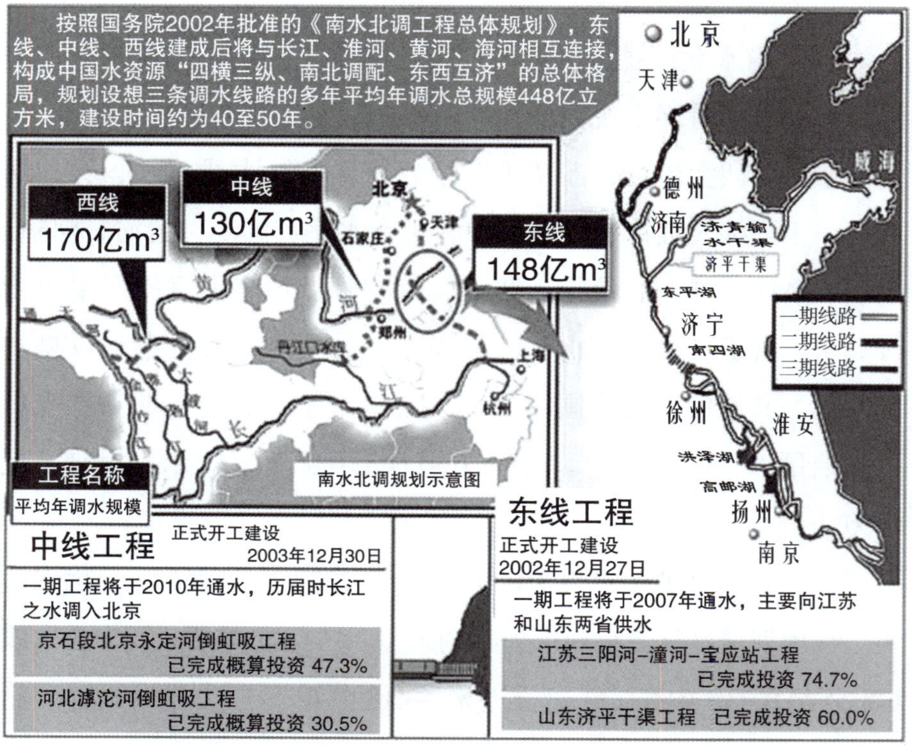

南水北调工程安排图

图片来源：http：//baike. sogou. com/h6470681. htm？ sp = l66029904。

（5）南水北调是世界上受益人口最多的调水工程。南水北调工程主要解决我国北方地区，尤其是黄淮海流域的水资源短缺问题，规划区人口4.38亿人（2002年）。仅东、中线一期工程直接供水的县级以上城市就有253个，直接受益人口达1.1亿人。为这些地区经济结构调整包括产业结构、地区结构调整创造机会和空间。同时，为黄河下游地区补充水量，为提高西北地区水资源承载能力创造了条件。丹江口水库大坝加高后，可增加防洪库容33亿立方米，与非工程措施和中下游防洪工程相配合，可使汉江中下游地区的防洪标准由目前的20年一遇提高到100年一遇，消除70余万人的洪水威胁。

（6）南水北调是世界上受益范围最大的调水工程。南水北调工程主要解决我国北方地区，尤其是黄淮海流域的水资源短缺问题。供水区域控制面积达145万平方公里，约占中国陆地面积960万平方公里的15%。当前实施的东、中线一期工程建设，按照每5~10万元投资创造一个就业机会估算，每年可增加约18万个就业机会；通水后，随着水资源条件的改善，经济社会发展后劲得到发挥，将创造更多的劳动就业机会；将产生农业供水效益、防洪效益、航运效益、排涝效益和生态环境效益。

（7）南水北调涉及世界水利移民史上最大强度的移民搬迁。南水北调中线丹江口大坝因加高需搬迁移民34.5万人，移民搬迁安置任务主要集中于2010年、2011年完成，其中2011年要完成19万人的搬迁安置，年度搬迁安置强度即搬迁安置人口在国内和世界上均创历史纪录，在世界水利移民史上前所未有。移民搬迁涉及的河南、湖北两省成立移民搬迁安置指挥部，省直有关单位成立包县工作组，市包县、县包乡、县乡干部包村包户，形成了上下联动、责任明确、指挥有力、运转高效的工作格局，已搬迁群众住房、交通、医疗、教育等条件有了显著改善。

（8）南水北调有世界上规模最大的泵站群。南水北调东线一期工程输水干线长 1467 公里，全线共设立 13 个梯级泵站，共 22 处枢纽、34 座泵站，总扬程 65 米，总装机台数 160 台，总装机容量 36.62 万千瓦，总装机流量 4447.6 立方米每秒，具有规模大、泵型多、扬程低、流量大、年利用小时数高等特点。工程建成后将成为亚洲乃至世界大型泵站数量最集中的现代化泵站群，其中水泵水力模型以及水泵制造水平均达到国际先进水平。

（9）南水北调开创了世界首次大管径输水隧洞近距离穿越地铁下部。南水北调中线北京段西四环暗涵工程，具有两条内径 4 米的有压输水隧洞，穿越北京市五棵松地铁站，这是世界上第一次大管径浅埋暗挖有压输水隧洞从正在运营的地下车站下部穿越，创下暗涵结构顶部与地铁结构距离仅 3.67 米、地铁结构最大沉降值不到 3 毫米的纪录。

（10）南水北调是世界规模最大的 U 型输水渡槽工程。南水北调中线湍河渡槽和沙河渡槽均为三向预应力 U 型渡槽，渡槽内径 9 米，单跨跨度 40 米，最大流量 420 立方米每秒，采用造槽机现场浇注施工，其渡槽内径、单跨跨度、最大流量属世界首例。

（11）南水北调有国内最深的调水竖井。南水北调中线穿黄工程位于郑州市以西约 30 公里，其任务是将中线调来的长江水从黄河南岸输送到黄河北岸，向黄河以北地区供水，同时在水量丰沛时可向黄河相机补水。该工程于 2005 年 9 月 27 日开工。该工程北岸竖井为大型圆筒结构，建于黄河河滩地中细砂强透水地层中，内径16.4米，井深50.5米。设计流量为265立方米每秒，加大流量为320立方米每秒，井壁为双层结构，外层为地下连续墙形式，厚1.5米，深76.6米；内层为0.8米厚钢筋混凝土现浇衬砌，采用逆作法施工。基坑工程规模之大、开挖之深、地质条件之复杂、工作难度之高，均居国内之最。

（12）南水北调有国内穿越大江大河直径最大的输水隧洞。为适应黄河游荡性河流与淤土地基条件的特点，南水北调中线穿黄工程开创性地设计了具有内、外两层衬砌的两条长4250米隧洞，内径7米，外层为厚0.4米拼装式管片结构衬砌，内层为厚0.45米钢筋混凝土预应力衬砌，两层衬砌之间采用透水垫层隔开，内、外衬砌分别承受内、外水的压力。这种结构形式在国内外均属先例，也是国内首例用盾构方式穿越黄河的工程。目前，中线穿黄双线隧洞全线贯通，开创了我国水利水电工程水底隧洞长距离软土施工新纪录。

（13）南水北调是国内规模最大的大坝加高工程。丹江口大坝加高工程，位于湖北省丹江口市境内汉江干流与其支流丹江汇合口下游800米处，是在原有坝体上进行混凝土培厚加高，包括混凝土大坝加高和心墙土石坝加高。大坝加高工程完建后，坝顶高程由目前162米增加到176.6米，坝顶轴线长3442米，正常蓄水位由157米抬高至170米，相应增加库容116亿立方米。混凝土大坝加高中，由于新老混凝土弹性模量的差异，在内外部温差的作用下，对新老混凝土结合面和坝体应力产生不利影响。在进行大量计算分析研究基础上，结合大量实验室和施工现场原位试验，提出了满足设计要求的新老混凝土结合的具体结构措施。在不影响大坝正常运行情况下，完成混凝土大坝裂缝检查、修补和大坝加高，其建设难度在大坝加高史上可谓世界之最。

（14）南水北调在大型渠道混凝土机械化施工技术方面国内领先。针对南水北调工程长距离输水，渠道沿线穿越的地形、地质条件复杂，水文、气象以及运行条件差异变化大的特点，开展大型渠道混凝土机械化衬砌关键技术研究，创新研制出具有自主知识产权的系列成套设备，与国外同类设备相比，成型机自重降低2/3，功率提高66%，设备价格降低80%，在国内处于领先地位。在大型渠道边坡稳定与优化技术、大型渠道新型结构型式、大型渠道机械化衬砌综合施工工艺、大型渠道机械化衬砌系列成套设备等方面取得大量研究成果，为我国大型渠道设计与施工提供了系统的技术支撑，填补了我国在大型渠道机械化成型技术装备设计制造、施工工艺和工程技术方面的空白，有力推进了我国水利科学技术进步。

（15）南水北调中线北京段 PCCP 管道工程中多项技术在国内领先。在超大口径 PCCP 管道结构安全与质量控制中，首次提出符合中国规范体系和材料标准的一整套 PCCP 设计参数；在国内首次提出 PCCP 的阴极保护技术参数，研制的 PCCP 阴极保护测试探头填补了国内空白；研发出新型的钢丝锚固方法，解决了 PCCP 阴极保护电连接问题；机械化喷涂 PCCP 外防腐层材料和工艺为国内首创；首次采用沟槽内超大口径 PCCP 龙门起重机安装技术、隧洞内 PCCP 安装工艺及技术，提出沟槽和隧洞内超大口径 PCCP

安装质量控制标准。

第四节 南水北调工程的战略意义

南水北调工程是优化水资源配置、促进区域协调发展的基础性工程，是新中国成立以来投资额最大、涉及面最广的战略性工程，事关中华民族长远发展。

（1）巨大的社会效益。南水北调工程是实现我国水资源优化配置的战略举措。西、中、东 3 条调水线路各有其合理的供水范围，相互不能替代，将构筑成“南北调配，东西互济”的大水网格局，有助于解决北方地区的水资源短缺问题，促进北方地区经济发展，增强当地的水资源承载能力。中线一期工程将为北京送水 10.5 亿立方米，来水占城市生活、工业新水比例将达 50% 以上。按照北京约 2000 万人口计算，人均可增加水资源量 50 多立方米，增幅约 50%。不仅可提升北京城市供水保障率，还将增加北京水资源战略储备，减少使用本地水源地密云水库水量，并将富余来水适时回补地下水。东线可为苏、皖、鲁、冀、津五省市净增供水量 143.3 亿立方米，可基本解决天津市、河北黑龙港运东地区、山东鲁北、鲁西南和胶东部分城市的水资源紧缺问题，并具备向北京供水条件。有助于促进环渤海地带和黄淮海平原东部经济又好又快的发展，改善因缺水而恶化的环境。还可为京杭运河济宁至徐州段的全年通航保证水源，使鲁西和苏北两个商品粮基地得到巩固和发展。

（2）巨大的经济效益。除了间接促进我国的经济发展和社会进步外，由于对南水北调工程投入了大量资金，据东、中线总体可行性研究阶段估算，仅此项每年可以拉动中国经济0.2～0.3个百分点。调水工程通水后，我国北方增加的水资源供给，每年将增加工农业产值500亿元，每年可增加50万～60万人就业。将有助于为北方经济发展提供保障；优化产业结构，促进经济结构的战略性调整；提升促进潜在生产力，形成经济增长；扩大内需，促进和谐发展，提高国内GDP。

（3）巨大的生态效益。南水北调工程实施以后，特别是东、中线调水，将增加生态和农业供水60亿立方米左右，保护当地湿地和生物多样性，有效缓解受水区地下水超采局面，解决北方一些地区地下水因自然原因造成的水质问题，如高氟水、苦咸水和其他含有对人体不利的有害物质的水源问题，使北方地区水生态恶化趋势初步得到遏制，较大地改善北方地区生态和环境特别是水资源条件，并逐步恢复和改善黄淮海地区生态环境。在全球气候变暖、极端气候增多条件下，增加国家抗风险能力，为经济社会可持续发展提供保障。

参考资料

[1] 国务院南水北调工程建设委员会办公室网站有关资料。

[2] 人民网、新华网以及各省市南水北调相关网站相关资料。

[3] 纪录片《水脉》（1～8集），中央电视台。

第十七章 北京奥运

2008 年 8 月 8 日晚，举世瞩目的第 29 届奥林匹克运动会开幕式在中国北京国家体育场隆重举行。伴随着五星红旗、五环旗在鸟巢上空冉冉升起，伴随着奥林匹克会歌在万众瞩目中悠扬奏响，伴随着奥运圣火在北京星空下熊熊燃烧，奥林匹克运动第一次将盛典的舞台搭建在这片古老的东方沃土上，这一刻，具有两千多年历史的奥林匹克运动与五千多年传承的灿烂中华文化交相辉映，共同谱写出人类文明气势恢宏的新篇章。

第一节 中国与百年奥运

现代奥林匹克运动会是在奥林匹克主义指导下，以体育运动和 4 年一度的奥林匹克庆典——奥运会为主要活动内容，促进人的生理、心理和社会道德全面发展，沟通各国人民之间的相互了解，在全世界普及奥林匹克主义、维护世界和平的国际社会运动。

1894 年 6 月 23 日，“现代奥林匹克之父”皮埃尔·德·顾拜旦与 12 个国家的 79 名代表决定成立国际奥林匹克委员会并通过了复兴奥林匹克运动的决议，这标志现代奥林匹克的起源。后来，6 月 23 日也被定为“国际奥林匹克日”。

一个多世纪以来，现代奥林匹克运动从一个侧面记录了人类文明拾级而上的进程。与坎坷激荡的世界历史紧密相随，奥运会承载着人类的共同理想，成为无与伦比的文化现象和文明载体。摒弃异见和分歧，奥林匹克圣火照亮人类共同前进的道路，推动

早期奥委会部分委员合影，其中右三为现代奥运会的先驱顾拜旦，右二为第一任国际奥林匹克委员会主席、希腊人维凯拉斯

图片来源：http：//xueke. maboshi. net/ls/lsjt/58752. html。

着世界体育运动的发展，折射出不同文化交流了解的盼望。五环旗下，不同国家、不同信仰、不同肤色、不同种族的人们，为了共同的梦想汇聚在同一条跑道上。

回望中华民族的奥运脚步，艰辛过、沉重过、奔驰过、雀跃过，深浅不一的脚印，连串起延绵不绝的挚情。

1896 年，第 1 届希腊雅典奥运会举办前，国际奥委会向清政府发出邀请，处于内忧外患、不知奥林匹克运动为何物的清政府与奥运会“擦肩而过”。

1904 年，很多中国报刊开始报道第 3 届美国圣路易斯奥运会的消息，奥林匹克运动跃入中国的视野。

1908 年，《天津青年》杂志提出著名的“奥运三问”：中国什么时候能够派运动员去参加奥运会？我们的运动员什么时候能够得到一块奥运金牌？我们的国家什么时候能够举办奥运会？

1922 年，“中国奥运之父”王正廷被选为国际奥委会委员，成为中国历史上国际奥委会委员第一人。

1932 年 7 月，仅有 6 人临时组成的中国代表队第一次出现在第 10 届美国洛杉矶奥运会开幕式上，刘长春作为唯一的参赛选手，手擎国旗走在最前面，随后参加了 100 米、200 米的比赛。

1952 年 7 月，五星红旗伴随着庄严的《义勇军进行曲》，第一次在第 15 届芬兰赫尔辛基奥运会上冉冉升起。这是新中国在奥运五环下的首次亮相，新中国向世界宣告：“奥林匹克，我们来了。”

1979 年 10 月，国际奥委会执委会在日本名古屋通过决议，恢复了中国奥委会在国际奥委会的合法席位，中国重返奥林匹克大家庭。

1984 年 7 月，第 23 届美国洛杉矶奥运会开赛的第一天，27 岁的中国射击运动员许海峰，以 566 环的成绩，摘取了男子手枪 60 发慢射冠军，这是该届奥运会的第一枚金牌，更是中国的第一枚奥运金牌，打破了中国奥运史上金牌“零”的纪录。

1993 年 9 月，摩纳哥蒙特卡洛，在国际奥委会第 101 次全会上，北京在最后一轮的投票中以 2 票之差惜败于澳大利亚悉尼，第一次申请举办奥运会失利。

2001 年 7 月，俄罗斯莫斯科，在国际奥委会第 112 次全会上，国际奥委会主席萨马兰奇先生宣布：北京获得 2008 年奥运会举办权。

2008 年 8 月，北京成功举办第 29 届夏季奥林匹克运动会。

2015 年 7 月，马来西亚吉隆坡，在国际奥委会第 128 次全会上，国际奥委会主席巴赫宣布：北京携手张家口成为 2022 年第 24 届冬季奥林匹克运动会主办城市。

俯仰百年，奥运会不仅是各国运动员实现光荣和梦想的舞台，更是世界各国人民增进了解、加深友谊的舞台。奥林匹克的旗帜，让不同文化百花齐放、和谐共荣，在这个大家庭里，世界各国文化的相互交流、相互借鉴。百年奥运史上，中国一直是奥林匹克运动的坚定追随者。从奥林匹亚山到万里长城，圣火辉映着文明传播与沟通的征程，见证了一个古老民族融入世界潮流的步履。

第二节　北京申奥成功

1993 年，蒙特卡洛申奥失利，申奥代表团回到北京首都机场，1500余人的欢迎队伍高举横幅：永远的北京，不远的奥运！

5年后的1998年，国务院总理办公会议和中央政治局常委会先后对奥运申办工作进行了研究，以江泽民同志为核心的党的第三代中央领导集体决定由北京申办2008年奥运会。中国再一次踏上实现梦想之路。

此时的中国与第一次申办奥运时相比，已发生了新的巨大变化，在改革开放的推动下，国力日益强盛，国际地位不断提高，人民生活更加富足，对奥林匹克运动也更加向往。综合分析，此时的中国正值申办奥运的最佳时期，主要明显优势有：

第一，中国是世界上人口最多的国家。2008年奥运会在占世界人口1/5，其中有4亿青少年的中国举办，是宣传奥林匹克理想和精神、普及发展奥林匹克运动的大好时机，更能体现奥运会的全球性、广泛性和参与性。

第二，北京是世界历史文化名城。北京具有3000年建城史，800年建都史，有着众多名胜古迹和丰厚文化底蕴。同时，北京又是一座拥有近百所高等学府、科学教育事业高度发达的现代化城市。在北京举办奥运会，有利于弘扬奥林匹克精神，促进东西方文化的交流与融合。

第三，北京申办奥运会得到了党和政府以及全国人民的大力支持。国务院总理朱镕基代表党中央、国务院表示：中国政府对这次申办十分重视，全力支持，并将从各个方面为北京申办工作创造良好的条件。全国各地群众通过签名、旅行等方式表达对北京申办奥运会的支持，奥申委网站开通首日，访问量就突破万人大关，网上支持率达94.6%。

第四，中国从未举办过奥运会。依照惯例，奥运会应轮流在各大洲举办，一个大洲一般不能连续举办两次。亚洲自 1988 年韩国汉城奥运会后，到 2008 年已有近 20 年没有举办过奥运会。中国作为亚洲的最大国家，无论从地缘政治考虑，还是从奥林匹克运动的全球性、公正性以及未来发展考虑，北京申办的优势明显。

天时、地利、人和均已具备，中国和北京郑重承诺，我们有能力有信心将 2008 年奥运会办成一届令人难忘的盛会。此次申奥，北京志在必得！

1998 年 11 月，北京市人民政府向中国奥委会正式递交申请举办 2008 年奥运会的申请书；2000 年 6 月，北京 2008 年奥运会申办委员会在洛桑向国际奥委会递交了申请报告；2000 年 8 月，北京成为第 29 届奥运会的候选城市之一，一同进入候选城市的还有：土耳其伊斯坦布尔、日本大阪、法国巴黎、加拿大多伦多。2000 年 9 月，国家主席江泽民亲自致信萨马兰奇先生，表示完全支持北京申办 2008 年奥运会。

“新北京·新奥运”是北京申办的口号，“绿色奥运、科技奥运、人文奥运”是北京奥运会的理念。这个理念所要表达的是：发展迅速、充满生机的北京将以更加现代化的面貌和更加开放的姿态融入国际社会，结识新的朋友，发展新的合作。在新世纪，奥林匹克精神将在全世界，尤其是在中国这个世界上最大的发展中国家得到更加广泛的传播。

北京在国际奥委会第 112 次全会决定 2008 年奥运会主办城市的第二轮投票中，就以过半数的绝对优势赢得了奥运会主办权。在这轮投票中，北京获得 56 票，多伦多 22 票，巴黎 18 票，伊斯坦布尔9票。

2001北京申奥成功经典瞬间，代表团欢呼雀跃

图片来源：http：//www.hinews.cn/news/system/2011/07/13/012939416.shtml。

2001年7月13日晚22点8分，激动人心的时刻终于到来，全世界所有中国人屏住呼吸，倾听萨马兰奇先生那一声宣布："The city of Beijing（北京）"，北京获得2008年奥运会举办权，中国终圆世纪奥运梦。

历史的瞬间变成了欢乐的永恒。北京申奥成功的消息传来，聚集在中华世纪坛的各界群众爆发出排山倒海的欢呼。40万人民群众自发来到天安门广场，欢庆申奥成功。江泽民等全体在京中央政治局常委来到中华世纪坛和天安门，与参加联欢活动的人民群众共庆北京申奥成功。

第三节　奥运筹办过程

2001 年 7 月，在申办城市的最后陈述中，中国奥委会名誉主席何振梁面对即将投票的国际奥委会委员动情地说："无论你们今天做出怎样的选择都将载入史册，但是只有一种决定可以创造历史。""如果你们把举办 2008 年奥运会的荣誉授予北京……7 年之后，北京将让你们为今天的决定而自豪！"

从申办成功的那一刻起，中国就开始努力践行着一个负责任大国对世界的庄严承诺。

2001 年 12 月，成立第 29 届奥运会组织委员会（北京奥组委）2003 年 12 月，国家体育场和国家游泳中心开工奠基，拉开了 2008 年北京奥运会体育场馆建设的序幕；2004 年 8 月，北京市市长王岐山在雅典奥林匹克主体育场举行的第 28 届奥运会闭幕式上接过奥运会会旗，奥运会正式进入北京周期；2005 年 6 月，北京奥组委宣布第 29 届奥运会主题口号：同一个世界、同一个梦想；同年 11 日，第 29 届奥运会吉祥物福娃在北京公布。

党的十六大以来，以胡锦涛同志为总书记的党中央高度重视奥运会筹办工作，筹办工作成绩斐然。

2006 年，奥运筹办工作进入关键的攻坚阶段。胡锦涛选择在北京奥运场馆建设工地与建设者们共度国庆节。他强调，要围绕举办一届有特色、高水平的奥运会目标，切实实践绿色奥运、科技奥运、人文奥运的理念，坚持节俭办奥运、廉洁办奥运的方针，发挥社会主义制度能够集中力量办大事的优越性，切实抓好奥运会筹办工作这件大事。

2007 年是奥运筹办工作的决战之年。3 月，胡锦涛主持召开中共中央政治局会议，要求当年基本完成奥运场馆和相关设施建设，基本完成竞赛组织、大型仪式、安全保卫、运动会服务等主体筹办任务，基本实现筹办工作体制机制的转换，基本建成奥运会城市运行、管理、服务、保障、应急体系等。

2008 年 3 月 31 日，奥林匹克圣火抵达北京。胡锦涛亲手点燃圣火盆，并宣布北京 2008 年奥运会火炬接力开始。这是北京奥运会的精彩序曲，筹办工作进入最后冲刺的阶段。

5 月 12 日，四川省阿坝藏族羌族自治州汶川县发生 8.0 级地震，无情的天灾给正翘首盛会的中国带来了巨大的损失，也给世界各国各界对于中国还能不能实现办一届有特色、高水平奥运会的承诺带来了不小的担忧。“任何困难都难不倒英雄的中国人民！”“不论遇到什么困难和挑战，我们都要顺应全国各族人民的共同心愿，履行我们作出的国际承诺，坚决办好北京奥运会。”以胡锦涛同志为总书记的党中央，统筹协调、精心部署，奥运会各项筹办工作顺利进行，向世界作出了响亮而精彩的回答。

7 月 26 日，中共中央政治局进行第七次集体学习，安排的内容就是现代奥林匹克运动和办好北京奥运会。中共中央政治局各位同志认真听取了讲解，并就有关问题进行了讨论。胡锦涛指出，要把办好北京奥运会、残奥会作为当前的头等大事来抓，更加奋发努力、更加深入细致地做好各项筹办工作，努力把北京奥运会、残奥会办成国际社会满意、各国运动员满意、人民群众满意的国际体育盛会。

在党中央、国务院的正确领导下，在全国人民的大力支持下，北京奥运筹办工作顺利开展。“当好东道主，热情迎嘉宾”，北京紧紧抓住奥运良机，确立了“新北京·新奥运”的战略构想：办好一届新奥运，建设一个新北京。筹办 7 年间，北京结合举办奥运会的要求，致力于调整产业结构，经济总体发展势头迅猛，经济实力显著增强。按照可比价格计算，2007 年，北京市经济总量已经比 2001 年翻了一番，年平均增长 12.4%，到 2008 年更是突破 1 万亿元；人均 GDP 也从 2001 年的 3262 美元提高到 2007 年的 7654 美元，2008 年更是突破 9000 美元。

奥运筹办加快了北京城市建设的进程。2008 年 2 月，世界最大单体航站楼首都机场 3 号航站楼正式启用；8 月，时速高达 350 公里的京津城际高速铁路正式运营；随着北京地铁 10 号线、机场线和奥运支线同时开通试运营，北京轨道交通运营总里程已达到 200 公里，极大提升了城市运行效率，而在 2001 年这个数字仅为 54 公里。

奥运筹办助推了北京环境质量的提升。自 1998 年以来，北京分 14 个阶段实施了 200 多项大气污染治理措施，空气质量持续改善，达标“蓝天”从 1998 年的 100 天、占 27.4%，增加到 2007 年的 246 天、占 67.4%，增长了 40 个百分点。

奥运筹办强化了北京服务体系的完善。伴随着奥运筹办工作的稳步推进，北京与奥运有关的第三产业得到快速发展，形成了以金融保险、商务服务、现代流通、信息传输、房地产、旅游会展和文化体育等为主导产业的现代服务业体系。到 2007 年底，北京第三产业占地区生产总值的比重已从 2002 年的 61.3% 提高到 72.1%。

7 年筹办，北京奥运会汇聚了全国各族人民的梦想与热情、智慧与心血。民族圆梦日，世界欢聚时。中国与世界各国携手搭建奥运舞台，又在这个舞台上与全世界热爱奥林匹克运动的人们携手相聚。2008 年 8 月 2 日，第 29 届奥运会开幕前夕，国际奥委会主席罗格先生对北京奥运会的筹备工作给予了高度评价，他在北京奥运会主新闻中心对上百名记者说："国际奥委会绝对不后悔将奥运会承办权交给北京。当 8 月 8 日那天到来之时，奥运会的三大魔力和完美无瑕的组织工作将取代一切争论。"

第四节　北京奥运的特色和水平

百年奥运梦，今夜终成真。2008 年 8 月 8 日晚 8 时，北京奥运会开幕式在春雷般的缶乐声中拉开序幕，以极富民族文化特色的方式盛情欢迎四海宾朋，把一席精美的文化盛宴呈现给全世界亿万观众。庄严热烈的气氛，磅礴壮观的场景，意蕴深远的文化神韵，美轮美奂的艺术享受，全世界在激情中沸腾，在奥林匹克的光荣与梦想中尽情欢歌。

23 时 36 分，国家主席胡锦涛宣布：北京第 29 届奥林匹克运动会开幕！

欢歌劲舞庆盛事，火树银花不夜天。升腾着焰火的"鸟巢"，见证了北京奥运会开幕令全球同欢的历史时刻，这是 13 亿中国人民永难忘怀的时刻，这是现代奥林匹克运动又一辉煌的瞬间。历经 7 年的精心筹备，中国向世界奉献了一个共叙友情、同享和平的盛大庆典，北京向世界奉献了一届“有特色、高水平”的奥运会。

北京奥运会开幕式上，中国代表团入场

图片来源：http：//gb. cri. cn/41280/2015/09/21/7331s5109121_ 24. htm。

“有特色”主要体现在4个方面：中国风格、人文风采、时代风貌、大众参与。中国风格：北京奥运会是世界了解中国文化和历史的窗口，是中国优秀文化的展示，有着浓厚的中国韵味。无论是奥运吉祥物“福娃”，还是刘欢和莎拉·布莱曼演唱的奥运主题曲《我和你》，都具有浓郁的中国风格。人文风采：北京奥运会强调人文精神，强调人的身心协调，强调奥运会不是单纯的体育比赛，而是体育、文化、艺术的结合，是以体育为载体的文化盛典，而且是多元文化精彩纷呈的盛典。时代风貌：北京奥运会体现出了中国人民和世界人民一起追求和平、发展、进步的愿望。主题口号“同一个世界、同一个梦想”正是北京奥运会时代理念的最佳体现。大众参与：13 亿中国人民和数千万海外华侨，都是北京奥运会最热心的参与者。北京奥运会是历史上举办国人口最多的一届奥运会，参与人数是最多的、参与范围是最广的、参与方式是最丰富的。

“高水平”主要体现在 8 个方面：

一是有高水平的场馆、体育设施。良好的硬件条件是成功举办奥运会的基础。北京奥运总共建设了 37 个比赛场馆、58 个训练馆，“鸟巢”“水立方”等场馆的设计和建造凝聚了很多世界级建筑大师的智慧和心血：“鸟巢”是当时世界上跨度最大的钢结构体育场；“水立方”采用了国际首创的空间多面体结构；北京工业大学羽毛球体育馆穹顶是当时世界上跨度最大的预应力弦支穹顶结构……这样的场馆展示了当时最先进的科学成果，为北京奥运的成功举办提供了最坚实的硬件基础。

二是有高水平的开幕式和文化活动。精彩的开幕式是奥运会成功的标志，丰富多彩的文化活动是奥运会的重要组成部分。北京奥运会开幕式以其精彩的亮相给全世界留下了极其深刻的印象，将五千年中国文化与中华文明展现在世界面前。80 多个国家和地区的政要、204 个国家和地区的代表团、1 万多名来自全球的运动员、1.5 万名演员、9 万多现场观众、40 多亿全球电视观众共同见证了北京奥运开幕式的盛大庆典。丰富的文化活动贯穿在奥运赛场内外，全北京 26 个奥运文化广场共安排了 400 余场演出，接待中外游客和市民 200 多万人次。

三是有高水平的媒体服务和良好的舆论评价。北京奥运会吸引了2万多名境外记者采访报道。这个庞大团体的人数，打破了又一项奥运会纪录。善待媒体是成功举办奥运会的必然要求，也是中国在申办奥运会时作出的郑重承诺，中国政府和人民在奥运会期间真诚地实践着自己的承诺，以服务至上为理念提供全方位的服务。世界各国媒体也给予北京奥运会极高的评价：美国《纽约时报》《华盛顿邮报》认为，北京奥运会传递出中国的力量和自信；德国各主要媒体认为，北京举办奥运会有助于世界各国人民的相互了解，运动员和记者与中国人民深入交流，也有助于全世界的和平；埃及《金字塔报》头版报道说，北京奥运会是自现代奥运1896年在雅典兴起以来极其出色的一届奥运会，从前前后后的筹备工作到开幕式和各项赛事都非常成功。

四是有高水平的安全保卫工作。北京奥运期间约有11万人参与安保工作，建立了国家、赛区、场馆三个层级的指挥机制。安保系统高效畅通运转，在场馆、运动员和媒体住地、城市公共场所采取的安保措施严格而人性化，赛场内外保持了平稳良好的秩序。

五是有高水平的志愿者队伍和服务。志愿者的微笑是举办国、举办城市的名片，在各个奥运场馆，在新闻中心、奥运村、媒体村，在北京的大街小巷，随时随处都可以看到志愿者们的身影，看到他们脸上洋溢着发自内心的微笑。奥运期间，共有10万名赛会志愿者、40万名城市志愿者、百万名社会志愿者、20万名拉拉队志愿者，在赛场内外参与不同类型的志愿服务，向世界展示中国的微笑，展示中国的友好与热情、开放与自信。

六是有高水平的交通组织和生活服务。北京奥运期间采取机动车分“单双号”行驶、企事业单位错时上下班、设置奥林匹克专用车道等临时措施，以保障交通便捷顺畅。服务于贵宾、运动员、注册媒体、赞助商的2700多辆客车，日均客运量约7万人次，确保快捷、准时参加比赛和相关活动。共计3000余人的30多个医疗团队专门负责奥运场馆驻地医疗保障，24家奥运会定点医院为中外来宾提供及时全面的医疗服务。117家奥运会官方接待饭店每日接待客人的数量保持在3.2万人左右，接待服务全程“零投诉”。

七是有高水平的城市文明形象。在连续10年大规模治理空气污染的基础上，北京和周边省区市在奥运开幕前联合启动严格临时减排措施，成效显著。奥运会期间北京16天空气质量全部达标，其中有9个一级天，创造了10年来的月最高水平。空气污染指数同比下降20多个百分点，空气中主要污染物的浓度平均下降40%。除了改变外在的“城市形象”，更重要的改变是内在的“城市文明”：奥运会期间，在北京的地铁站、公交站，自觉排队成为人们的习惯；在公共场所，大声喧哗者明显减少，禁烟得到有效实行；在奥运会赛场上，对获胜者给予喝彩，对失败者给予鼓励，为中国运动员呐喊，为外国运动员鼓掌。奥运会使北京更加开放自信、更加成熟美丽。

八是有高水平的竞赛成绩。来自204个国家和地区的1万余名运动员在16天里挑战极限、攀越新高，刷新了38项世界纪录和85项奥运会纪录，多个国家和地区实现了奥运会金牌和奖牌零的突破。中国体育代表团取得了51枚金牌、奖牌总数100枚的优异成绩，第一次名列奥运会金牌榜首位，创造了中国体育代表团参加奥运会以来的最好成绩。

北京兑现了对国际社会的郑重承诺，认真履行了国际义务，以空前开放的思维和务实的举动，集北京之力、举全国之力办好奥运会，为全世界呈现了一届无与伦比的有特色、高水平的奥运会。这也使北京奥运会赢得了奥林匹克大家庭和国际社会的广泛好评，在奥林匹克运动史上留下辉煌的一页。时任美国总统布什称赞北京奥运会开幕式壮观、成功，精彩程度令人难以置信；时任俄罗斯总理普京表示，北京奥运会为全世界体育爱好者带来无比快乐；时任法国总统萨科齐表示，钦佩中国人民为筹办奥运会所作出的巨大努力和杰出贡献；时任日本首相福田康夫表示，奥运会为世界各国加强相互理解和信赖提供了难得机会；时任巴西总统卢拉赞扬中国为奥运会树立了新的典范；柬埔寨国王西哈莫尼热烈祝贺北京奥运会成功举办，并对中国在经济建设和社会发展等方面取得的辉煌成就表示高度赞赏和由衷钦佩。

在8月24日北京奥运会闭幕式上，国际奥委会主席罗格先生给出了对北京奥运最高的评价："这是一届真正的不同凡响的奥运会，16个光辉的日子将在我们心中永远珍藏。"举办一届让国际社会满意、让各国运动员满意、让人民群众满意的奥运会，北京做到了，中国做到了。

第五节　北京奥运会成功原因和积极影响

北京奥运会的成功举办，给世界呈现了一个经历了30年改革开放洗礼的更加成熟、更加自信的中国。“国运衰则体育衰，国运兴则体育兴。”虽然体育运动成绩并不能和一个国家强盛与否直接画等号，但它能从一个侧面展示国家的综合国力、人民的身体健康状况和精神面貌。北京奥运会展示了中国一步步由弱变强，从闭关锁国到全面改革开放的过程，也见证着13亿中国人为实现祖辈的梦想而付出的努力。

在办好北京奥运的过程中，坚持正确理念、发挥制度优势、依靠人民群众、加强国际合作，为奥运会的成功举办创造了有利条件。

一是坚持贯彻绿色奥运、科技奥运、人文奥运理念。这是北京奥运会最鲜明的特色，是北京奥运会成功举办的关键。北京奥运会是庞大的系统工程，只有坚持正确理念，才能有效统领千头万绪的工作，才能更好地体现奥林匹克精神、时代发展精神、伟大的民族精神，才能真正把筹办奥运会与推动经济社会又好又快发展结合起来。

二是坚持发挥举国体制作用。举办北京奥运会涉及的领域、部门、地区众多，需要举全国之力。围绕成功举办北京奥运会这个中心任务，中央加强统筹协调，各有关部门加强配合，跨部门协调小组密切协作，各省区市讲大局、讲风格，形成了上下贯通、内外衔接、协调运行的工作格局。举国上下同心同德、同舟共济，这是北京奥运会成功举办的强大力量，也是我国改革开放和社会主义现代化事业不断前进的强大力量。

三是坚持依靠广大人民群众。全国各族人民坚持祖国利益高于一切，以主人翁精神，对北京奥运会倾注巨大热情、给予强大支持，大力弘扬讲文明、重礼仪、团结友善、热情好客的良好风尚，充分展现昂扬向上的精神风貌和热情友好的东道主风采，这是北京奥运会成功举办最根本的依靠。

四是坚持开展国际交流合作。北京奥运会是世界体育盛会，必须得到国际社会支持和配合。北京奥运会顺应和平与发展的时代潮流，提出“同一个世界、同一个梦想”的响亮口号，把中国人民和世界各国人民的共同愿望联结在携手办好奥运会这个聚焦点上。通过积极开展国际交流合作，为北京奥运会的成功举办打下了坚实的基础。

对于中国人民而言，北京奥运会不仅留下了光荣而美好的回忆，更重要的是留下了一笔宝贵的物质和精神财富，产生了一系列积极而深远的影响。

一是推动了人与社会和谐发展。北京为成功举办奥运会，将污染较重的企业迁出市区，加大对汽车行驶的管控力度，增加城市绿地面积，通过一系列措施营造了一个天蓝水清山绿的北京奥运会。奥运会后，绝大部分临时减排措施都成为长期坚持的固定政策，“绿色奥运”所传达的环保精神，提高了全社会对环境保护的重视程度，推动了人与社会和谐发展。

二是促进了中国的经济发展。奥运会给北京带来了巨大商机，北京奥运会总共建设了 37 个比赛场馆、58 个训练馆、占地上千公顷的奥林匹克公园、多个基础设施建设项目，政府对基础设施的投资，带动了房地产、旅游、交通、建筑、进出口贸易等产业的发展。奥运会后各场馆的商业化利用也给企业和市民带来了实惠。“科技奥运”的宗旨推动了高新技术成果的产业化和在人民生活中的广泛应用，促进了中国经济的快速发展。

三是促进了中国与世界的交流和合作。北京奥运会是世界各国人民加强交流、加深理解、增进友谊的盛会，使世界进一步了解了中国，也使中国进一步了解了世界。“世界给我16天，我给世界五千年”，通过16天的奥运赛事，全世界近距离地认识了一个更加真实的中国，也改写了很多介于疑虑和担忧之间的“中国想象”。

这3个方面，正是北京奥运“绿色奥运、科技奥运、人文奥运”三大理念的重要体现，完全契合了“以人为本，推动全面、协调、可持续发展”的重大战略思想。北京奥运给中国和世界留下一份独一无二的宝贵遗产。

相关链接　梦想继续：北京张家口成功携手申办冬奥

虽然2008年北京奥运会大幕落下，但中华民族追梦奥林匹克的探索一刻都不会停止。

2013年11月，中国奥委会正式致函国际奥委会，提名北京—张家口为2022年冬奥会的申办城市。

2014年1月，经国务院批准，成立2022年冬奥会申办委员会。

2014 年 3 月，国际奥委会宣布：中国北京—张家口、波兰克拉科夫、挪威奥斯陆、乌克兰利沃夫、哈萨克斯坦阿拉木图等 5 个城市正式申办 2022 年冬奥会。

2015 年 7 月 31 日，国际奥委会第 128 次全会在马来西亚吉隆坡举行，投票选出 2022 年冬奥会举办城市。经过 85 位国际奥委会委员的投票，北京—张家口最终以 44∶40 击败对手阿拉木图，赢得 2022 年第 24 届冬奥会的举办权。北京也将成为全球首个既举办过夏季奥运会又将举办冬季奥运会的城市。

国家主席习近平第一时间致信申办冬奥会代表团，祝贺申奥成功，并勉励在全国各族人民的大力支持下，把 2022 年冬奥会办成一届精彩、非凡、卓越的奥运盛会。

2022 年冬奥会的举办，预计将带动 3 亿中国人特别是青少年以各种方式参与冰雪运动，推动冬季运动在中国这个世界上人口最多国家的开展；将有力传播积极、健康的生活方式，增强公众体质，建设健康中国，更好地实现人民追求美好生活的梦想；还将进一步扩大冬季运动的覆盖区域，为全球奥林匹克运动和冬季体育产业的蓬勃发展带来新的机遇。

获得冬奥会举办权是一个新的起点。7 年之前，北京以一届无与伦比的夏季奥运会，在百年奥林匹克史上树起了一座丰碑。7 年之后奉献一届精彩、非凡、卓越的冬奥会，构建一个环境更舒适、发展更均衡、生活更美好的家园，是中国政府和北京、张家口人民对全世界的郑重承诺。2022 年，奥运圣火将再次在北京燃烧，奥林匹克运动将迎来又一个璀璨的东方盛典！

参考资料

[1] 同一个世界　同一个梦想 [N]. 人民日报, 2008－08－08 (04).

[2] 一个伟大民族与一项伟大运动的历史性融合 [N]. 人民日报, 2008－08－08 (03).

[3] 北京: 将办一届有特色、高水平的奥运会 [J]. 半月谈, 2006 (14).

[4] 中央领导集体关心体育事业和北京奥运会纪事 [N]. 人民日报, 2008－07－29 (01).

[5] 胡锦涛: 在北京奥运会、残奥会总结表彰大会上的讲话 [EB/OL]. (2008－09－29). http: //news. xinhuanet. com/newscenter/2008－09/29/content_ 10133226. htm.

第十八章　中国高铁

“要想富，先修路。”基础设施的联通可以促进人员、货物、信息的便捷流通，对经济社会产生一系列革命性的变化。从2008年8月1日中国第一条高铁京津城际的开通，到2015年底中国高铁里程达1.9万公里，达到世界高速铁路总里程的60%以上，短短几年间，中国高铁横空出世，一鸣惊人。中国高铁在引进技术消化吸收的基础上根据国情、路情进行创新，建立了具有自主知识产权、世界先进水平的技术标准体系。与国际同行相比，中国高铁不仅运营规模大，而且还具有系统技术全面、造价低、建设速度快等优势，成为“中国速度”“中国制造”的新名片。

第一节　中国高铁的发展历程

什么是高铁？顾名思义，高铁是高速铁路的简称。高速铁路在不同国家、不同时代有着不同的标准和规定，根据中国国家铁路局官方网站的定义：高速铁路是指设计开行时速250公里以上（含预留），初期运营时速200公里以上的客运客车专线铁路。

1964年，日本开通了东海道新干线（开通时最高运营时速为210公里），标志着世界上第一条高速铁路的诞生。1978年10月，中国改革开放的总设计师，国务院副总理邓小平同志率团访问日本，并试乘了日本新干线，这也是中国领导人第一次乘坐高铁。日方陪同人员询问乘坐感觉，邓小平的回答是："就感觉到快，有催人跑的意思。"这一个"快"字，也正是中国追寻世界脚步，发展高速铁路历史进程的缩影。

1992年，铁道部颁布《铁路今后十年和"八五"科技发展纲要》，提出研究开发高速客运技术和建设时速200公里以上的高速铁路，并于当年启动"京沪高速铁路预可行性研究"，标志着发展高铁被摆上重要日程。

1994年，成功对广深线实施时速160公里改造。

1997年起，连续6次对既有线路进行大面积提速，为发展高铁进行了技术储备，积累经验。

2002年，由中国自主设计、施工时速200公里的秦沈客运专线建成投产，标志着中国已具备客运专线的建设能力。同年11月，"中华之星"动车组在秦沈客运专线上创造了每小时321.5公里的试验速度，标志着中国已具备自主研制高速动车组的能力，为中国高铁发展奠定了重要理论和实践基础。

2004年，国务院审议通过《中长期铁路网规划》，确定铁路网要扩大规模，完善结构，提高质量，快速扩充运输能力，迅速提高装备水平。《中长期铁路网规划》确定到2020年，全国铁路营业里程达到10万公里，主要繁忙干线实现客货分线，复线率和电化率均达到50%，运输能力满足国民经济和社会发展需要，主要技术装备达到或接近国际先进水平。

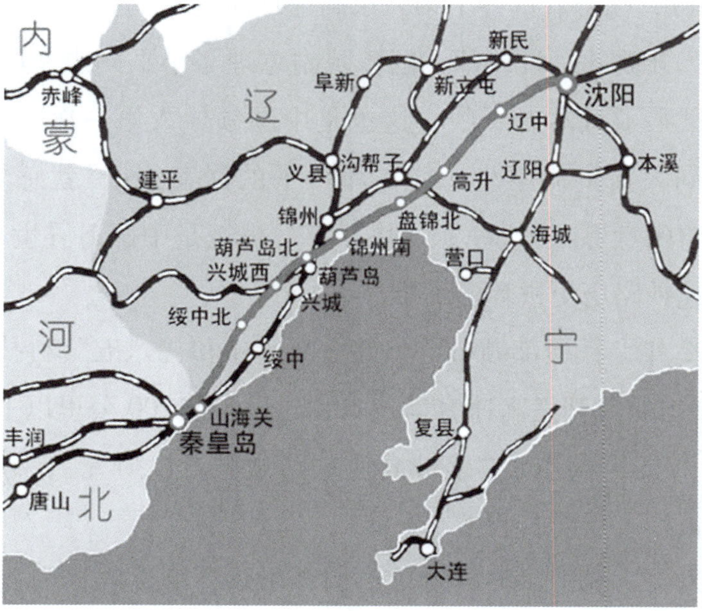

秦沈客运专线铁路全线

图片来源：http：//a2. att. hudong. com/51/29/01300000329092125534298257138. jpg。

2004~2005年，中国南车青岛四方、中国北车长客股份和唐车公司先后从加拿大庞巴迪、日本川崎重工、法国阿尔斯通和德国西门子引进技术，联合设计生产高速动车组。

2008年，国家发展和改革委员会批准了《中长期铁路网规划（2008年调整）》，确定到2020年全国铁路营业里程达到12万公里以上，其中客运专线达到1.6万公里以上，复线率和电化率分别达到50%和60%以上，基本形成布局合理、结构清晰、功能完善、衔接顺畅的铁路网络，运输能力满足国民经济和社会发展需要，主要技术装备达到或接近国际先进水平。重点规划“四纵四横”等客运专线以及经济发达和人口稠密地区城际客运系统。

“四纵”客运专线即：一是北京—上海客运专线，包括蚌埠—合肥、南京—杭州客运专线，贯通京津至长江三角洲东部沿海经济发达地区；二是北京—武汉—广州—深圳客运专线，连接华北和华南地区；三是北京—沈阳—哈尔滨（大连）客运专线，包括锦州—营口客运专线，连接东北和关内地区；四是上海—杭州—宁波—福州—深圳客运专线，连接长江、珠江三角洲和东南沿海地区。“四横”客运专线即：一是徐州—郑州—兰州客运专线，连接西北和华东地区；二是杭州—南昌—长沙—贵阳—昆明客运专线，连接西南、华中和华东地区；三是青岛—石家庄—太原客运专线，连接华北和华东地区；四是南京—武汉—重庆—成都客运专线，连接西南和华东地区。同时，建设南昌—九江、柳州—南宁、绵阳—成都—乐山、哈尔滨—齐齐哈尔、哈尔滨—牡丹江、长春—吉林、沈阳—丹东等客运专线，扩大客运专线的覆盖面。在环渤海、长江三角洲、珠江三角洲、长株潭、成渝以及中原城市群、武汉城市圈、关中城镇群、海峡西岸城镇群等经济发达和人口稠密地区建设城际客运系统，覆盖区域内主要城镇。

可以说，《中长期铁路网规划》和《中长期铁路网规划(2008年调整)》构建了中国高速铁路发展的宏伟蓝图。中国高铁也如雨后春笋一般涌现而出。

2008年8月，中国第一条具有完全自主知识产权、世界一流水平的高速铁路京津城际铁路通车运营，全长120公里，时速350公里。

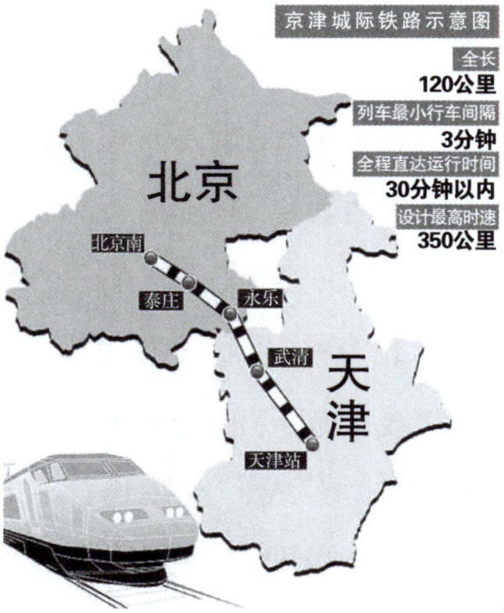

京津城际铁路示意图

图片来源：http：//beijing. qianlong. com/3825/2014/07/04/7524%409718661. htm。

2009年12月，当时世界上一次建成里程最长、工程类型最复杂的武广高速铁路开通运营，全长1068. 6公里，时速350公里。

2010年2月，世界首条修建在湿陷性黄土地区，全长505公里、时速350公里的郑西高速铁路开通运营。

2010年7月，全长301公里、时速350公里的沪宁城际高速铁路开通运营。当时是中国开通运营站点最密集、站间距最小、行车密度最高的高速铁路。

2011年6月，京沪高铁通车，运行最高时速300公里，全长1318公里。

2012年12月，京广高铁全线通车，运行最高时速350公里，全长2298公里。

2013年12月，津秦高铁通车，正线全长278公里，设计时速350公里，天津到秦皇岛最快只需78分钟，单向输送能力8000万人次/年。

2014年12月，兰新高铁正式通车，正线全长1776公里，是世界上一次性建设里程最长的高速铁路，设计时速300公里以上，是未来亚欧高速铁路的重要组成部分。

2015年8月，由哈尔滨站开往齐齐哈尔南站和由齐齐哈尔南站开往哈尔滨的动车组双向对开，标志着最北高寒高铁——哈齐高铁正式开通运营。

在短短几年时间内，触角丰富、路网通达、运力强大的中国高速铁路网络已经逐步建成。

第二节　中国高铁的巨大成就

按照党中央、国务院确定的“引进先进技术、联合设计生产、打造中国品牌”的方针，中国高铁在设计建造技术、高速列车技术、运营管理技术等重点领域不断攻关，取得了举世瞩目的成就。

一是成功建设和运营了世界上规模最大的高铁网，成为高铁发展最快的国家。近年来，陆续建成了京津、郑西、沪宁、京沪、京广、哈大等一批具有世界先进水平的高铁。截至2015年底，中国高铁里程达1.9万公里，超过世界其他国家高铁运营里程的总和，全路每日开行动车组列车2600多列，是世界上高铁运营里程最长和列车开行数量最多的国家。仅2014年，中国铁路固定资产投资就达8000亿元、新线投产8000公里，其中高铁新增里程占到一半以上。

二是中国高铁技术创新取得了一系列重要成果，高铁总体技术水平进入世界先进行列，形成了比较完备的高铁技术体系。在高铁工程建造方面，适应中国地质及气候条件复杂多样的特点，在路基、桥梁、隧道、客站等基础设施建设和无砟轨道、牵引供电、通信信号等专业领域攻克了一系列技术难题。在高速动车组方面，通过引进消化吸收再创新，研发了高速动车组关键技术和配套技术，基本形成了时速200～250公里和时速300～350公里两个序列的动车组技术标准体系，实现了国内设计制造，着力打造中国标准动车组品牌。在系统集成方面，全面掌握了高铁总体设计、接口管理、联调联试等关键技术，保证了系统整体功能达到最优。在运营管理方面，掌握了复杂路网条件下的高铁运营调度技术，建立了适应大客流、高密度的客运服务系统，构建了高铁安全风险防控体系，为高铁安全运营提供了可靠技术保障。

三是中国高铁的快速发展加快了铁路现代化进程，对世界铁路发展产生了重要的推动作用。高铁的快速发展和新技术装备的大量使用，不仅显著提升了路网质量和装备水平，快速扩充了铁路运输能力，而且带动了管理理念、管理标准、管理方式的创新，大大加快了中国铁路现代化进程。世界第一部系统完整、内容全面的《高速铁路设计规范》的出台，为中国高铁发展以及高铁走向世界提供了系统规范的成套建设标准支撑。中国高铁在发展过程中，取得的一系列技术创新成果，丰富和发展了高铁建设和运营实践，对世界高铁发展产生了重要推动作用。

从无到有，中国高铁以超乎想象的速度呼啸而来，创造了多个世界之最。

运营里程最长。截至2015年底，中国铁路运营里程超12万公里，其中高铁里程达到1.9万公里，超过世界高铁运营里程的一半，是当之无愧的“世界第一”。

建设速度最快。2004年开始，中国高铁踏上“引进—消化—吸收—再创新”之路，正式开始“加速跑”。短短几年间，“四纵四横”的高速铁路网骨架已基本成形。一张以高铁为骨架，包括区际快速铁路、城际铁路及既有线提速线路等构成的快速铁路网基本建成。

运营时速最高。2010年12月，在京沪高铁枣庄至蚌埠试验段，CRH380AL新一代高速动车组创造了时速486.1公里的世界铁路运营第一速。

轮轨试验时速最高。2011年12月，由中国南车研制的更高速度试验列车，又称500公里试验列车，在中国南车四方股份公司落成，设计速度500公里，在高速列车国家工程实验室中创造了605公里的最高轮轨试验速度。

单条运营里程最长。2012年12月，全球运营里程最长的高速铁路——京广高铁全线开通运营，全长达到2298公里。

一次性建成里程最长。2014年12月，兰新高铁全线贯通。全长1776公里的兰新铁路是世界上一次性建成通车里程最长的高铁。兰新高铁横穿我国海拔最低的吐鲁番盆地和海拔最高的祁连山高铁隧道，其中祁连山隧道中的最高轨面海拔为3607.4米，被

兰新高铁祁连山1号隧道，该隧道轨面海拔最高达3607米，被誉为"世界高铁第一高隧"

图片来源：http：//xh. xhby. net/mp2/html/2014－05/02/content_ 1000492. htm。

誉为"世界高铁第一高隧"。

谱系最全的动车组"大家庭"。中国拥有世界上从200～500公里各种速度等级的动车组，可谓种类最丰富、谱系最完整。这个动车组"大家庭"融合了世界先进技术，并通过消化、吸收、再创新，打造出具有自主知识产权的高端产品。

最惊人的高铁运量。仅2014年，就有8亿多人次选择高铁出行，人们用"脚"把这一票投给了高铁。其中最繁忙的是京沪高铁，一条线就有过亿人次乘坐。

第三节 中国高铁快速发展的重要原因

中国高铁之所以能够在较短时间内取得巨大成就，根本原因在于党中央、国务院的正确决策和高度重视。特别是进入新世纪以后，党中央、国务院着眼于中国经济社会发展的战略和全局，及时作出了发展高速铁路的决策部署，制定了高铁建设规划、高铁技术路线、装备制造计划，为高铁发展指明了方向。在实施过程中，党中央、国务院领导多次组织研究高铁有关工作，多次现场考察高铁建设运营，作出一系列重要指示，为加快高铁建设发展提供了强大动力。在党中央、国务院领导高度重视的基础上，中国高铁能够实现快速发展，还得益于以下几个方面。

一是改革开放30多年来综合国力的显著增强。高铁作为国家重要基础设施和世界最先进的轨道交通方式，是综合国力的集中体现。中国经过改革开放30多年的快速发展，综合国力显著增强，不仅在科研开发、工业制造、工程建设等方面有了巨大进步，而且在资金、物资、人才等方面也有了丰富的储备，为高铁发展奠定了坚实的物质基础。

二是走出了一条有中国特色的高铁自主创新之路。中国高铁是在传统铁路产业基础上，博采各国高铁技术之长，有效利用后发优势发展起来的。在这一过程中，始终坚持“以我为主”的方针，将原始创新、集成创新、引进消化吸收再创新有机结合起来，在较短时间内研发了具有世界先进水平的高铁成套技术，形成了中国高铁技术标准体系，实现了铁路技术装备的现代化。统筹了国内有关科技资源，建立了以企业为主体，科研院所、相关高校协调创新的合作模式，形成了从高铁基础理论研究、应用技术研究、综合试验到成果应用的完整链条，有力地推动了中国高铁技术的创新。

三是充分发挥我国铁路的体制优势。长期以来，中国铁路实行运输集中、统一指挥和垂直管理，全国铁路一张网、“一盘棋”。这一体制优势不仅能够提高运输效率，而且能够集中力量搞建设，统筹协调设计、施工、运输和装备制造企业，对高铁建设统一规划布局、统一组织实施，使各方面协调联动、合力推进；能够不断深化铁路投融资体制改革，搭建起铁路建设融资平台，对高铁建设所需资金进行统一筹集和使用，从而确保了工程进度和质量，保证了中国高铁的快速发展。

第四节　高铁改变中国，走向世界

一、高铁改变了中国

通过高铁，不仅改变了昔日的出行难、买票难，也改变了整个经济、社会的发展轨迹。无论平日还是假日高峰，高铁承担起越来越重要的运输职能。在运行速度上，最高时速可达350公里，堪称陆地飞行；在运输能力上，一个长编组的列车可以运送1000多人，每隔3分钟就可以开出一列，运力强大；在适应自然环境上，高铁可以全天候运行，基本不受雨雪雾霾的影响；在列车开行上，采取“公交化”的模式，乘客可以随到随走；在节能环保上，高速铁路是绿色交通工具，非常适应节能减排的要求。

“同城效应”“一小时经济圈”通过高铁搭建，人流、物流周转加快，带动了沿线经济转型和区域、城乡协调发展，推进了资源节约型和环境友好型社会建设和产业结构升级。

高铁催生了新的城市，也激发了人们更多地走出家门。比如：京津城际高速铁路开通后，周末去天津吃小吃、听相声成了很多北京人休闲的方式。

高铁的发展，也为中国制造业赶超世界先进水平提供了样本。中国高铁从技术引进之初，就没有满足于“站在巨人的肩膀上”，而是不断地攻关研究，并始终坚持自我超越。把引进消化吸收国际先进技术和自力更生打造创新平台相结合，把关键核心技术的突破和走出自己的国产化、产业化之路相结合，不断增强创新自信，一步一个脚印，把创新之路走得稳妥、走得踏实。

高铁还改变了世界对中国的认识。从引进高铁的 2004 年开始，几年间中国就建成了占世界总里程一半以上的高铁线路，不仅技术上“后发先至”，而且还具备了系统工程总承包能力，这在国外根本是“天方夜谭”、不可想象。“高铁路径”所昭示的，正是强大的“中国力量”。作为发展中国家，要实现强国富民的中国梦，必须充分发挥好体制的优势，利用好广阔的市场，走一条符合自身实际的赶超之路。

二、高铁不断走向世界

党中央、国务院高度重视高铁“走出去”，将推动高铁走向国际市场作为扩大开放的重要内容。习近平总书记、李克强总理等党和国家领导人，多次在重要外交场合向世界推介中国高铁技术，为高铁“走出去”搭建了广阔舞台。

2015年7月，习近平总书记在考察中国中车长客股份时讲到：“高铁动车体现了中国装备制造业水平，在‘走出去’‘一带一路’建设方面也是‘抢手货’，是一张亮丽的名片。这两年走了很多国家，谈得最多的合作项目之一就是高铁。俄罗斯莫斯科到喀山的高铁建设，就是我同普京总统共同见证签署的项目。”

李克强总理更是一位称职的高铁“超级推销员”。2013年10月，李克强访问泰国时，在泰国国会发表演讲，与时任泰国总理英拉参观了高铁展，并当起了“解说员”；同年12月，在英国首相卡梅伦访华期间，一个1∶87的CRH380A高速动车组模型就是李克强总理赠送给卡梅伦首相的礼物之一；2014年10月，李克强向俄罗斯总理梅德韦杰夫推销中国的“高寒高铁”。最著名的“高铁外交”发生在2015年11月25日，在第四次中国—中东欧国家领导人会晤期间，李克强总理和中东欧十六国领导人，从苏州共同登上了开往上海的高速列车，邀请外宾亲自乘坐高铁，感受中国高铁安全、舒适的飞驰。

在党和国家领导人“高铁外交”的大力支持下，中国高铁“走出去”也收获到骄人的成绩。

2015年6月，在中俄投资合作委员会第二次会议框架下，由中国中铁二院工程集团有限责任公司参与投标的俄罗斯首条高速铁路的规划设计合同在圣彼得堡正式签署，成为中国高铁走出国门的第一单，也标志着中俄在共建丝绸之路经济带的实践中迈出了具有深远意义的一步。

2015 年 10 月，中国铁路总公司牵头组成的中国企业联合体，打败日本，取得印尼雅加达至万隆高铁项目的建设和运营订单。

除此之外，中国还将参与建设美国西部快速高速铁路，中国出口欧洲的首列动车组已在马其顿开跑，德国铁路公司也计划大量采购中国高铁装备。就在 2015 年 11 月第四次中国—中东欧国家领导人会晤期间，中、匈、塞三国总理还共同见证了“16 + 1”合作“旗舰项目”——匈塞铁路两个合作文件的签署。

中国高铁走出国门的速度不断加快，正成为“中国制造 2025”最闪亮的名片之一。世界高速铁路“帝国”的版图也已经发生了根本性的变化，中国已经掌握了世界上最实用的高速铁路技术，逐渐成为这个“帝国”的顶级工匠。

参考资料

[1] 当高铁成为“中国制造”新名片 [N]. 人民日报，2015 - 01 - 15 (03).

[2] 中国高铁签下走出国门第一单 [N]. 人民日报，2015 - 06 - 19 (03).

[3] 盛光祖. 正在阔步前行的中国高铁 [J]. 求是，2014 (19).

[4] 高铁见闻. 高铁风云录 [M]. 长沙：湖南文艺出版社，2015.

[5] 佟立本. 高速铁路概述 [M]. 北京：中国铁道出版社，2012.

[6] 中国高铁十宗“最”[EB/OL].(2015 - 01 - 25).http://news.xinhuanet.com/2015 - 01/25/c_ 1114122302.htm.

[7] 高铁“提速”中国[EB/OL].(2015 - 01 - 25).http://news.xinhuanet.com/2015 - 01/25/c_ 1114121769.htm.

第十九章 神舟飞天

“神舟”是中国自行研制的飞船的简称。神舟飞船是具有完全自主知识产权，达到或优于国际第三代载人飞船技术的飞船。中华民族自古以来就有爱好科学探索的优良传统。举世闻名的“四大发明”正是我国古代劳动人民追求真知、勇于探索的集中体现。在中华民族的浩瀚历史长河中，“飞天”梦一直牵动着国人的心。几千年来，多少英雄、豪杰，多少畅想、探索……1970年4月24日，我国第一颗人造卫星——“东方红”一号一举试射成功，开创了中国航天历史的新纪元。1999年11月20日，新型长征二号F捆绑式火箭搭载“神舟”一号无人飞船，成功发射升天，这是中国实施载人航天工程的第一次飞行试验，标志着中国航天事业迈出重要步伐。2003年10月15日，我国自行研制的“神舟”五号载人飞船成功发射升空，38岁的航天员杨利伟成为我国第一位进入太空的人，圆了国人数千年的“飞天”梦。勤劳、智慧、勇敢的中华儿女在中国共产党的坚强领导下，向人类高尖端科技发起了“神舟飞天”的成功探索，并圆满地完成了这项伟大实践。

第一节　中国古人的飞天梦

根据国际天文联合会（IAU）的规定，月球上的环形山通常是用著名天文学家和科学家的名字来命名的。在这些环形山的名字中，既有我们耳熟能详的哥白尼、阿基米德、牛顿、开普勒等世界著名科学家，又有我们引以为豪的张衡、祖冲之、郭守敬等我国古代伟大科学家。而其中，一座名为“万户”的环形山或许还不为多数国人所知。

万户飞天图

图片来源：http：//www. xnwbw. com/html/2012－06/22/content_ 52820. htm。

早在距今600多年前的我国明朝，一位叫万户的人成了人类第一位飞天的真正实践者。当时，他做了两个大风筝，并在椅子的背后绑上47支火箭。他双手各持一个大风筝，想借助火箭的推力和风筝的升力飞起来。准备完毕后，万户坐在椅子上，命仆人点燃火箭……万户的生命最终落在点燃火箭的巨响中。尽管万户因此牺牲了生命，却表现了惊人的胆略和非凡的预见。多年后，美国天文学家称万户是世界上利用火箭飞行飞天的第一人，为了纪念他，月球上的一座环形山就以万户的名字命名。

其实，我们的古人一直都对天宇、太空有着不凡的憧憬和梦想。嫦娥奔月、夸父追日、女娲补天的传说，敦煌壁画中的高飞入云的神女，无数星相学家凝望星辰的感悟笔录，都是古人飞天梦想的记录。

我国古代著名文学家、诗人屈原在《天问》中对天界的神往和遐想，唐代“诗仙”李白“俱怀逸兴壮思飞，欲上青天揽日月”的跃跃欲试，宋代词人苏东坡“我欲乘风归去，又恐琼楼玉宇”的惴惴不安……都体现了我国古人对朗朗太空的好奇和向往。而《西游记》中“齐天大圣”十万八千里的“筋斗云”，更是把人类飞天的浪漫设想发挥到了极致。

中国古人在很早的时候就开始制作木鸟，以此寄托人类渴望在空中飞行的梦想。从古人的许多著作中，会发现制作能飞木鸟的众多记载。汉朝著名的天文学家张衡发明了浑天仪，并也曾尝试制造木鸟。还有韩志和、高骈等木鸟制造家。史料说明在公元前400年，中国人就已经使用竹木在尝试制作能飞的原始器械了。如果说木鸟现在已经无法得见，有木鸟发展而来的风筝可以说是人类最早的飞行器具了。风筝源于春秋时代，至今已 2000 余年。到南北朝，风筝开始成为传递信息的工具。从隋唐开始，由于造纸业的发达，民间开始用纸来裱糊风筝。到了宋代，放风筝成为人们喜爱的户外活动。而有关人乘坐风筝飞行的传闻则见于 6 世纪。

“神火飞鸦”“飞空沙筒”“震天雷”……中国古人运用火箭的实例还有很多。我们的祖先，在人类古老的飞天路上，书写了光辉灿烂的历史科技篇。

第二节　主要发达国家的宇宙飞船

20 世纪以来，前苏联和美国在过去几十年来都已发射了多种型号的宇宙飞船。1961 年 4 月 12 日，苏联发射了世界上第一艘载人宇宙飞船——“东方”1 号，后来又发射了“上升”号和“联盟”号飞船。而美国则先后发射了“水星”号、“双子星座”号、“阿波罗号”等载人飞船。

“东方”号是苏联第一代载人飞船，是在 60 年代以前载有动物的飞船基础上发展起来的。1961 年 4 月 12 日，“东方”1 号宇宙飞船载着苏联宇航员尤里·加加林，在空间绕地球一圈，飞行了 1 小时 48 分钟。“东方”1 号宇宙飞船的航行成功，意味着人类已经可以飞出地球，在宇宙空间中航行了。1961 年 8 月 6 日，苏联发射了“东方”2 号宇宙飞船。这艘飞船在空中飞行了 25 小时 18 分钟，飞行距离达 70 万公里。接着，苏联在 1962 年 8 月 11 日，发射了“东方”3 号、4 号宇宙飞船；1963 年 6 月 14 日、16

日，“东方”5 号、6 号载人飞船进行了编队飞行；其中 6 号飞船宇航员为女性。

“上升”号是苏联第二个型号的载人飞船。由于美国决定在 1965 年初发射载有两名宇航员的“双子星座”号飞船，该飞船具有交合、对接、机动飞行、舱外活动等能力。这使一心想争做第一的苏联人大为恼火，于是不惜血本将“东方”号进行改进，让本来只能乘坐 2 人的飞船硬塞进了 3 人，这就使上升号飞船带有极大的冒险色彩。因此，“上升”1 号飞船没有交合、对接、机动飞行的能力，甚至连宇航服都取消了。1965 年 3 月 18 日，苏联成功发射了“上升 2 号”宇宙飞船。“上升 2 号”飞船有舱外活动能力，但安全性能仍然打上了折扣，飞船返回地面时出了故障，2 名宇航员只得改用手工操纵，飞船落在远离回收区 800 公里以外的森林。

“联盟”号是苏联的第三个载人飞船型号，它分原型和改进型。“联盟”11 号以前的为原型，改进型约有 20 多艘。它们均是为建立空间站作准备的。然而，“联盟”号飞船的发展史充满了艰辛与灾难，数名宇航员死于非命。1967 年 4 月，“联盟”1 号载人飞船由于姿控发动机漏了燃料，飞船无法平衡；宇航员想尽了办法进行返降，但由于降落伞没有打开而使优秀宇航员格马洛夫摔死。1971 年 6 月 29 日，“联盟”11 号返回时由于返回舱与轨道舱连接处的密封出了问题，舱内空气泄漏，3 名未穿宇宙服的宇航员因爆炸性减压而死亡。但总体而言，“联盟”号飞船的整体技术毕竟有了较大的提升。“联盟”号曾做过国际合作的飞行，曾有 7 个国家的 7 名宇航员通过飞船进入过空间站。“联盟”T 号飞船从1978年开始进行不载人飞行试验，它使用了新宇宙服、新的燃料推进剂。从1979年12月到1985年9月，“联盟”T号飞船共发射了16艘。“联盟”TM号飞船是T号的改进型，首发是在1986年5月，它具有交合、对接、降落伞等系统。

20世纪中叶以来，美国也抓紧宇宙飞船的研制工作。终于在多次成功和失败的研制、发射基础上，制成了宇宙飞船。

“水星”号是美国第一代飞船型号。从1958年开始，美国历经了4年8个月，进行了14次飞行试验，这之中有6次不载人飞行、2次动物飞行、6次载人飞行。“水星”号飞船一般只有1.5吨左右，高约3米，外形呈圆锥形。飞船具有定向、保障生命安全、控制飞行姿态的系统，部分的还有临险逃脱的能力。它的最后一次发射是在1963年5月15日，飞船在太平洋中途岛附近的海上溅落。

“双子星座”号是美国第二代载人飞船。可以容纳2名宇航员，重约3吨，外形像一个圆锥，它由服务段和再入段两部分构成。飞船采用弹射座椅救生系统，这和一般战斗机上的弹射座椅救生系统大同小异。据说，“双子星座”飞船曾经拍摄过我国的长江口、湖南等地的一些照片。

“阿波罗”是希腊神话的一个太阳神的名字。美国用它来为飞船和火箭命名，意义深远。美国的登月计划也称“阿波罗”计划，首次登月的“阿波罗”11号也只是登月飞船中的一艘。从1969年5月25日开始，到1972年12月底，美国为实施“阿波罗”计划总共进行了17次飞行试验。“阿波罗”计划也并非一帆风顺。1967年1月27日，“阿波罗”4号宇宙飞船的3名宇航员，在当地时间13点进入飞船座舱时，由于电短路产生火花，使座舱起火，三名身着不能防火宇宙服的宇航员被烧死。阿波罗1～10号飞船进行登月试验活动，11～17号均采取实践登月行动，有6艘飞船到达了月球。

这其中，最具里程碑意义的是1969年7月16日，在美国肯尼迪航天中心，发射了载有3名宇航员的宇宙飞船“阿波罗”11号，先用两个多小时绕地球一圈半，然后飞向月球。又经过73小时的飞行，于1969年7月20日到达月球。到达月球后，宇航员阿姆斯特朗和奥尔德林乘坐登月舱登月，而宇航员科林斯则继续驾驶指令舱绕月球飞行。阿姆斯特朗和奥尔德林在月球上做了一系列的实地考察，并采集了22公斤月球上的岩石和土壤标本。他们在月球上逗留了21小时18分钟后，驾驶登月舱进入轨道。然后，登月舱与科林斯驾驶的指令舱对接起来，又形成了完整的飞船，向地球飞去。“阿波罗”11号宇宙飞船登月的创举，震动了全世界，人们欢呼人类这一伟大的胜利。事后，阿姆斯特朗在一次回答记者时说：“对个人来说，跨到月球虽是极小的一步，而对人类来说，却是极大的一步。”

确实，从宇宙飞船的诞生，到逐步完善，以至将人载到月球上“走”了一趟，是人类跨出的“极大的一步”。除前苏联和美国外，1985年，法国总统密特朗首先提出了要建立“技术欧洲”的计划，即“尤利卡”计划。1987年11月，欧洲宇航局部长会议决定建立独立的欧洲载人航天系统。而在亚洲，日本高度重视宇航技术跟踪和关键技术预研。日本宇宙事业开发团提出了发展载人航天计划的设想。印度、巴西的高技术发展计划也适时出台。但是，虽然这些国家作出了种种尝试，却至今未能成功发射载人飞船。

我国的“神舟”飞船系列，从“神舟”一号无人飞船开始到现在的“神舟”十号载人飞船，使中国成为继美、俄之后，世界上第三个掌握载人航天技术和成功发射载人飞船的国家。

第三节　中国载人航天工程立项的争论与决策

2003 年 10 月 15 日，中国酒泉卫星发射中心沸腾了。从这里，中国第一位航天员带着中国人的千年飞天梦想，升腾而起。通向这辉煌一刻的，是中国航天人走过的一条怎样坎坷、神奇的飞天之路呢?

20 世纪 60 年代，是美苏太空竞赛如火如荼的时期。继 1961 年 4 月 12 日加加林首飞太空之后，季托夫、谢泼德、格伦等一个个太空英雄们纷纷叩响天门。

“我们怎么能算是强国呢？我们甚至无法把一颗土豆送上太空。”苏美你方唱罢我登场的太空角逐，使毛泽东为之震惊！有着古老飞天梦想的中国，开始萌动着续梦的计划。1967 年 7 月，中国科学院和七机部共同进行了中国载人航天途径和步骤的研究。20 世纪 70 年代初，他们的研究已小有成就，不仅做出了精美的模型，而且给飞船起了一个动听的名字——“曙光”号。1970 年 4 月 24 日，中国人在度过了一个“奔走相告，如饮狂泉”的激情“东方红”之夜后，又在酝酿着一鼓作气、一飞冲天的计划。由于有前几年的预先研究作基础，“曙光”一号载人航天工程全面启动。那是 1971 年 4 月，以当时年份和月份为代号，被命名为“714”工程。

然而，由于当时我国的经济基础较薄弱，工业制造及相关的工艺水平又低，加上“文革”的动荡和天灾人祸，“曙光”号最终只尘封在一张张的构思图和一个个的试验中。后来，周恩来总理专门就中国载人航天的发展讲了几条原则：不与苏美大国开展“太空竞赛”，要先把地球上的事搞好，发展国家建设急需的应用卫星。自此，中国暂时停止了对载人航天的探索。

虽然探索暂时停止，但我国的队伍并没有完全解散。任务取消后，一部分人继续进行载人航天预先研究，其他的人开始为其他军兵种服务。返回原单位的宇航员还是经常打听情况，询问什么时候恢复训练……

角逐太空的步伐并不因某个国家的意志而放慢。在距中国“曙光”号飞船工程下马已近10年光景时，面对美苏等世界宇航大国掀起的这场以经济、科技为重点，带动军事力量发展的新一轮竞争，中国何去何从？1985年7月，中国首届太空站研讨会召开。在航天部科学技术委员会主任任新民的倡导下，我国载人航天计划又一次启动了。

1986年春天，杨嘉墀、陈芳允、王大珩、王淦昌4位科学家在《关于跟踪研究外国战略性高技术发展的建议》中列入了载人航天的研究，并设法以书信的形式送到了中央最高领导人那里。3月5日，邓小平在这封信上作了批示：这个建议十分重要，请找专家和有关负责同志，提出意见，以凭决策。此事宜速作决断，不可拖延。这个高技术发展计划后来被称为“863计划”。

航天技术是“863”计划（《高技术研究发展计划纲要》）七大领域中的第二领域，主题项目是：大型运载火箭及天地往返运输系统、载人空间站系统及其应用。“863”计划为中国的载人航天开辟了道路。1987年，在原国防科工委的组织下，组建了“863计划航天技术专家委员会”和主题项目专家组，对发展我国载人航天技术的总体方案和具体途径进行全面论证。这是一场“百花齐放，百家争鸣”的科学大会战。

经过一年多的论证，专家委员会于1988年7月在哈尔滨召开了评议会。主导意见是：航天飞机和火箭飞机虽然是未来天地往返运输系统可能的发展方向，但我国目前还不具备相应的技术基础和投资力度，尚不宜作为21世纪初的跟踪目标；带主动力的航天飞机要解决火箭发动机的重复使用问题，难度比较大；可供进一步研究比较的是多用途飞船方案和不带主动力的小型航天飞机方案。此后，围绕中国载人航天如何起步，飞船方案论证人员和航天飞机论证人员展开了长达3年的学术争论。1989年8月，国家航天领导小组办公室主任丁衡高收到了航空航天部火箭技术研究院高技术论证组写来的一封信，信中的主要观点是“航天飞机方案”大大优于“多用途飞船方案”。而载人飞船方案论证组认为，载人飞船既可搭乘航天员，又可向空间站运输物资，还能作为空间站轨道救生艇用，且经费较低，更符合中国的国情。航天飞机无论是造价还是维修费用以及发射场建设都相当昂贵，中国此时还不具备航天飞机的生产工艺条件。1989年，航空航天部党组专门委托庄逢甘、孙家栋两位专家主持召开飞船与小型航天飞机比较论证会。这次比较论证后，航空航天部系统内逐渐达成共识：中国载人航天发展的途径从载人飞船起步。

1991年1月30日，中国宇航学会、中国科学院、国务院发展研究中心联合举办了“中国航天高技术报告会”。这是对推动我国载人航天工程决策具有转折意义的一次会议。在会议形成的《关于发展我国载人航天技术的建议》中，特别写到：上不上载人航天，是政治决策，不是纯科技问题，不是科技工作者能定的。我国航天事业的发展，面临老一辈无产阶级革命家领导创建的、得来不易的航天国际地位得而复失的危险。恳请中央尽快决策。

1991年3月14日，航空航天部高级技术顾问任新民一上班，就接到了国务院办公厅秘书局的电话通知：李鹏总理3月15日下午3时至5时邀见任新民同志，同时还要听取了解飞船情况的同志的汇报。见面时，李鹏总理开门见山地说，今天主要是想听一听有关载人飞船方面的情况。任新民分析了中国为什么要从多用途飞船起步，并汇报了运载火箭的设计方案。当李鹏总理询问搞飞船工程需要多少投资、研制周期要多长时，同去汇报的钱振业说研制飞船的费用约30亿元。在保证投资及时到位的条件下，工程研制需要6~7年时间。

李鹏总理笑笑说道：“钱是有困难。但是，对我们这样一个大国来说，还是可以解决的。我们要搞载人航天，从飞船搞起，争取建国50周年载人飞船上天!”5天后，中央办公厅秘书局转来了对《航空航天重大情况（5）》报批件的批示，签收单位是航空航天部。批示上留下了一串国家领导人的名字。中央领导的批示下来后，工程论证进入了快车道。

1992年1月8日，中央专委召开第五次会议，专门研究发展我国载人航天问题。“从政治、经济、科技、军事等诸多方面考虑，立即发展我国载人航天是必要的。我国发展载人航天，要从载人飞船起步。”中央专委第五次会议上给出的公允定论，赢得了此次会议最热烈最持久的一次掌声。这是无数航天人蕴藏在心间多少年的一种能量的释放。会议决定，在“863 计划航天技术专家委员会”和航空航天部过去论证的基础上，由国防科工委组织各方面专家，进一步对载人飞船工程研制问题进行技术、经济可行性论证。

1992 年 8 月 25 日，中央专委向党中央、国务院、中央军委呈上了《关于开展我国载人飞船工程研制的请示》，建议我国载人航天工程计划分三步走：第一步，在 2002 年前，发射两艘无人飞船和一艘载人飞船，建成初步配套的试验性载人飞船工程，开展空间应用实验；第二步，在第一艘载人飞船发射成功后，大约在 2007 年左右，突破载人飞船和空间飞行器的交会对接技术，并利用载人飞船技术改装、发射一个 8 吨级的空间实验室，解决有一定规模的、短期有人照料的空间站应用问题；第三步，建造 20 吨级的空间站，解决有较大规模的、长期有人照料的空间站应用问题。

1992 年 9 月 21 日，中央政治局常委在中南海勤政殿听取国防科工委、航空航天部的汇报，中顾委老领导杨尚昆、万里、薄一波也参加了会议。听完汇报后第一个发言的是李瑞环。他说，如果钱不够，奥运会不申办了也要办这个事。杨尚昆强调了以大工程培养新人的意见。他说，老一辈搞了“两弹一星”，如果没有新的任务，我们的队伍无法完成新老交替，就会断档。刘华清再次重申自己的观点，钱不够，动用国库里的金子也要干。常委们从国家利益和凝聚民心的高度，肯定了载人航天工程。会议最后决定，要像当年抓“两弹一星”一样抓载人航天工程，有事可以直接向中央报告。

1992 年 9 月 21 日，中共中央政治局十三届常委会第 195 次会议讨论同意了中央专委《关于开展我国载人飞船工程研制的请示》，正式批准实施我国载人航天工程。

第四节　神舟飞天圆梦

1992 年，我国载人航天工程正式立项研制。1999 年 11 月 20 日，中国第一艘无人试验飞船“神舟”一号飞船在酒泉起飞，21 小时后在内蒙古中部回收场成功着陆，圆满完成“处女之行”。这次飞行成功为中国载人飞船上天打下非常坚实的基础。

2001 年 1 月 10 日，中国在酒泉卫星发射中心成功发射了“神舟”二号飞船。2002 年 3 月 25 日，中国在酒泉卫星发射中心成功发射了“神舟”三号飞船。2002 年 12 月 30 日，中国在酒泉卫星发射中心成功发射“神舟”四号无人飞船。

2003 年 10 月 15 日 9 时整，我国自行研制的“神舟”五号载人飞船在中国酒泉卫星发射中心发射升空。9 时 9 分 50 秒，“神舟”五号准确进入预定轨道。这是中国首次进行载人航天飞行。乘坐“神舟”五号载人飞船执行任务的航天员是 38 岁的杨利伟。他是我国自己培养的第一代航天员。在太空中围绕地球飞行 14 圈，经过 21 小时 23 分、60 万公里的太空行程，他于 16 日 6 时 23 分在内蒙古主着陆场成功着陆返回，标志着中国已成为世界上继前苏联（俄罗斯）和美国之后第三个能够独立开展载人航天飞行的国家。

2005年10月12日9时整，“神舟”六号飞船顺利升空，实现了2名宇航员多天飞行，于10月16日凌晨安全返回，使我国载人航天技术进一步成熟。“神舟”六号实现了第一次进行多人多天太空飞行试验，为未来航天员在空间站生活和工作奠定了基础。第一次实现宇航员进入轨道舱。航天员首次往返轨道舱，进行了失重状态下的关闭返回舱门及检漏试验。第一次进行了真正有人参与的空间科学试验。

“神舟”七号载人航天飞船于2008年9月25日发射升空，共计飞行2天20小时27分钟，是中国第三个载人航天飞船，共搭载3名航天员。“神舟”八号无人飞船于2011年11月1日顺利发射升空。升空后2天，“神舟”八号与此前发射的“天宫”一号目标飞行器进行了空间交会对接。组合体运行12天后，“神舟”八号飞船脱离天宫一号并再次与之进行交会对接试验，这标志着我国已经成功突破了空间交会对接及组合体运行等一系列关键技术。

“神舟”九号飞船与“天宫”一号的交会对接为中国航天史上掀开极具突破性的一章。2012年6月16日，“神舟”九号发射升空。“神舟”九号飞船首次搭载女航天员刘洋，也实现了我国飞天的历史性突破，同时，此次飞行乘组航天员开展了相关空间科学实验，在完成预定任务后返回地面。对接过程中，航天员实现手控交会对接，全面验证交会对接技术。

“神舟”十号飞船是中国第五艘搭载太空人的飞船。升空后再和目标飞行器“天宫”一号对接，并对其进行短暂的有人照管试验。对接完成之后的任务将是打造太空实验室。“神舟”十号在酒泉卫星发射中心“921 工位”，于 2013 年 6 月 11 日成功发射。在轨飞行 15 天，并首次开展中国航天员太空授课活动。

第五节　载人航天工程的伟大意义

（1）极大地增强了民族自信心和凝聚力。一个国家将自己的宇航员送入太空，不仅仅是国力的体现，而且也将在很大程度上增强民众的自豪感，提振民族精神，增强凝聚力。我国在载人航天工程上白手起家、自力更生，依靠社会主义制度的巨大优势和中华民族全体儿女的拼搏奋斗，终于取得了突破性进展，这对于我们团结凝聚全国各族人民，不断取得新的伟大成就、实现中华

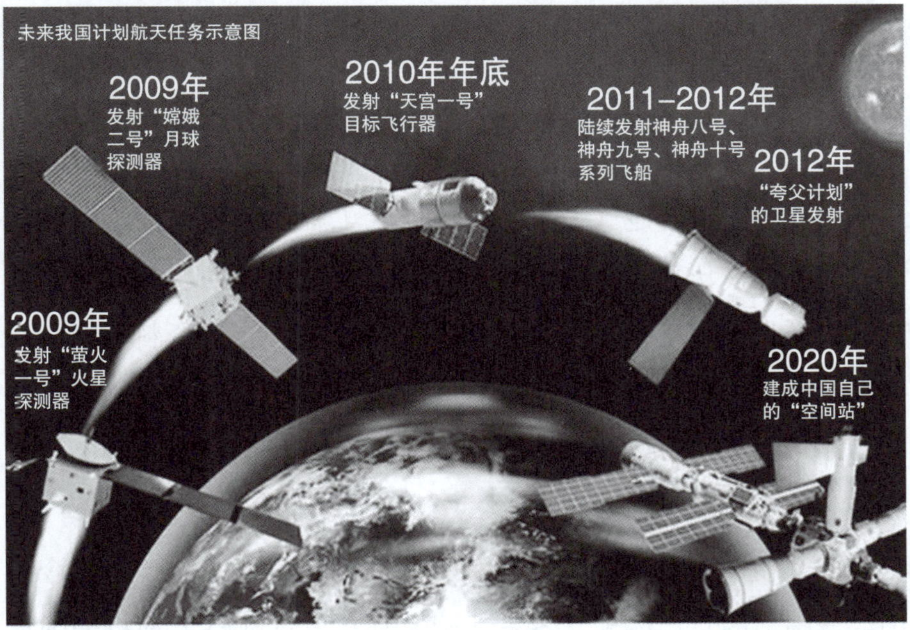

未来我国计划航天任务示意图

图片来源：http：//zt. dahe. cn/2012/101340985/index. html。

民族伟大复兴中国梦具有重要意义。“神舟”飞船计划的圆满成功，如同20世纪60年代的“两弹一星”工程一样，引起全世界的注视，大大提高了我国的国际地位。

（2）促进了我国科技水平和国防工业的跨越式发展。载人航天工程是极为复杂的系统工程，其发展取决于一国的整体科技水平，如系统工程、自动控制技术、计算机系统、推进能力、生命科学与生物技术、通信、遥感测试技术等诸多方面；也能体现一国基础科学的水平，如近代力学、天文学、地球科学和空间科学的发展水平等。例如，没有航天医学工程的研究与发展，要想把人送进太空并安全、健康而有效地生活和工作是不可能的。美国的“阿波罗”计划从1961年后实施的11年间，先后完成6次登月飞行，把12人送上月球并安全返回地面，带动了美国科学技术特别是推进、制导、结构材料、电子学和管理科学的发展。在中国综合国力不断增强的今天，载人航天工程的发展极大地带动了中国科技力量的跨越式发展。载人航天工程还极大地促进了我国的科技人才队伍建设。中国以前存在高科技人才断层的问题，通过载人航天工程培养了一大批年轻的科学家。有关资料显示，中国航天领域的科技人员平均年龄只有30多岁，骨干专家平均年龄在40岁左右。这是最宝贵的财富，是推动中国科技进步和经济发展的软实力。

（3）提升和展现了我国的综合国力。发展载人航天是当今各国综合国力的直接体现。各发达国家都在发展战略上都将增强综合国力作为首要目标，其核心就是高科技的发展，而载人航天技术就是其主要内容之一。载人航天工程耗资巨大，投入巨多，需要有很强的综合国力做后盾。“两弹一星”工程就是在新中国国力贫弱、百废待兴的情况下开展的，极为不易。而载人航天工程投入也超过了200亿元。试想，如果没有强大的综合国力做后盾，如何能够长期坚持开展这样的研究和实验？

（4）扩大了国际影响，巩固了大国地位。邓小平曾说：“如果六十年代以来中国没有原子弹、氢弹，没有发射卫星，中国就不能叫有重要影响的大国，就没有现在这样的国际地位。”那么在21世纪，载人航天就是与之类似的实力代表。纵观载人航天的历史，实际上就是一场大国博弈的历史。苏联发射了卫星、把人送上太空。在这种“压力”之下，美国集中了更多科学家，开发“曼哈顿”计划，发射更先进的卫星，把更多的人送入太空。20世纪70年代，美苏两国在空间站、行星探测领域再次展开竞争，都力图证明自己的制度与技术优于对方，都担心在铁幕夹缝中摇摆不定的国家被大幕另一侧的太空成就所吸引。直至冷战结束，双方才发现合作比对抗更节省资源，交流比保密更能促进科技的发展。即便如此，两强在空间站合作的问题上也频频打出外交牌，太空政治仍在延续。在这种局势下，中国于1992年启动载人航天工程，绝对不是寻求属于华人的所谓“世界第一”，而是有所为有所不为，以一种有限而克制的发展步伐保证中国在太空的力量存在。为了继续保持并发展中国的国际影响与地位，中国选择了发展载人航天，并实现了中华民族几千年来的飞天梦想。

参考资料

[1] 左赛春．中国载人航天工程立项的背后：争论与决策［N］．中国青年报，2013－6－15．

[2] 前苏联宇宙飞船的历史［EB/OL］．（2008－09－11）．http：//www. cmse. gov. cn/know/show. php？ itemid＝35．

[3] 美国宇宙飞船的历史［EB/OL］．（2008－09－10）．http：//www. cmse. gov. cn/know/show. php？ itemid＝32．

第二十章　北斗导航

我国古人十分重视北斗七星的作用，经常利用它来辨别方向，确定季节。《史记·天官书》中对此进行了描述：北斗七星，分阴阳，建四时，均五行，移节度，定诸纪，皆系于斗。道教形成后，人们更是将北斗七星人格化为贪狼、巨门、禄存等7位星神加以祭祀膜拜。如今，我国将自主研发的卫星导航系统命名为“北斗”，不仅彰显了人们对浩瀚星空的向往，更是寄托了人们对精准导航的厚重期望。

第一节　导航技术的历史变迁

导航定位技术与人类发展密切相关，空中飞行的飞机、导弹、火箭，水里航行的船只、潜艇以及陆地上奔驰的汽车、火车都离不开导航。导航也走进了许多人的生活。而今，人们出门找路，可以不带地图，可以不张嘴问路，只需打开手机中的导航软件，就可以准确定位和寻找方向。可以说，导航给人们带来了许多便利。然而，远古时期，由于生产技术有限，人类日出而作，日落而息，每每通过观察星座的位置变化来确定自己的方位，这就是所谓的星历导航。随着时间的推移，人类活动范围日益拓展，出门远行、开发农田、兴修水利等生活生产活动越来越多，人类对测绘定位的需求日益强烈，导航定位技术开始了演变和发展。

除了星历导航，古人还曾用鱼骨头充当六分仪来确定航线。但这些方法都过于粗放，精度不高。后来，中国人发明了司南，并在司南的基础上发明了世界上最早的导航仪指南针。几个世纪以来，它经过不断地改进而变得越来越精密，并一直被人类广泛应用着。1761 年，英国人历经 47 年的艰苦探索，发明了航海表。于是，在随后的几个世纪里，人类通过综合地利用星历知识、指南针和航海表来进行导航和定位。

到了工业时代，人类的活动遍及全球，而一些工程比如航海、航空、洲际交通工程、通信工程、矿产资源勘探工程，以及对地球生态和环境变迁的研究，都需要更加精确的导航技术。随着电子计算机技术、半导体技术、激光技术及航天科学技术的出现，人类进入到电子信息时代和航天探索时代，导航定位技术也有了突飞猛进的发展，导航手段也从光学机械过渡到光电子精密机械仪器的时代。

1957 年 10 月 4 日，前苏联发射了全世界第一颗名为斯普特尼克 1 号的人造地球卫星，开创了人类的空间世纪。美国对此密切关注，在这颗卫星进入轨道后不久，数学家比尔 · 盖伊和物理学家乔治 . 威芬巴赫在约翰霍普斯金大学的应用物理实验室追踪该卫星时无意中发现，他们收到的无线电信号有多普勒频移效应，即卫星在飞近地面时，接收机收到的无线电频率逐渐增高，飞远时则逐渐降低。他们对此进行了实验研究，发现如果在地面上架设多部接收机，就可以根据接收到的信号的不同频差推算出这个卫星的具体位置，从而实现对苏联卫星的多普勒定位跟踪。他们很高兴地把这个研究成果告诉了实验室主任弗兰克·麦克卢尔。弗兰克主任当时在做五角大楼的一项研究，研究内容是如何知道茫茫大海中军舰的具体位置，听到两位科学家的汇报后他眼前一亮，既然你们能够发现卫星在哪里，那么反之亦然，如果知道卫星在哪里，那就能确定地面接收机的位置。海军军舰定位的问题有思路了！这预示着一种全新的天空定位技术的可行性，由此开启了卫星定位和导航的时代。

第二节　外国卫星导航系统概况

建设卫星导航定位系统不仅仅是经济效益问题，更是一个国家国防和综合实力的重要标志。许多国家都在开发卫星导航定位系统，其中以美国全球定位系统（Global Positioning System，GPS）及俄罗斯格洛纳斯系统（GLONASS）最为著名，而欧洲正在实施伽利略计划，日本和印度也在紧密研发导航系统。

一、美国 GPS

美国的 GPS 是美国研制的第二代卫星导航定位系统，也是目前技术最成熟且已真正广泛应用的一种卫星导航和定位系统。

GPS 的前身是由美国军方基于多普勒频移效应与标准时间差等有关原理研制的子午仪卫星定位系统，于 1958 年开始研制、1964 年正式投入使用。这个系统由 5 ~ 6 颗卫星组成星网，每天最多绕过地球 13 次。它在军事和民用方面取得了极大的成功，也促成了导航定位史上的一次飞跃。但由于卫星轨道高度低、信号载波频率低，轨道精度难以提高，使得定位精度较低，难以满足大地测量或工程测量的要求，更不可能用于天文地球动力学研究，在潜艇和舰船导航方面更是存在巨大缺陷。

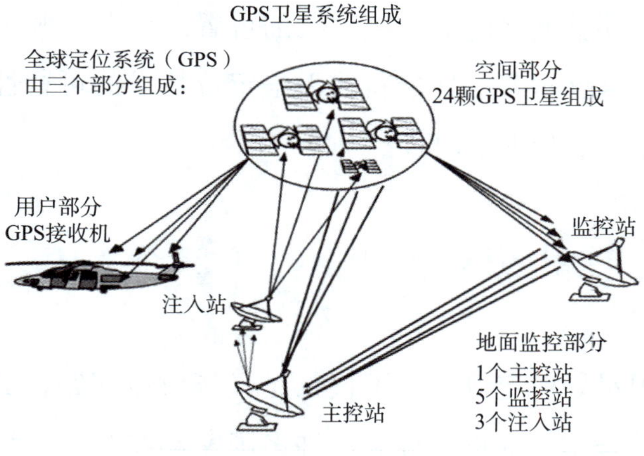

GPS 系统

图片来源：http：//www. kankanews. com/ICkengine/archives/168716. shtml。

为此，美国海军研究实验室提出了名为“Tinmation”的项目，计划用 12 ~ 18 颗卫星组成 1 万千米高度的全球定位网。美国于 1967 年、1969 年和 1974 年分别发射了一颗试验卫星，在这些卫星上初步试验了原子钟计时系统，这是 GPS 精确定位的基础，但这个计划仅能为舰船提供低动态的二维定位。而美国空军则提出了621－B的以每星群4～5颗卫星组成3～4个星群的计划，这些卫星中除1颗采用同步轨道外其余的都使用周期为24小时的倾斜轨道。该计划以伪随机码（PRN）为基础传播卫星测距信号，功能十分强大，即便信号密度低于环境噪声的1%，也能检测出来。伪随机码的成功运用是GPS得以成功的一个重要基础。比较而言，空军的计划能提供高动态服务，但系统过于复杂。经过综合考虑，1973年12月美国决定将两个计划合二为一，正式实施第二代导航卫星工程，并指定由国防部牵头的卫星导航定位联合计划局负责实施，办事机构则设立在洛杉矶的空军航天处。参与开发的成员众多，包括美国陆军、海军、海军陆战队、交通部、国防制图局、北约和澳大利亚的代表等。

最初的GPS计划在美国联合计划局的领导下诞生了，该方案将24颗卫星放置在互成120度的三个轨道上，每个轨道上有8颗卫星，地球上任何一点均能观测到6～9颗卫星。这样，粗码精度可达100米，精码精度为10米。由于预算压缩，GPS计划不得不减少卫星发射数量，改为将18颗卫星分布在互成60度的6个轨道面上，然而这一方案使得卫星可靠性得不到保障。1988年又进行了最后一次修改：21颗工作星和3颗备用星工作在互成60度的6条轨道面上，每个轨道面4颗卫星。

1989年2月4日第一颗GPS工作卫星发射成功，宣告GPS系统进入工程建设状态。1993年底，由24颗卫星构成的GPS星座宣告建成。这24颗卫星距离地面约2.02万千米，均为近圆形轨道，运行周期约为11小时58分。地面观测者可以在全球的任何地方，任何时间都能观测到4颗以上的卫星，并能保持良好定位解算精度的几何图形（DOP）。这就提供了在时间上连续的全球导航能力。有了 GPS 星座，再加上由主控站、地面天线、监测站及通信辅助系统组成的地面控制部分，以及由 GPS 接收机和卫星天线组成的用户装置部分，GPS 就可以对飞机、舰船进行连续实时导航，定位精度比“子午仪”更高，水平距离和高度精度均为 5 米。探险队员和勘测队员只需背负 1 千克重的便携式接收终端，就可确定自己所在经纬度和高度。GPS 能快速、连续地提供高精度三维位置、速度和时间的信息，实现近乎实时的导航，一次定位时间只要几秒到几十秒即可完成。GPS 已经实现单机导航精度约为 10 米，综合定位精度可达厘米级和毫米级，但民用领域开放的精度约为 10 米。尽管 GPS 已经具备速度快、精度高等优点，但美国仍不断推动 GPS 的优化升级，计划于2025 年建成 GPS－Ⅲ 系统。

二、俄罗斯 GLONASS

俄罗斯 GLONASS，最早由苏联在 1976 年启动，后由俄罗斯完成。按照设计，格洛纳斯星座卫星由中轨道的 24 颗卫星组成，包括 21 颗工作星和 3 颗备份星，分布于 3 个圆形轨道面上，轨道高度 1. 91 万千米，倾角 64. 8°，运行周期 11 小时 15 分。苏联于 1982 年 10 月 12 日发射第一颗试验卫星，开始了工作测试。后来虽然遭遇了苏联解体，经济不景气，但俄罗斯始终没有中断过系统的研制和卫星的发射。

历经 20 年的曲折历程，耗资 30 多亿美元，俄罗斯终于在 1996 年 1 月 18 日完成了 GLONASS 导航卫星星座的组网工作，实现了空间满星座 24 颗工作卫星正常地播发导航信号。据分析，GLONASS 可提供高精度的三维空间和速度信息，也提供授时服务，它的定位精度设计为在 95% 的概率条件下，水平向为 100 米，垂直向为 150 米。但据俄罗斯自称，GLONASS 定位精度可达 1 米，速度误差仅为 15 厘米/秒。如果必要，该系统还可用来为精确打击武器制导。不过，其应用普及情况则远不及 GPS，这主要是俄罗斯没有开发民用市场。另外，GLONASS 卫星平均在轨道上的寿命较短，且由于经济困难无力补网，该系统部分卫星一度老化，最严重时曾只剩 6 颗卫星运行，不能独立组网。目前，俄罗斯正在实施复兴计划，预计 2020 年实现对 GLONASS 的优化升级。

三、欧洲“伽利略”系统

欧洲国家为了减少对美国 GPS 系统的依赖，同时也为了在未来的卫星导航定位市场上占有一席之地，决定发展自己的全球卫星定位系统。经过长达 3 年的论证，2002 年 3 月，欧盟十五国交通部长会议一致决定，启动“伽利略”导航卫星计划。

“伽利略”计划的总投资预计为 36 亿欧元，由分布在 3 个轨道上的 30 颗卫星组成。该系统与 GPS 类似，可以向全球任何地点提供精确定位信号。由于“伽利略”系统主要针对民用市场，因此在设计之初，设计人员就把为民用领域的客户提供高精度的定位放在了首要位置。与 GPS 相比，“伽利略”系统可以为民用客户提供更为精确的定位，其定位精度可以达到 1 米，而 GPS 只能达到 10 米。2005 年首颗试验卫星已成功发射，目前正在部署验证系统，预计2018年部署完成。

四、日本准天顶卫星系统

日本联合邮政省在2000年6月向日本宇宙开发委员会提交了一份有关改进日本航天开发体制，扩展航天利用新领域的报告，在报告中提出了研制和发射国际互联网卫星的建议。后经日本航天开发委员会同意，决定执行完善高级互联网的空间基础设施（I－SPACE）计划，推进日本的高级互联网技术的发展，使之居于世界领先地位。而准天顶卫星系统正是I－SPACE计划要重点开发的3个系统之一，其目的是开发日本下一代高速移动通信卫星。根据设计，准天顶卫星的运行轨迹几乎正好经过整个日本列岛正上方的人工卫星，每颗卫星每天经过日本列岛上空的时间为8小时左右。据称，准天顶卫星系统不容易受到建筑物、大气等因素的干扰，因此定位误差极小，可以将目前的GPS的定位误差降低至“厘米级”，而当今欧美国家主流的定位卫星所能够达到的定位精度大致在1米至数十米之间。由于二者在定位精度方面存在“数量级”的差距，所以日本政府和相关科研机构都自信地认为，准天顶卫星系统在未来的市场应用前景将无比广阔，其市场规模预计将达到20000亿日元（约合1000亿元人民币）。

为了实现这一计划，日本经济团体联合会于2002年11月1日成立了新卫星商业公司。这是一家以民间为主导的官民一体化新公司，共有43家企业出资，其中三菱电机公司、日立制作所和丰田汽车公司等7家企业持股占77%。按计划，准天顶卫星系统的总费用约为2000亿日元，民间企业将负担1500亿日元左右。

第一颗卫星和地面设施的研制开发费用约为600亿日元，第一颗卫星计划在2008年发射，系统计划在2010年投入使用。但是，准天顶卫星系统的进展并不顺利。一方面，民间企业投资还存在较大缺口。另一方面，牵头负责的政府部门也一直未明确。因此，直到2010年，日本才发射了名为“MITIBIKI（意为‘指路者’）”的首颗准天顶卫星。根据日本的计划，预计到2018年将共有4颗“准天顶”卫星在轨运行，届时，准天顶卫星系统将能够实现全天24小时不间断地覆盖整个日本列岛，并由此开始真正投入到实际运营之中。到2023年，整个准天顶卫星系统将拥有7颗卫星。

五、印度区域导航卫星系统

为提高精确制导武器的精度，印度政府分别同美国与俄罗斯签订获取GPS和GLONASS精码/军码的协定。但印军认为完全依赖他国的导航系统存在安全隐患。为了提升主动权，印度政府决定自主开发名为“印度区域导航卫星系统”（IRNSS）的导航系统。这个系统同GPS系统一样，将来会提供两种类型的服务，一种是公开提供给所有用户的标准服务，另一种则是针对授权用户经过加密的限制服务。这个系统将包含7颗卫星，其中3颗为同步卫星，分别位于东经34°、83°及132°，另外4颗卫星位于倾角29°的轨道上，分别与赤道交于东经55°及111°，卫星负载将包含原子钟及产生导航信号的电子装备。这7颗导航卫星完成组网后，将能为印度及其边境周边用户提供精确定位、导航及授时服务。根据设计，印度本土内的定位精度为10米以内，而本土之外印度洋范围内则为20米左右。

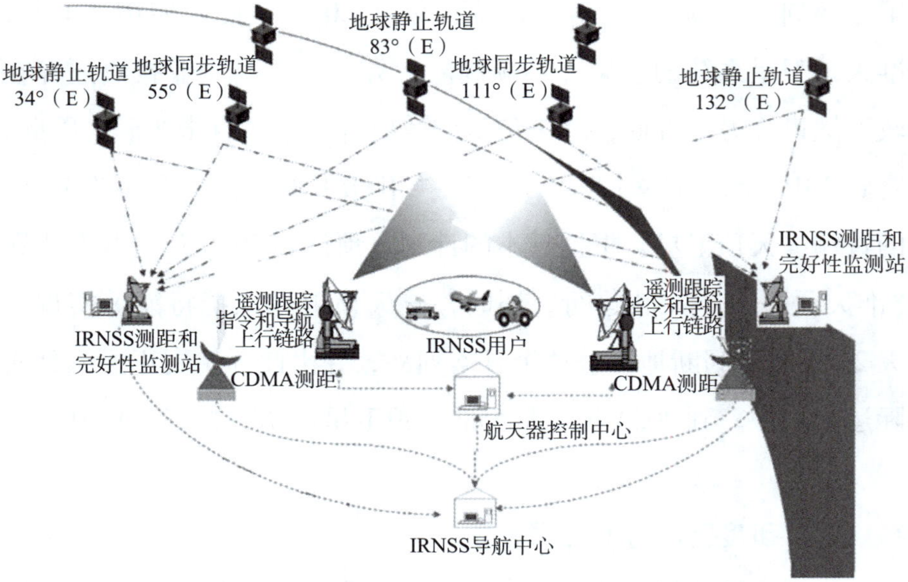

IRNSS 卫星分布示意图

图片来源：http：//shop. xilu. com/sczxpd/20131122/10000 10000003944_ 2. html。

印度政府计划分两步来完成 IRNSS 的组网工作：第一步是计划从 2013 年到 2015 年发射 7 颗国产地球同步轨道导航卫星，组成覆盖印度全境的“区域卫星导航系统”，实现全天候昼夜覆盖印度及其周边约 1500 公里范围的较为精确的卫星定位、导航和授时服务。第二步是 2015 年以后再发射大约 10 颗导航卫星，最终实现从“区域卫星导航系统”向印度版“全球卫星定位系统”迈进。

从目前发展情况来看，IRNSS 很可能将会赶在欧洲伽利略系统之前，成为继 GPS、GLONASS、北斗卫星导航系统之后的第 4 个投入应用的卫星定位系统。然而就研发进度而言，IRNSS 至少落后“北斗”系统 5 ~ 10 年。

第三节　中国北斗导航的崛起

目前，GPS 占据了全球导航业 90% 以上的市场份额，是当之无愧的导航霸主。GPS 同样也主导了我国的导航市场，融入了我国的国民经济建设、国防建设和社会发展的各个应用领域。然而，GPS 对我国来说也存在不少问题。

一、GPS 的潜在威胁

GPS 存在的问题主要体现在国防安全及经济效益等方面。

首先，GPS 在数据安全方面存在缺陷，对国防安全构成潜在威胁。根据最初的设计，GPS 可以向社会提供精密定位服务（PPS）和标准定位服务（SPS）。其中，精密定位服务主要提供给政府部门或其他特许民用部门，使用双频 P 码，预期定位精度达到 10 米。标准定位服务主要供民用，使用 C/A 码单频接收机，理论上由于无法利用双频技术消除电离层的折射的影响，其单点实时定位的精度约为 100 米。但是在 GPS 的实验阶段，由于提高了卫星钟的稳定性和改进了卫星轨道的测定精度，使得利用 C/A 码定位的精度达到 14 米，利用 P 码定位的精度达到 3 米，大大优于预期。美国政府出于自身安全的考虑，于 1991 年在 Block Ⅱ 卫星上实施了 SA（Selective Availability）政策和 AS（Anti - Spoofing）政策。所谓 SA 政策即可用性选择政策，通过控制卫星钟和报告不精确的卫星轨道信息来实现。它包括两项技术：第一项技术是将卫星星历中轨道参数的精度降低到200米左右；第二项技术是在GPS卫星的基准频率施加高抖动噪声信号，而且这种信号是随机的，从而导致测量出来的伪距误差增大。实施这两项技术可使民用GPS定位精度重新回到原先估计的误差水平，即大约100米。而AS政策则为反电子欺骗政策，它将P码与高度机密的W码模2相加形成新的Y码。其目的在于防止敌方对P码进行精密定位，也不能进行P码和C/A码相位测量的联合求解。SA和AS技术是各自独立实施的。虽然SA政策已于2000年5月2日4时终止实施，但各国政府已经对GPS心存芥蒂。试想，一旦战争爆发，如果美国对GPS加以限制，所有需要导航辅助的武器将失效，后果不堪设想。

其次，卫星导航市场利益巨大，唯美国受益最多。自美国取消SA政策后，GPS民用信号精度在全球范围内得到改善，刺激了全球GPS市场蓬勃发展。导航市场涵盖许多行业领域，以至于难以准确计算经济利益。据估计，2012年全球导航市场规模约1200亿美元，之后的若干年每年可保持15%的复合增速。可见，GPS技术市场的应用前景非常可观。虽然，对于民众而言，GPS信号可以免费使用。但实际上，各种GPS导航终端里面都有GPS模块，而厂商每生产一个GPS模块都需要向美国交费才能获得授权。如此一来，各国为使用GPS都得向美国作出巨大的让利。

这两方面的问题引起了许多国家的警惕，欧洲、日本和印度等地区或国家都开始研制自己的卫星导航系统，我国抓紧研制北斗卫星导航系统显得非常必要。

二、北斗导航横空出世

我国政府从20世纪70年代就开始筹划定位导航卫星事宜，先后提出过单星、双星、三星、三到五颗星的区域性系统方案，以及多星的全球系统设想。80年代初期，以“两弹一星”元勋陈芳允院士为首的专家团队利用两颗地球静止轨道卫星来实现区域性导航定位的设计方案，经过多次演示实验证明，该系统方案正确可行，但因经济条件等原因被搁置了。1991年海湾战争爆发，美国的GPS在作战中的应用非常成功。这促使我国政府决定尽快启动被搁置的双星定位方案，研制北斗导航系统。当时，有关部门制定了自主研制实施北斗卫星导航系统建设的“三步走”发展战略：第一步是试验阶段，即用少量卫星利用地球同步静止轨道来完成试验任务，为北斗卫星导航系统建设积累技术经验、培养人才，研制一些地面应用基础设施设备等；第二步是到2012年，计划发射10多颗卫星，建成覆盖亚太区域的北斗卫星导航定位系统（即“北斗”二号区域系统）第三步是到2020年，建成由5颗静止轨道和30颗非静止轨道卫星组网而成的全球卫星导航系统。

2003年5月25日零时34分，中国在西昌卫星发射中心用长征三号甲运载火箭，成功地将作为备份星的第三颗“北斗”一号卫星送入太空。它与2000年10月31日、12月21日发射的两颗工作星组成了完整的卫星导航定位系统，标志着第一步战略顺利完成。中国由此成为继美国和俄罗斯后，世界上第三个拥有自主卫星导航系统的国家。

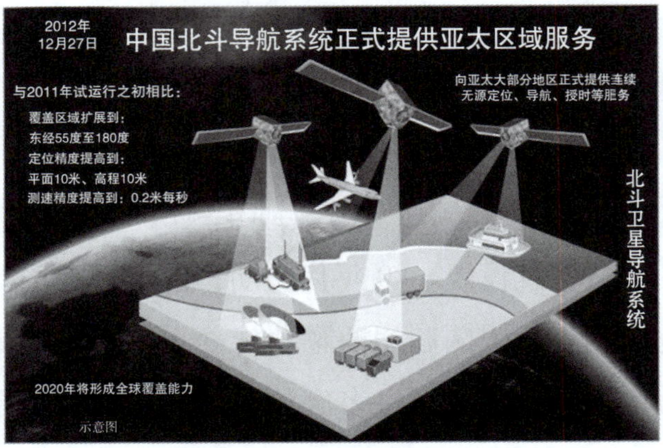

中国北斗导航系统正式提供亚太区域服务

图片来源：http：//military. china. com/important/11132797/20150916/20404001_ all. html。

“北斗”一号系统由两颗地球静止卫星、一颗在轨备份卫星、中心控制系统、标校系统和各类用户机等部分组成，其工作频率为2491.75MHz，系统能容纳的用户数为每小时540000户。之后，中国又于2007年2月3日发射了第四颗“北斗”一号卫星，不仅作为早期3颗卫星的备份，同时还开展卫星导航定位系统的相关试验。这系统具有卫星数量少、投资小、用户设备简单价廉、能实现一定区域的导航定位、通信等多用途，可满足当前中国陆、海、空运输导航定位的需求。但其性能和美国GPS相比差距甚大：一是“北斗”一号是覆盖中国本土的区域导航系统，约为东经70°~140°，北纬5°~55°，而GPS则是覆盖全球的全天候导航系统，与GPS的全球定位相差甚远；二是“北斗”一号三维定位精度约几十米，授时精度约100ns。GPS三维定位精度P码已由16m提高到6m，C/A码已由25~100m提高到12m，授时精度目前约20ns；三是由于采用卫星无线电测定体制，用户终端机工作时要发送无线电信号，会被敌方无线电侦测设备发现，不适合军用；四是无法在高速移动平台上使用，这限制了它在航空和陆地运输上的应用。但最重要的是，“北斗”一号是中国独立自主建立的卫星导航系统，它的研制成功标志着中国打破了美、俄在此领域的垄断地位，解决了中国自主卫星导航系统的有无问题。

2012 年 10 月 25 日，我国在西昌卫星发射中心用“长征”三号丙火箭，成功将第 16 颗北斗导航卫星送入预定轨道，这是我国“北斗”二号导航工程的最后一颗卫星。其中这 16 颗卫星中有 14 颗组网并提供服务，分别为 5 颗静止轨道卫星、5 颗倾斜地球同步轨道卫星，4 颗中地球轨道卫星。至此，我国北斗导航工程区域组网顺利完成，具备了覆盖亚太地区的定位、导航、授时和短报文通信服务能力，标志着我国北斗卫星导航系统建设第二步战略目标全部实现。“北斗”二号信号质量总体上与 GPS 相当，在 45°以内的中低纬地区，北斗动态定位精度与 GPS 相当，水平和高程方向分别可达 10 米和 20 米左右；北斗静态定位水平方向精度为米级，也与 GPS 相当，高程方向 10 米左右，较 GPS 略差；在中高纬度地区，由于北斗可见卫星数较少、卫星分布较差，定位精度较差或无法定位。在实施第二步战略的过程中，我国曾两次采用“一箭双星”技术，其中 2012 年 4 月 30 日是首次采用，在西昌卫星发射中心用长征三号乙运载火箭将中国第 12 颗、第 13 颗北斗导航系统组网卫星顺利送入太空预定转移轨道。之后又在 2012 年 9 月 19 日 3 时 10 分采用该方式发射了第 14 颗和第 15 颗北斗导航卫星。可以说，“一箭双星”技术大大提高了北斗卫星导航系统的建设效率。

2015 年 3 月 30 日，我国成功发射第 17 颗北斗导航卫星。这次成功发射，标志着我国开始实施北斗导航第三步战略，开始由区域运行向全球组网。之后，我国于 2015 年 7 月 25 日发射了第 18 颗、第 19 颗北斗导航卫星，于 9 月 30 日发射了第 20 颗北斗卫星。这 3 颗卫星都是新一代北斗卫星，国产化率突破 98%，包括自主处理器、核心原子钟、星间链路技术等。经全面验证，新一代北斗卫星播发信号数量比前一代增加了 2 倍多，达到了国际先进水平。更为关键的是，这是具有自主知识产权的全新信号格式。另外，北斗的精度将在 2016 年底达到亚米级（误差小于 1 米），比目前 GPS 民用修正精度的 4 米领先不止一个量级。

按照计划，我国将在 2020 年完成第三步战略，建成由 35 颗卫星组成的覆盖全球的北斗导航系统。这 35 颗卫星包括 5 颗静止轨道卫星、27 颗中地球轨道卫星、3 颗倾斜同步轨道卫星。系统完成后将提供两种服务方式，即开放服务和授权服务。开放服务是在服务区免费提供定位、测速和授时服务，定位精度为厘米级，授时精度为 50 纳秒，测速精度 0.2 米/秒。授权服务是向授权用户提供更安全的定位、测速、授时和通信服务以及系统完好性信息。

三、北斗导航的优势

北斗导航系统除了能够满足日常定位导航需求外，还能为我国交通运输、气象、石油、海洋、森林防火、灾害预报、通信、公安以及其他特殊行业提供高效的导航定位服务。北斗导航性能良好，具有许多新颖、实用的功能。

1. 全球免费，可兼容 GPS

北斗卫星导航系统在提供无源定位导航和授时等服务时，在用户数量上没有限制，目前国内北斗用户数量已经达到 10 万以上。北斗卫星导航系统向全世界提供的服务都是免费的。国内相关企业已经开始着手北斗应用终端的研发以及北斗系统和 GPS 系统兼容终端的研发，这意味着持有 GPS 终端的用户也可以使用北斗系统，用户也可以使用兼容北斗系统和 GPS 系统的终端。如此极大地方便广大用户特别是原 GPS 用户使用北斗导航系统，而不需新增过高的成本。

2.“短信服务”大显身手

与其他全球卫星导航系统相比，把短信和导航结合是北斗导航系统的独特发明。一般来讲，世界上其他的全球卫星导航系统只是告诉用户什么时间、在什么地方，而北斗导航系统除此之外还可以将用户的位置信息发送出去，使用户想告知的其他人获知用户的情况。

这一功能在 2008 年汶川地震抗震救灾中发挥了重要作用。2008 年 5 月 12 日，地震导致汶川基础设施和通信设施严重损坏，汶川瞬间成为信息孤岛。在常规通信手段失灵的情况下，中国卫星导航应用管理中心为救援部队紧急配备了一千多台北斗卫星导航试验系统终端机。救援队利用北斗终端机的短报文功能实现了各点位之间以及点位与指挥部之间的信息联络。5 月 15 日，救援部队传回汶川地震灾区的最新灾情和救援情况，并说明大部分救援部队已经到达指定位置，在灾区各乡镇展开全面搜救。5 月 17 日，成都军区某部发回信息：北川县茶坪余震不断，海子（湖泊在当地的称呼）水位迅速上升，随时可能发生重大洪灾，灾民已弃家转移高处，46 名重伤员急需救助。这些从前线发回的各类灾情报告，为指挥部指挥抗震救灾提供了重要的信息支援。

不仅如此，这一功能在远洋渔业中也能发挥大作用。以往，为了防范风险，渔民通常需要同时配备 GPS 导航仪和海事卫星电话。遇到风险后，渔民首先要用 GPS 定好位，然后用海事卫星电话向救援部门报告遇险的 GPS 坐标。然而，海事卫星电话使用费用昂贵，对渔民来说是一笔不小的支出。如今，“北斗”二号已覆盖亚太地区，渔民选择北斗卫星船载终端，遇到险情后一键求救，终端会自动把附带着定位信息的求救短信通过卫星发给救援队，实现了“GPS + 海事卫星电话”的功能，目前每条短信 0.3 元，可谓既方便又实惠。一些渔业省份在岸上建设基于“北斗”二号的渔业信息服务基础设施，通过卫星给渔船发送实时的天气、海浪、赤潮、鱼汛消息，甚至还有当日渔市价格，帮助渔民决定捕捞哪种鱼，渔民在海上就可以把渔获信息传到岸上，提前联系好卖家。北斗卫星的短信功能非常受欢迎，据统计，截至 2012 年底，全国有近 4 万艘出海渔船安装了北斗卫星导航系统终端，北斗海洋渔业综合信息服务的海上用户量已达 4 万，已开通北斗终端与手机短信息互通服务的手机用户超过 7 万，短信量月高峰可达 70 万条。

据报道，其他全球卫星导航系统在后续系统的改进、设计过程中，也要借鉴北斗的短报文通信特色服务。

3. 首创多种轨道设计

无论是美国的 GPS、俄罗斯的 GLONASS 还是欧洲的“伽利略”系统，都只有一种轨道设计，即中圆轨道设计，只不过区别在选取三个轨道面还是六个轨道面上。而我国的北斗全球卫星导航系统在保留中圆轨道三个轨道面设计长处的基础上，集纳了多种轨道设计的优势于一身，是世界导航系统的首创。同时，北斗全球卫星导航系统还将保留在区域卫星导航系统中采用的地球同步静止轨道和倾斜地球同步轨道相组合的轨道设计，这一设计在实现区域导航覆盖和提升区域导航精度方面，能够用更少的卫星达到更好的导航性能和效果，是最经济、最简单、最实用的设计方法。

第四节　北斗导航的重大意义

北斗导航使中国一跃成为世界上第三个拥有自主卫星导航系统的国家，实现了从无到有的突破。然而，它的意义不仅限于此，它对于我国的通信安全、国防安全以及国家经济社会发展都具有十分重要的意义。

第一，体现了集中力量办大事的优越性。欧洲早在 1999 年 2 月 10 日就提出建设“伽利略”定位系统，直到 2012 年才能初步发挥顶面精准定位的功能。而北斗从 2007 年起到 2012 年就发射了 16 颗卫星，2013 年就正式开始商用，系统的建设非常高效。欧洲曾邀请中国、日本和印度参与开发“伽利略”定位系统，但在核心技术方面却对中国设置不少障碍。我国发挥制度优势，有效调动各方力量，使北斗导航系统的开发走在了“伽利略”定位系统前面。而北斗与“伽利略”在使用频率上有重叠，根据优先使用规则，我国获得这一频率的使用权，避免“有星没法用”的悲剧。

第二，大幅提升军队战斗力，有效保证国防安全。在过去，我国大多数军民应用范畴建立在 GPS 之上，一旦发生战争，美国加大民用码误差，甚至使 GPS 局部不可用，后果将不堪设想。而北斗卫星导航系统的导航精度不仅已能与民用 GPS 媲美，赶超之日也指日可待。据报道，由某国内企业研制的首个国产星基增强服务系统“中国精度”已于 2015 年正式提供服务，今后北斗用户在无须架设基站的情况下，可以在全球任意地点享受厘米级的高精度增强服务。得益于北斗不断提升的精度，我国卫星制导武器的精准程度与远距离作战能力将由此大增。有专家预测，北斗卫星导航系统能使解放军作战效能提高 100 ~ 1000 倍，作战费效比提高 10 ~ 50 倍，大大提高国防能力和减少国防经济的负担。

第三，为我国创造巨大的经济利益。卫星导航与位置服务产业在国际上已成为继互联网、移动通信之后的发展最快的新兴信息产业之一，近年来一直保持着 50% 以上的增长势头，具有十分巨大的市场潜力。自 GPS 开放民用以后，美国迅速用 GPS 垄断的优势占领全球并实现盈利。据统计，美国 GPS 导航市场年产值已达几百亿美元，预计到 2020 年将达到 4000 亿美元。而根据全球导航定位协会的估测，中国卫星导航市场 2015 年卫星导航产业总产值可达到 2500 亿元，到 2020 年产业规模将超过 4000 亿元。由于缺乏竞争，目前 GPS 占了中国九成以上的市场。但是，随着北斗卫星导航系统日益广泛的使用，中国卫星导航市场的格局将发生巨大改变。据估算，到 2020 年，北斗卫星导航系统及其兼容产品将在国民经济重要行业和关键领域得到广泛应用，在大众消费市场逐步推广普及，对国内卫星导航应用市场的贡献率达到

60%，重要应用领域达到80%以上，在全球市场具有较强的国际竞争力，从而为我国创造巨大的经济利益。

第四，显著提升航天技术水平，促进产业结构优化升级。北斗卫星导航系统是航天的高科技工程，它对推动经济社会发展具有巨大的拉动作用，可以显著地增强国家的科技、经济和工业实力，是一个国家大国地位和综合国力的标志。当前，我国正实施创新驱动发展战略，北斗卫星导航系统作为高端制造业，依靠技术创新促进了航天技术水平的提高，突破了芯片、嵌入式软件等领域的一批关键核心技术，形成一批具有知识产权的专利和技术标准，很好地支撑了行业技术进步和应用模式创新。同时，北斗导航系统的开发和应用还对我国的农业、现代服务业、交通运输业、电子制造业、移动通信业等多个产业的升级改造，具有重要的带动与引导作用，能够带动多个传统产业结构转型和优化升级。

参考资料

[1] 刘基余 . GPS 卫星导航定位原理与方法［M］. 北京：科学出版社，2008.

[2] Elliott D. Kaplan，等 . GPS 原理与应用［M］. 2 版 . 寇艳红，译 . 北京：电子工业出版社，2012.

[3] 国务院办公厅关于印发国家卫星导航产业中长期发展规划的通知（国办发〔2013〕97 号）［EB/OL］.（2013 - 10 - 09）. http：//www. gov. cn/zwgk/2013 - 10/09/content_ 2502356. htm.

[4] 中国北斗“三步走”实现战略目标 [EB/OL]. (2013-03-22). http://www.zskjj.gov.cn/show.asp? newsid=9997.

[5] 北斗导航试运行全球免费用 汶川地震曾小试身手 [N]. 现代快报, 2011-12-28.

[6] 北斗系统可提高解放军作战效能100到1000倍 [N]. 法制晚报, 2011-12-27.

[7] 中国精度接收机发布 北斗导航进入全球厘米级时代 [EB/OL]. (2015-09-24). http://scitech.people.com.cn/n/2015/0924/c1007-27630283.html.

第二十一章 嫦娥奔月

月球，俗称月亮。它是地球唯一的天然卫星，是茫茫宇宙中离地球最近的一个天体。自古以来，人类对这个挂在天际的星球，一直充满好奇和向往。我国自古就流传着嫦娥奔月的神话故事，千百年来嫦娥奔月寄托着炎黄儿女的憧憬和梦想。今天，在华夏大地上，这个美好的追求和向往已经变成现实，嫦娥三号顺利登月，叩开了月宫的大门。这是我国继突破人造地球卫星和载人航天之后，航天技术发展的第三个里程碑。

第一节　嫦娥奔月的神话传说

自古以来，月球就以其晶莹洁白的光华、变幻万千的身姿成为文人墨客久唱不衰的绝好题材。具有浪漫想象的中国人，对月亮赋予了无尽意境和美好期许，从《诗经》的“月出皎兮，佼人僚兮”。到苏轼的“明月几时有？把酒问青天”荡气回肠的咏月佳句，从游子们的思乡愁绪到情侣们的海誓山盟，无不叫人如痴如醉，勾画出一个个动人的神话与传说。

在中国的古代神话中，嫦娥奔月妇孺皆知。传说帝尧时代，天上突然出现十个太阳，给神州带来了恐怖和灾难。一个叫后羿的神射手，把其中九个太阳射了下来，替万民消除了灾难。王母娘娘赐给后羿一包不死药。后羿的徒弟蓬蒙知道后，趁后羿不在，威逼他的妻子嫦娥交出不死药。嫦娥危急之时拿出不死药一口吞了下去，顿时，身子立刻飘离地面、冲出窗口，向天上飞去。由于嫦娥牵挂着丈夫，便飞落到离人间最近的月亮上成了仙。后羿回到家，侍女们哭诉了白天发生的事。悲痛欲绝的后羿，仰望着夜空呼唤爱妻的名字。这时他惊奇地发现，今天的月亮格外皎洁明亮，而且有个晃动的身影酷似嫦娥。后羿急忙派人到嫦娥喜爱的后花园里，摆上香案，放上她平时最爱吃的蜜食鲜果，遥祭在月宫里眷恋着自己的嫦娥。百姓们闻知嫦娥奔月成仙的消息后，

嫦娥奔月神话

图片来源：http：//club. m. autohome. com. cn/bbs/thread－c－109－34182209－1. html。

纷纷在月下摆设香案，向善良的嫦娥祈求吉祥平安。从此，中秋节拜月的风俗，便在民间传开了。

这一美丽的神话传说，寄托着千百年来中华民族对月球的向往和追求。在党中央、国务院的正确领导下，广大科技工作者团结一心、不断探索、集智攻关、勇攀高峰，攻克一道道技术难关，解决一个个技术难题，为“嫦娥奔月”开辟了一条通向成功之路，终于实现了华夏民族千百年来的梦想和追求，在美丽的月球上留下了中国人的印记。

第二节　中国探月工程的目标与使命

中国航天科技工作者早在 1994 年就进行了探月活动的必要性和可行性研究，1996 年完成了探月卫星的技术方案研究，1998 年完成了卫星关键技术研究，以后又开展了深化论证工作。从 1999 年开始，国防科工委组织有关部门系统地论证了月球探测的科学目标，2000 年，中国科学院通过了对科学目标的评审，并据此科学目标开始研制有效载荷。从 2002 年起，国防科工委组织科学家和工程技术人员研究月球探测工程的技术方案。经过两年多的努力，深化了科学目标及其实施途径，落实了探月工程的技术方案，建立了全国大协作的工程体系，提出了立足我国现有能力的月球探测工程方案。

中国月球探测工程，分为“探”“登”“驻（住）”大三步，其中第一大步“探”即现在正在实施的中国探月工程，并和载人航天工程一道列为国家重大科技专项，它又分为“绕”“落”

"回"小三步。第一步为"绕"，即发射我国第一颗月球探测卫星，突破至地外天体的飞行技术，实现月球探测卫星绕月飞行，通过遥感探测，获取月球表面三维影像，探测月球表面有用元素含量和物质类型，探测月壤特性，并在月球探测卫星奔月飞行过程中探测地月空间环境。第二步为"落"，即发射月球软着陆器，突破地外天体的着陆技术，并携带月球巡视勘察器，进行月球软着陆和自动巡视勘测，探测着陆区的地形地貌、地质构造、岩石的化学与矿物成分和月表的环境，进行月岩的现场探测和采样分析，进行日-地-月空间环境监测与月基天文观测。具体方案是用安全降落在月面上的巡视车、自动机器人探测着陆区岩石与矿物成分，测定着陆点的热流和周围环境，进行高分辨率摄影和月岩的现场探测或采样分析，为以后建立月球基地的选址提供月面的化学与物理参数。第三步为"回"，即发射月球软着陆器，突

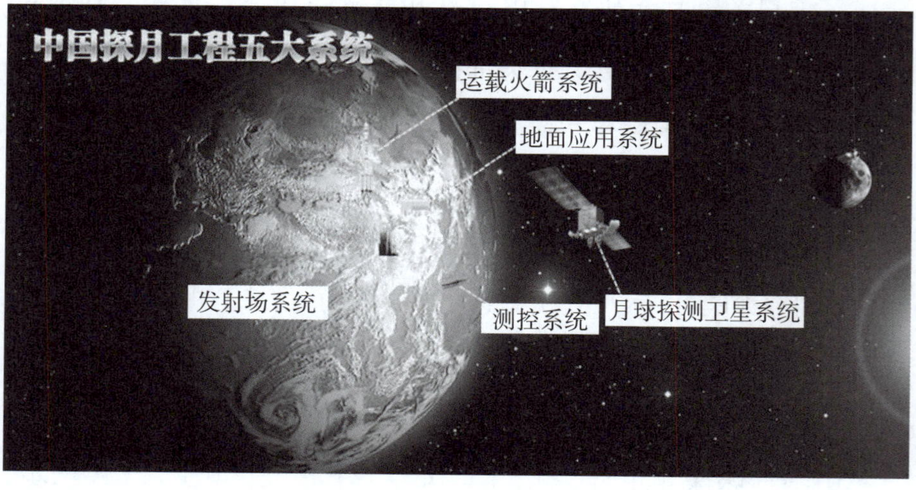

中国探月工程五大系统

图片来源：http：//www. kankanews. com/a/2014－10－22/0045649206. shtml。

破自地外天体返回地球的技术，进行月球样品自动取样并返回地球，在地球上对取样进行分析研究，深化对地月系统的起源和演化的认识。目标是月面巡视勘察与采样返回。

2004 年 1 月，国务院批准绕月探测工程立项，命名为嫦娥工程。2004 年 4 月 12 日，国务院总理温家宝对绕月探测工程作出重要批示，指出："绕月工程是一项复杂的多学科高技术集成的系统工程。要统筹规划，合理确定科学和工程目标；充分调动和整合各方面科研资源，加大重大关键技术的攻关。"他同时要求："要加强基础工作，突破关键技术，严格对工程全过程的管理，坚持质量第一，确保绕月探测飞行任务圆满成功。"

我国探月工程的理念是：探索外层空间，扩展对宇宙和地球的认识；和平利用月球，促进人类文明和社会发展，造福全人类；满足经济建设、国家安全、科技发展和社会进步等方面日益增长的需要，维护国家利益，增强综合国力。

我国探月工程的使命是：突破一大批具有自主知识产权的月球探测核心技术和关键技术，实现中国航天技术的跨越式发展。带动中国基础学科探索的深入，推动信息技术和工业技术的发展，加速科技成果向现实生产力转化，促进我国高新技术领域的群体性突破，锻炼、培养一支能够站在世界科技前沿、勇于开拓创新的高素质科技人才队伍。提高中国的国际地位，向世人昭示勤劳智慧的中国人民有志气、有信心、有能力屹立于世界先进民族之林，在攀登现代科技高峰的道路上不断创造非凡的业绩。

我国在发展人造卫星和载人航天之后，开展以月球探测为起点的深空探测，是我国航天科技有所创造、有所作为的重大举措，将成为我国航天事业发展史上的第三个里程碑。

嫦娥工程的正式启动，拉开了我国深空探测的帷幕。

第三节　中国探月工程的重大突破

一、中国探月工程的“三级跳”

我国月球探测工程虽然起步晚，但起点高，借鉴了国外月球探测工程的经验，利用已有的国外月球探测成果，优化探测目标，优化技术实施途径，形成有自身特色的月球探测活动。从 2007 年到 2013 年，从嫦娥一号到嫦娥三号，中国探月工程实现了“三级跳”。

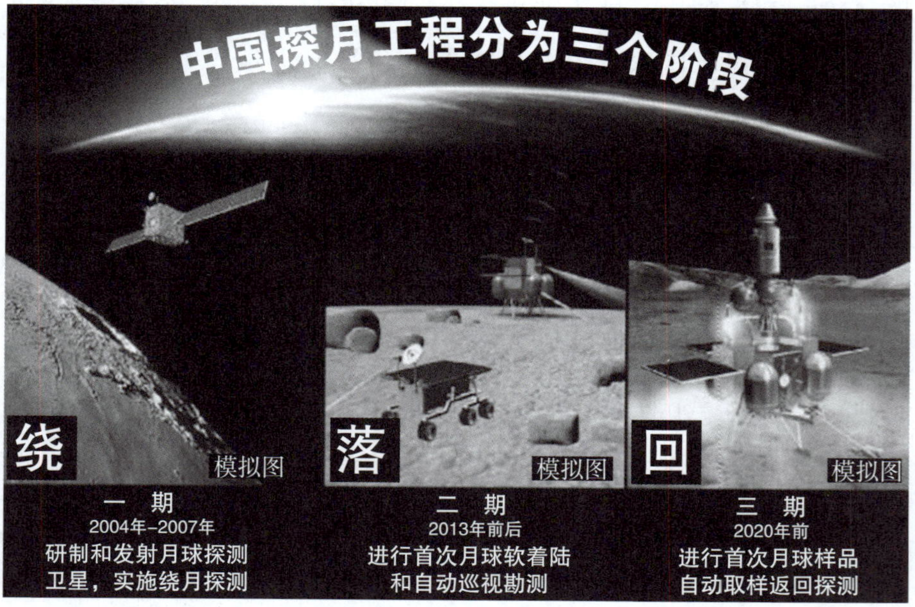

中国探月工程的三个阶段

图片来源：http：//baike. so. com/doc/6366198 －6579839. html？ from＝163995&re direct＝merge。

（一）嫦娥一号：实现从无到有的历史性突破

嫦娥一号是我国首颗绕月人造卫星。2007 年 10 月 24 日 18 时 5 分，嫦娥一号卫星在大凉山深处的西昌卫星发射中心由长征三号甲火箭发射升空。嫦娥一号经过 18 天时间飞行最终进入环月轨道。根据飞行计划，嫦娥一号在奔月途中，应该安排 3 次中途修正。然而，由于卫星轨道控制非常精准，嫦娥一号只实施了一次中途修正。进入环月轨道后，嫦娥一号拍摄的月球照片源源不断地传回地球。2008 年 11 月 12 日，由嫦娥一号拍摄数据制作完成的“中国第一幅全月球影像图”公布。这是世界上已公布的月球影像图中最完整的一幅影像。2009 年 3 月 1 日 16 时 13 分 10 秒，在科技人员的精确控制下，嫦娥一号准确落入东经 52.36 度、南纬 1.50 度的月表指定区域，成功完成硬着陆。撞月过程中，CCD 相机实时传回了清晰的图像。嫦娥一号任务的完美实施，标志着中国航天正式迈入深空探测新时代。

（二）嫦娥二号：创造多项“世界第一”

嫦娥二号是中国探月工程二期的技术先导星。嫦娥二号卫星于 2010 年 10 月 1 日在西昌卫星发射中心发射升空。嫦娥二号飞行的重要任务之一是验证软着陆关键技术。与嫦娥一号任务不同的是，长征三号丙运载火箭将嫦娥二号直接送到地月转移轨道，飞向月球的整个行程只要 112 小时。与嫦娥一号相比，嫦娥二号安装了更多新设备，开展了一系列新的试验项目。到达月球轨道后，卫星在距离月球表面 100 公里的圆轨道开展工作，完成在轨测试和技术验证后，进入更近的100公里×15公里椭圆轨道，对嫦娥三号预选着陆区虹湾进行拍照。在15公里高度拍摄的月球图像，分辨率达到1.5米。嫦娥二号卫星创造了航天领域的多项“世界第一”：首次从月球轨道出发飞赴日地拉格朗日L2点进行科学探测，首次对图塔蒂斯小行星近距离交会探测并获得10米分辨率的小行星图像等。嫦娥二号成为首个人造太阳系小行星，与地球间距离突破6500万公里，正奔向更深远的深空。如果顺利，嫦娥二号有望最远飞行到距离地球3亿公里处。这是中国航天器飞行距离最远的一次“太空长征”。

（三）嫦娥三号：实现中国航天器首次地外天体软着陆

嫦娥三号是嫦娥工程二期中的一个探测器，是中国第一个实现月球软着陆的无人登月探测器。嫦娥三号探测器由月球软着陆探测器（以下简称“着陆器”）和月面巡视探测器（以下简称“巡视器”，又称“玉兔号月球车”）组成。嫦娥三号于2013年12月2日在中国西昌卫星发射中心由长征三号乙运载火箭送入太空，当月14日成功软着陆于月球雨海西北部，15日完成着陆器巡视器分离，并陆续开展了“观天、看地、测月”的科学探测和其他预定任务，取得一定成果。2013年12月16日，中国官方宣布嫦娥三号任务获得成功。嫦娥三号着陆器目前工作状态良好，巡视器在第二次月夜休眠前出现异常不能行走，尚未恢复但依旧存活。目前，全世界仅美国、苏联成功实施了13次无人月球表面软着陆。嫦娥三号任务取得成功，使中国成为第三个实施月球软着陆的国家。嫦娥三号的成功发射，实现了中国探测器首次在地外天体的软着陆和巡视器探测。

二、中国探月工程的技术创新与成就

探月工程技术难度大，极具挑战性、风险性。我国广大航天科技工作者坚持勇于探索、科学求实的精神，着力提高自主创新能力。他们不畏艰难，勇于创新，突破并掌握利用大批具有自主知识产权的核心技术和关键技术，高标准、高质量、高效率地完成了我国探月工程的各项任务。

（一）嫦娥一号攻克四大难关

嫦娥一号绕月是我国深空探测的第一步，为了实现一期工程的工程目标和科学目标，我国科学家先后攻克了四大难关。

一是轨道设计问题。与以往我国发射的所有卫星相比，嫦娥一号轨道设计的难度最大，因为它涉及地球、月球、卫星三体运动条件，而以往只需考虑地球、卫星相对运动条件。经过科学家的精心计算和多次推演，终于设计出了符合工程要求的复杂轨道。卫星首先由运载火箭送入地球大椭圆轨道，利用自身推进系统经过调相轨道 3 次加速，进入地月转移轨道。卫星在地月转移轨道运行 114 小时后，进入月球捕获轨道，进行 3 次制动，分别经过 3 个不同轨道阶段进入月球的目标轨道，执行预定任务。

二是热控问题，也就是卫星表面和内部的热量控制问题。嫦娥一号运行的空间环境比较复杂，“地－月”空间的强辐照环境会对卫星的电子器件产生很大影响；而且月球在对日面、背日面条件下的温度变化梯度很大，对卫星搭载的各种探测器的温控要求更高。由于要经历复杂的热环境，热控技术必须适应复杂的外部温度变化，以保证卫星上所有设备处在正常的工作温度范围。

三是远距离测控与通信问题。以前我国发射的最远的探测卫星，距离地球不到 8 万公里，而嫦娥一号与地球的飞行距离达到 38 万公里，这给测控系统的传输能力带来了挑战。同时，为实现绕月飞行，嫦娥一号需经历复杂的轨道转移过程，其间的测控任务对星上和地面测控系统提出了更高要求。在我国尚未建成深空测控网的情况下，采用航天测控网和天文观测网相结合的办法，基本满足了嫦娥一号绕月的要求。

四是卫星姿态控制问题。在绕月飞行期间，嫦娥一号要一直保持对月、地、日三个天体定向。各种探测器要保持对月定向，以完成科学探测任务；卫星发射和接收天线要保持对地定向，以将科学数据传回地球，供地面应用系统研究；为了使电池阵尽量获得日照，卫星的太阳能帆板要保持对日定向。在卫星运行期间，月、地、日三个天体都是相对运动的，姿态控制是三矢量控制过程，需要在卫星整体布局、质量分布、多轴控制跟踪等方面进行很多新的理论研究。

这四大问题既是工程的难点，也是技术创新点。这些问题涉及许多科学技术的前沿领域，对它们的成功攻克，使得我国在相关领域产生跨越式发展。

综上，嫦娥一号取得的主要科学成果是：第一，世界上首次拍摄了全月面的立体图像；第二，探测了有用元素；第三，探测了月壤的厚度；第四，探测了地球到月球的地月空间和近月空间的环境。

（二）嫦娥二号突破六大技术难题

与嫦娥一号任务相比，嫦娥二号任务增加了很多新技术，对探月工程起到承上启下的关键作用，对整个工程甚至航天事业的发展都具有十分重要的意义。与嫦娥一号任务相比，嫦娥二号技术更新、难度更大、系统更复杂，我国科学家实现了6个方面的技术创新与突破。

一是突破运载火箭直接将卫星发射至地月转移轨道的发射技术。嫦娥一号是先发射到地球附近的过渡轨道，再经过自身多次调整进入奔月轨道；而嫦娥二号卫星是由运载火箭直接送入近地点200公里，远地点约38万公里的奔月轨道，这样效率更高。嫦娥一号用了近14天时间进入工作轨道，嫦娥二号7天以内就可做到。相比嫦娥一号任务，嫦娥二号任务对运载火箭推力要求更大，入轨精度和控制精度要求更高。

二是试验X频段深空测控技术，初步验证深空测控体制。嫦娥二号任务飞行测控首次验证了中国新建的X频段深空测控体制。相比嫦娥一号任务中使用的S频段卫星测控网，X频段无线电传输信号频率更高，远距离测控通信效果更好。

三是验证100公里月球轨道捕获技术。相比嫦娥一号在距月面200公里处被月球捕获，嫦娥二号是在距月面100公里处进行制动，飞行速度更快，轨道更低，制动量更大，同时月球不均匀重力场对卫星轨道的影响也相应增大，大大提高了对卫星制动控制精度的要求。

四是验证100公里×15公里轨道机动与快速测定轨技术。嫦娥二号验证了100公里×15公里轨道机动与快速测定轨技术，测试了将飞行轨道由100公里圆轨道调整为远月点100公里、近月点15公里的椭圆轨道的能力。

五是试验全新的着陆相机，数据传输能力大幅提高。嫦娥二号增加配置了降落相机，以检验对月成像能力，为嫦娥三号月面软着陆做准备。数据传输速率也由嫦娥一号的3兆每秒翻倍为6兆每秒，还进行了12兆每秒的传播速率试验。

六是对嫦娥三号预选着陆区进行高分辨率成像试验。嫦娥一号搭载的CCD相机分辨率为120米。而嫦娥二号在100公里圆轨道和100公里×15公里轨道的近月点处，将分别对嫦娥三号的预选着陆区进行优于10米和1.5米分辨率的成像试验，分辨率有了很大提高。

综上，嫦娥二号取得的主要科学成就是：第一，突破了地月转移轨道发射技术。嫦娥二号任务选用长征三号丙火箭在西昌卫星发射中心发射，由运载火箭将卫星直接送入近地点高度200公里、远地点高度约38万公里的奔月轨道。第二，突破了环月飞行轨道控制技术。嫦娥二号卫星在奔月途中，原计划进行的3次中途轨道修正，仅用一次修正就达到了预期目标，这标志着我国轨道测定及控制技术达到精准水平。同时也标志着我国的航天测量精度有了新提高。第三，突破了深空测控通信技术。在嫦娥二号任务实施过程中，首次试验低密度校验码（LDPC）遥测信道编码技术，以提高星地通信能力；首次试验X频段测控体制和校差差分单向测距等技术，以提高卫星测定轨精度；首次开展紫外敏感及自主导航、高速数据传输等试验、为后续探月及深空探测任务积累重要的技术基础。第四，突破了高分辨率立体相机研制技术。新研制的 TDI－CCD 相机，将图像分辨率从嫦娥一号的 120 米提高到 10 米左右，在 15 公里轨道处达到 1.5 米。TDI－CCD 相机采用多条线阵 CCD 对同一目标多次曝光的原理，以满足分辨率提高对相机曝光控制要求，是我国相关载荷研制技术的一个重要突破。

（三）嫦娥三号攻克七大关口、跨越 3 个环节

作为我国自主研制的首个月球探测器，嫦娥三号由着陆器和巡视器组成，80% 以上的技术和产品为全新研发。承载中华民族“落月”梦想的嫦娥三号任务，是我国航天领域迄今最复杂、难度最大的任务，主要面临 7 个方面技术难点：突破地面试验验证，多窗口、窄宽度准时发射，月面软着陆，两器分离，月地间遥操作，月面生存，测控通信七大关键技术。

嫦娥三号零窗口发射、精确入轨，只是奔月之旅第一步。在漫漫奔月旅途中，嫦娥三号跨越了 3 个关键环节。

一是顺利实施轨道修正。在地月转移轨道，嫦娥三号需要飞行大约 5 天时间。在人类探月活动的历史上，曾多次发生探测器未能实现月球的捕获而丢失在星际间的事故，这大多是由于飞行过程中卫星姿态和速度控制不精确造成的。在高速飞行的过程中，嫦娥三号必须在地面的指令下进行中途轨道修正。一般来讲，至少需要进行两次修正，第一次是在进入地月转移轨道的一天之内，第二次是在到达月球的前一天内。在科技人员的精确控制下，嫦娥三号在进行两次轨道修正后，准确飞抵 100 公里的环月圆轨道。

二是精准实施制动。大约5天后，当嫦娥三号卫星到达距月球200千米位置时，需要进行减速制动，也就是“刹车”。只有这样，才能被月球引力捕获，成为绕月飞行的卫星。这是实现绕月飞行的一个重要步骤：“刹车”晚了，卫星就要撞到月球上去；而“刹车”早了，则会飘向太空。“刹车”是否成功，关键取决于卫星当时的位置和速度矢量是否正确。2013年12月6日，在飞行控制中心的精确控制下，嫦娥三号成功实施近月制动，顺利进入环月轨道，近月制动取得圆满成功，为嫦娥三号最终实施月面着陆和巡视探月活动奠定了基础。

三是在月球轨道成功变轨。第一次近月制动，将使嫦娥三号进入100公里的环月圆轨道。从这一刻起，嫦娥三号成为真正的绕月卫星。运行4天后，嫦娥三号变轨进入100公里×15公里的椭圆轨道。此次变轨控制，对于嫦娥三号能否顺利落月至关重要，也是我国迄今对距离地球最远的航天器实施变轨操作。2013年12月10日，嫦娥三号在环月轨道成功实施变轨控制，顺利进入预定的月面着陆准备轨道。

综上，嫦娥三号取得的主要科学成就是：

第一，首次开展我国航天器在地外天体软着陆，涉及的关键技术包括地外天体着陆的全新航天器研制；无人着陆的控制方案；大动态、高精度导航敏感器的研制；7500N变推力发动机的研制等。

第二，首次开展我国航天器在地外天体巡视探测。研制的自动巡视探测器，是车辆技术、机器人技术和航天器技术三大技术的集合。

第三，首次开展对月面探测器的遥操作。月球车在月面巡视探测采取自主导航和地面遥操作相结合。科学家提出科学探测需求，以此为牵引对巡视器任务进行多层次规划。

第四，突破多窗口、窄宽度发射和高精度入轨技术。嫦娥一号、二号的发射窗口当天一次，宽度为35分钟。而嫦娥三号连续三天，每天两个窗口，而且每个窗口都很窄。第一天的第一个窗口约4分钟，第二个窗口约1分钟。跟嫦娥二号一样，嫦娥三号直接进入地月转移轨道，但是入轨精度与嫦娥二号相比提高了许多。

第五，首次研建我国大型深空站，初步建成覆盖行星际的深空测控网。嫦娥三号任务中我国首次采用三向测量技术；开展着陆器和巡视器两器间月面通信。

第六，首次在月面开展多种科学探测。采用月基光学望远镜，利用月球上有利空间位置进行天文观测；在国际上首次利用极紫外相机来对地球等离子体层进行观测；利用测月雷达对巡视路线上的月壳浅层结构厚度等进行剖面式观测；利用X射线谱仪和红外成像光谱仪对月面元素和物质成分进行探测。

第七，首次在我国航天器上采用同位素热源和两相流体回路技术，以满足探测器在月夜极端温度环境下生存需要。

第八，研制了一系列特种实验设施，形成一系列先进实验方法。比如月面1/6地球重力的模拟、高真空复杂地形地貌模拟、以及变推力发动机的试车、探测器内外场试验等。

第四节 中国开展探月工程的意义

发射人造地球卫星、载人航天和深空探测是人类航天活动的三大领域。联合国签署的《指导各国在月球和其他天体上活动的协定》规定，月球不属于任何国家，但允许各国开发利用。这就是说，“谁先利用，谁先获益”。月球具有可供人类开发和利用的各种独特资源，月球上特有的矿产和能源，是对地球资源的重要补充和储备，将对人类社会的可持续发展产生深远影响。因此，世界上有能力的国家，都竞相角逐月球。重返月球，开发月球资源，建立月球基地已成为世界航天活动的必然趋势和竞争热点。

正是在此背景下，我国决定开展月球探测工作，这是我国迈出航天深空探测第一步的重大举措。实现月球探测将是我国航天深空探测零的突破。探月工程是我国航天领域重要的标志性工程，对于凝聚全国人民的精神、推动国民经济的发展、促进科技事业的进步、增强我国的综合国力都有重大意义。

一、维护我国月球权益

尽管联合国在 1984 年通过的《指导各国在月球和其他天体上活动的协定》中规定，月球及其自然资源是人类共同财产，任何国家、团体不得据为己有。但是，随着当前主要航天国家和组织正加紧实施月球探测计划，如何维护中国的空间利益已成为亟待关注的问题。我们只有开展月球探测并取得一定成果，才具有分享开发月球权益的实力，才能维护我国合法的月球权益。

二、促进我国科技发展

月球探测工程首次实现对地球以外的星体和空间环境进行近距离的探测。月球探测仅仅是我国深空探测计划的第一步发展目标，开展月球探测工程将为我国进行更大范围的深空探测进行技术上的准备。月球探测是促进科学技术进步和发展的重要载体。实施月球探测工程将会促进宇宙学、空间天文学、空间材料科学等的创新与发展。

三、为开发利用月球资源作准备

人类已取得的月球探测成果表明，月球上特有的能源和矿产，是对地球资源的重要补充和储备。同时，利用月球具有高真空、低重力的特殊环境，既能生产特殊强度、塑性等性能优良的合金和钢材，还能生产诸如超高纯金属、单晶硅、光衰减率低的光导纤维和高纯度药品等。研究发现，月球表面土壤中富含大量的氦－3，初步估计有上百万吨。而利用氘－3 参与的核聚变发电向人类提供能源，是科学家目前正在研究的课题。如果能够解决将氦－3 运回地球这一问题的话，8 吨的氦－3 就可以解决全中国一年的能源供应总量。

四、促进我国经济可持续发展

美国领先于世界的信息、生物、新材料等高新技术，很大部分来自对“阿波罗”工程技术的消化、优化和二次开发。月球探测工程所带动的基础科学和高新技术的进步，对于促进我国经济的可持续发展将带来牵引和推动作用。

五、促进空间天文研究

月球环境是进行空间天文学研究得天独厚的场所。月球表面的地质构造极其稳定，月球直接承受太阳的辐射，没有大气层对光线和电波的吸收、散射和折射等干扰，没有尘埃污染，没有磁场，月球的背面没有地球的光反射，屏蔽了地球的低频噪声，月震很微小。月球有漫长的黑夜，这种环境为建造高精度天文观测台提供了理想的场所。

相关链接 | 中国探月工程大事记

1991 年，中国航天专家提出要开展月球探测工程。

1998 年，国防科工委正式开始规划论证月球探测工程，并开展了先期的科技攻关。

2000 年 11 月，国务院新闻办公室发表《中国的航天》白皮书，其中“开展以月球探测为主的深空探测的预先研究”被列入近期发展的目标。

2003 年 4 月，国家航天局宣布正式启动月球探测工程的预先研究。

2004 年 1 月，国务院正式批准绕月探测工程立项。

2004 年 2 月 25 日，绕月探测工程领导小组第一次会议召开，会议通过《绕月探测工程研制总要求》，同时将工程命名为“嫦娥工程”。

2005 年 12 月 29 日，绕月探测工程领导小组召开第三次会议，审议并通过工程转入正样研制阶段。

2006 年 7 月 16 日，地面应用系统昆明 40 米天线通过验收。

2006 年 10 月 20 日，地面应用系统密云 50 米天线通过验收。

2007 年 8 月，绕月探测工程完成嫦娥一号卫星和长征三号甲运载火箭产品研制，转入发射实施阶段。

2007 年 10 月 24 日，嫦娥一号卫星由长征三号甲运载火箭在西昌卫星发射中心成功发射升空。

2007 年 11 月 26 日，国家航天局正式公布嫦娥一号卫星传回的第一幅月面图像，这标志着中国首次月球探测工程取得圆满成功。

2008 年 10 月 24 日，嫦娥一号卫星按计划圆满完成在轨运行和探测一年的各项任务，共获取 1.37TB 科学探测数据。

2009 年 3 月 1 日，嫦娥一号卫星成功实施“受控撞月”，为我国探月一期工程画上圆满的句号。

2010 年 1 月 11 日，中共中央、国务院在北京隆重举行国家科学技术奖励大会，“绕月探测工程”等 3 项成果被授予国家科学技术进步奖特等奖。

2010 年 1 月 18 日，探月工程二期第二次工作会议在京召开，工程总指挥陈求发、总设计师吴伟仁向五大系统的总指挥、总设计师颁发“嫦娥二号任务责任书”。

2010 年 2 月，嫦娥二号任务各系统基本完成产品研制，卫星进入总装测试。

2010 年 7 月 10 日，嫦娥二号卫星运抵西昌卫星发射中心。

2010 年 9 月 23 日，长征三号丙运载火箭运抵西昌卫星发射中心。

2010 年 9 月 29 日，西昌卫星发射中心宣布将于 10 月 1 日至 3 日择机发射嫦娥二号卫星。

2010 年 10 月 1 日，长征三号丙运载火箭在西昌卫星发射中心把嫦娥二号卫星成功送入太空；10 月 9 日，嫦娥二号卫星成功进入轨道高度为 100 公里的圆形环月工作轨道；10 月 26 日，嫦娥二号卫星成功降轨，进入远地点 100 公里，近月点 15 公里的轨道，为在月球虹湾区拍摄图像做好了准备；10 月 29 日，嫦娥二号卫星圆满完成对月球虹湾区成像任务。卫星通过实施升轨控制，近月点返回 100 公里；11 月 8 日，国防科工局公布嫦娥二号月面虹湾局部影像图。

2011 年 4 月 1 日，嫦娥二号半年设计寿命期满，既定的六大工程目标和四大科学探测任务圆满完成；2011 年 4 月下旬至 5 月底，补拍月球南北两极漏拍点和再次对嫦娥三号预选着陆区进行高清晰成像；8 月 25 日，嫦娥二号在世界上首次实现从月球轨道出发，受控准确进入日地拉格朗日 L2 点的环绕轨道。

2012 年 2 月 6 日，国防科工局发布嫦娥二号获得的 7 米分辨率全月球影像图；12 月 13 日，嫦娥二号受控飞抵距地球约 700 万公里远深空，飞越探测图塔蒂斯小行星。

2013 年 12 月 2 日，嫦娥三号在西昌卫星发射中心发射，这是人类第 130 次探月之旅。

2013 年 12 月 6 日，嫦娥三号顺利进入距月面平均高度约 100 公里的环月轨道，真正成为一颗月球卫星。

2013 年 12 月 14 日，嫦娥三号成功着陆。这是我国探测器首次登上地外天体，中国成为世界上第三个实现月面软着陆的国家。

2013 年 12 月 15 日，“玉兔”踏上月球，车轮在月面印出两道深深痕迹。这是中国探测器留在地外天体上的第一串“脚印”。

2013 年 12 月 15 日，月球虹湾地区，着陆器和月球车用各自携带的相机互相拍照，这是五星红旗在地外天体上的第一次“留影”。中国探月工程总指挥马兴瑞随后宣布，嫦娥三号任务取得圆满成功。

参考资料

[1] 国防科工委月球探测工程中心. 中国探月 [M]. 北京：科学出版社，2007.

[2] 邹永廖. 嫦娥奔月——中国的探月方略及其实施 [M]. 上海：上海科技教育出版社，2007.

[3] 辛华. 中国探月三级跳——从嫦娥一号到三号 [M]. 北京：新华出版社，2013.

第二十二章　蛟龙探海

为推动中国深海运载技术发展，科技部于2002年将深海载人潜水器研制列为国家高技术研究发展计划（“863”计划）重大专项，启动“蛟龙号”载人深潜器的自行设计、自主集成研制工作。

在国家海洋局的组织安排下，中国大洋协会作为业主具体负责“蛟龙号”载人潜水器项目的组织实施，并会同中国船舶重工集团公司第七〇二所（以下简称“七〇二所”）、中国科学院沈阳自动化研究所（以下简称“沈阳自动化所”）和声学研究所（以下简称“声学所”）等约100家中国国内科研机构与企业联合攻关，攻克了中国在深海技术领域的一系列技术难关，经过6年努力，完成载人潜水器本体研制、水面支持系统研制、试验母船改造和潜航员选拔和培训，从而具备开展海上试验的技术条件。“蛟龙号”载人深潜器是我国首台自主设计、自主集成研制的作业型深海载人潜水器，设计最大下潜深度为7000米级，也是目前世界上下潜能力最深的潜水器。

深海潜水器是海洋技术开发的前沿与制高点之一，体现一个国家的综合技术力量。2012 年6 月30 日，经过51 次下潜，“蛟龙号”浮出水面，完成了中国“蛟龙号”7000 米级海试的全部试验，“蛟龙号”海试成功实现了中国深海装备技术的跨越式发展，标志着我国成为继美、法、俄、日之后第五个掌握6500 米以上大深度载人深潜技术的国家。“蛟龙号”海上试验还充分验证了潜水器的功能和各项技术指标，为资源调查和科学研究的实际应用以及更大深度试验奠定了坚实基础。

第一节　“蛟龙号”的研制过程

7020 米！7062 米！2012 年7 月的太平洋马里亚纳海沟捷报频传，举世瞩目的“蛟龙号”在一次次下潜中不断创造中国载人深

“蛟龙号”海试母船“向阳红 09”

图片来源：http：//uzone. univs. cn/news2_ 2008_ 416254. html。

潜新的辉煌。而这些辉煌数字的背后，深藏着“蛟龙号”载人潜水器科技创新团队10年的磨砺，叙述着他们为祖国走向深蓝默默奉献的故事。

一、胸怀壮志、勇挑重担

“敢下五洋捉鳖”，寄托了中国人民对于海洋最美好的憧憬与向往。2002年6月，科技部正式把7000米载人潜水器列为国家“863”计划重大专项，正式命名为“蛟龙号”。在科技部、国家海洋局的领导下和中国大洋协会的具体组织下，七〇二所作为载人潜水器总设计师单位，联合沈阳自动化所、声学所等负责载人潜水器本体研制任务，同时承担载人潜水器总装与集成、潜航员培训等工作。

“蛟龙号”载人潜水器立项之初，我国曾研制过的最深潜水器只有600米。从600米到7000米，是一次难以逾越的技术跨越，不但没有研制开发经验，就连参考的技术资料也没有。而此时七〇二所水下工程领域的人才正处于青黄不接，如何排兵布阵，成为一道战术难题。

在深海装备领域拥有丰富经验的徐芑南研究员临危受命，无疑给这支团队注入了兴奋剂。徐芑南研究员年逾花甲，患有高血压病，在美国的孩子要求业已退休的双亲去美国定居，以便照顾其生活起居。面对如此重大的科研任务，徐芑南知道肩上的分量，虽然产生过些许犹豫，但为了中国的载人深潜事业，他毅然决然挑起总设计师的重担。

在科学事业上风华正茂、技术研究上如日中天的七〇二所原所长崔维成挑起了“蛟龙号”载人潜水器第一副总设计师和总体与集成子课题负责人的重任。在中国大洋协会任命的5名副总设计师中，崔维成为第一副总设计师，刘涛副总设计师负责结构，胡震副总设计师负责电气，杨有宁为总质量师，总设计师办公室设在七〇二所，由侯德永担任总设计师办公室主任。7000米载人深潜器创新团队很快组建起来，担当研制任务的大多是年轻人，缺乏工程研制实际经验。徐芑南、崔维成一方面想方设法邀请研究载人潜水器的国内外专家给年轻的设计师讲课，使年轻人能很快进入角色；另一方面他们又毫无保留地将自己的经验传授给年轻人。

为了能胜任自己肩负的担子，年轻人边探索边学习，向老同志学，向书本学。叶聪、汤国伟、程斐以及尔后从院校毕业陆续进入创新团队的胡勇、马岭、邱中梁、杨申申等，积极搜集相关资料并相互探讨，还时常喷发“嘴仗”。日复一日，年复一年，

“蛟龙号”团队老中青三代

图片来源：http：//uzone. univs. cn/blog/blog_ 3121432_ dyxvmbata0cu17 gcata1. html。

他们经常挑灯夜战。一批年轻的科研人员在科研实践中快速成长起来，挑起了各系统副主任设计师、主任设计师的担子，成为国家海洋装备开发的骨干。

二、团结拼搏、攻坚克难

深海载人潜水器技术涉及耐压结构和密封技术设计、航行性能优化、特殊结构制造、水下定位、水下通信、新材料、新能源、电子电力、自动控制等多个领域，代表深海领域的最前沿技术，没有坚持不懈的创新精神是做不到的。

要下到7000米的海底，首先要解决压力的问题。高强度钛合金密度低、强度高、耐腐蚀，是最理想的材料。可是在“蛟龙号”之前，这种材料尚未在我国的大型深海工程中使用过，没有规范也没有标准。为了确保安全，“蛟龙号”科技创新团队对钛合金材料进行了强度、冲击疲劳、变形等数百次系列试验。

潜得下去，还要浮得上来。因此浮力块是潜水器的另一大主要组成部分。潜水器作业时自身处于零浮力状态，那么多金属件的重量需要靠浮力材料来平衡。在“蛟龙号”之前，国内从未生产过如此高要求的浮力材料，而“蛟龙号”的研制，对国内这一行业提出了挑战：材料加工、成形浮力检测，一道道程序就是一个个关卡。通过反复试验、反复检测、反复探求组装应用工艺，仅仅是对浮力材料的优化设计，科研人员就完成了30多篇论文。通过“蛟龙号”的实战，带动了国内相关行业的制造加工能力迈上了一个新的台阶。

高压不是唯一的难关，电气绝缘也需要花大力气解决。整个潜水器上的电线电缆多达数百根，有些故障只有在几千米的水深下才会发生，等潜水器返回电缆状态已经改变，很难再排查故障，为此，科研人员要不停地研发更好的故障诊断系统。为了把时隐时现的接地检测报警源头逼出“水面”，他们凭借对潜水器性能的掌握、长期积累的经验和娴熟技能，发现了接地检测报警等技术问题的源头，叩开了我国载人潜水器通向更大深度的大门。

为了挑战7000米海底的能量供给，科技创新团队发明了一种极其大胆、又极其巧妙的电池——充油蓄电池，这种电池浸泡在海水中，核心部件却与海水隔绝，经过特殊设计，即使倾斜60度，电解液也不会与海水接触。

“蛟龙号”科技创新团队经过10年的创新与攻关，取得了丰硕的成果：申请发明专利19件、实用新型专利15件；在国内外学术刊物和会议上公开发表论文78篇；通过摸索和集成创新，攻克无数难关，大量关键技术实现零的突破，并实现了近底自动航行和悬停定位、高速水声通信、大容量充油银锌蓄电池三大突破，助推了我国载人深潜技术质的飞跃。

正是“蛟龙号”科技创新团队所有成员对于中国载人深潜事业的热爱与忠诚，支撑着他们奋力拼搏，从一个成功走向另一个成功。

第二节　“蛟龙号”的技术突破

近底自动航行和悬停定位、高速水声通信、充油银锌蓄电池容量被誉为“蛟龙号”的三大技术突破。

一、“蛟龙号”可稳稳“定住”

如同开车一样，驾驶员的脚总放在油门上，难免产生疲劳感。“蛟龙号”驾驶员是幸运的，它具备自动航行功能，驾驶员设定好方向后，可以放心进行观察和科研。“蛟龙号”可以完成三种自动航行：自动定向航行，驾驶员设定方向后，“蛟龙号”可以自动航行，而不用担心跑偏；自动定高航行，这一功能可以让潜水器与海底保持一定高度，尽管海底山形起伏，自动定高功能可以让“蛟龙号”轻而易举地在复杂环境中航行，避免出现碰撞；自动定深功能，可以让“蛟龙号”保持与海面固定距离。

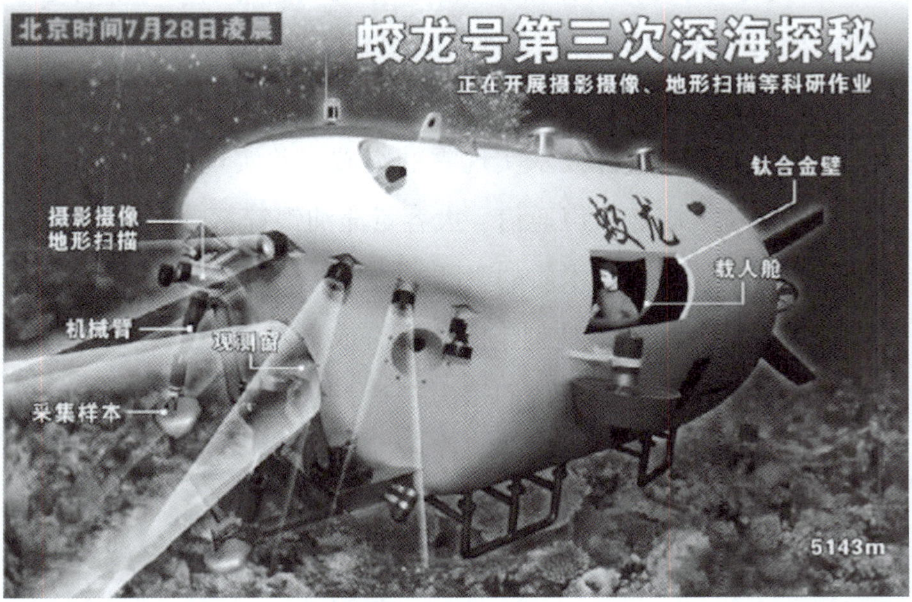

“蛟龙号”第三次深海探秘

图片来源：http：//www. qdlbf. com/Article/jlhzrqsq_ 1. html。

更令人称奇的是，“蛟龙号”还可以悬停定位。一旦在海底发现目标，“蛟龙号”不需要像大部分国外深潜器那样坐底作业，而是由驾驶员行驶到相应位置，“定住”位置，与目标保持固定的距离，方便机械手进行操作。在海底洋流等导致“蛟龙号”摇摆不定，机械手运动带动整个潜水器晃动等内外干扰下，能够做到精确地“悬停”，令人称道。在已公开的消息中，尚未有国外深潜器具备类似功能。

二、深海通信靠“声”不靠“电磁”

陆地通信主要靠电磁波，速度可以达到光速。但这一利器到了水中却没了用武之地，电磁波在海水中只能深入几米。“蛟龙号”潜入深海数千米，如何与母船保持联系?

科学家们研发了具有世界先进水平的高速水声通信技术，采用声纳通信。这一技术需要解决多项难题，比如水声传播速度只有每秒 1500 米左右，如果是 7000 米深度的话，喊一句话往来需要近 10 秒，声音延迟很大；声学传输的带宽也极其有限，传输速率很低；此外，声音在不均匀物体中的传播效果不理想，而海水密度大小不同、温度高低不同、海底回波条件也不同，加上母船和深潜器上的噪音，如何在复杂环境中有效提取信号难上加难。“蛟龙号”上装载的高速水声通信技术由声学所研发，能够适时传输语音、文字和图片，这是国外绝大多数载人深潜器所没有的。

三、世界深潜器最大容量电池之一

“蛟龙号”在深海要生存近十个小时，还要不停运动和作业，但又不能携带太重的燃料，因此能源供给是个大难题。

“蛟龙号”搭载了完全由我国自主研发的大容量充油银锌蓄电池，电量超过110千瓦时，这也是目前国际潜水器上最大容量的电池之一，“蛟龙号”可以有更长的水下工作时间和更多的仪器运作。目前，日本的潜水器蓄电池为86千瓦时，法国、美国均为50多千瓦时，只有俄罗斯的深潜器可以与之媲美。

银锌蓄电池采用充油的方式放在蓄电池箱内，减轻了“蛟龙号”的重量。在高压环境下，大容量电池供电时可能产生一定量氢气，威胁“蛟龙号”安全。为此，“蛟龙号”同时选用了两个不同厂家进行产品试验，再进行改进，最终将析气量控制在规定范围内。

第三节 “蛟龙号”海试过程

一、3000米级海试

从2009年8月开始，“蛟龙号”载人深潜器先后组织开展1000米级和3000米级海试工作。2010年5月31日至7月18日，“蛟龙号”载人潜水器在中国南海3000米级海上试验中取得巨大成功，共完成17次下潜，其中7次穿越2000米深度，4次突破3000米，最大下潜深度达到3759米，超过全球海洋平均深度3682米，并创造水下和海底作业9小时零3分的记录，验证了“蛟龙号”载人潜水器在3000米级水深的各项性能和功能指标。

二、5000 米级海试

5000 米级海试是国家高技术研究发展计划（“863”计划）海洋技术领域的重点任务，由科技部委托、国家海洋局组织、中国大洋协会具体实施，旨在检验和考核“蛟龙号”载人潜水器3000 米级海试后技术改进的效果，以及其在 5000 米级深度的安全性能和作业能力，为开展更大深度海试和未来实际应用奠定基础。

共有来自 13 家单位的 96 名科研人员参加了海试任务。海试期间，全体队员在位于东太平洋的 E1、E2、E3 三个试验海区共完成 5 次下潜作业，共有 8 人完成 15 人次下潜，下潜深度分别为4027 米、5057 米、5188 米、5184 米和 5180 米。潜水器在海底完成多次坐底试验，并在中国大洋协会多金属结核勘探合同区开展海底照相、摄像、海底地形地貌测量、海洋环境参数测量、海底定点取样等作业试验与应用，完成了各项实验任务。

1. 第一次试潜

2011 年 7 月 21 日 3 点，中国载人深潜进行 5000 米海试，“蛟龙号”成功下潜。经过 5 个多小时的水下作业，2011 年 7 月 21 日 8 点，“蛟龙号”首次深潜圆满成功。此次乘坐“蛟龙号”潜水器下潜的 3 名试航员是崔维成、叶聪和杨波。

2. 第二次试潜

2011 年 7 月 26 日 3 点 38 分，第二次下潜试验任务正式开始。参加下潜任务的潜航员为叶聪、杨波、付文韬。

2011 年 7 月 26 日 4 点 46 分，下潜深度达到 2000 米。

2011 年 7 月 26 日 5 点 40 分，达到 4072 米。

2011 年 7 月 26 日 6 点 7 分，成功突破 5000 米级水深大关。

2011 年 7 月 26 日 6 点 17 分，下潜至 5057 米水深。

2011 年 7 月 26 日 6 点 48 分，潜器抛弃压载铁后开始上浮。

2011 年 7 月 26 日 9 点 30 分，浮出水面，在第二次下潜试验中成功突破 5000 米水深大关。

2011 年 7 月 26 日 10 点，回收至“向阳红 09”船，整个过程各项仪器指标及通信正常。

此次下潜试验完成了既定目标，最大下潜深度达到 5057 米，创造了中国载人深潜新的历史。整个过程历时近 6 个小时，潜航员在 5000 米水深时对潜器水下各项功能进行了验证，多次进行坐底试验，同时拍摄到海底生物照片。此次下潜成功，为后续第三次下潜开展海底观测和取样等水下作业奠定了良好基础。

3. 第三次试潜

2011 年 7 月 28 日历经 9 小时 14 分，“蛟龙号”载人潜水器顺利完成 5000 米级海上试验第三次下水任务，此次最大下潜深度 5188 米，再次创造中国载人深潜新纪录，并进行了坐底、海底照相、声学测量、取样等多项科学考察任务，也创造了“蛟龙号”水中作业最长时间纪录。此次下水，“蛟龙号”验证了大深度环境下的技术功能和性能指标，圆满完成了科考和科学试验任务。

4. 第四次试潜

2011 年 7 月 30 日 4 时 26 分，“蛟龙号”载人潜水器第四次“入水”。

2011 年 7 月 30 日 7 时 29 分，“蛟龙号”在深度为 5182 米的位置坐底，成功安放了中国大洋协会的标志和一个木雕的中国龙。

2011 年 7 月 30 日 13 时 2 分，“蛟龙号”在完成第四次下潜并在海底布放木雕的中国龙后顺利返回到“向阳红 09”母船，全程历时 8 小时 57 分。

搭载着我国“蛟龙号”载人潜水器的“向阳红 09”验收

图片来源：http：//roll. sohu. com/20120603/n344688322. shtml。

在这次下潜试验中，它还完成了海水、海底生物的提取以及锰结核的采样。在“蛟龙号”带回的记录资料里，5000 米深的大洋海底的锰结核画面首度曝光。这些锰结核覆盖在海底表面，含有锰、铜、钴、镍等 30 多种元素，100 万年时间才能形成几毫米的大小。

5. 第五次试潜

此次下潜位于中国大洋协会多金属结核勘探合同区内。“蛟龙号”载人潜水器于2011年8月1日3点准备，2011年8月1日3点28分开始下潜，2011年8月1日12点潜航员顺利出舱，全程历时8小时32分。此次下潜最大深度5180米，完成了沉积物取样、微生物取样、热液取样器ICL功能测试、标志物布放、6971通信测距等作业内容，进一步验证了潜水器在大深度条件下的作业性能及稳定性。

6. 5000米级海试意义

2011年8月18日，“蛟龙号”5000米级海试团队在完成历时49天，航程1万余海里的海试任务后，顺利返回江苏江阴苏南国际码头。

全国政协副主席、科技部部长万钢表示，深海是国际海洋科学技术的热点领域，也是人类解决资源短缺、拓展生存发展空间的战略必争之地。无论是探索深海科学奥秘，还是开发海洋战略资源，都离不开海洋高技术的支撑。“蛟龙号”载人潜水器5000米级海试成功，是中国海洋科技发展的又一个里程碑，是各有关部门、参试单位通力合作的典范。

国家海洋局表示，通过本次海试，“蛟龙号”载人潜水器各项指标得到进一步检验，实现了中国载人深潜新的突破，标志着中国具备了到达全球70%以上海洋深处进行作业的能力，极大增强了中国科技工作者进军深海大洋、探索海洋奥秘的信心和决心。

三、7000米级海试

2012年6月1日上午，中国载人深潜7000米级海试全体参试人员在江苏江阴的苏南码头开展首次集结演练。

2012 年 6 月 1 日 9 时 30 分，停靠在江苏江阴苏南码头的“向阳红 09”船上所有参试人员抵达各自岗位，做好演练前的各项准备工作。

2012 年 6 月 1 日 10 时 30 分，3 名潜航员着统一蓝色潜航服站在潜器上端，舱门打开后，叶聪、付文韬和唐嘉陵依次进入潜器，开始舱内操作检查。工作人员利用 L 型架将已经准备好的声学吊阵装备放入水中，检测其功能。潜器下潜之后与船上的通信就要依靠声学吊阵装备，它类似于“水中天线”。

1. 第一次试潜

2012 年 6 月 15 日 7 时，“蛟龙号”7000 米级海试现场指挥部宣布下潜试验开始，3 名试航员叶聪、崔维成、杨波乘“蛟龙号”载人潜水器开始进行 7000 米级海试第一次下潜试验。

2012 年 6 月 15 日 7 时 12 分，“蛟龙号”被布放入水。

2012 年 6 月 15 日 7 时 22 分，开始注水下潜。

2012 年 6 月 15 日 7 时 37 分，“蛟龙号”下潜深度超过 3000 米。

2012 年 6 月 15 日 9 时 40 分，“蛟龙号”打破 2011 年 5000 米级海试时创造的 5188 米纪录。

2012 年 6 月 15 日 10 时整，“蛟龙号”下潜深度超过 6000 米并继续下潜，最终成功潜入水下 6671 米。

2. 第二次试潜

由于潜水器液压系统出现故障，推至 2012 年 6 月 19 日 5 时进行，并最终成功深潜至水下 6965 米。

第二次下潜试验的主要任务是复核潜水器故障排除的效果，

继续验证潜水器在6000米深度的各项功能和安全性，并在潜水器状态良好的前提下进行海底作业。

这次试验中科学家首次从6900米深海底取回一系列海水和沉积物样品。

3. 第三次试潜

2012年6月22日，“蛟龙号”载人潜水器完成7000米级海试第三次下潜试验，并安全返回。这次试验最大下潜深度达到6963米，并获得了一个生物样品。

4. 第四次试潜

2012年6月24日，“蛟龙号”载人潜水器7000米海试在西太平洋马里亚纳海沟进行了第四次下潜试验。

2012年6月24日5点29分，“蛟龙号”开始注水下潜。

2012年6月24日6点44分，“蛟龙号”下潜深度超过3000米。

2012年6月24日7点40分，“蛟龙号”下潜深度超过5100米。

2012年6月24日8点54分，下潜深度7005米。

2012年6月24日9点15分，潜水器已经坐底，最大下潜深度7020米。

5. 第五次试潜

2012年6月27日5时29分开始的7000米级海试第五次下潜中，“蛟龙”号再次刷新同类型潜水器下潜深度纪录。

2012年6月27日11时47分左右，“蛟龙号”下潜深度达7062.68米。

2012 年 6 月 27 日 12 时左右，抛载开始上浮。

2012 年 6 月 27 日 15 时 30 分左右返回水面。

6. 第六次试潜

此次试潜由叶聪、崔维成和张东升担任试航员，刘峰担任海试现场总指挥。本次下潜试验主要任务是在对前五次下潜试验的结果进行综合分析的基础上“查缺补漏”地进行检验，安排相应试验内容。

2012 年 6 月 30 日 5 时 23 分，“蛟龙号”载人潜水器被布放入水，开始进行 7000 米级海试第六次也是全部海试中的最后一次下潜试验。

2012 年 6 月 30 日 9 时 56 分，“蛟龙号”到达最大深度 7035 米，并坐底。随后，“蛟龙号”在完成海底两个小时的作业后开始上浮。

2012 年 6 月 30 日 14 时 33 分，“蛟龙号”浮出水面，完成了中国“蛟龙号”7000 米级海试的全部试验。

2012 年 7 月 16 日上午，随着“向阳红 09”船顺利返抵青岛，为期 44 天的“蛟龙号”载人潜水器 7000 米级海试任务圆满完成，同时也标志着在国家高技术研究发展计划（“863”计划）的持续支持下，“蛟龙号”历时 10 年的研制和海试工作圆满结束。

7. 7000 米级海试意义

在此之前，世界上只有美国、日本、法国、俄罗斯 4 个国家拥有载人深潜器。这些国家的深潜器最大工作深度为 6500 米，而“蛟龙号”的最大工作设计深度为 7000 米，具备深海探矿、海底高精度地形测量、可疑物探测与捕获、深海生物考察等功能，理论上它的工作范围可覆盖全球99.8%的海洋区域。

此次“蛟龙号”成功突破7000米深度，意味着它将可以在全球99.8%的海底实现较长时间的海底航行、海底照相和摄像、沉积物和矿物取样、生物和微生物取样、标志物布放、海底地形地貌测量等作业。

第四节 “蛟龙号”的试验性应用

从2013年起，“蛟龙号”载人潜水器进入试验性应用阶段。

1. 南海航段

“蛟龙号”试验性应用航次南海航段自2013年6月10日从江苏江阴起航，到2013年7月10日完成最后一次下潜，共进行10次下潜，完成对超短基线定位系统的标定、长基线系统的试验、冷泉区科学考察、海山区科学考察等相关任务，进一步验证了“蛟龙号”的其他各项技术性能，取得丰硕的生物、地质样品和数据资料，锻炼了载人深潜队伍，为第二、第三航段打下了坚实基础。

2013年7月12日，“蛟龙”号返回厦门停泊，首次试验性应用航次的第一航段圆满完成。在南海的10次下潜后，“向阳红09”船满载而归。

2. 东太平洋航段

2013年8月8日1时许，“蛟龙号”在位于东北太平洋的中国多金属结核勘探合同区详细勘查区，进行试验性应用第二航段首次下潜——工程下潜，最大深度5268米。主要任务是状态确认、土工力学原位测量，以及拍摄海底结核和生物照片兼顾大型底栖生物诱捕。下潜人员为叶聪、杨波、张同伟。本次下潜确认载人潜水器的技术状态良好，进行了近底航行拍摄，发现了多种海底生物，并测算出结核覆盖率约为50%。

随着第二航段任务的完成，母船“向阳红09”搭载“蛟龙号”马不停蹄地赶赴密克罗尼西亚联邦的波纳佩港进行补给。

3. **西太平洋航段**

2013年8月31日下午，“向阳红09”船搭载“蛟龙号”载人潜水器驶离密克罗尼西亚联邦波纳佩港，赶赴西北太平洋中国富钴结壳勘探区进行第三航段资源环境调查任务。这是“蛟龙号”2013年试验性应用航次最后一个航段任务。

第三航段用10天时间完成“4+1”次下潜任务，即4次预定下潜和1次机动下潜，具体分为2次5000米级深度、2次3000米级深度和1次1000米级深度作业。该航段下潜的主要工作内容包括：确认载人潜水器的工作状态，对采薇海山区不同深度底栖生物分布结构特征、结壳分布特征等进行对比研究，拍摄海底高清生物视像以及继续锻炼潜航员的实际操作能力等。

2013年9月19日，“蛟龙号”载人潜水器完成百余日的科考任务后返回江阴苏南国际码头。

4. **印度洋航段**

2014年11月20日，“向阳红09”船从青岛母港起航，前往江苏省江阴市搭载“蛟龙号”，赴西南印度洋执行2014~2015年“蛟龙号”载人潜水器试验性应用航次（中国大洋35航次）第二、第三航段任务。

2014 年 12 月 18 日，搭载着“蛟龙号”载人潜水器的“向阳红 09”母船驶离毛里求斯路易港，前往中国西南印度洋多金属硫化物矿区开展科考作业，这是中国载人潜水器首次在印度洋下潜。

2014 年 12 月 26 日，“蛟龙号”载人潜水器在西南印度洋执行第 88 潜次科考任务，这是“蛟龙号”在印度洋首次执行科学应用下潜。

2015 年 1 月 5 日，“蛟龙号”载人潜水器在西南印度洋“龙旂”热液区完成两次下潜科考任务，这是“蛟龙”号首次在西南印度洋中国多金属硫化物勘探合同区执行热液区下潜科考任务。这两次下潜的最大深度为 2835 米，取得了海底热液区构造带岩石、高温热液流体，还取得了带有贻贝、茗荷等生物的完整低温“烟囱体”等丰富样品，对研究海底热液区的形成与演化具有重要的科学价值。此外，在这两次下潜中，我国第二批潜航员学员齐海滨、陈云赛分别以副驾驶的身份参加“蛟龙号”的下潜，标志着我国潜水器驾驶与作业队伍的培养进入新阶段。

2015 年 1 月 10 日，中国载人潜水器“蛟龙号”在西南印度洋“龙旂”热液区下潜，取回了 8 天前在一热液喷口布放的自容式高温温度计和硫化物生长仪。这是“蛟龙号”首次从海底取回此前布放的科学仪器。海底有特殊的温度、压力和酸碱环境，这样的环境是实验室难以模仿的，因此科学家非常希望在海底布放科学仪器，进行原位科学试验，而这是传统科考手段难以做到的。随船科学家表示，“蛟龙号”能精确在科学家定点的热液口布放科学试验和观测仪器并在一段时间后成功回收，体现了“蛟龙号”定点精细作业的强大优势，“蛟龙号”对深海研究来说是一把“利器”。

2015年1月14日，中国载人潜水器“蛟龙号”在西南印度洋“龙旂”热液区下潜，采集到一透明生物以及一只30厘米长、直径3厘米的粉红色生物，随船科学家尚不能确认它们是何种生物。当日，中国载人潜水器“蛟龙号”在西南印度洋“龙旂”热液区执行印度洋科考首航段的最后一次下潜，这也是“蛟龙号”在这个航段的第9次下潜。这次下潜结束后，“蛟龙号”搭乘母船靠泊毛里求斯补给，随后继续在西南印度洋执行印度洋科考第二航段的下潜科考任务。

第五节　“蛟龙号”取得的成果

自2011年深海潜水器技术与装备重大项目实施以来，“蛟龙号”载人深潜器成功完成5000～7000米海试并投入试验性应用，研制成功4500米深海作业系统以及突破4500米载人球壳关键技术等一系列重要研究成果。

2014～2015年“蛟龙号”试验性应用航次第一航段在西北太平洋采薇海山区和马尔库斯—威克海山区开展了10次下潜作业，精确定位取样，取得各种生物样品116个，富钴结壳样品21块、99.2公斤，多金属结核样品24.32公斤，岩石样品22块、107.7公斤，沉积物样品26管，海水样品共1232升。“蛟龙号”试验性应用科考队在本航段中全面、超额地完成了预定的任务。通过第一航段的调查研究，航次现场取得了4个方面的成果和认识。

一是基本查明了采薇海山矿区资源与生物状况，勘察成果突出。“蛟龙号”在采薇海山区完成了8次下潜，结合中国大洋第31航次的5次下潜，通过点、线、面相结合的解剖调查，已基本摸清富钴结壳矿区资源分布状况，基本掌握生物多样性分布规律和矿区环境状况。

二是“蛟龙号”性能稳定，优势明显。“蛟龙号”共计完成10次无故障下潜作业，每次下潜平均水中时间达9小时53分钟，系统稳定，取得了大量高质量的视频和照片，开展了配套设备试验，包括微型遥控潜水器试验、海底土工力学测定试验、超短基线测试等，使“蛟龙号”在复杂地形下开展定点作业、精细调查的独特技术优势得到进一步发挥。

三是以国家深海基地管理中心人员为主力的操作维护团队迅速成长。潜水器维护维修队伍、布放回收操作队伍、潜航员学员得到锻炼，一批新人迅速成长，为“蛟龙号”业务化运行奠定了基础。

四是实现了多任务、多目标的综合效益。开展了探空气球观测、下潜人员实时生理心理状态监测、《深潜》纪录片的拍摄。各家媒体和作家协会开展了海洋知识、海洋意识的普及和宣传。

除此之外，“蛟龙号”还在相邻海域开展了下潜作业，为开展不同海区的资源、环境状况对比研究提供了第一手资料。

相关链接　世界其他国家潜水器的研制情况

1. 美国的“艾尔文号”“深海挑战者号”

1964年，美国建造“艾尔文号”载人潜水器，最大下潜深度4500米。1985年，它找到泰坦尼克号沉船的残骸。它至今已经进行过近5000次下潜，是当今世界上下潜次数最多的载人潜水器。不过“艾尔文号”曾经发生过一次事故而沉入了海底，幸好没有人员伤亡。过了整整一年之后，它才被打捞上来。

2012年3月，美国著名导演詹姆斯·卡梅隆独自乘坐潜艇“深海挑战者号”，下潜至马里亚纳海沟10898米深海底。但由于此类潜水器是直上直下，缺乏较好的海底活动能力，卡梅隆只待了3个小时就上来了，甚至连深海生物都没拍摄到。

2. 俄罗斯的“和平号”

俄罗斯是目前世界上拥有载人潜水器最多的国家，比较著名的是1987年建成的“和平一号”和“和平二号”两艘潜水器，最大下潜深度6000米级，带有12套检测深海环境参数和海底地貌设备，它们最大的特点是能源比较充足，可以在水下停留17个小时至20个小时。

3. 日本的“深海6500号”

日本1989年建成下潜深度为6500米的潜水器，水下作业时间8小时，曾下潜到6527米深的海底，创造了作业型载人潜水器深潜的世界纪录，直至中国的“蛟龙号”出现。它已对6500米深的海洋斜坡和大断层进行了调查，并对地震、海啸等进行了研究，已经下潜了1000多次。影片《日本沉没》中曾多次出现该艇。

4. 法国的“鹦鹉螺号”

法国1985年研制成的“鹦鹉螺号”潜水器最大下潜深度可达6000米，累计下潜了1500多次，完成过多金属结合区域、深海海底生态等调查，以及沉船、有害废料等搜索任务。

参考资料

[1] 陈新．探海蛟龙［M］．杭州：浙江少年儿童出版社，2013.

[2] 韩园园，何俊峰．从蛙人到“蛟龙”号潜水器［M］．上海：上海科学普及出版社，2014.

[3] “蛟龙”号 7000 米级海试［EB/OL］．http：//www. xinhuanet. com/jiadian/zt/index22. htm.

[4] 张海燕，唐永进．十年磨砺闯深海——记七〇二研究所蛟龙号科技创新团队［J］．国防科技工业，2012（9）：14－16.

第二十三章 国际维和

自 1990 年开始，中国向联合国任务区派出军事观察员以来，中国参与联合国维和行动已经有 25 年。25 年来，中国派兵数量居 5 个常任理事国之首，已累计派出 3 万多人次维和人员，先后参加 29 项维和行动，中国维和军人的出色表现赢得联合国和有关国家的高度赞誉，受到驻在国民众的广泛欢迎，成为联合国维持和平行动中的中坚力量，为国际和平与安全作出了重要贡献。

中国军队参与联合国维持和平行动的历史，既是一段探索史，也是一段发展史，更是一段光荣史。

第一节 联合国维持和平行动

联合国维持和平行动始于 1948 年，是联合国根据安理会或联合国大会通过的决议，向冲突地区派遣军事人员以恢复或维护和平的一种行动。它的目的是防止局部地区冲突的扩大或再起，从而为实现政治解决创造条件。维和行动的任务包括：监督停火、停战、撤军；使冲突双方脱离接触；观察、报告局势；帮助执行和平协议；防止非法越界或渗透以及维持冲突地区的治安等。1988年，联合国维持和平部队荣获诺贝尔和平奖，维持和平的作用自此得到公认。近年来，随着国际形势的变化，联合国维和行动的任务范围也有所扩大，涉及监督选举、全民公决、保护和分发人道主义援助，以及帮助扫雷和难民重返家园等许多非传统性的工作。迄今，维和行动已成为联合国维护国际和平与安全的重要手段之一。

根据联合国宪章，联合国可以通过下列两种方式制止国际冲突：一是纯外交方式，即通过斡旋、调解来解决争端；二是强制方式，通过封锁、禁运、经济制裁乃至派联合国军等强制措施阻止冲突。维和行动就是在联合国调解和解决地区冲突的实践中出现的，介于外交方式和强制方式之间的所谓“第三种方式”。传统的维和行动基本可分为两类：一是由非武装的军事观察员组成的观察团监督停火、撤军或有关协定的执行；二是派出装备用于自卫的轻型武器的维和部队，以确保停火，缓和局势，为解决争端创造条件。20 世纪 80 年代末以来，联合国维和行动的数量和规模大大增加。同时，其任务除继续承担传统的监督停火等职责外，急剧扩展至包括组织和监督选举、维护法律秩序、安置难民、为人道主义救援行动创造安全环境、解除各派武装、清除地雷、重建国家等。维和行动主要分为两类：由秘书长直接领导的联合国维和行动（有军事观察团和维和部队两种形式）和由安理会批准、秘书长授权、由地区组织或大国参与指挥的维和行动（有多国部队和“人道主义干预部队”两种形式）。

联合国维和行动有三大特征。国际性：由联合国组织、成员来自各会员国、由联合国秘书长指挥、只对联合国负责；非强制性：维和部队必须征得当事国同意又有会员国自愿参加才能建立，它在维和时无权采取强制措施，只有在自卫的情况下才能使用武力；中立性：维和行动必须做到公正、不偏不倚、不干涉内部事务。

1948 年以来，联合国共实施了 71 次维和行动，共有超过 100 万军警和文职人员曾经或仍在维和行动中供职，3300 多名维和人员为世界和平献出了生命。目前，联合国 16 项维和行动共部署大约 125000 名维和人员。这些维和人员主要分为以下三类：

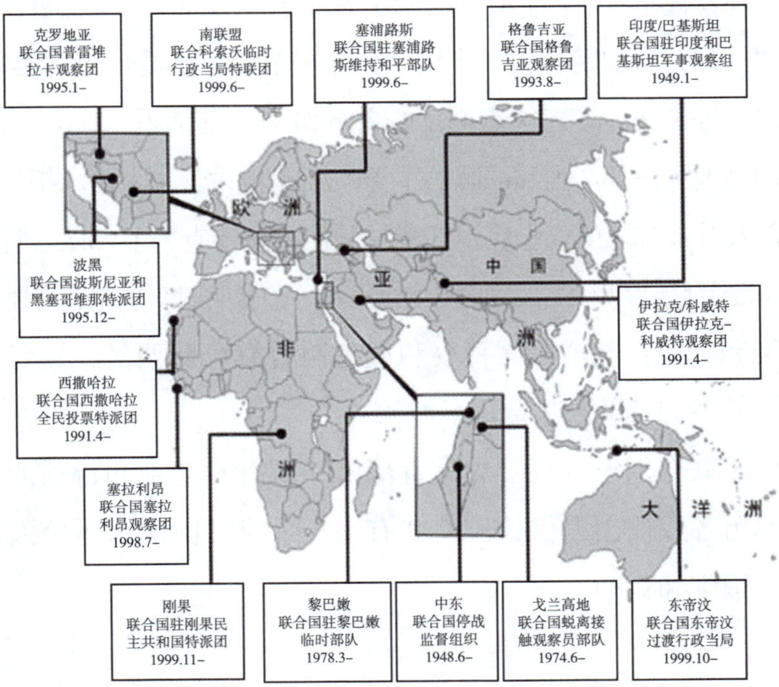

联合国现有维和行动示意图

图片来源：http：//www. people. com. cn/GB/channel2/17/20000817/190450. html。

维和文职人员：分国际雇员与当地雇员两大类。国际雇员面向全球招募，按级别与工作职责又分为高级领导（如秘书长特别代表、副代表等）、管理主任、专业人员和勤务人员。当地雇员则主要负责翻译、与当地联系沟通等工作。

维和军事人员：主要分为合同军官、军事专家和维和部队三大类。合同军官主要担任维和任务区的高级军事长官，如任务区司令、副司令及部分任务区的参谋长等。此外，任务区后勤保障部门的副职首长（正职由文职人员担任）、联合国维和部队军事事务部和地区总部机关内的军事参谋人员也为合同军官。军事专家包括军事观察员与参谋军官。他们在联合国维和任务区的冲突一线监督军事安全形势，却并不配属任何一支维和分队。军事观察员负责观察巡逻、监督停火等工作，参谋军官则承担着各级司令部情报、作战、核查、通信和培训等任务。维和部队的主干是维和步兵营，主要承担任务区司令部及其他分队的安全保卫任务。其他分队还有警卫部队、特种部队、舟艇部队，以及工兵、医疗、运输、直升机分队等技术兵种。

维和警察：包括民事警察和成建制警察分队两类，后者习惯称之为警察防暴队。

由于联合国没有自己的常备部队，所有参与维和行动的军警人员都由各成员国提供，目前共有 122 个成员国派出军警人员参加联合国维和行动。

第二节　联合国维持和平部队及其维和原则

联合国维持和平部队是根据有关联合国决议建立的一支跨国

界的特种部队，成立于1956年苏伊士危机之际。它受联合国大会或安全理事会的委派，活跃于国际上有冲突的地区。维和部队士兵头戴天蓝色钢盔或蓝色贝雷帽，上有联合国英文缩写“UN”，意思是“为和平服务”，臂章缀有“地球与橄榄枝”图案。凡参加联合国维持和平部队的人员，必须被送到设于北欧四国的训练中心接受特种训练，以熟悉维和部队的职能、宗旨、任务和进行特种军事训练。联合国维持和平部队的作用是阻止局部冲突扩大化，或防止冲突再起，并帮助在战争中受害的平民百姓，为最终政治解决冲突创造条件。

在1956年建立第一支联合国维和部队时，联合国秘书长哈马舍尔德曾经提出了著名的维和三原则：

第一，维和行动不得妨碍有关当事国之权利、要求和立场，需保持中立，不得偏袒冲突中的任何一方；

第二，维和行动必须征得有关各方的一致同意才能实施；

第三，维和部队只携带轻武器，只有自卫时方可使用武力。

人们把这三项原则概括为中立的原则、同意的原则和自卫的原则，并称之为“哈马舍尔德三原则”。“哈马舍尔德三原则”是联合国传统维和行动的基本准则。20世纪80年代末期以前的维和行动，都是以“哈马舍尔德三原则”为基本依据的。“哈马舍尔德三原则”对联合国近40年的维和行动具有重要的指导意义。

尽管《联合国宪章》没有对维和行动作出明确规定，但是历经近60年的实践探索，国际社会今天已经形成了以下4条公认的维和行为准则：

一是合法原则。即维和行动必须遵守国际法和国际惯例，必须获得正当授权和明确的任务；维和部队通常要由安理会或联合国大会授权建立；联合国维和人员必须接受联合国授权指挥，等等。根据这些原则，当时美国在伊拉克的军事行动不属于维和行动。联合国官方网站还指出，由于美国在朝鲜战争中建立的所谓“联合国军”并不受联合国指挥，也不属于联合国维和部队。

二是同意原则。即维和部队的进驻与活动，需由安理会或联合国大会决定，并征得有关各方同意（其中15个理事国中，最少有9个国家赞成，而且中国、美国、英国、俄罗斯、法国5个常任理事国没有投反对票），然后授权联合国秘书长组织；而且，联合国维和行动只有在冲突各方同意之后才能进行，维和部队由哪些国家组成，采取哪些维和措施，事先应得到冲突各方的同意，以免联合国维和部队成为新的冲突一方。进驻后，一旦该国政府提出撤军要求，必须立即撤出。

三是中立原则。参加维和的成员必须来自与冲突各方无直接利害关系的国家。维和部队不同于普通的军队，它没有战场，没有敌人，是一支政治外交部队。它必须严守中立，不得卷入冲突的任何一方，更不能干涉所在国内政。但也曾有过违背此原则的维和行动。如1999年北约空袭科索沃后，安理会决定在科索沃部署“国际安全存在”。但北约一些部队偏袒阿族的“科索沃解放军”，推迟解除收缴其武器的日期，结果导致多起针对塞族的暴力仇杀事件发生。

四是最低限度使用武力原则。即维和人员不得使用武力去达到维和的目的，只有在迫不得已时——如保护战友、联合国财产，对企图使用武力者进行反击等情况下，方可使用武力进行自卫。

否则，只能撤出。如1993年，以美军为主的联合国维和部队企图强行解除索马里各派武装，遭到武装袭击。美军动用武力实施报复，结果遭到更大规模的反击，共有102名维和人员阵亡，其中美军阵亡44人。由于维和人员损失巨大，而且完全失去了当地民众的支持，维和部队被迫于1995年3月3日全部撤出索马里。

图为2014年5月29日第12个国际维和人员日，联合国常务副秘书长埃利亚松（左）为一名中国维和警察佩戴奖章

图片来源：http：//news.163.com/14/0531/03/9THUHPJS00014AED.html。

中国在坚持联合国公认原则的基础上，提出参与维和行动的五条特定原则：第一，重视并支持开展符合《联合国宪章》精神的维和行动；第二，加强安理会主导作用；第三，应该把有限的维和资源优先投入到最需要的地方，不要在不具备条件的地区实施维和行动；第四，在规划和部署维和行动时，不能采取双重标准；第五，维和行动是联合国维护和平与安全的重要手段，但不是唯一手段，根本还是要消除冲突的根源。

经过长期探索，联合国维和行动已形成了一套相对规范的指挥体制。其指挥机构通常分为两大部分：一是位于纽约联合国总部的维和行动部；二是分布于世界各地的任务区。维和行动部是联合国实施维和行动的总指挥部，其最高首长是主管维和事务的副秘书长。中国现有多名参谋军官在该部任职。维和任务区是联合国向各冲突地区派出的维和指挥机构，其最高长官通常为“秘书长特别代表”或“助理特别代表”，负责指挥任务区内所有联合国维和人员，包括军事观察团、维和部队、民事机构等。2007年8月，中国国防部维和事务办公室官员赵京民少将被任命为联合国西撒哈拉全民投票特派团部队指挥官，他是首位被联合国任命为维和部队高级指挥官的中国军人。

第三节　中国维和部队

中国维和部队，是中国根据联合国有关决议和国际法准则，派出的军事部队。主要任务是制止冲突、恢复和平。

中国军队参加联合国维和行动经历了兵力规模从小到大，部队类型从单一到多样的历史性跨越。

一、从有限参与到积极支持

随着中国与世界的接触和联系日益增多，中国的视野更加开阔。这个时期，中国开始对联合国维和行动采取了区别对待的灵活立场，并开始逐步参加到联合国的维和机制之中。1981年，中国政府表示原则上支持符合联合国宪章精神的维和行动。从1982

年开始，中国开始承担对维和行动的摊款。1986 年，应联合国邀请，中国派考察组赴中东，实地考察了联合国执行维和任务情况，中国军队派员参加了考察组。这是中国军队首次与联合国在维和领域进行实质性接触。1988 年，中国加入联合国维持和平行动特别委员会。

中国赴黎巴嫩维和部队官兵被授予联合国“和平荣誉勋章”

图片来源：http：//mil. cnr. cn/zgjd/201401/t20140115_ 514656170. html。

1990 年 4 月，应联合国要求，中国向联合国维和历史最悠久的中东联合国停战监督组织派遣了 5 名军事观察员，从此掀开了中国军队参与联合国维和行动的序幕。一年之后的 1991 年 4 月，中国军队派出 15 名军事观察员奔赴联合国伊拉克—科威特观察团。同年 9 月，联合国西撒哈拉全民投票特派团也出现了 20 名来自中国的军事观察员。工作在上述 3 个联合国维和任务区的中国军事观察员，以出色的业务能力和高度的敬业精神，为中国赢得了良好声誉，也为后来中国拓展参与联合国维和行动积累了经验，铺平了道路。

此后，中国每年至少有40名军事观察员战斗在联合国维和行动的第一线。他们日夜巡逻，观察着任务区内的种种迹象，写出一份份高质量的观察报告，为联合国总部评估当地形势发挥了重要作用。

在中国军队参加联合国维和行动的历史上，1992年是具有标志性意义的一年。当年4月，应联合国请求，中国向联合国柬埔寨临时权力机构派出了第一支400名官兵组成的整建制工程兵大队，主要承担道路和机场修建工程。此举不仅结束了中国只派遣军事观察员参与联合国维和行动的历史，也为日后派遣其他后勤保障分队奠定了基础。

2002年，中国正式参加联合国维和行动一级待命机制，即在联合国请求下派遣人员和装备可在90天内部署完毕。在此机制之下，我军参加联合国维和行动的规模不断扩大，派兵的类型也在不断拓展。

2003年4月，向联合国刚果（金）特派团派出由175名官兵组成的工兵分队和由43名官兵组成的医疗分队，将参加联合国维和行动的维和分队扩展到医疗领域。

2003年12月，向联合国利比里亚特派团派出由275名官兵组成的工兵分队、240名官兵组成的运输分队和43名官兵组成的医疗分队，维和分队类型扩展到运输领域。

2007年11月，向联合国非盟苏丹达尔富尔特派团派出315人的多功能工兵分队，其中配备了一支打井分队。

2011 年 1 月，向联合国马里特派团派出 155 人的工兵分队、170 人的警卫分队、70 人的医疗分队。其中，警卫分队是我军首次派遣成建制安全部队参加联合国维和行动。

2015 年，首次向联合国南苏丹特派团派出维和步兵营，引起国际舆论高度关注。

截至 2015 年 5 月，我军共向联合国 6 个维和任务区派驻 15 支维和分队 2837 人，另向联合国 9 个任务区派有军事观察员、参谋军官 89 名，合计 2926 人，成为联合国安理会常任理事国中派出维和人员最多的国家。

二、从内部规范到对外交流

随着中国国际地位的提高、联合国维和行动作用的提升，中国军队参与联合国维和行动的规模进一步扩大，中国军队维和工作进入快速发展时期。

2001 年 12 月，中国国防部维和事务办公室正式成立，成为专门负责协调和管理中国军队参与联合国维和行动工作的机构。此后，中国军队还陆续制定了维和部队干部、财务、人员待遇、着装等规章制度，为加强维和人员管理、提高维和人员待遇、保障维和人员权益提供了依据。在总结多年实践经验的基础上，2012 年，《中国人民解放军参加联合国维持和平行动条例（试行）》颁布施行。该条例对中国军队参加维和工作的任务范围、组织领导、派遣与撤回、教育训练、管理保障等作出了系统明确的规范，为维和工作制度化、规范化提供了有力的法律支撑。

内部机制建设趋于完善的同时，维和工作也成为对外军事交

中国维和部队女队员在刚果

图片来源：http：//www.showchina.org/zt/zgwhbd/04/201002/t540881.htm。

流的重要内容。2009 年 6 月，中国国防部维和中心在北京正式揭牌。该中心的成立，不仅为培训中国维和人员提供了正规化、实战化场所，还成为培训外国维和人员和进行国际交流的重要平台，是中国维和培训和交流走向国际的重要标志。此后，维和交流成为中国军事外交的重要组成部分。

2009 年 6 月底至 7 月初，中国军队首次与蒙古国军队举行代号为“维和使命—2009”的维和联合训练，这是中国军队首次组织实施中外军队维和联训，开创了中国军队与外军维和联训的先河。

2011 年 3 月底至 4 月初，由中国国防部与联合国维和行动部共同举办的联合国维和教官国际培训班在中国国防部维和中心举办，这是中国与联合国首次共同举办维和教官国际培训班。此后，维和行动高级指挥官培训班、军事观察员国际培训班相继在这里举行，中国国防部维和中心也被联合国指定为全球核心维和培训基地。

2014 年 10 月，中国国防部维和事务办公室与中国国际战略学会和瑞典伯纳德特学院，在北京共同举办“和平行动挑战论坛”国际维和年会。

与此同时，中国军官不仅经常参加在世界各地举办的各类国际性维和研讨会和专业培训，一些具有丰富维和经验的军官还走出国门，为联合国组织的维和培训活动授课，将专业知识和中国经验分享给其他国家的维和人员。

三、从贡献力量到贡献智慧

在维和分队之外，中国军队还向联合国总部和一些联合国维和任务区派出合同制军官担任重要职务。据中国国防部维和事务办公室统计，参加联合国维和行动 25 年来，中国军队累计派出维和官兵 3 万余人，先后有 10 名官兵牺牲。中国维和官兵新建、修复道路 1.1 万余公里和桥梁 300 多座，排除地雷及各类未爆炸物 9400 余枚；接诊病人 14.9 万多人次；运送各类物资器材 110 万吨，运输总里程 1200 万公里。“敢于担当”“吃苦耐劳”成为外界对中国维和官兵的普遍评价。这些中国军人不仅极大地丰富了中国参与联合国维和行动的样式，也在各个领域发挥着中国式的智慧，促进了联合国维和事业的发展。

联合国驻塞浦路斯维和部队下辖 3 个任务分区，部署在长达 180 公里的缓冲区内。在 2011 年 1 月刘超被任命为联合国驻塞浦路斯维和部队司令之前，不同任务分区的维和部队之间几乎没有任何交流。他在广泛征求意见的基础上，在联塞部队中推行了轮岗制度，定期安排青年军官在不同任务分区之间交换任职，开拓眼界，体会多元文化。这一举措推出后，受到各方极大欢迎，并被写入联合国驻塞浦路斯维和部队的训练大纲。

中国维和军人在参与联合国维和行动的25年里，“文明之师”“威武之师”形象深入人心，“中国速度”“中国质量”都已成为一些联合国维和任务区的标尺和样板。瑞典斯德哥尔摩国际和平研究所2009年11月发表研究报告称：“中国的维和部队是联合国任务部队中水平最专业、效率最高、训练最有素和最守纪律的队伍”，“中国在维和行动中的良好形象提高了联合国维和行动的效率并且加强了维和行动的合法性”。联合国秘书长潘基文称：“我对中国维和人员所做的工作感到非常自豪，正是他们让我们这个世界变得和平、安全和自由。”

今后，中国将加入新的联合国维和能力待命机制，决定为此率先组建常备成建制维和警队，并建设8000人规模的维和待命部队。这是中国为维护国际和平与安全承担更大责任的重要举措，体现了中国坚定维护世界和平的决心和中国对联合国维和行动的坚定支持。

第四节　中国军队参与国际维和的收获

25年来，中国军队通过参与联合国维和行动，得到了向友军学习和实战训练机会，与25年前比，能力素质得以明显提升。

一、语言已经不是交流障碍

在过去的维和行动中，语言一直是令中国维和部队头疼的问题。参与联合国维和的多国部队，通用语言是英语。为解决语言问题，中国每次组建维和部队，选调翻译都是一个重要工作。

随着中国军人文化素养的逐步提高，近年来，语言障碍逐渐消退。有的指挥官已经具备用英语实施作战指挥的能力。连、排级军官多为军校科班出身，英语对话普遍没有问题，很多军官已经具备不需要翻译、独立外出执行任务的能力。而对于散布在各任务区的中国参谋军官、军事观察员而言，语言更不是问题。很多军官都熟练掌握英语，并掌握一些简单的法语、德语、阿拉伯语。有的甚至还学会了当地的部落语言。由于大量大学生补充进入士兵队伍，士兵的语言能力也有大幅提升，开展日常交流，包括与友军进行联合训练时，使用英语协同开展作战演练，都可以基本实现。

此外，中国军队针对任务需要，开展了一些法语、阿拉伯语的简单教学，形成“翻译为骨干，军官能对话，人人会几句”的格局。

二、部队实战化训练水平得以提高

维和行动是在准战争条件下开展的军事行动，自然条件恶劣，随时面临武装冲突和各种危险。这样的战场环境，对于长期处于和平状态下的中国军队来说，是难得的练兵机会，也是任何演习都无法模拟的。

在维和行动中，不管是站岗执勤，还是外出执行任务，对维和军人来说，首先面临的是心理考验。谁也不知道前方的道路上会不会有地雷，侧翼的灌木丛里会不会有狙击手。在马里任务区，不到两年的时间，阵亡军人和遇难的联合国民事人员已达到80人，其中军人超过一大半。这样的环境使中国军队必须高度戒备，完全按照实战要求组织战斗部署开展各项工作。目前，中国在联合国6个任务区部署了成建制的维和部队，并采取定期轮换的制度。25年下来，全军多数战区的工兵部队基本上轮换一遍，对实战化训练水平推动很大。

2014年年初开始，中国开始派出作战部队参与维和行动，2015年又派出了700人步兵营，陆军部队广泛深入地参加维和行动，对陆军部队的实战化训练起到了积极促进作用。

三、军官职业化水平今非昔比

参与维和行动远离国土，独立驻防，大到完成作战任务、小到解决部队的吃住，都对军官的职业化水平是一次考验。能不能出色完成联合国赋予的各项任务，确保部队安全，军官特别是指挥员的水平是决定因素。

经过25年的维和，一批优秀的中国指挥员脱颖而出。中国军队的指挥员不仅能够迅速熟悉联合国的法律法规和工作特点，还充分发扬敢打、必胜的战斗作风，发挥以苦为乐的奋斗精神，团结率领维和官兵，树立中国形象，扩大中国影响。在很多任务区，“专业”“职业”“勤奋”“最守纪律”等标签式的语言，是专属中国维和部队的评价。中国维和部队被誉为“战区部队的典范”“对联合国最有帮助的部队”，在战区创造了“中国质量”“中国标准”“中国速度”。而塑造起这样的品牌形象，优秀、职业化的军官队伍是重要因素。

如今，还有大量的中国参谋军官、军事观察员在联合国20多个维和任务区工作，他们在联合国的战区司令部担任越来越多更高级别的职务。在各任务区，基本上都有中国军官担任处长、情报官、军需官、医疗官等，有的还担任了战区的参谋长。2007年，中国军官赵京明少将被联合国任命为西撒哈拉战区国际维和部队司令，成为第一位中国籍的战区司令。

下一步，中国军队在维和方面将主要做好5个方面的工作：一是继续参加联合国维和行动。做好赴刚果（金）、利比里亚、黎巴嫩、苏丹达尔富尔、南苏丹、马里等任务区的维和部队派遣工作，选拔高素质的官兵进行部队轮换，确保圆满完成联合国赋予的各项维和任务。中国将积极考虑应联合国要求，派更多工程、运输、医疗人员参与维和行动。二是加强维和部队培训。进一步完善初、中、高三级维和培训体系，结合维和任务区实际，加强维和部队针对性训练，做好人才队伍培养。今后5年，中国将为各国培训2000名维和人员，开展10个扫雷援助项目，包括提供培训和器材。三是提高维和部队能力。主要是根据维和部队遂行任务需要，着力提高维和部队把握政策能力、专业行动能力、对外交往能力、临机处置能力、安全防范能力。四是做好维和部队后装保障。积极探索维和部队远离国内情况下后装保障模式，努力形成符合维和任务要求、具有我军特色的综合保障体系。五是提供无偿军事援助。今后5年，中国将向非盟提供总额为1亿美元的无偿军事援助，以支持非洲常备军和危机应对快速反应部队建设。

第五节　中国维和部队提升国家形象

在每一个联合国维和任务区，中国“蓝盔”部队不仅是和平的守护人，更是友谊和文明的传播者。他们以自己的实际行动彰显中国“爱和平、负责任”的大国风范，展示出中国军队“威武之师、文明之师、和平之师”的良好形象。

一连串惊人的数字，不仅证明了中国“蓝盔”部队的优异表现，还反映出中国参与联合国维和行动的一个明显特点：走出国门的都是工兵、医疗、运输等保障部队，从没有一支进攻性部队踏上异国他乡的土地。这清楚地表明了中国政府主张促进共同发展，建立和谐世界的外交理念。

中国军人在圆满完成各种维和任务的同时，还积极传播友谊，为驻地建设勤奋工作。历经长达 10 多年的内战后，利比里亚国内基础设施破坏殆尽，物资奇缺。中国“蓝盔”部队来到后，主动帮助驻地修建了“友谊”“行政”等数条主要道路。此外，他们还积极向当地百姓传授各种技术，帮助他们脱贫致富。中国军人选派了一些懂水稻种植技术的官兵，手把手地教老百姓种植。中国军人的真情和友谊感动了许多当地人，他们把中国军人当作了自己的亲人。

2009 年黎以冲突后，黎巴嫩南部地区的道路、桥梁等基础设施遭到严重破坏。为帮助当地群众重建家园，中国维和部队每天出动多台次的机械和人员，整治道路，清理废墟。每当看见中国维和工兵营的推土机平整道路时，路过的车辆总要鸣笛致意。黎以冲突期间，中国政府无偿向黎巴嫩捐赠了救援物资，使黎巴嫩人民感受到中国人民的和平友善之举。每每见到中国维和官兵，不少当地百姓用刚学会的中文不停地喊："中国人，OK!"

一名维和战士在出国前的志愿书上曾这样写道："只要能为世界和平作出一点中国军人的贡献，就是再苦再累，哪怕牺牲生命也在所不惜。"正是这种特别能吃苦、特别能战斗、特别能奉献的精神，造就了一支打不垮、拖不烂的维和力量，完成了一个又一个"不可能完成的任务"。

相关链接　中国参加联合国维和行动大事记

1988 年 12 月 6 日，第 43 届联合国大会一致同意中国加入联合国维持和平行动特别委员会。

1990 年 4 月，中国军队第一次向联合国停战监督组织派出 5 名军事观察员。

1992 年 4 月，中国军队向联合国柬埔寨临时权力机构派出由 400 名官兵组成的工程兵大队，开创了我军派遣成建制部队参与联合国维和行动的先河。

2001 年 12 月，国防部维和事务办公室成立，负责统一协调和管理中国军队参与联合国维和行动的工作。

2002 年 2 月，中国正式加入联合国一级维和待命安排机制。

2003 年 4 月，中国军队派出首批赴刚果（金）维和部队。

2003 年 12 月，中国军队派出首批赴利比里亚维和部队。

2006 年 4 月，中国军队派出首批赴黎巴嫩维和部队。

2006 年 5 月，中国军队派出首批赴苏丹维和部队。

2007 年 2 月，中共中央总书记、国家主席、中央军委主席胡锦涛视察中国赴利比里亚维和部队，并为维和部队题词：“忠实履行使命，维护世界和平”。

2007 年 9 月 17 日，中国国防部维和事务办公室官员赵京民就任联合国西撒哈拉全民投票特派团部队指挥官，成为首位担任联合国维和部队高级指挥官的中国军人。

2007 年 11 月，中国派出首批赴苏丹达尔富尔地区维和部队，这是联合国第一支进驻该地区的维和部队。

2009 年 6 月，国防部维和中心在北京挂牌，这是我军首个维和专业培训与国际交流机构。

2013 年 12 月，中国派出首批赴马里维和部队，其中警卫分队是我军派出的首支安全部队。

2015 年 1 月，中国首支维和步兵营前往南苏丹任务区执行任务。

参考资料

[1] 陈婧．中国将更积极、深入地参与国际维和行动［N］．中国青年报，2013 - 12 - 5.

[2] 中国参加联合国维和行动大事记［EB/OL］．（2015 - 05 - 29）． http：//military. people. com. cn/n/2015/0529/c1011 - 27076536. html.

[3] 中国军队参与维和行动 25 年　能力素质明显提升［EB/

OL]．(2015-05-30)．http：//news. xinhuanet. com/2015-05/30/c_ 1115459451. htm.

[4] 中国坚定支持联合国维和行动，坚定维护世界和平［EB/OL]．(2015-09-29)．http：//news. xinhuanet. com/world/2015-09/29/c_ 1116715502. htm.

第二十四章 亚丁湾护航

亚丁湾位于印度洋西北部，北临阿拉伯半岛，南望非洲之角，西接曼德海峡，东濒阿拉伯海，扼守着地中海东南出口和整个中东地区，是世界贸易和能源运输的重要航线之一，被世界公认为“黄金水道”，具有重要战略地位。

第一节 中国参与护航的国内外背景

一、国际方面

自 1991 年索马里内战爆发以来，索马里长期处于军阀割据和无政府状态。进入 21 世纪，索马里国内局势更加动荡，人民生活更加拮据，部分索马里渔民开始武装自己，形成各种海盗团体与组织，利用索马里地理上的绝佳优势频繁攻击、劫持途经亚丁湾海域的船舶。

2008 年 9 月 15 日，中国香港注册的一艘运输船遭劫持。

2008 年 9 月 25 日，索马里海盗劫持了装载 33 辆主战坦克的乌克兰军火船。

2008 年 11 月 15 日，索马里海盗劫持了长 330 米的沙特阿拉伯巨型油轮“天狼星”号。

……

据联合国国际海事组织统计，索马里内战以来，亚丁湾海域袭击船舶案件呈明显上升趋势。2008 年共 111 艘船舶遭袭击，其中 42 艘被劫持，占 38%。索马里海盗已对国际航运和海上安全构成严重威胁，成为一大国际公害。

为保证国际航运、海上贸易和人员安全，2008 年 6 月联合国安理会通过第 1816 号决议，授权外国军队经索马里政府同意后可进入索马里领海打击海盗及海上武装抢劫活动，授权有效期为 6 个月。此后，安理会又先后通过了第 1838 号、第 1846 号和第 1851 号决议，呼吁关心海上活动安全的国家积极参与打击索马里海盗的行动。其中，2008 年 12 月 16 日，联合国安理会一致通过的第 1851 号决议决定，从即日起授权有关国家和国际组织在 12 个月内可以在索马里境内“采取一切必要的适当措施，制止海盗行为和海上武装抢劫行为”。同时，索马里过渡联邦政府也呼吁各国进入其领海打击海盗。

为维护国家利益，北约、欧盟、俄罗斯等组织和国家不断加大护航力度，纷纷派出军舰前往亚丁湾、索马里海域护航，区域内常年保持 40 多艘各国护航军舰。

二、国内方面

进入21世纪，我国海外经济利益不断拓展，60%以上的进口贸易都通过海洋运输，其中与中欧90%以上的贸易要通过亚丁湾航线，每年约1500艘，平均每天4艘，亚丁湾航线已成为我国驶向欧洲的必经之路。

2008年9月17日，中国对外贸易运输总公司香港某子公司一艘货轮遭劫持。

2008年11月14日，中国渔船“天裕8号”遭劫持。

2008年12月17日，中国运输船“振华4号”遭袭击。

……

经统计，2008年3~12月，我国有1265艘次商船通过亚丁湾航线，约20%遭到袭击。

如果从直布罗陀到新加坡，走苏伊士运河，过亚丁湾，航程约为6840海里。而绕道好望角，则为10690海里，相差3850海里。按船速13节计算，相差12.3天航程。假如一艘5万吨级货船日耗油约25吨，需多耗油约308吨，运输成本将大幅攀升。亚丁湾航线频繁发生的海盗袭击事件，已严重危及我国过往船只和人员安全，对我国国家利益构成了重大威胁。开展区域外行动，保护中国公民、投资和海上交通线以及维护世界和平，中国海军护航势在必行。

第二节　中国政府的果断决策

是否应该派出海军舰艇保护我国的航运安全，引起国内专家、学者和广大民众的热议。尤其是在我国船舶频频遭劫的情况下，举国上下热切期盼中国海军出兵亚丁湾！

2008年12月20日，党中央、国务院根据联合国有关决议，参照有关国家做法，在征得索马里政府同意后，果断决策，决定派军舰赴亚丁湾海域执行保护我国商船的护航任务。护航行动的主要内容是：履行国际义务、维护国际与地区和平安全，保护中国航经亚丁湾、索马里海域船舶和人员安全，保护世界粮食计划署等国际组织运送人道主义物资船舶的安全。护航行动将以伴随护航、区域护航和随船护卫等方式进行，不上岸执行任务。

2008年12月22日，中国常驻联合国代表张业遂分别向联合国秘书长潘基文和安理会当月轮值主席、克罗地亚常驻联合国代表尤里察通报了中国政府决定派海军舰艇赴亚丁湾、索马里海域实施护航的决定。潘基文和尤里察欢迎中国政府派遣海军舰艇赴亚丁湾、索马里海域护航。潘基文表示，他赞赏中国对国际社会打击索马里海盗行动给予的有力支持，这体现了中国在国际事务中发挥的重要作用。尤里察表示，中国政府的决定很及时，是对安理会工作的支持。

2008年12月26日，我国海军派出的首批护航舰艇编队从海南三亚起航，赴亚丁湾海域执行护航任务，开启人民海军常态遂行远海任务的新纪元。

中国派海军护航舰艇远赴亚丁湾，是党和国家为维护国际安全和发展利益作出的重要战略决策，是我军首次组织海上作战力量赴海外履行国际人道主义义务，是我海军首次在远海执行保护重要运输线安全的非战争军事行动，有力维护了国家战略利益，有效保障了我国国际贸易运输“海上丝绸之路”的安全。

第三节　中国海军主要护航行动

自 2008 年 12 月 26 日以来，中国人民解放军海军连续、不间断、常态化地派出了 22 批编队远赴亚丁湾海域执行护航任务，每次轮换时间 4 个月左右，广大护航官兵始终牢记党和人民的重托，视祖国利益、民族尊严、军队形象高于一切，不畏艰险、战风斗浪、顽强拼搏、开拓进取，有效履行了肩负的神圣使命，持续保持着被护船舶和编队自身“两个百分之百安全”的纪录，充分展示了中国负责任大国的形象和人民海军过硬的军政素质。

2008 年 12 月 26 日，中国人民解放军海军首批护航编队从海南三亚起航，赴亚丁湾海域执行护航任务。首批护航编队由南海舰队“武汉号”导弹驱逐舰、“海口号”导弹驱逐舰和“微山湖号”综合补给舰，以及 2 架舰载直升机和数十名特战队员组成，整个编队共计 880 余人。编队经西沙、南沙，过新加坡海峡、马六甲海峡，穿越印度洋，抵达任务海区，总航程 4400 多海里。期间历经 124 个日日夜夜，连续航行 33000 多海里，为 41 批 166 艘船舶实施了伴随护航，为 46 艘船舶提供了区域护航，成功救援 3 艘遇袭外国船只，安全、顺利、圆满地完成了首批护航任务。

2009年4月2日，中国人民解放军海军第2批护航编队从广东湛江起航，赴亚丁湾海域执行接替护航任务。第2批护航编队由南海舰队“深圳号”导弹驱逐舰、“黄山号”导弹护卫舰和首批护航编队留下来的“微山湖号”综合补给舰，以及2架舰载直升机和数十名特战队员组成，整个编队共计800余人。“深圳号”导弹驱逐舰和“黄山号”导弹护卫舰，这两艘军舰都是中国自行设计制造、具备先进武器装备性能的现代化战舰。期间历经142个日日夜夜，先后为45批308艘中外船舶实施了伴随护航，为85艘船舶提供了区域掩护，成功解救4艘遇袭外国船只，前出接护了1艘被海盗释放的外国商船，查证和警告驱离可疑船只129艘，安全、顺利、圆满地完成了护航任务。

2009年7月16日，中国人民解放军海军第3批护航编队从浙江舟山起航，赴亚丁湾海域执行接替护航任务。第3批护航编队由东海舰队“舟山号”“徐州号”导弹护卫舰和“千岛湖号”综合补给舰，以及2架舰载直升机和数十名特战队员组成，整个编队共计800余人。期间历时158天，连续航行80000多海里，先后为53批582艘中外船舶实施了护航，护送船舶总吨位达到3323万吨，创下护航编队护送船舶总量和单批、单月护航船舶数量最多。首次开展夜间小艇输送特战队员，首次和外军联合护航，首次在远洋和外军举行联合军演等多项海军护航行动新纪录，实现了被护航船舶、自身装备和人员百分之百安全。

2009年10月30日，中国人民解放军海军第4批护航编队从浙江舟山起航，赴亚丁湾海域执行接替护航任务。第4批护航编队由东海舰队“马鞍山号”“温州号”两艘国产新型导弹护卫舰和第3批护航编队中“千岛湖号”综合补给舰，以及2架舰载直升机和数十名特战队员组成，整个编队共计700余人。期间，历经176个日日夜夜，航行12.6万多海里，为46批660多艘中外船舶实施区域护航，成功解救中外船舶3艘，接护获释中外船舶4艘。创造了出海时间最长、单舰护航时间最长、被护船舶总量最多、单批护航船舶最多、单批接护外国船舶最多、单日查证驱离可疑目标最多、接护获释商船最多等7项护航纪录，开创了依法登临检查、靠泊非洲大陆补给休整、进入波斯湾成功访问阿联酋、接护获释台湾商船等4个首次，圆满完成护航任务，续写了海军执行护航任务新篇章。

2010年3月4日，中国人民解放军海军第5批护航编队从海南三亚起航，赴亚丁湾海域执行接替护航任务。第5批护航编队由南海舰队“广州号”导弹驱逐舰、“衡阳号”导弹护卫舰和“微山湖号”综合补给舰，以及2架舰载直升机和数十名特战队员组成，整个编队共计700余人。期间，历经192个日日夜夜，航程92495海里，为41批588艘中外商船实施了伴随式护航，护送船舶总吨位超过3063万吨。先后查证驱离可疑船只85批370艘次，护航结束之后访问了埃及、意大利、希腊、缅甸四国，停靠新加坡，护航编队一行刷新了中国人民解放军海军护航史上护航时间最长、护航船只数量最多、停靠和访问国家最多等纪录。

2010年6月30日，中国人民解放军海军第6批护航编队从广东湛江起航，赴亚丁湾海域执行接替护航任务。第6批护航编队由南海舰队“昆仑山号”船坞登陆舰、“兰州号”导弹驱逐舰、“微山湖号”综合补给舰，以及4架舰载直升机和数十名特战队员组成，整个编队共计1000余人。期间，历经192个日日夜夜，航程108682海里，为49批615艘中外商船实施了区域护航，其中我国船舶306艘、外国船舶309艘，圆满完成护航任务。

中国海军第6批护航编队军舰正在起航

图片来源：http：//www.ycwb.com/epaper/ycwb/html/2010－07/01/content_ 865751.htm。

2010年11月2日，中国人民解放军海军第7批护航编队从浙江舟山起航，赴亚丁湾海域执行接替护航任务。第7批护航编队由东海舰队“舟山号”“徐州号”国产新型导弹护卫舰、“千岛湖号”综合补给舰，以及2架舰载直升机和数十名特战队员组成，整个编队共计780余人。此次护航的3艘军舰均是第2次执行护航任务护航，并首次增加了25名女舰员负责担负医疗救护、心理咨询、通信值班等任务。期间历经189个日日夜夜、累计航程11万多海里，为38批578艘中外船舶实施了护航，接护遭海盗袭击船舶1艘，营救遭海盗登船袭击船舶1艘，解救被海盗追击船舶6次9艘，查证和驱离可疑船只218艘次，圆满完成远赴利比亚为撤离中国受困人员船舶实施护航任务，并出访坦桑尼亚、南非、塞舌尔等非洲三国。此外，在执行任务期间，第7批护航编队认真借鉴前6批护航编队经验做法，深入开展保护船舶安全和武力解救行动等重难点问题研究，完善应急情况处置方案预案，开展复杂条件下抵近侦查、登船攀爬、支援掩护、舱室搜索等训练。还广泛运用护航针对性训练成果，合理编组护航队形，及时调整护航阵位，采取舰艇、被护船舶分区观察，发现可疑目标接力查证，各部位联动快速反应等方式，扩大安全警戒范围，有效提高护航效率。

2011年2月21日，中国人民解放军海军第8批护航编队从浙江舟山起航，赴亚丁湾海域执行接替护航任务。第8批护航编队由东海舰队“温州号”“马鞍山号”导弹护卫舰、“千岛湖号”综合补给舰，以及2架舰载直升机和数十名特战队员组成，整个编队共计700余人。期间，历经189个日日夜夜，为46批507艘船舶伴随护航任务，接护被海盗释放船舶1艘，解救被海盗追击船舶7艘，救助外国船舶2艘，圆满完成护航任务并成功访问卡塔尔、泰国。

2011年7月2日，中国人民解放军海军第9批护航编队从广东湛江起航，赴亚丁湾海域执行接替护航任务。第九批护航编队由南海舰队“武汉号”导弹驱逐舰、“玉林号”导弹护卫舰和“青海湖号”综合补给舰，以及2架舰载直升机和数十名特战队员组成，整个编队共计870余人。期间，历经176个日日夜夜，航行7万余海里，为41批280艘中外船舶实施护航，圆满完成护航任务，并出访科威特和阿曼两国，在返航途中停靠新加坡，进一步扩大了我海军护航行动的影响力，续写了构建“和谐海洋”的新篇章。

2011年11月2日，中国人民解放军海军第10批护航编队从广东湛江起航，赴亚丁湾海域执行接替护航任务。第10批护航编队由南海舰队“海口号”“运城号”导弹护卫舰、“青海湖号”综合补给舰组成，以及2架舰载直升机和数十名特战队员组成，整个编队共计800余人。其中“海口号”导弹护卫舰曾执行第1批护航任务。期间，历经180个日日夜夜，为40批240艘次中外船舶实施护航，有效处置13批46艘次疑似海盗目标袭扰，捍卫了国家利益，维护了世界海上通道安全，无愧于“威武之师、文明之师、和平之师”的称号。

2012年2月27日，中国人民解放军海军第11批护航编队从山东青岛起航，赴亚丁湾、索马里海域执行接替护航任务。海军第11批护航编队由北海舰队“青岛号”导弹驱逐舰、“烟台号”导弹护卫舰、“微山湖号”综合补给舰，以及2架舰载直升机和数十名特战队员组成，整个编队共计800余人。这是中国海军自2008年12月开展护航行动以来，第一次由北海舰队组织执行护航任务。期间，历经200个日日夜夜，为43批184艘中外船舶实施了护航，驱离可疑船只58批126艘，并对乌克兰、罗马尼亚、土耳其、保加利亚和以色列等五国进行了正式友好访问，确保了被护船舶和人员、编队自身“两个百分之百”安全，创造了中国海军护航编队任务时间最长，单架直升机飞行时间最长、指挥所编成人数最少、访问国家最多等多个“之最”。

2012 年 7 月 3 日，中国人民解放军海军第 12 批护航编队从浙江舟山起航，赴亚丁湾海域执行接替护航任务。第 12 批护航编队由东海舰队“益阳号”“常州号”导弹护卫舰、“千岛湖号”综合补给舰，以及 2 架舰载直升机和数十名特战队员组成，整个编队共计 800 余人。期间，历时 201 个日日夜夜，航程 12449 海里，为 46 批 204 艘中外船舶实施护航，其中查证、驱离可疑船只 35 批 62 艘次，继续保持中国海军护航编队被护船舶和自身“两个百分之百”安全记录，并从组织指挥程序、护航方式方法、突发情况处置等方面，积极探索研究护航行动规律特点及改进模式；坚持“护航一路，训练一路，提高一路”，将实战化训练贯穿护航任务全程，提高了遂行护航任务及远海作战能力；与外军建立有效的情报信息交流与共享渠道，开展 5 次指挥官会面活动，创下首次在索马里霍比奥岸滩接护被劫船员，首次在红海曼德海峡解救遭海盗武力追击商船，首次结合休整赴阿拉伯海拓展区域巡逻，首次在亚丁湾举行中美联合反海盗演练等多个首次。在圆满完成亚丁湾、索马里海域护航任务后对澳大利亚、越南进行了访问。

2012 年 11 月 9 日，中国人民解放军海军第 13 批护航编队从广东湛江起航，赴亚丁湾海域执行接替护航任务。第 13 批护航编队由南海舰队“黄山号”“衡阳号”导弹护卫舰、“青海湖号”综合补给舰，以及 2 架舰载直升机和数十名特战队员组成，整个编队共计 800 余人。此次编队派出的 3 艘舰艇此前均执行过护航任务。期间，历经 196 个日日夜夜，航程 99245 海里，为 37 批 166 艘中外船舶实施了护航，圆满、安全完成护航任务。

2013年2月16日，中国人民解放军海军第14批护航编队从山东青岛起航，赴亚丁湾海域执行接替护航任务。第14批护航编队由北海舰队“哈尔滨号”导弹驱逐舰、“绵阳号”导弹护卫舰，南海舰队“微山湖号”综合补给舰，以及2架舰载直升机和数十名特战队员组成，整个编队共计730余人。其中“哈尔滨号”导弹驱逐舰和“绵阳号”导弹护卫舰均为首次执行护航任务，“微山湖号”综合补给舰此前曾执行过6批次护航任务，此次是北海舰队第二次派出水面舰艇执行护航任务。期间，历经225个日日夜夜，为63批181艘中外船舶实施了伴随护航任务，其中包括2艘世界粮食计划署船舶，创造了编队护航时间最长、执行护航任务和特殊护航任务批次最多、任务人员数量最少和首次组织徒步方队参加外国阅兵活动等多项新纪录，继续保持了中国海军护航编队被护船舶和编队自身安全“两个百分之百安全”的纪录。并赴巴基斯坦参加了“和平—13”多国海上联合演习，与美海军护航舰艇在亚丁湾举行了反海盗联合演练，并访问了塞舌尔、新加坡和泰国。

2013年8月8日，中国人民解放军海军第15批护航编队从广东湛江起航，赴亚丁湾海域执行接替护航任务。第15批护航编队由南海舰队“井冈山号”两栖船坞登陆舰、“衡水号”导弹护卫舰，北海舰队“太湖号”综合补给舰以及南海舰队的3架舰载直升机和部分特战队员组成，整个编队800余人。3艘舰艇都是首次执行护航任务。期间，历经169个日日夜夜，为46批181艘中外船舶实施了护航，其中护送联合国粮食计划署船舶1艘，首次与乌克兰海军护航舰艇进行指挥官互访和联合军演，圆满完成5

次与欧盟 508 编队、美盟 151 编队、北约 465 编队等外军护航舰艇友好交流，并顺利完成对坦桑尼亚、肯尼亚、斯里兰卡三国的出访任务。

2013 年 11 月 30 日，中国人民解放军海军第 16 批护航编队从山东青岛启航，赴亚丁湾海域执行接替护航任务。第 16 批护航编队由北海舰队“盐城号”“洛阳号”导弹护卫舰、“太湖号”综合补给舰，以及 2 架舰载直升机和数十名特战队员组成，整个编队共计 660 余人，是海军舰艇编队执行亚丁湾、索马里护航任务以来人员数量最少的一次。期间，历经 242 个日日夜夜，为 40 批 132 艘中外船舶实施了护航，第 16 批编队首次与第 15 批编队执行共同护航任务，首次与喀麦隆海军联合进行反海盗联合演练，首次与欧盟护航舰艇编队联合进行反海盗联合演练，特别是临时受命紧急派遣“盐城号”导弹护卫舰赶赴地中海，出色完成了叙利亚化学武器海运阶段性护航，并在索契冬奥会期间成功接受中俄两国元首视频慰问。圆满完成护航任务后，首次实现对非洲八国连续访问，加深了与到访国之间的相互了解和信任。

2014 年 3 月 24 日，中国人民解放军海军第 17 批护航编队从浙江舟山提前起航，前往印度洋海域执行搜寻马航失联客机任务。之后赴亚丁湾海域执行接替护航任务。第 17 批护航编队由东海舰队“长春号”导弹驱逐舰、“常州号”导弹护卫舰和“巢湖号”综合补给舰，以及 2 架舰载直升机和数十名特战队员组成，整个编队共计 810 余人。其中，“长春号”导弹驱逐舰和“巢湖号”综合补给舰是首次执行护航任务。期间，历经 213 个日日夜夜，为43批115艘中外船舶实施了护航，其中为17艘次船舶实施特殊护航，为1艘世界粮食计划署船舶实施了伴随护航，保持了被护船舶和编队自身“两个百分之百安全”。并先后参与了马航MH370航班失联救援、搜救韩国海军舰艇失踪船员、营救意大利失火商船等行动，与欧盟海军465编队在亚丁湾海域举行了联合反海盗演练，对约旦、阿联酋、伊朗、巴基斯坦四国进行了友好访问。

2014年8月1日，中国人民解放军海军第18批护航编队从广东湛江起航，赴亚丁湾海域执行接替护航任务。第18批护航编队由南海舰队“长白山号”两栖登陆舰、“运城号”导弹护卫舰、“巢湖号”综合补给舰，以及3架舰载直升机和近百名特战队员组成，整个编队共计800余人。期间，历经231个日日夜夜，连续航行11万余海里，为48批135艘中外船舶实施了护航，其中为8艘次船舶实施了特殊护航，首次为我国执行探月工程测量任务的“远望3号”提供护卫，继续保持了中国海军护航编队被护船舶和编队自身“两个百分之百安全”的纪录。完成护航任务后，对欧洲五国开展了友好访问，其中英国、德国、荷兰是中国海军护航编队首次访问。

2014年12月2日，中国人民解放军海军第19批护航编队从山东青岛起航，赴亚丁湾海域执行接替护航任务。第19批护航编队由北海舰队“临沂号”“潍坊号”导弹护卫舰和南海舰队“微山湖号”综合补给舰组成，其中“临沂号”“潍坊号”导弹护卫舰都是首次执行护航任务。期间，历经221个日日夜夜，为36批109艘次中外船舶实施了护航，继续保持了被护船舶和自身“两个百分百安全”，并创造了首次直接靠泊交战区域港口实施撤离中外公民的国际救助行动、首次在地中海与俄罗斯海军进行联合军事演习等纪录。另外，2015 年 3 月 26 日深夜，根据习近平主席和中央军委命令，第 19 批护航编队迅速由护航状态转入撤离任务准备状态，完善舰艇靠泊、人员核准登舰、舰艇安全警戒、生活保障、卫生防疫等方案，并顺利完成赴也门执行撤离中国公民任务，3 日内 5 次奔赴也门亚丁港、荷台达港和索科特拉岛，安全撤离 16 国 897 名中外公民，为国家和军队赢得了新的荣誉。

2015 年 4 月 3 日，中国人民解放军海军第 20 批护航编队从浙江舟山起航，赴亚丁湾海域执行接替护航任务。第 20 批护航编队由东海舰队“济南号”导弹驱逐舰、“益阳号”导弹护卫舰、“千岛湖号”综合补给舰，以及 2 架舰载直升机和数十名特战队员组成，整个编队共计 800 余人。其中“济南号”导弹驱逐舰于 2014 年 12 月 22 日刚刚加入人民海军战斗序列，是首次执行亚丁湾护航任务。第 20 批护航编队完成亚丁湾护航任务后，开始执行环球访问任务。这是中国海军舰艇首次远离本土执行完为期 4 个多月的远海护航行动后，直接转入环球访问任务。此次，编队将跨越印度洋、大西洋、太平洋，走进地中海、波罗的海、加勒比海，穿越苏伊士运河、基尔运河、巴拿马运河等重要国际水道，访问苏丹、埃及、丹麦、芬兰、瑞典、波兰、葡萄牙、美国、古巴、墨西哥、澳大利亚、东帝汶、印尼等国家，历时 5 个多月，总航程 3 万多海里。

中国海军第20批护航编队从舟山起航

图片来源：http：//news. xinhuanet. com/2015－04/03/c_ 1114867144. htm。

2015年8月4日，中国人民解放军海军第21批护航编队从海南三亚起航，赴亚丁湾海域执行接替护航任务。第21批护航编队由南海舰队“柳州号”“三亚号”导弹护卫舰、“青海湖号”综合补给舰，以及2架舰载直升机和数十名特战队员组成，整个编队共计700余人。其中，“柳州号”“三亚号”导弹护卫舰是我国自行研制设计生产的新一代导弹护卫舰，具有除极区以外无限海区航行的能力，可单独或协同海军其他兵力开展海上攻防作战，属首次执行护航任务，“青海湖号”补给舰是第4次执行护航任务。

2015年12月6日，中国人民解放军海军第22批护航编队从山东青岛起航，赴亚丁湾海域执行接替护航任务。第22批护航编队由北海舰队“青岛号”导弹驱逐舰、“大庆号”导弹护卫舰、“太湖号”综合补给舰，以及2架舰载直升机和数十名特战队员组成，整个编队共计700余人。其中，“大庆号”导弹护卫舰是首次执行护航任务，“青岛号”导弹驱逐舰是第2次执行护航任务，“太湖号”综合补给舰连续执行过两批护航任务。

第四节　中国军队参与护航的战略意义

7年来，中国海军护航编队持续保持着被护船舶和编队自身安全“两个百分之百安全”的纪录，有力维护了国家海上重要交通运输线安全，并与世界各国海军务实交流、合作，有效遏制了海盗的猖狂活动，保证了国家海上战略通道安全，充分展示了人民解放军威武文明之师和中国负责任大国的良好形象。2009年11月24日，国际海事组织授予中国人民解放军海军护航编队“航运和人类特别服务奖”。

一、赢得国际社会广泛赞誉

7年中，中国海军先后派出22批护航编队，18000多名官兵远赴亚丁湾、索马里海域，共完成1000多批次护航任务，为6500多艘中外船舶提供了护航服务，成功解救希腊、利比里亚、多哥、巴拿马等多个国家遇袭商船，多次对被海盗释放船舶实施接护，无偿为遇险船舶补给油料、淡水并进行医疗救助。为确保安全，护航编队还根据海盗形势对各国商船实施延伸保护。中国海军护航班期稳定，主动记录和公布此类信息，表明中国愿意通过反海盗行动来获得最大的国内和国际公关效果，安全性高、信誉度好，“品牌效应”明显，深得各国商船信赖。此外，中国海军护航编队还主动承担国际义务，在不同航线上多次为世界粮食计划署船舶护航，均圆满完成任务，受到世界粮食计划署的高度赞赏，增强了我国的国际影响力。

二、获得国际护航力量高度评价

作为国际护航重要力量之一，中国海军护航编队积极与各国护航舰艇在海上联合行动、信息情报共享、后勤装备保障以及护航法律事务等领域开展合作，先后与俄罗斯、巴基斯坦等国海军护航舰艇进行了联合护航及联合反海盗演习。此外，中国海军积极参与规则制定，主动与印度、日本等进行伴随护航的海军开展班期协调，提高护航工作效率。主动公布护航班期，为伴随护航班期协调机制的建立发挥了决定性的作用，从2012年开始，首次伴随护航班期协调以中国海军护航班期为参照。欧盟、北约和多国海上护航力量均表示中国进行的伴随护航是行之有效的护航模式，已经成为亚丁湾、索马里海域护航行动中的主导力量之一，有效缓解了上述组织开展的分区护航的压力，为亚丁湾海域的整体安全作出了重要贡献。

三、受到任务海区国家普遍欢迎

中国海军护航行动得到了亚丁湾周边国家的普遍支持和欢迎。7年间，海军护航舰艇对任务海区20多个国家进行了友好访问，实现了对阿联酋、巴林、科威特和塞舌尔等多个国家的首访。访问期间，中国海军不仅与被访问国海军开展了反海盗经验交流和特种部队联训等一系列军事交流活动，还走访了当地小学和贫困社区，体现了对该地区人民生活和社会发展的关心与关注，收到了积极反馈，促进了中国与环印度洋国家的政治、经济、文化、军事交流。

参考资料

[1] 在亚丁湾护航 [EB/OL]. (2012 - 03 - 16). http://v.ifeng.com/documentary/military/201203/161bafcc - a708 - 499d - 9d6d - 9d7e37f4f97a.shtml.

[2] 护航亚丁湾 [EB/OL]. (2014 - 03 - 22). http://tv.cntv.cn/video/C10435/9662b8406e6747669c9eef4b0063bffd.

第二十五章　利比亚撤侨

随着经济全球化迅速发展，我国公民海外移民、务工、旅游越来越频繁，规模越来越大。维护我国海外利益是我国国家利益的有效延伸和拓展。2011 年利比亚大撤离是 1949 年新中国成立以来最大规模的有组织撤离我国海外公民行动，规模大、速度快、级别高、影响深，是一次名副其实的全国大动员行动，充分体现了我国的动员能力和组织能力，是一个举世瞩目、值得铭刻史册的大事件。

第一节　利比亚撤侨的国际背景

利比亚位于非洲北部，地中海南岸，面积 1759541 平方公里，人口约 715 万，全境 95% 以上地区为沙漠和半沙漠。该国资源丰富，特别是气储量十分丰富，是世界主要产油国和石油输出国之一。东部与埃及交界，东南与苏丹为邻，南部同乍得和尼日尔毗连，西部与阿尔及利亚和突尼斯接壤。

1969 年 9 月 1 日，卡扎菲领导“自由军官组织”，推翻伊德里斯王朝，建立了阿拉伯利比亚共和国，执政长达 42 年。国家实行计划经济，人均收入居于高位。然而，这个只有 700 多万人口、富得流油的国家，却没有把广大民众的生活放在第一位予以重视。相反，卡扎菲却利用家族控制了利比亚的经济命脉。建设方面由于过度依赖外国劳工，不重视基础工业和民生工程，百姓的失业率不断攀升，生活水平连年不断下降。反对和支持卡扎菲的东西部落之间积怨不断加深，受“颜色革命”特别是邻国突尼斯、埃及“革命风暴”等国内外政治原因影响，民众示威群众数次与军警发生冲突，但民众示威游行遭到当局镇压，引发政治冲突，旋即演变为内战。2011 年 2 月 15 日，利比亚国内反对派力量迅速在东部城市班加西聚集，并成立“国家过渡委员会”，与卡扎菲政权分庭抗礼，双方在多处战略要地展开激战。利比亚其他大城市也都出现了类似的大规模反政府、反卡扎菲的群众怒潮，“打倒卡扎菲”“推翻暴行政权”的口号，已成为利比亚全国多数民众的实际行动，从此利比亚陷入全面的混乱状态。不法分子趁机对外籍企业进行打砸抢，大量在利比亚的外籍企业受到冲击，中国籍员工的财产安全和人身安全也都受到了威胁，形势越来越恶化。

利比亚出现的动荡，让西方世界特别是美国方面欣喜若狂，美国国务卿希拉里在白宫公开支持利比亚的反对派，谴责卡扎菲政权的镇压。英国首相自然也跟着起劲地出来谴责卡扎菲。法国更是走在西方列国的前头，总统萨科齐的调子比希拉里还要高出几分贝。联合国人权事务高级专员皮莱也加入了谴责卡扎菲的行列。所有这些，都像是火上浇油一样，让利比亚境内的反政府势力获得了精神和行动上的巨大支持。有关人权组织及时作出一个统计：截至2011年2月20日，卡扎菲政权的连续镇压，已经造成300多人死亡，逾千人受伤。

中国政府海陆空三路从利比亚撤侨

图片来源：http：//epaper. timedg. com/html/2011－02/25/content_ 650492. htm。

第二节　中国政府的迅速反应和果断决策

2011年2月15日，利比亚受“颜色革命”等国内外政治原因，东部班加西市数百民众与警方冲突，引发政治冲突，民众示威游行遭到当局镇压后，迅速演变为内战。

2月16日，利比亚局势动荡，多国驻利比亚办事机构、公司遭到袭击。

2月18日晚，中国水利水电建设集团公司在利比亚斯蒂哈姆瑞的项目营地遭遇袭击，这是我国机构在利比亚遇到的首轮冲击。当晚，我国外交部收到了中国驻利比亚大使馆的关于驻比利亚的中资企业遭袭的紧急报告。

2月19日，利比亚局势及我国驻利比亚有关机构受到袭击的情况迅速上报中南海。当日，我国外交部便通过媒体公布发出“旅游预警”：请中国公民暂勿赴利比亚；请已经在利比亚的中国公民加强安全防范，减少不必要的外出，避免前往事发地区或人员聚集场所，务必注意安全。同时领事保护中心还尽可能通过微博和QQ群的形式摸清每个公民的情况。在利比亚时断时续的通信条件下，网络平台成为许多撤离公民的生命线。

2月20日，中国驻利比亚的多数机构、公司受到冲击，物资被抢、通信中断，形势更加危急。驻利机构、公司一方面寻求中国大使馆帮助；另一方面迅速向利比亚首都的黎波里和西部港口班加西撤离。

同日，外交部牵头召开了由公安部、国家安全部、交通运输部、农业部、商务部、国资委、海关总署、国家质检总局、国家民航局、解放军总参谋部及相关公司负责人参加的部际协调会。

同日19点，中央电视台《新闻联播》节目中和新闻频道滚动播出外交部公民告示和在利比亚中国公民领事保护中心应急热线电话。

同日晚，党中央、国务院领导十分关心我驻利人员安全，胡锦涛主席、温家宝总理作出重要指示和批示，要求有关方面迅即采取切实有效措施，全力保障我驻利人员生命财产安全。当晚，国务院决定成立应急指挥部，负责协调组织我驻利人员撤离及有关安全保障工作，由国务院副总理张德江任总指挥，国务委员戴秉国协助工作，国务院副秘书长尤权、外交部长杨洁篪任副总指挥。

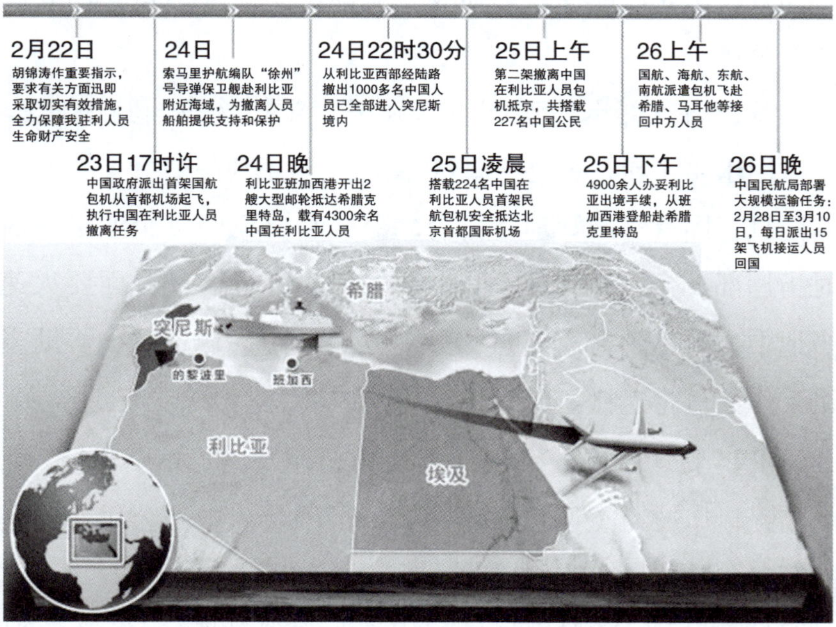

中国从利比亚撤侨行动进展

图片来源：http：//www. ycwb. com/ePaper/ycwb/html/2011 -03/02/content_ 1051908. htm。

2 月 22 日 8 点 30 分，国务院副总理张德江在中南海紧急召开应急指挥部全体会议，决定立即启动国家涉外突发事件一级响应。张德江副总理要求各有关方面立即启动应急预案，按照职责分工，密切配合，千方百计保障我人员安全，千方百计保护我财产安全，千方百计维护我国家利益。国务院应急指挥部办公室设在外交部，驻利比亚及周边国家使馆同时行动，提前打通撤离的陆路、海路和航空道路，并租用邮轮、客机、大巴，设立目的地国的安置点。

同日，中国驻埃及大使馆组织70辆大巴赴埃及与利比亚边境陆路口岸赛卢姆准备承接1.3万名我国驻利比亚公民撤离到埃及。这是开设的第一条陆路撤离路线。

同日，国家民航局接到命令，立即组织航空力量撤离我国驻利比亚公民。

同日，商务部迅速调配生活和医疗救援物资，其中食品10吨，饮用水4.5吨，手电筒2000支以及常用药品。

同日，国有资产管理委员会命令驻利比亚中资企业迅速成立临时指挥部，完成驻利比亚我国公民撤离任务。一方面要火速召集当地中方员工到撤离地点，另一方面动用一切资源，协助当地使馆工作人员打通撤离路线。

2月23日，中国驻突尼斯大使馆组织30辆大巴车在突利交接的陆路口岸拉斯杰迪尔撤离，撤离了千余名中国公民，这是开设的第二条陆路撤离路线。

同日，中国驻希腊大使馆租用希腊“奥林匹克号”“希腊精神号”和“韦尼泽洛斯号”等4艘客轮分别从希腊的帕特雷港、雷艾佛斯港赶赴利比亚海路口岸班加西，组织撤离工作。这是开设的第一条海路撤离路线。

同日，中国驻马耳他使馆租用的“罗马巡洋舰号”邮轮启程赶赴利比亚海路口岸班加西，这是开设的第二条海路撤离路线。

同日，中远、中海集团迅速调配两艘货轮和数艘渡轮赶赴利比亚班加西。这是开设的第三条海路撤离路线。

同日 17 点 15 分，我国政府首架包机 A330 - 200 离开北京，飞赴利比亚。这是开设的第一条空中撤离路线。

2 月 24 日，正在亚丁湾索马里海域执行护航任务的第 7 批护航编队“徐州号”导弹护卫舰起航赶往利比亚附近海域为撤离中国在利比亚被困的人员和船舶提供支持和保护。这是我国政府第一次动用军事力量撤侨。

同日 2 点，中国政府第二架国航包机从北京首都飞往开罗。

10 点，在我国政府协调下，首批撤到埃及的 83 名同胞乘坐阿联酋班机从埃及飞往北京，40 名同胞乘坐卡塔尔班机从埃及飞往上海，他们是大规模撤离我在利人员实施行动后首批回到国内的人员。同时，国内航空公司全面开设从希腊、埃及、突尼斯、马耳他的空中撤离路线，并相继派出包机运送同胞。这是开设的第二条空中撤离路线。

13 点，中国首家包机抵达利比亚首都的黎波里，5 个小时后搭载 224 名同胞（大部分是妇女和儿童）从空中撤离利比亚，这是第一批从空中撤离的人员。

同日下午，4300 名驻利中国公民乘坐我国政府租用的两艘大型希腊客轮从开设的第一条海路撤离路线撤离，并顺利抵达希腊克里克岛。

同日晚，中国驻马耳他使馆租用的“罗马巡洋舰号”邮轮抵达班利比亚加西港，组织撤离工作。

2 月 25 日，552 名驻利中国公民从突尼斯与利比亚边境拉斯杰迪尔口岸撤离到突尼斯。

同日2点，224名驻利中国公民搭乘我国政府首架包机A330－200顺利抵达北京首都国际机场。

下午，2100名驻利中国公民乘坐我国政府租用的马耳他客轮从开设的第二条海路撤离路线撤离，顺利抵达马耳他瓦莱塔港；2000多名驻利中国公民乘坐中国政府租用的希腊客轮从利比亚班加西撤离。

截至2月25日，在驻利比亚的约3万多名中国人员中已有12000名安全从利比亚安全撤离回国或转移至较安全的第三国。

2月26日，2500名驻利比亚中国公民从突尼斯与利比亚边境口岸拉思杰迪尔撤离到突尼斯。

同日，2900名驻利比亚中国公民乘坐希腊“韦尼泽洛斯号”客轮抵达希腊克里特岛，当日有382名中国公民搭乘我国政府包机回国，这是从希腊克里特岛回国的第一批中国公民。

上午，2216名驻利比亚中国公民乘坐马耳他客轮撤离利比亚，并顺利抵达马耳他瓦莱塔大港。

截至2月26日，我国政府已从利比亚安全撤离2万多名中国公民。

2月28日，经中央军委批准，中国空军的4架伊尔－76运输机陆续从新疆乌鲁木齐飞赴利比亚，参与到撤离驻利比亚中方人员行动中。

与此同时，国航、东航、海航、南航每天将以25架次，飞行750小时奔赴埃及、马耳他、突尼斯、利比亚执行撤离滞留人员任务。

截至2月28日10时，我国政府已从利比亚共撤出近29000

人。其中约 2500 人已回国，约 23000 人暂时安置在第三国，约 3400 人正在赴第三国途中。

从 2 月 22 日至 3 月 2 日，在党中央、国务院的坚强领导下，历时 8 天，共动用 91 架次中国民航包机、12 架次军机，5 艘货轮、1 艘护卫舰，租用 35 架次外国包机、11 艘次外籍邮轮和 100 余班次客车，成功撤离我国驻利比亚人员 35860 人。同时，我国政府还帮助来自意大利、希腊、孟加拉、尼泊尔等十二国的 2100 多位外籍人员撤出动荡的利比亚。截至 3 月 5 日 21 时，我国政府最后一家民航撤离包机抵达广州机场，滞留在突尼斯的中方人员全部回国。至此，利比亚撤离行动全部结束。

第三节　利比亚撤侨的国内外影响

利比亚大撤离，是 1949 年新中国成立以来最大规模的有组织撤离我国海外公民行动。规模大，撤离了 35860 人；速度快，仅用了 8 天时间；级别高，国家一级响应，陆海空联动；影响深，创造了“七个第一”：第一次大规模、有组织的撤离海外人员，第一次海陆空联动，第一次采用摆渡中转方式撤离，第一次租用外国邮轮、飞机、汽车撤离，第一次为大量护照丢失人员开具一张纸的“回国证明”，第一次派出军舰与军机参与撤离，第一次在撤离中动员众多友好国家进行协助。

第一，提升和展现了我国的综合实力。在这次利比亚撤侨行动的各国中，中国需撤出侨民最多、最复杂，但中国的撤侨行动最快、最安全。在这次撤侨中，很多国家给予大力支持和中国综合国力的稳步提高有很大的关系。如希腊这次派出 7 艘客轮（每艘可运 2000 人）接运了 40% 的中国侨民（1.5 万人）去希腊，然后再转机回中国。希腊给予中国大力帮助，直接原因是中国在 2010 年希腊财务危机时给予其巨大财政支持。

第二，扩大了国际影响，我国国际地位和形象进一步提升。通过这次撤侨，中国的国际地位和影响进一步提升。撤侨行动直接和 7 个国家发生运转联系，途经十几个国家。撤侨行动途经的一二十个国家都给予中国十分便利的帮助。中国“徐州号”导弹护卫舰从亚丁湾前往地中海途经埃及苏伊士运河，从提出申请到通过只用了 4 天时间。而在这之前，两艘伊朗军舰前往叙利亚访问，通过苏伊士运河用了十几天。在几万中国侨民撤离的两个星期时间中，他们受到利比亚民众的保护和帮助，即使遇到暴徒也只劫财而未害命，这也是这次突发事件中，中国侨民无一人遇害的原因之一。如果没有中国享有的崇高国际地位和良好的国际形象，这些都是不可想象的。

第三，我国外交动员能力进一步增强。我国外交在面对如此重大复杂的紧急突发事件时，整个机制运转顺畅，外交人员坚守一线，沟通协调。在争取诸多国家的众多部门支持合作时都取得成功，显示了中国外交动员能力比过去有所增强。

第四，我国军事远程投送能力进一步增强。这次大规模撤侨所用的运输工具都是中国的大型飞机。另外中国还动用了军舰护航、客轮转运等。没有相当数量的大型重装设备是不可能在短时间内完成撤侨任务的。这说明中国拥有的大型重装设备继续增加，国家的物质力量进一步增强。

第五，我国侨民素质进一步改善。在面对利比亚国内局势突变，个人面临生命财产安全威胁时，在辗转等待及回国途中，中国在利侨民表现了较好的素质。首先是听从指挥，中央下令撤出就服从命令撤出。其次是有组织。在利比亚的中国公司有国有企业也有民营企业，所有企业在动乱中都有组织、有管理，有人负责。这次撤侨都是成建制撤出。侨民由中国外交人员统一编组，每组 50 人，从开始至完成撤侨都很有序。最后是吃苦耐劳。中国侨民中有相当一部分经历了苦难的撤离过程，有几千人甚至跋涉十几个小时徒步走过沙漠到达撤运地点，其中无一人掉队。侨民素质的改善反映了国家的进步及真实具体形象。

第四节 利比亚撤侨的重要启示

利比亚大撤离可谓相当成功，从中得到许多重要启示。

首先，外交调研要预判精准。在北非多国政局突变的情况下，外交部及驻利比亚使馆的外交调研工作做得十分出色，对利比亚国内局势把握准确，充分估计到利比亚内战扩大及国际力量介入的可能性，充分估计到局势发展对中国在利侨民生命财产造成重大威胁的可能性。外交调研的精准正确为中国最高领导的最终决策打下坚实的基础。

其次，政府决策要果断正确。这次中国从利比亚撤侨属于外交决策中的重大紧急突发事件决策。在 2011 年 2 月 23 日前后，利比亚内战刚发生一周，在利比亚有利益的美国、法国、英国及土耳其等国对利局势还难以判断，对是否撤侨举棋不定。关于中国在利的3.5万侨民是否撤离，是撤回国还是撤往第三地，何时撤，怎么撤？这些都需要果断下决心。中国政府在外交行政机构调研的基础上，从“以人为本”“外交为民”出发，果断决策从利比亚迅速安全撤出全部侨民。这首先保障了中国侨民的生命安全，同时也为中国对利比亚形势发展作出决策减少阻碍。后来利比亚国内外形势发展证明了中国政府决策的果断正确。

最后，指挥要得当，协作有力。中国政府果断决策后，迅即成立由国务院副总理张德江担任总指挥的应急指挥部统一指挥各方面的撤侨行动。这次撤侨行动涉及外交部、商务部、国防部、交通部、国家民航局、电信、气候等众多部门。应急指挥部根据

2011年3月5日，公安部出入境管理局局长迎接最后一架包机抵达北京的利比亚撤离人员

图片来源：http：//www.china.com.cn/news/2011－03/27/content_ 22231967.htm。

撤侨形势发展随时应变指挥，各相关部门服从指挥、落实协作有力，很好地完成了撤出侨民活动。这次撤侨使中国的国际形象大为提高，得到了世界舆论的高度评价。

相关链接　新中国成立后主要海外撤侨活动

1. 1960 年印度尼西亚撤侨

这是中国首次从海外撤侨。1959 年 6 月，印尼颁布总统令，禁止各地外侨从事商业零售。法令一出，各地政府遂禁止华侨从事商业零售业，对丧失生计的华侨采取强迫迁移的手段，造成大批华侨流离失所，受影响的华侨约有 50 万人。此后，印尼多地发生武力逼迫华侨动迁事件。为此，中国向印尼表示抗议，并决定撤侨。1960 年 1 月 20 日，中国先后租用十多艘客轮到印尼各港口接运难侨回国，拉开了大撤侨的序幕。2 月 2 日，国务院发布“在广州、汕头、湛江、海口等地的港口，设立接待华侨的机构”等指示。撤侨计划包括：“在广东、云南、福建、广西扩建和新建国营华侨农场，集中地大量安置归侨，发挥他们的特长，种植热带亚热带经济作物……回国的华侨学生和具有培养条件的社会青年，分送各学校学习。一些年老无亲人依靠的归侨，则安置在归国华侨养老院。”到 1960 年秋，中国政府从印尼接回 6 万多华侨。

2. 1991 年海湾战争大撤侨

1991 年海湾战争爆发后，大批中国侨民生命财产受到威胁，中国政府果断撤侨，4873 名中国侨民通过陆路通道离开伊拉克。

3. 1998 年印度尼西亚撤侨

1998 年，美国为了打造第二岛链从海上锁死中国，策动印尼人屠杀华人。中国政府得知消息，连夜派出当时中国几乎所有的轮船去当地撤侨。结果因种种原因，当时只有 500 多人选择跟随中国政府回到了中国。

4. 2006 年 4 月所罗门撤侨

2006 年 4 月所罗门发生骚乱。中方包机将侨胞分 4 批从所罗门群岛撤至巴布亚新几内亚，再由国内起飞的政府包机专程将 310 名侨胞撤回广东。

5. 2006 年 4 月东帝汶撤侨

2006 年 4 月东帝汶发生骚乱。中国驻东帝汶使馆安排 200 多名侨胞进入使馆避难。5 月 29 日，中国政府两架包机顺利接回 243 名侨胞。

6. 2006 年 7 月黎以撤侨

2006 年 7 月黎巴嫩、以色列发生冲突。中国外交部和驻黎巴嫩、叙利亚、塞浦路斯等使馆密切配合，分批安全撤离在黎中国公民共计 167 人。

7. 2006 年 11 月汤加撤侨

2006 年 11 月汤加发生骚乱。中国政府派包机将 193 名老弱妇孺侨胞撤离汤加经斐济回国，并进行妥善安置。

8. 2008 年 1 月乍得撤侨

2008 年 1 月乍得发生战乱。战乱发生后，300 多名驻乍得中资机构人员和侨胞分两批自乍得边境安全撤至喀麦隆、加蓬境内。

9. 2009 年 1 月海地撤侨

2009 年 1 月海地发生强烈强震。1 月 27 日，48 名滞留海地的中国公民（其中包括 1 名台湾同胞）搭乘中国民航包机平安抵达北京首都国际机场。

10. 2010 年 6 月吉尔吉斯斯坦撤侨

2010 年 6 月吉尔吉斯斯坦发生骚乱。从 6 月 15 日到 17 日，中国政府先后派出 9 架包机赴吉尔吉斯斯坦展开撤侨行动，共计 1299 名在吉中国公民搭乘包机返回国内。

11. 2011 年 1 月埃及撤侨

2011 年 1 月 25 日，埃及爆发大规模民众反政府抗议活动，局势紧张。1 月 31 日上午，中国政府迅速派遣包机前往开罗，开始成批撤回包括香港居民在内的中国同胞。中午，两架空客 A330 客机先后飞往开罗，接回滞留在埃及的中国旅客和侨民。

12. 2014 年越南撤侨

2014 年 5 月 17 日，越南发生针对外国企业和人员的严重暴力事件，造成中国公民伤亡和财产损失。按照中国政府统一部署，交通部门协调“五指山”等总数 5000 客位的 5 艘客轮前往越南河静省永安港接回中国部分在越人员。

13. 2014 年利比亚撤侨

2014 年利比亚的安全局势不断恶化。7 月 28 日晚，我国驻利比亚大使馆发布紧急通知，要求驻利中资企业在 8 月 1 日前组织人员撤出利比亚，拉开中国在利第二次撤侨的序幕。8 月 2 日晚，随着最后一批 97 名中国人在使馆协助下有组织的集体撤离至突尼斯，第二次利比亚撤侨圆满结束。期间共有 730 余名中国公民撤离利比亚。

14. 2015 年也门撤侨

2015 年 3 月，以沙特为首的包括十多个阿拉伯国家的联军对控制也门首都的萨那的胡塞武装进行了空袭，局势不断出现恶化，许多民房成为废墟和瓦砾，人员伤亡惨重。根据习近平主席和中央军委命令，中国海军舰艇编队赴也门执行撤离中国公民任务。经过 3 月 29 日和 30 日两天紧急撤侨，“临沂号”“潍坊号”导弹护卫舰、“微山湖号”综合补给舰开展有序工作，共撤出 571 名中国在也门公民。

参考资料

[1] 国家行动：利比亚大撤离［M］. 北京：人民日报出版社，2011.

[2] 利比亚大撤离［EB/OL］. (2011-03-04). http://tv.cntv.cn/video/C17609/5e7489cbbb0d41c311119d89e1048927.

[3] 国家行动［EB/OL］. (2011-03-04). http://tv.cntv.cn/video/C10435/737a6489664d4bab9ac9f2b0bfc491be.

[4] 张历历. 中国全力从利比亚大撤侨分析［J］. 当代世界，2011 (4): 21-23.

第二十六章 抗击埃博拉病毒

2014 年 3 月，埃博拉疫情突然在西非暴发。埃博拉病毒，感染性强，死亡率极高。几内亚、利比里亚、塞拉利昂等 3 个国家成为重灾区。而且疫情不断蔓延，严重威胁着周边国家的安全。

2014 年 8 月 8 日，世界卫生组织发布声明，宣布西非埃博拉出血热疫情为国际关注的突发公共卫生事件，建议疫情发生国宣布国家进入紧急状态，严格落实防控措施。之后，一些援非国家开始撤走本国医生，召回驻疫区国外交官。

截至 2014 年 8 月 26 日，埃博拉已在塞拉利昂、利比亚和几内亚造成 1427 人死亡。这其中包括 100 多位医护人员，他们在救治埃博拉感染病患者时被传染而殉职。

一时间，世界各国谈“埃”色变。

然而，中几友好医院的中国医生却选择了坚守，他们借鉴抗击 SARS 的经验，制定出一套疫情应急方案，迅速向几内亚工作人员和当地华侨华人广泛宣传，普及防控知识。

不仅如此，在世界卫生组织声明发布的第二天，中国政府决定派出3支专家组分赴西非三国，对当地防控埃博拉疫情进行技术援助。同时，紧急人道主义援助物资于当地时间11日分别运抵3个国家。到2015年2月，中国在当地支持并参与疫情防控工作的中国医务人员累计有近600名，并已向13个非洲国家提供了4轮价值约7.5亿元人民币的紧急援助。在最危难的时刻，中国医生和非洲人民站在一起，患难与共，风雨同舟。

在抗击埃博拉疫情中，世界看到了中国医生的使命，也看到了中国作为负责任大国的担当。

第一节　什么是埃博拉病毒

埃博拉病毒（Ebola virus）又译作伊波拉病毒，是一种十分罕见的病毒。1976年在苏丹南部和刚果（金）（旧称“扎伊尔”）的埃博拉河地区发现它的存在后，引起医学界的广泛关注和重视，“埃博拉”由此而得名。埃博拉病毒是一种能引起人类和灵长类动物产生埃博拉出血热的烈性传染病病毒，死亡率在50%～90%。感染者症状与同为纤维病毒科的马尔堡病毒极为相似，包括恶心、呕吐、腹泻、肤色改变、全身酸痛、体内出血、体外出血、发烧等。致死原因主要为中风、心肌梗塞、低血容量休克或多发性器官衰竭。

埃博拉病毒，生物安全等级为4级（艾滋病为3级，SARS为3级，级数越大防护越严格）。病毒潜伏期可达2～21天，但通常只有5～10天。

一、埃博拉病毒的结构形态

埃博拉病毒属丝状病毒科，长度为970纳米，呈长丝状体，单股负链RNA病毒，有18959个碱基，分子量为4.17×10^6。外有包膜，病毒颗粒直径大约80纳米，大小100纳米×(300～1500）纳米，感染能力较强的病毒一般长665～805纳米，有分支形、U形、6形或环形，分支形较常见。有囊膜，表面有8～10纳米长的纤突，纯病毒粒子由一个螺旋形核糖核壳复合体构成，含负链线性RNA分子和4个毒粒结构蛋白。较长的奇形怪状的病毒粒子相关结构可呈分枝状或盘绕状，长达10微米。来自刚果(金)、科特迪瓦和苏丹的埃博拉毒株其抗原性和生物学特性不同。

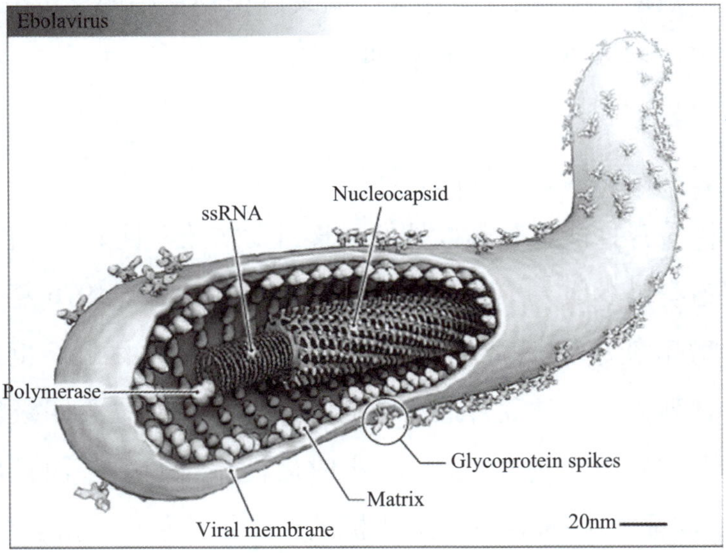

埃博拉病毒的结构

图片来源：http：//www.kk.net/healtharticle/11646.html。

埃博拉病毒的形状宛如中国古代的“如意”，利用电子显微镜对埃博拉病毒属成员的研究显示，其呈现一般纤维病毒的线形结构。在病毒粒子中心结构的核壳蛋白，由螺旋状缠绕之基因体RNA与核壳蛋白质以及蛋白质病毒蛋白VP35、VP30、L组成，病毒包含的糖蛋白从表面深入病毒粒子10纳米长，另外10纳米则向外突出在套膜表面，而这层套膜来自宿主的细胞膜，在套膜与核壳蛋白之间的区域，称为基质空间，由病毒蛋白VP40和VP24组成。

埃博拉病毒在常温下较稳定，对热有中等度抵抗力，56℃不能完全灭活，60℃、30分钟方能破坏其感染性；紫外线照射2分钟可使之完全灭活。对化学药品敏感，乙醚、去氧胆酸钠、β-丙内酯、福尔马林、次氯酸钠等消毒剂可以完全灭活病毒感染性；钴60照射、γ射线也可使之灭活。埃博拉病毒在血液样本或病尸中可存活数周；4℃条件下存放5周其感染性保持不变，8周滴度降至一半。零下70℃条件可长期保存。

二、埃博拉病毒的致病原理

埃博拉毒株能引起人以外的灵长目动物致命性的出血性疾病；文献报道有极少数人感染此病毒，临床上无症状。1976年，苏丹流行时病死率为53.2%，扎伊尔则高达88.8%。因此，世界卫生组织将其列为对人类危害最严重的病毒之一，即“第四级病毒”。有些患者在感染埃博拉病毒48小时后便不治身亡，而且他们都“死得很难看”，病毒在体内迅速扩散、大量繁殖，袭击多个器官，使之发生变形、坏死，并慢慢被分解。病人先是内出血，继而七窍流血不止，并不断将体内器官的坏死组织从口中呕出，最后因广泛内出血、脑部受损等原因而死亡。照顾病人的医生护士或家庭成员，和病人密切接触后可被感染。有时感染率可以很高，如在苏丹流行时，与病人同室接触和睡觉者的感染率为23%，护理病人者为81%。医院内实验人员感染和发病也有好几起。

埃博拉病毒主要是通过病人的血液、唾液、汗水和分泌物等途径传播。实验室检查常见淋巴细胞减少、血小板严重减少和转氨酶升高（AST > ALT），有时血液淀粉酶也增高。诊断可用ELISA检测特异性IgG抗体（出现IgM抗体提示感染）用ELISA检测血液、血清或组织匀浆中的抗原；用IFA通过单克隆抗体检测肝细胞中的病毒抗原；或者通过细胞培养或豚鼠接种分离病毒。用电子显微镜有时可在肝切片中观察到病毒。用IFA检测抗体常导致误判，特别是在进行既往感染的血清学调查时。实验室研究有很大的危险性，应该只在有防护措施防止工作人员和社区感染的地方开展（4级生物安全实验室）。

感染潜伏期为2～21天。感染者均是突然出现高烧、头痛、咽喉疼、虚弱和肌肉疼痛，然后是呕吐、腹痛、腹泻。发病后的两星期内，病毒外溢，导致人体内外出血、血液凝固、坏死的血液很快传及全身的各个器官，病人最终出现口腔、鼻腔和肛门出血等症状，患者可在24小时内死亡。

埃博拉病毒是人畜共通病毒，尽管世界卫生组织苦心研究，至今没有辨认出任何有能力在爆发时存活的动物宿主，认为果蝠是病毒可能的原宿主。因为埃博拉病毒的致命力，加上目前尚未有任何疫苗被证实有效，埃博拉病毒被列为生物安全第四级病毒，也同时被视为是生物恐怖主义的工具之一。

尽管医学家们绞尽脑汁，作过许多探索，但埃博拉病毒的真实“身份”，至今仍为不解之谜。没有人知道埃博拉病毒在每次大爆发后潜伏在何处，也没有人知道每一次埃博拉疫情大规模爆发时，第一个受害者是从哪里感染到这种病毒的。埃博拉病毒是人类有史以来所知道的最可怕的病毒之一，病人一旦感染这种病毒，没有疫苗注射，也没有其他治疗方法，实际上几近自己给自己判了死刑。用一位医生的话来说，感染上埃博拉病毒的人会在你面前“融化”掉。唯一阻止病毒蔓延的方法就是把已经感染的病人完全隔离开来。

三、埃博拉病毒的类型

目前，已确定的埃博拉病毒分 4 个亚型，即埃博拉—扎伊尔型（EBO - Zaire）、埃博拉—苏丹型（EBO - Sudan）、埃博拉—雷斯顿型（EBO - Reston）和埃博拉—科特迪瓦型（EBO - lvory Coted）。不同亚型具有不同的特性，埃博拉—扎伊尔和埃博拉—苏丹型对人类和非人类灵长类动物的致病性和致死率很高；埃博拉—雷斯顿型对人类不致病，对非人类灵长类动物具有致死性作用；埃博拉—科特迪瓦型对人类有明显的致病性，但一般不致死，对黑猩猩的致死率很高。

1. 埃博拉—扎伊尔型

埃博拉—扎伊尔型病毒有高达 90% 的致死率，在流行地区死亡率 1976 年为 88%，1977 年为 100%，1994 年为 59%，1995 年为 81%，1996 年为 73%，2001 年至 2002 年为 80%，2003 年则是 90%，2007 年平均为 83%。

1976年8月26日首次于刚果（金）北边城镇爆发，首位个案纪录为44岁教师Mabalo Lokela，当时他的高烧被诊断为疑似疟疾感染，并且接受奎宁注射治疗，这位病人每日回医院就诊观察，一周后却恶化为无法控制的呕吐，带血腹泻、头痛、晕眩伴随呼吸困难，并开始自口、鼻、直肠等多处开始出血，于9月18日过世，病程仅约2周。

不久之后，更多病患带着相似的症状就医，包括发烧、头痛、肌肉痛、关节痛、疲倦、恶心、晕眩等。这些常常发展成带血腹泻、严重呕吐和多发性出血，初期传染可能肇因于重复使用过却未消毒的针筒，后续传染主要则是照顾病患时，在没有适当安全措施的情况下受到病毒侵袭。

2. 埃博拉—苏丹型

埃博拉—苏丹型病毒于1976年首次在苏丹棉花厂工人身上被发现。研究人员指出，这名工人应该是在工厂中或附近接触到带原生物宿主，但在检测过工厂附近的动物及昆虫后仍一无所获，带原生物宿主至今仍是未知。

第二个病例是一位住在苏丹的夜店负责人，当地医院用尽所有的方法治疗他都没有效果，最后还是宣告不治。医护人员在治疗时并没有适当的防护措施，导致病毒传遍医院，发生疫情大爆发。

最近的爆发发生于2004年5月，苏丹Yambio县汇报20个病例，并有5人死亡。疾病管制局在几天后确认这些病例为埃博拉—苏丹型，邻近国家例如乌干达、刚果皆增加边界的守卫，以控制疫情。1976年埃博拉—苏丹型病毒的平均死亡率为53%，1979年为68%，2000年至2001年为53%，平均死亡率为53.76%。

3. 埃博拉—雷斯顿型

1989 年 11 月，首次在一群由菲律宾进口至美国弗吉尼亚州雷斯顿的食蟹猴身上发现。此病毒对猴子有很高的致死率，但对人类并没有致命性。

1990 年 2 月，埃博拉—雷斯顿型病毒再次在美国雷斯顿、得克萨斯州及菲律宾爆发。1992 年及 1996 年，更多病例在意大利托斯卡纳和美国得克萨斯州发现。所有感染的猴子出现与猿猴出血热类似的症状。在这两次爆发中，没有任何人类受到感染。

4. 埃博拉—科特迪瓦型

埃博拉—科特迪瓦型病毒首先在科特迪瓦的塔伊国家公园中被发现。1994 年 11 月 1 日，两只黑猩猩尸体在森林里被发现。检验人员发现在心脏中的血液是棕色的且已液化（通常尸体中的血液在死亡十几小时之后就应该完全凝固），内脏外观并没有明显痕迹，肺中充满血液。从黑猩猩身上采取到的组织显示，此病毒与埃博拉—苏丹型病毒及 1976 年爆发的埃博拉—扎伊尔型病毒十分相似。1994 年后，更多死亡的黑猩猩被发现，科学家用许多方法对病毒进行检测。感染的来源被认为是一只被黑猩猩捕食且带有病毒的疣猴。

执行尸体检验的其中一位科学家感染了病毒。她出现了类似登革热的症状并在一星期后被送到瑞士治疗。两个星期后出院，在感染病毒之后的第六个星期完全康复。

第二节　埃博拉病毒的传播和地区分布

研究发现，绿猴肾细胞（Vero）、地鼠肾细胞（BHK）、人胚肺纤维母细胞等均可用于培养埃博拉病毒。病毒感染细胞后7小时，培养物中可检测到病毒RNA，18小时达高峰，48小时后可见到细胞病变。7~8天后细胞变圆、皱缩，染色后可见细胞内病毒包含体。

各种非人类灵长类动物普遍易感，经肠道、非胃肠道或鼻内途径均可造成感染，感染后2~5天出现高热，6~9天死亡。发病后1~4天直至死亡，血液都含有病毒。豚鼠、仓鼠、乳鼠较为敏感，腹腔、静脉、皮内或鼻内途径接种均可引起感染。成年小鼠和鸡胚不敏感。人群普遍易感，无论其年龄和性别。高危人群包括埃博拉出血热病人、感染动物密切接触的人员如医务人员、检验人员、在埃博拉流行现场的工作人员等。

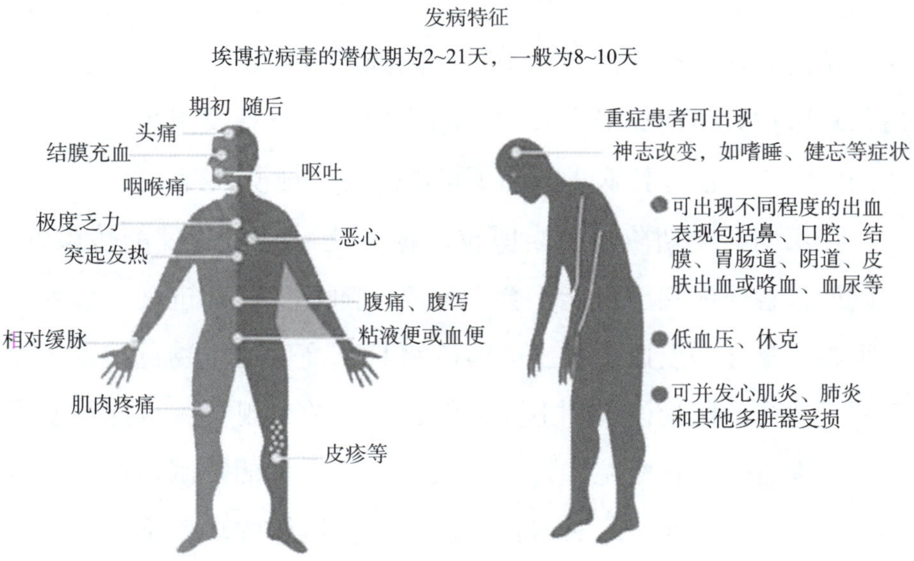

埃博拉病毒发病特征

图片来源：http：//j. news. 163. com/docs/99/2014082217/A491GD239001GD24. html。

专家们发现，埃博拉病毒有一定的耐热性，但在60℃的条件下60分钟将被杀死。病毒主要存在于病人的体液、血液中，因此对病人使用过的注射器、针头、各种穿刺针、插管等，均应彻底消毒，最可靠的是使用高压蒸气消毒。埃博拉病毒还可能经过空气传播。实验人员将恒河猴的头部露出笼外，让其吸入直径1微米左右含病毒的气雾，猴子4～5天后发病。每天与病猴密切接触的6个工作人员的血清发现该病毒抗体阳性，其中5人没有受过外伤，也无注射史，因此认为可通过飞沫传播。

病毒可透过与患者体液直接接触，或与患者皮肤、黏膜等接触而传染。病毒潜伏期可达2～21天，但通常只有5～10天。

虽然猴子间的空气传染在实验室中已被证实，但并不能证明人与人之间能够透过空气传播病毒。埃博拉病毒的流行大都是因为医院的环境，糟糕的公共卫生、随处弃置的针头、缺乏负压病房都对医护人员造成极大威胁。因为较好的设备及卫生，在现代化的医院中，埃博拉病毒几乎不可能爆发大规模流行。

在疾病的早期阶段，埃博拉病毒可能不具有高度的传染性。在此期接触病人甚至可能不会受感染。随着疾病的进展，病人的因腹泻、呕吐和出血所排出的体液将具有高度的生物危险性。由于缺乏适当的医疗设备和卫生训练，疫情的大规模流行往往发生在那些没有现代化医院和训练有素的医务人员的贫困地区。许多感染源存在的地区正好具有这些特征。在这样的环境下，控制疾病的仅有措施是：禁止共享针头，在严格消毒情况下也不能重复使用针头；隔离病人；在任何情况下都要依照严格的规程，使用一次性口罩、手套、护目镜和防护服。所有医护人员和访问工作者都应当严格执行这些措施。

2014 年 10 月 6 日，世界卫生组织发布公报说，埃博拉病毒不通过空气传播，并且未有证据显示病毒出现变异。因此一些关于埃博拉病毒可能会变异成可通过空气传播的说法是没有根据的臆测。世界卫生组织强调说，研究显示此前所有埃博拉病例都由直接接触出现症状的患者所感染。埃博拉病毒的传播方式是与患者体液直接密切接触，其中患者的血液、排泄物、呕吐物感染性最强，在患者的乳汁、尿液、精液中也能发现病毒，唾液与眼泪有一定的传染风险，不过在患者汗液样本中从未检测出完整的活体病毒。

埃博拉出血热目前为止主要呈现地方性流行，局限在中非热带雨林和东南非洲热带大草原，但已从开始的苏丹、刚果民主共和国扩展到刚果共和国、中非共和国、利比亚、加蓬、尼日利亚、肯尼亚、科特迪瓦、喀麦隆、津巴布韦、乌干达、埃塞俄比亚以及南非。非洲以外地区偶有病例报道，均属于输入性或实验室意外感染，未发现有埃博拉出血热流行。埃博拉病毒仅在个别国家、地区间歇性流行，在时空上有一定的局限性。

截至 2014 年底，美国、英国、瑞士报道过输入病例，均为流行区旅行，参与诊治病人或参与调查研究人员，没有流行。

第三节　美、日等国家对埃博拉病毒的防范

控制埃博拉的扩散，首先要密切注意世界埃博拉病毒疫情动态，加强国境检疫，暂停进口猴子（主要限制来自疫区的猴子）。

到目前为止，还没发现除灵长类动物以外的其他动物是埃博拉病毒的宿主。对有出血症状的可疑病人，应隔离观察。一旦确诊应及时报告卫生部门，对病人进行最严格的隔离，及时用带有空气滤过装置的隔离设备。医护人员、实验人员穿好隔离服，可能时需穿太空服进行检验操作，以防意外。对与病人密切接触者，也应进行密切观察。

治疗首先是辅助性的，包括使病毒入侵最小化，平衡电解质，修复损失的血小板以便防止出血，保持血液中氧元素含量，以及对并发症的治疗。排除个别病例，埃博拉康复者的血清在治疗疾病中并没有什么作用。干扰素对埃博拉也是无效的。在猴子试验中，凝固干扰素似乎能起一些作用，使原本 100% 必死的感染猴存活下 33%。有科学家宣称，4 只感染埃博拉病毒的猕猴中有 3 只康复。对埃博拉病毒病尚无特效治疗方法，一些抗病毒药如干扰素和利巴韦林无效，主要是支持和对症治疗，包括注意水、电解质平衡，控制出血；肾衰竭时进行透析治疗等。用恢复期患者的血浆治疗埃博拉病毒患者尚存在争议。

现今唯一对抗方法为注射 NPC1 阻碍剂，埃博拉病毒需透过 NPC1 进入细胞核进行自身复制，NPC1 蛋白于细胞间进行运输胆固醇，即使阻碍剂会阻挡胆固醇的运输路线造成尼曼匹克症但那是可以容忍的。绝大多数的爆发都是短暂的时间。

总部位于日内瓦的世界卫生组织曾发布一份声明指出，某些产品与实践可预防或治愈埃博拉病毒是谣言，经过完全检测及批准的埃博拉疫苗可能不会在 2015 年前出现。

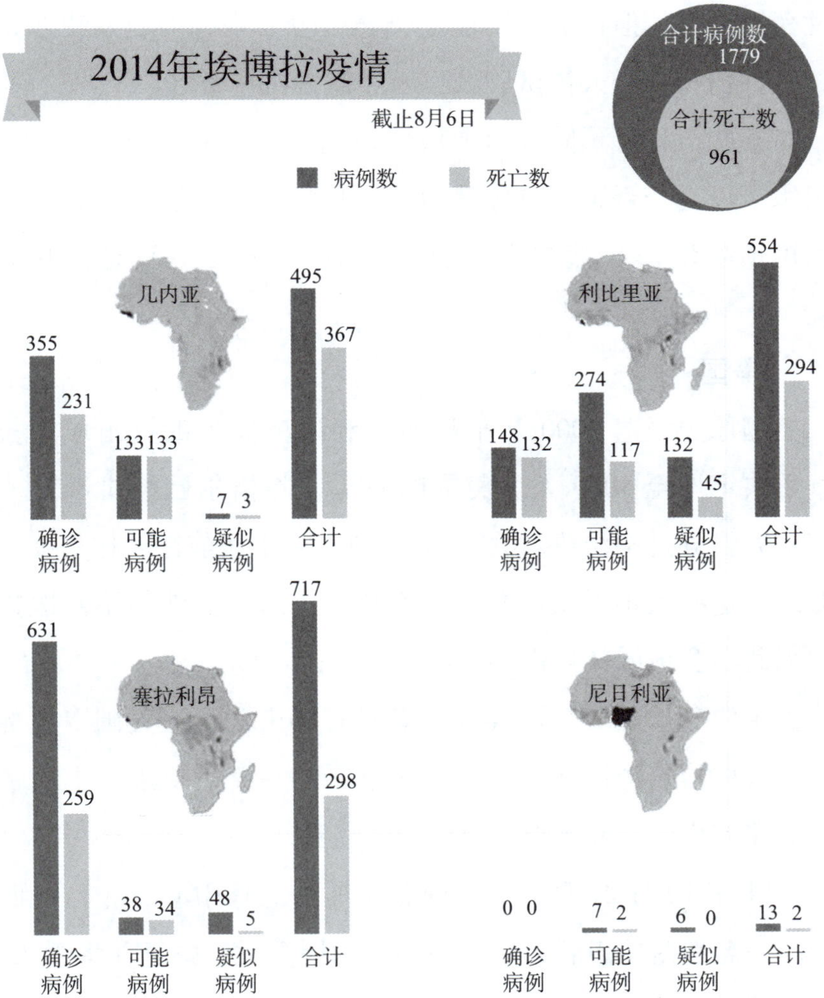

2014 年埃博拉疫情

图片来源：http：//j. news. 163. com/docs/99/2014082217/A491GD239001GD24. html。

世界卫生组织强调，尽管一些有前景的产品正处于研发中，但数十年来的科研工作并未发现任何有疗效或具防护性作用的药剂对人体安全有效。声明称，当前为尽可能挽救埃博拉病患的生命，世界卫生组织已认可使用试验性药物治疗。各方正在加速试验性药物生产，但该类药物供应仍然十分有限，而公众也须认识到试验性药物未经人体试验，也未经监管机构批准。

对某些声称可预防或治愈埃博拉病毒的产品或方法，世界卫生组织予以完全否定，并称其为“盲目疗法”。例如，“摄入大量盐水可预防埃博拉病毒”的谣言已至少导致 2 名尼日利亚人死亡。

1. 美国

美国原定派遣 3000 名士兵前往利比里亚帮助抗击埃博拉疫情，后决定增至 4000 人。美国国防部长哈格尔已经批准这一计划，美方将分批次派遣总共不超过 4000 名士兵前往利比里亚。美方派遣的这些人将提供后勤和工程技术支持，但他们不是医护人员，因此不会被派往病毒感染高风险地区。

由于两名护士在照顾埃博拉患者时感染病毒，美国卫生部门紧急升级埃博拉防护标准，其中最重要的一点是要求穿上防护服后不能裸露皮肤，并不再建议使用护目镜。

2014 年 10 月 21 日，美国内布拉斯加医疗中心宣布，从西非接回的一名埃博拉患者，在该院治疗两周多后已康复并将于 22 日出院。同日，美国疾病控制与预防中心宣布，来自西非埃博拉疫区的所有旅客抵美后要接受 21 天的密切监控，旅客在此期间每天需向美国卫生部门上报体温等情况，以确定是否出现感染埃博拉病毒的症状。此规定也适用于从西非疫区返回国内的美国公民。这项监控计划将于 10 月 27 日起率先在西非旅客主要停留的美国东部 6 个州开始实行，即纽约州、宾夕法尼亚州、马里兰州、弗吉尼亚州、新泽西州和佐治亚州。最终美国所有州都会对来自西非疫区的旅客进行监控。

2014年10月27日，美国疾病控制与预防中心公布了新的针对可能感染埃博拉人群的指导方针，但美国许多州的州长以及军队指挥官决定采取更加严格的措施。

这一新的指导方针称，如果曾经与埃博拉患者的体液接触，例如在没有佩戴护具的情况下触碰他们的体液，或者被受过污染的针头戳伤过，那么即使没有症状、不被认为具有传染性，也应该远离营业性运输工具和公众集会的场所。

2014年11月11日，被确诊感染埃博拉病毒的纽约医生斯宾塞从曼哈顿的医院出院。自10月23日被确诊以来，斯宾塞一直在纽约贝勒维医疗中心接受隔离治疗。斯宾塞是人道主义救援组织“无国界医生”的一名志愿者，曾在几内亚帮助治疗埃博拉患者，于10月中旬返回美国。他是纽约市第一例埃博拉患者，也是美国第四例被确诊感染埃博拉病毒的患者。经检测，斯宾塞医生的体内已没有埃博拉病毒。

2. 日本

日本一个研究小组合成了外表和结构与埃博拉病毒十分相似、但毒性要弱得多的病毒。这种病毒可用于研究埃博拉病毒的感染和毒性发作机制，帮助开发埃博拉疫苗，防止生物恐怖。这种埃博拉类似病毒是东京大学河冈义裕教授领导的研究小组合成的。除了基因不同，这种病毒的外形、结构形式及所包含的蛋白质都与真正的埃博拉病毒一样，并且也能感染人体细胞。河冈义裕教授曾成功合成了真正的埃博拉病毒。

埃博拉病毒共包含7种蛋白质，其构造是在细管状外壳中包裹着基因和蛋白质复合体。电子显微镜观察显示，埃博拉类似病毒与真正的埃博拉病毒外表十分相似。埃博拉类似病毒的毒性要低得多，研究、试验更为方便。

3. 英国

2014 年 9 月 17 日，英国对抗埃博拉病毒的疫苗试验开始在牛津进行，首批 60 名健康的志愿者将接受疫苗注射。在正常情况下，一种新疫苗需要经过数年的人体试验才能获得批准使用，但基于西非地区埃博拉疫情的严重性，这一实验性疫苗的开发正以“惊人的速度”推进。

进行试验的这种疫苗由英国药业巨头葛兰素史克和美国国家卫生研究院联合开发。试验的资金来自英国威康信托基金、英国医学研究理事会以及英国国际发展署。

4. 朝鲜

为防埃博拉病毒入境，朝鲜于 2014 年 10 月 24 日将边境关闭，禁止外国游客进入。

有关限制西非地区旅客入境是否有助于遏制埃博拉病毒传播存在不少争论，红十字会与红新月会国际联合会秘书长哈吉·阿玛杜·西说，封锁边境等旅行限制没有意义，不能有效遏制埃博拉疫情。

5. 韩国

2014 年 10 月 30 日，韩国国防部表示，决定参与国际社会抗击埃博拉病毒行动，将派出由军医和军官护士组成的医务组前往埃博拉疫区，协助控制疫情。

韩国医务组或于 2014 年 11 月底 12 月初前往利比里亚和塞拉

利昂中一个国家，派遣期可能为两个月。韩方医务组将分三批前往埃博拉疫区，每批派遣人员为两名军医和三名军官护士，但该方案还未最终确定。每批派遣期可能达 7～9 周。医务人员将在当地接受 1～2 周教育，然后进行 3～4 周的医疗活动。在全部任务结束后，他们将被隔离 21 天接受埃博拉病毒检查并休息。

韩国国防部表示，医务人员将同保健福祉部选拔的民间医务人员一道加入在当地开展活动的医疗组，并在韩国和疫区事先接受教育。国防部正在同有关部门就医务人员感染埃博拉病毒后的移送、治疗，以及任务结束后的隔离等安全措施进行协商。

6. 德国

2014 年 11 月 11 日，世界卫生组织提供给德国一批疫苗，准备半年内在 30 人身上实验。据悉，这种疫苗已经完成了动物试验。

德国医生保证，参加实验者不会因为接受实验而感染埃博拉病毒。另外，德国医生还说如果测试成功，这种疫苗将在 2015 年秋天开始使用。

7. 菲律宾

2014 年 11 月 12 日，100 多名菲律宾维和人员从西非的利比里亚回国后，被安排到一个岛上居住隔离，同时接受埃博拉病毒检测，以便消除公众的疑虑。

菲律宾武装部队总参谋长卡塔潘此前在马尼拉的主要陆军基地召开记者会说，这 100 多名维和人员被安排在马尼拉湾口接受 21 天隔离。但他同时强调，这些维和人员并没有感染埃博拉病毒的风险。

第四节　中国驰援西非共同抗击埃博拉病毒

在中国医疗队挺进西非进行国际人道主义救援之前，我们先来看一看埃博拉病毒对人类危害的历史报告。

1976 年 6 ~ 11 月，在苏丹南部，共发病 284 例，死亡 151 例，病死率为 53%。

1976 年 9 ~ 10 月，在刚果（金）（旧称“扎伊尔”）周边地区，发现 318 个病例，280 例病死，病死率 88%。85 例因共用注射器感染，继发者为医护和病人亲属。

1979 年，在苏丹的恩扎拉地区，发病 33 例，死亡 22 例，病死率为 67%。

1994 年 6 月，在加蓬的明克伯、马科库地区及热带雨林采金区，发病 49 例，死亡 31 例，病死率 63%。

1995 年 4 月，在刚果（金）基奎特市及其周围地区发生，发病 315 例，死亡 245 例，病死率 77%。继发病例多为治疗和护理人员，占所有病例的 25%。

1996 年 2 月至 1997 年 1 月，在加蓬北部，发病 60 例，死亡 45 例，病死率 75%。

2000 年 8 月至 2001 年 1 月，在乌干达北部的古卢、Masindi 及 Mbarara，共发病 425 例，死亡 224 例，病死率 53%。

2001 年 10 月至 2002 年 3 月，在刚果（布）和加蓬，共发病 123 例，97 例病死，病死率为 79%。

2002 年 12 月至 2003 年 4 月底，刚果共和国共发生感染病例

143 例，病死 128 例，病死率 89%。流行原因与人类狩猎活动有关，与黑猩猩和其他哺乳动物接触而感染。

2005 年 4～6 月，在刚果（布）发病 12 例，发现 9 例病人均死亡。

2012 年 7 月 31 日，乌干达发现 3 例感染埃博拉病毒病例。截至当地时间 8 月 3 日，已确诊 53 名感染埃博拉病毒的病例，至少 16 人死亡。另有 312 人被怀疑感染埃博拉病毒而被隔离。1 名因疑似病例而被隔离在医院接受检查的囚犯逃跑。

2014 年，肆虐西非国家几内亚、利比里亚、塞拉利昂的埃博拉病毒蔓延速度惊人。病毒至 4 月 1 日 已造成 82 人死亡。截至 4 月 14 日在几内亚已出现 168 名感染者，其中 108 人死亡。

2014 年 7 月，尼日利亚出现首宗输入型埃博拉病毒确认病例，患者于 7 月 25 日在拉各斯市死亡。26 日，尼政府宣布将尼传染病警戒提升至红色级别，并要求所有海陆空口岸实施埃博拉病毒监测，采取相应卫生检验检疫措施。

2014 年 7 月 27 日，利比里亚一名享有极高知名度的利比里亚医生死于埃博拉病毒，另有一位美国医生感染此病毒，接受了治疗。截至 2014 年 7 月 28 日，此次疫情已经在西非导致 672 人丧生，是有记录以来丧生人数最多的一次。

2014 年 7 月 29 日，塞拉利昂卫生部门确认，领导塞拉利昂对抗有史以来最严重一次埃博拉疫情的医生于当地时间 7 月 29 日因感染埃博拉病毒逝世，年仅 39 岁。舍克·汗（Sheik Umar Khan）亲自救治了 100 余名患者，在他逝世之前，已经有数十名当地医疗工作者牺牲。

2014年8月4日，尼日利亚卫生部长丘库宣布，尼日利亚境内已确诊第二例埃博拉病毒感染者，患者为南部城市拉各斯的一名医生。第二例感染者与第一例有关，是为第一例感染者进行治疗的两名医生之一。8月6日，尼日利亚卫生部长丘库在阿布贾宣布，尼日利亚南部城市拉各斯的一名护士被确诊死于埃博拉病毒感染。这位护士曾经照顾并密切接触过之前在拉各斯被确诊感染的利比里亚官员索耶，她于5日晚被确认死于埃博拉出血热。

2014年8月8日，世界卫生组织通报，截至8月6日，几内亚、利比里亚、塞拉利昂和尼日利亚共计报告埃博拉病毒造成的累计病例数达1779例，其中961例死亡。

2014年8月19日，世界卫生组织称，埃博拉病毒已在全球范围内造成1229人死亡，仅在3天内就造成84人死亡。

2014年8月28日，世界卫生组织发表最新通报说，埃博拉疫情继续肆虐，在几内亚、利比里亚、塞拉利昂和尼日利亚已经有3069人感染，其中1552人死亡。

2014年9月17日，世界卫生组织官员称，西非地区已有超过2500人因感染埃博拉病毒死亡，病毒感染人数超过5000人。截至2014年9月25日，西非地区爆发的埃博拉疫情已经导致逾3000人死亡。世界卫生组织说，这次埃博拉疫情爆发导致的病毒感染总案例数可能超过20000人。

……

2014年8月8日，世界卫生组织正式拉响了“全球警戒”。世界卫生组织总干事陈冯富珍呼吁国际社会关注这一全球紧急疫情，号召世界各国联手抗击埃博拉病毒。

面对如此肆虐的埃博拉病毒，中国政府紧紧地与非洲人民站在一起，主动担当，无畏驰援，雪中送炭，患难与共。

2014 年 8 月 10 日，中国积极响应世界卫生组织的号召，向受到埃博拉影响最为严重的西非国家——几内亚、塞拉利昂和利比里亚提供援助。泛非通讯社报道，中国此次派出了总价值达 3000 万元人民币（约合 490 万美元）的紧急人道主义救援物资，包括医护人员的防护设备、医疗监视器、喷雾设备和其他药物。

尼日利亚《卫报》称，中国政府将帮助西非国家抗击埃博拉病毒视为自己的责任。除了援助物资，中国政府在 2014 年 5 月份就提供了预防和控制疫情蔓延的药物，价值共计 100 万元人民币。在首个埃博拉病毒隔离区，中国的这批药物就投入了使用。

自 2014 年 8 月 10 日开始，中国公共卫生专家组也陆续启程赶往非洲，积极参与治疗当地的感染者。而这也是中国的医学专家，首次参与全球紧急医疗救助。据法新社的最新报道，在塞拉利昂，8 名之前参与过治疗病毒感染者的中国医护人员已经被隔离，其中包括 7 名医生和 1 名护士。早在埃博拉病毒在几内亚暴发的初期，当地的中几友好医院的中国医生就发挥了积极作用。面对突发的重大疫情，他们冒着被感染的生命危险，坚守岗位，履行着救死扶伤的天职。尼日利亚《卫报》称，中国的医护人员不顾个人安危，为埃博拉疫情的预防和控制作出了巨大贡献。

另据《外交学者》杂志的报道，中国的科研团队也正在积极地研究埃博拉病毒。中国科学家已经掌握了该病毒的抗体基因，提高了研制出疫苗的可能性。而对于埃博拉的快速检测法，中国也正在加紧研究。事实上，中国对于埃博拉病毒并不陌生。目前，在中国已经有多个与该病毒相关的研究课题和国家级研究单位，这对于中国进行有针对性的研究、参与国际合作提供了很好的技术支持。

一直以来，中国与非洲都是共患难、同风雨的好兄弟。面对正肆虐西非的致命率极高的埃博拉病毒，中国国家主席习近平亲自向几内亚、塞拉利昂、利比里亚的国家领导人发出慰问电，显示了中国与非洲的特殊友谊。习近平表示，中国和非洲是“好兄弟、好朋友、好伙伴”，在遇到困难的时候，双方始终会相互帮助。《外交学者》杂志对此报道称，埃博拉病毒给当地人民带来了巨大经济损失和极高的死亡率，习近平主席对这些国家表达了同情，表示中国将支持西非国家控制病毒的蔓延。

世界卫生组织助理总干事福田敬二称赞道，中国政府以实际行动响应号召，提供的援助对当地的防疫工作十分重要。这次在西非爆发的埃博拉病毒疫情，是威胁到国际社会的非传统安全危机。中国政府不仅积极配合联合国、世界卫生组织和其他相关国际组织，持续地进行多方援助，而且还大力呼吁世界各国联起手来，与受到病毒影响的国家共同抗击病毒。

2014 年 9 月 18 日，国家主席习近平在印度新德里宣布，中国政府将再次向国际社会抗击埃博拉疫情提供援助。习近平指出，当前，西非埃博拉疫情加剧蔓延，给包括中印在内的国际社会带来严峻挑战。为支持利比里亚、塞拉利昂、几内亚等国家抗击埃博拉疫情，帮助疫区周边国家加强防疫能力建设，支持有关国际地区组织在抗疫斗争中继续发挥领导和协调作用，中国政府决定在此前提供两批援助的基础上，再次向上述三国提供金额为 2 亿元人民币紧急现汇、粮食和物资援助，向世界卫生组织和非盟各提供200万美元现汇援助。随后，中国增援的医疗队和检测队共59人抵达塞拉利昂。11月，又一支队伍从中国出发，远赴千里之外的利比里亚，很快新建起一所100张床位的埃博拉出血热诊疗中心。

在这次国际合作抗击埃博拉的大行动中，中国作为非洲人民的老朋友，所体现出的大国担当精神赢得了非洲和全世界人民的认可。可以说，中国在援助非洲国家抗击埃博拉中所作的快速及时反应和无私贡献成为这次疫情应对中最大的亮点。埃博拉疫情爆发后，是中国第一时间对外宣布援助举措，是中国第一个向西非提供埃博拉疫情专项援助，是中国第一个向疫区派出专家组和医疗队指导并直接参加一线救治，是中国第一个用专机运送医疗防护物资，援助物资在第一时间运抵疫区并迅速分发使用，并成为累计向非洲提供援助批次最多和医疗物资最多的国家之一。在2014年11月北京APEC峰会上，在中国的主持下，与会各国合作抗击埃博拉疫情的呼吁，也作为主要内容出现在会议文件中。截至2014年11月下旬，中方在疫区的医疗人员约400人；在塞拉利昂，中国援助的移动实验室检测量占该国检测样本总量超20%，检测结果准确率达100%；在几内亚，其接收的抗疫援助物资2/3来自中国；疫区周边10国的防疫物资几乎全部来自中国。中国的救援行动受到国际社会广泛好评。这是中国在国际舞台上勇于担当的鲜明写照。

相关链接 | 国际社会盛赞中国援非抗击埃博拉贡献

2014年8月16日，习近平主席会见联合国秘书长潘基文时，潘基文感谢中国及时向非洲国家抗击埃博拉提供支持和帮助。9月22日，出席联合国气候峰会的习近平主席特使、国务院副总理张高丽在纽约联合国总部会见潘基文时，潘基文表示，中国为非洲国家提供了巨大支持，发挥了重要作用，为世界树立了榜样。10月21日，国务院总理李克强应约同潘基文通电话，潘基文高度赞赏中方对非洲疫区国家的援助和对联合国工作的支持，表示中国的援助有力支持了疫区国家抗击疫情的工作，增强了疫区人民战胜疫情的信心，联合国愿同中方继续保持密切沟通与合作。

2014年9月，世界卫生组织总干事陈冯富珍表示，面对疫情肆虐，中国没有退却，中国医疗队员依然坚守在那里，这显示出中国对支持应对疫情国际努力的坚定承诺，并为其他国家作出了表率。世界卫生组织还发表新闻公报，对中国帮助西非抗击埃博拉作出的努力表示赞扬和高度肯定。

2014年10月20日，联合国世界粮食计划署在北京召开新闻发布会，感谢中国政府捐赠600万美元，用于援助世界粮食计划署在几内亚、利比里亚和塞拉利昂开展的面向130万受埃博拉疫情影响民众的区域紧急行动。该署驻华代表黄安生在发布会上表示，西非埃博拉疫情暴发以来，中国是向该署捐款最多的国家之一。几内亚和利比里亚驻华大使以及塞拉利昂驻华使馆公使在发布会上对中国的慷慨解囊表示赞赏和感谢。

此外，一些学者和媒体也积极评价中国援非行动。德国学者

2014年8月11日对《环球时报》表示，中国最高领导人的慰问以及中国专家和医疗队不顾危险挺进或者坚守在疫区不撤回，是向非洲和世界表明，作为新崛起的大国，中国会承担国际责任。中国不仅关注非洲的贸易，也关注非洲的公共卫生，是非洲真正的朋友。德国《新奥斯纳布吕克报》2014年8月11日在报道中国向西非埃博拉疫区派遣医疗小组时称："东方的大国让西方明白：尽管埃博拉疫情、南苏丹等地战乱令人担忧，然而非洲并非绝望之地。"德国全球新闻网2014年8月11日报道称，中国正全力支持西非国家对埃博拉的斗争。中国与非洲关系紧密。中国派出公共卫生专家援助西非，是一种友好姿态。英国《金融时报》2014年10月10日报道称，中国正不断加大对西非国家抗疫援助，这既是出于维护本国在非经济利益、人员安全和中非友谊的考量，也表明中国参与国际人道主义事业的表现日益成熟。

参考资料

[1] 抗击埃博拉病毒：中国走在前面[EB/OL]．(2014-08-13)．http：//news. xinhuanet. com/world/2014-08/13/c_ 1112057488. htm.

[2] 中国无畏驰援西非，共同抗击埃博拉病毒[EB/OL]．(2014-08-12)．http：//world. haiwainet. cn/n/2014/0812/c345805-20958593. html.

[3] 国际合作抗击埃博拉，中国担当感动世界[EB/OL]．(2014-12-20)．http：//news. gmw. cn/2014-12/20/content_ 14236315. htm.

[4] 国际社会积极评价中国帮助非洲抗击埃博拉［EB/OL］.（2014－10－17）. http：//www. focac. org/chn/zt/1_1_2/t1204164. htm.

[5] 2014年度感动中国人物——中国援非医疗队［EB/OL］.（2015－02－27）. http：//news. cntv. cn/2015/02/27/VIDE1425045359484594. shtml.

第二十七章 抗战胜利日大阅兵

中国人民经过8年艰苦卓绝的抗战，取得了抗日战争的伟大胜利，为世界反法西斯战争的胜利作出了巨大贡献。中国人民抗日战争是世界反法西斯战争的重要组成部分，是世界反法西斯战争的东方主战场。

为了唤醒每一个爱好和平的人对和平的向往和珍惜，唤醒世界人民对历史的记忆，2015年9月3日，中国政府在北京天安门广场隆重举行纪念中国人民抗日战争暨世界反法西斯战争胜利70周年盛大阅兵仪式，向全世界展示了中国人民捍卫国家主权的坚强决心和高度自信，显示了中国人民维护“二战”胜利成果、维护国际秩序、维护世界和平的坚定立场和磅礴力量，昭示了正义必胜、和平必胜、人民必胜的伟大真理。

纪念中国人民抗日战争暨世界反法西斯战争胜利70周年阅兵在天安门广场隆重举行

图片来源：http：//www. cape. com. cn/wenzhang/zixun/2016/0112/1512330. html。

第一节　阅兵基本情况

这次阅兵是首次组织纪念抗日战争暨世界反法西斯战争胜利专题阅兵，也是首次设计八路军、新四军、东北抗联、华南游击队等英模部队代表编组受阅，首次安排将军领队参阅，首次邀请外国军队代表参加。阅兵的目的是彰显中国坚定不移走和平发展道路，坚定不移维护世界和平，捍卫国家主权、安全和发展利益的坚定立场，彰显中国人民在世界反法西斯战争中，作出的巨大民族牺牲和重要历史贡献，展示我军贯彻强军目标、推进现代化建设的新成就和威武之师、文明之师的良好形象，动员和激励全党全军全国各族人民，更加奋发有为地为实现中华民族伟大复兴而努力奋斗！

阅兵共编50个方（梯）队。其中，徒步方队11个，抗战老同志乘车方队2个、装备方队27个、空中梯队10个，正式受阅约1.2万人，动用40多种型号装备500多件、20多种型号飞机近200架。

11个徒步方队，由三军仪仗队和10个英模部队方队组成。主要由前身为八路军、新四军、东北抗联、华南游击队的现役英模部队组成。英模部队徒步方队受阅充分体现了中国共产党领导的抗日武装为夺取抗战胜利而艰苦卓绝的斗争、英勇无畏的精神和感天动地的气概。

2015年9月3日上午，天安门广场举行中国人民抗日战争暨世界反法西斯战争胜利70周年纪念大会，图为徒步方队和装备方队在集结准备

图片来源：http：//news. ycwb. com/2015－09/09/content_ 20638704_ 7. htm。

2 个抗战老同志乘车方队，由从大陆遴选的、目前健在的国共两党抗战老兵、我党我军和国民党抗日英烈后代，以及抗战支前模范代表组成，这些抗战老兵平均年龄 90 岁，抗战支前模范平均年龄 88 岁，英烈子女平均年龄 78 岁。

27 个装备方队，按照作战体系要求编组，包括地面突击、防空反导、海上攻击、战略打击、信息支援、后装保障等模块，由陆军、海军、空军、第二炮兵、武警部队和四总部直属部队联合编成，展示的武器装备均为国产主战装备，84% 是首次亮相。

10 个空中梯队，包括空中护旗方队、领队机梯队、预警指挥机梯队、轰炸机梯队、歼击机梯队、海军舰载机梯队、海上巡逻机梯队、加受油机梯队、直升机梯队，涵盖了中国现有先进作战

抗战老兵乘车方队通过天安门广场

图片来源：http：//news. ycwb. com/2015 －09/09/content_ 20638704_ 18. htm。

和保障机种。

以抗战老兵参阅，体现了缅怀先烈、敬仰英雄、继承传统的时代精神；以英模部队方队参阅，体现了追忆抗战历史、弘扬抗战精神、维护抗战成果的决心意志；以邀请外军参阅，体现了纪念世界反法西斯战争胜利的国际性；以将军担任领队参阅，体现了高级将领听党指挥、率先垂范、带兵打仗的能力和作风；以新型武器装备受阅，体现了维护世界和平和捍卫国家主权、安全、发展利益的决心能力。

第二节　阅兵盛况

2015 年 9 月 3 日上午，纪念中国人民抗日战争暨世界反法西斯战争胜利 70 周年大会在北京天安门广场隆重举行。中国人民以盛大阅兵仪式，同世界人民一道纪念这个伟大的日子。中共中央总书记、国家主席、中央军委主席习近平发表重要讲话并检阅受阅部队。

中共中央政治局常委、国务院总理李克强主持纪念大会。中共中央政治局常委、全国人大常委会委员长张德江，中共中央政治局常委、全国政协主席俞正声，中共中央政治局常委、中央书记处书记刘云山，中共中央政治局常委、中央纪委书记王岐山，中共中央政治局常委、国务院副总理张高丽出席。65 位外国国家元首、政府首脑、政府高级别代表、联合国等国际组织负责人、前政要，30 个国家的外军观摩团团长等出席大会。

首都北京，蓝天白云，风和日丽。天安门城楼庄严雄伟，天安门广场气象恢宏。人民英雄纪念碑前，以长城为主题的大型花坛展现出祖国山河的壮美画卷，花坛上“1945”“2015”字样十分醒目。

20架直升机在空中组成“70”字样通过天安门广场

图片来源：http://news.ycwb.com/2015-09/09/content_20638704_14.htm。

上午9时55分，习近平等中外领导人来到天安门城楼主席台，向广场观礼台上的各界代表挥手致意，全场5.5万人爆发出雷鸣般的掌声。

10时整，纪念大会开始。70响礼炮响彻云霄，200名国旗护卫队官兵护卫着五星红旗，迈着有力的步伐，从人民英雄纪念碑行进至广场北侧国旗杆前。

中国人民解放军联合军乐团、合唱团奏唱《义勇军进行曲》，全场齐声高唱，五星红旗冉冉升起。

随后，习近平发表了重要讲话。习近平指出，2015 年 9 月 3 日，是一个值得世界人民永远纪念的日子。70 年前的这一天，中国人民经过长达 14 年艰苦卓绝的斗争，取得了中国人民抗日战争的伟大胜利，宣告了世界反法西斯战争的完全胜利，和平的阳光再次普照大地。我们纪念中国人民抗日战争暨世界反法西斯战争胜利 70 周年，就是要铭记历史、缅怀先烈、珍爱和平、开创未来。

习近平代表中共中央、全国人大、国务院、全国政协、中央军委，向全国参加过抗日战争的老战士、老同志、爱国人士和抗日将领，向为中国人民抗日战争胜利作出重大贡献的海内外中华儿女致以崇高的敬意，向支援和帮助过中国人民抵抗侵略的外国政府和国际友人表示衷心的感谢，向参加今天大会的各国来宾和军人朋友们表示热烈的欢迎。

习近平强调，中国人民抗日战争和世界反法西斯战争，是正义和邪恶、光明和黑暗、进步和反动的大决战。在那场惨烈的战争中，中国人民抗日战争开始时间最早、持续时间最长。面对侵略者，中华儿女不屈不挠、浴血奋战，彻底打败了日本军国主义侵略者，捍卫了中华民族 5000 多年发展的文明成果，捍卫了人类和平事业，铸就了战争史上的奇观、中华民族的壮举。

习近平指出，中国人民抗日战争胜利，是近代以来中国抗击外敌入侵的第一次完全胜利。这一伟大胜利，彻底粉碎了日本军国主义殖民奴役中国的图谋，洗刷了近代以来中国抗击外来侵略屡战屡败的民族耻辱。这一伟大胜利，重新确立了中国在世界上的大国地位，使中国人民赢得了世界爱好和平人民的尊敬。这一伟大胜利，开辟了中华民族伟大复兴的光明前景，开启了古老中国凤凰涅槃、浴火重生的新征程。

习近平强调，在那场战争中，中国人民以巨大的民族牺牲支撑起了世界反法西斯战争的东方主战场，为世界反法西斯战争胜利作出了重大贡献。中国人民抗日战争也得到了国际社会广泛支持，中国人民将永远铭记各国人民为中国抗战胜利作出的贡献。

习近平指出，战争是一面镜子，能够让人更好认识和平的珍贵。为了和平，我们要牢固树立人类命运共同体意识，世界各国应该共同维护以联合国宪章宗旨和原则为核心的国际秩序和国际体系，积极构建以合作共赢为核心的新型国际关系，共同推进世界和平与发展的崇高事业。为了和平，中国将始终坚持走和平发展道路，中国人民将坚持同世界各国人民友好相处，坚决捍卫中国人民抗日战争和世界反法西斯战争胜利成果，努力为人类作出新的更大的贡献。习近平宣布，中国将裁减军队员额30万。

习近平强调，“靡不有初，鲜克有终。”前进道路上，全国各族人民要在中国共产党领导下，坚持以马克思列宁主义、毛泽东思想、邓小平理论、“三个代表”重要思想、科学发展观为指导，沿着中国特色社会主义道路，按照“四个全面”战略布局，弘扬伟大的爱国主义精神，弘扬伟大的抗战精神，万众一心，风雨无阻，向着我们既定的目标继续奋勇前进。

习近平最后号召，让我们共同铭记历史所启示的伟大真理：正义必胜！和平必胜！人民必胜！

习近平讲话结束时，全场响起热烈掌声。

10 时 18 分，阅兵仪式开始，标兵就位，军乐团吹响检阅号角。习近平乘红旗牌检阅车，经过金水桥，驶上长安街。阅兵总指挥、北京军区司令员宋普选报告受阅部队准备完毕，习近平下达检阅开始的命令。

军乐团奏响中国人民解放军军歌。习近平乘车依次检阅 11 个徒步方队、27 个装备方队。受阅部队军容严整、意气风发，铁甲战车整齐列阵、威风凛凛。

“同志们好！”“同志们辛苦了！”习近平的亲切问候鼓舞士气。“首长好！”“为人民服务！”受阅官兵斗志昂扬，响亮的回答声震长空。当习近平乘检阅车驶回天安门，受阅官兵齐声高呼强军口号：“听党指挥、能打胜仗、作风优良。”

10 时 41 分，空中护旗方队率先亮相，揭开阅兵分列式的序幕——两架直升机分别悬挂中华人民共和国国旗和中国人民解放军军旗飞过天安门广场，直升机群在空中组成“70”字样，教练机拉出 7 道彩烟。

在摩托车队护卫下，抗战老兵、英烈子女和支前模范乘车方队缓缓驶来。他们中有中国共产党抗战老战士，也有中国国民党抗战老战士，平均年龄 90 岁。观礼台上，人们热烈鼓掌，向为抗战胜利立下卓著功勋的英雄前辈致以崇高敬意。

战旗猎猎，步履铿锵。陆海空三军仪仗队高擎八一军旗通过天安门广场。女仪仗队员英姿飒爽，首次亮相大阅兵。八路军、新四军、东北抗联、华南游击队等抗战英模部队，组成 10 个气势恢宏的方队，在 20 名将军率领下接受检阅。“狼牙山五壮士”英模部队、“平型关大战突击连”英模部队、百团大战“白刃格斗英雄连”英模部队、夜袭阳明堡“战斗模范连”英模部队、“雁门关伏击战英雄连”英模部队、“刘老庄连”英模部队、“攻坚英雄连”英模部队、“东北抗联”英模部队、“华南游击队”英模部队、武警部队抗战英模部队……一个个闪光的名字，一面面光荣的旗帜……

中国人民抗日战争的胜利，是世界和平事业的胜利，是世界人民永远值得纪念的胜利。来自阿富汗、白俄罗斯、柬埔寨、古巴、埃及、斐济、哈萨克斯坦、吉尔吉斯斯坦、老挝、墨西哥、蒙古国、巴基斯坦、塞尔维亚、塔吉克斯坦、瓦努阿图、委内瑞拉、俄罗斯等五大洲 17 个国家的军队方队或代表队，高举本国国旗、军旗，依次通过天安门广场，精神抖擞地接受检阅，传递着中国人民与世界人民一道维护和平的共同心愿。

气势如虹，排山倒海。由坦克、战车、火炮、导弹、无人机等组成的地面装备方队隆隆驶来。受阅的 500 余台各型装备，编成地面突击、防空反导、海上攻击、战略打击、信息支援、后装保障 6 个模块，体现了信息化战争的联合性特点和人民解放军保卫祖国安全、人民安宁生活的能力。

鹰击长空，壮志凌云。11 时 25 分，由陆海空三军航空兵编成的 9 个空中梯队呼啸而来。预警机、轰炸机、加油机、歼击机、舰载机等 183 架战机，以新颖的编队低空飞过天安门广场。当 70 架直升机组成的编队最后通过时，全场响起经久不息的掌声。

这时，7 万羽和平鸽展翅高飞，7 万只气球腾空而起，《歌唱祖国》的激昂乐曲响彻整个广场。习近平等向各界群众挥手致意，广场内外成为一片欢腾的海洋。

纪念大会历时 1 小时 38 分钟，于 11 时 38 分圆满结束。

参加纪念大会的干部群众表示，一定要在以习近平同志为总书记的党中央坚强领导下，从伟大抗战精神中汲取前进力量，为实现“两个一百年”奋斗目标、实现中华民族伟大复兴的中国梦不懈奋斗。

纪念大会开始前，习近平和夫人彭丽媛在端门外广场迎接出席大会的外方代表团团长及其配偶，并同他们合影留念。

出席纪念大会的外国嘉宾有：白俄罗斯总统卢卡申科，波黑主席团主席乔维奇，柬埔寨国王西哈莫尼，捷克总统泽曼，刚果民主共和国总统卡比拉，埃及总统塞西，哈萨克斯坦总统纳扎尔巴耶夫，吉尔吉斯斯坦总统阿塔姆巴耶夫，老挝国家主席朱马里，蒙古国总统额勒贝格道尔吉，缅甸总统吴登盛，巴基斯坦总统侯赛因，巴布亚新几内亚总督奥吉奥，韩国总统朴槿惠，俄罗斯总统普京，塞尔维亚总统尼科利奇，南非总统祖马，苏丹总统巴希尔，塔吉克斯坦总统拉赫蒙，东帝汶总统鲁瓦克，乌兹别克斯坦总统卡里莫夫，委内瑞拉总统马杜罗，越南国家主席张晋创，埃塞俄比亚总理海尔马里亚姆，瓦努阿图总理基尔曼，阿根廷总统代表、副总统兼参议长布杜，古巴国务委员会第一副主席兼部长会议第一副主席迪亚斯—卡内尔，阿尔及利亚总统代表、民族院议长本·萨拉赫，波兰众议长基达瓦—布翁斯卡，朝鲜劳动党中央政治局委员、党中央书记崔龙海，泰国总理代表、副总理兼国防部长巴维，印度尼西亚总统特使、人类发展与文化统筹部长普安，澳大利亚政府代表、退伍军人事务部长罗纳尔森，巴西总统代表、国防部长瓦格纳，法国政府代表、外长法比尤斯，匈牙利政府代表、外长西亚尔托，印度政府代表、外交国务部长辛格，意大利政府代表、外交与国际合作部长真蒂洛尼，利比亚政府代表、外长达伊里，马来西亚政府特使、总理对华事务特使黄家定，荷兰政府特使、国务大臣威灵克，突尼斯总统代表、国防部长奥沙尼，新西兰总理特使、前副总理麦金农，新加坡政府特使、前副总理黄根成，英国首相特使、前司法大臣克拉克，加拿大政府代表、驻华大使赵朴，德国政府代表、驻华大使柯慕贤，卢森堡政府代表、驻华大使石泰嵋，美国政府代表、驻华大使博卡斯，欧盟驻华代表团团长史伟，联合国秘书长潘基文，世界卫生组织总干事陈冯富珍，联合国教科文组织总干事博科娃，联合国工业发展总干事李勇，红十字国际委员会主席莫雷尔，上海合作组织秘书长梅津采夫，上海合作组织地区反恐机构执委会主任张新枫，独联体执行秘书列别杰夫，集体安全条约组织秘书长博尔久扎，亚信秘书处执行主任宫建伟，德国前总理施罗德，菲律宾前总统、马尼拉市市长埃斯特拉达，圣马力诺前执政官、圣中友协主席泰伦齐，东帝汶前总统奥尔塔，英国前首相布莱尔。

出席纪念大会的还有：马凯、王沪宁、刘延东、刘奇葆、许其亮、孙春兰、孙政才、李建国、李源潮、汪洋、张春贤、范长龙、孟建柱、赵乐际、胡春华、栗战书、郭金龙、韩正、江泽民、胡锦涛、李鹏、朱镕基、李瑞环、吴邦国、温家宝、贾庆林、宋平、李岚清、曾庆红、吴官正、李长春、罗干、贺国强，中共中央书记处、全国人大常委会、国务院、最高人民法院、最高人民检察院、全国政协、中央军委领导同志和从领导职务上退下来的老同志，香港特别行政区行政长官梁振英、澳门特别行政区行政长官崔世安。

在京中央党政军群各部门负责人、离退休老同志，在京中管企业、金融机构、高校、科研等单位主要负责人，在京中央委员、候补中央委员、十八大代表、中央纪委委员、全国人大代表、全国政协委员，香港特别行政区、澳门特别行政区全国人大代表和全国政协委员，香港特别行政区、澳门特别行政区观礼团成员，港澳台同胞、海外侨胞代表，各民主党派中央在京委员、全国工商联在京执委和无党派人士代表，参加过抗战的老战士、老同志、老民兵、支前模范代表，抗战烈士亲属代表，海内外爱国人士、抗战将领或其遗属代表，全国先进人物代表，全国少数民族参观团代表，在京中国科学院院士和中国工程院院士代表，部分已故老干部的配偶，首都各界代表等出席大会，其中2.2万余名来自北京市民家庭。

在京重要外宾，外方代表团成员代表，外军代表团，各国驻华使节、武官和国际组织代表，苏联红军、美国飞虎队等为中国抗战胜利作出贡献的国际友人或其遗属代表，外国老专家或其遗属代表等2000多人应邀出席大会。

中国国民党前主席连战，台湾抗战老兵或其遗属代表，台湾省籍抗战志士或其遗属代表，以及台湾社会各界人士代表应邀出席大会。

第三节 国际社会及政要对阅兵的评价

《澳门日报》：中国人民不可欺，中华民族不可辱。70年前曾付出了巨大牺牲的中国人民，将继承抗日烈士遗志，大力弘扬抗战精神，坚定不移地捍卫用鲜血和生命写下的抗战历史、捍卫中华民族的尊严和荣誉、捍卫国家的领土主权完整，实现民族的伟大复兴。

香港《文汇报》：70年后的今天，中国人民隆重纪念这场战争的伟大胜利，是为了铭记历史、缅怀先烈、珍爱和平、开创未来；举行盛大阅兵式，是向世界表明中华民族共御外侮，不屈不挠的斗志以及弘扬民族精神、共同维护世界和平的决心，更反映出中国谋求共同发展、和平崛起的步伐。

新加坡《联合早报》：抗战胜利日的纪念，也能给中国人居安思危的警醒。无论身处战争还是和平年代，都不能忘记国家民族历史上遇到的危机。落后就要挨打，这句话在世界历史中一再得到应验。

美国《侨报》：铭记历史，终究是为了明天的持久和平。国际上仍有否认侵略、美化战争的异类，中国纪念抗战胜利大阅兵，也是给这些人警示，向世界展示国威军威，展示守卫和平的力量和决心，没有什么值得非议的。

日本《朝日新闻》：中国政府3日在北京天安门广场举行纪念中国人民抗日战争暨世界反法西斯战争胜利70周年大会。习近平主席在讲话中强调了胜利的意义，表示抗日战争的胜利彻底粉碎了日本军国主义殖民奴役中国的图谋，重新确立了中国在世界上的大国地位。

欧洲新闻社：中国利用举行纪念“二战”胜利70周年阅兵式的机会，展现了强大的军事实力，并在展示最新武器的同时，再次彰显其大国地位。

台湾《旺报》：70年前那场给世界人民带来巨大灾难的战争，不能忘记，而牢记历史的最好方法，是振兴国家、强健民族、开创美好的未来，使子孙后代再不受列强蹂躏。

俄罗斯总统普京：胜利纪念日对俄中两国确实具有特殊意义。苏联为胜利付出了巨大牺牲。中国人民遭受了巨大损失。两国永远不会忘记那一代胜利者所表现出的英雄气概、果敢刚毅和精神力量。两国将永远缅怀先烈，敬仰老兵。……俄中两国对“二战”的起因、历史和结果持相似看法。对两国人民来说，战争的记忆和战争的教训都是神圣的。这段悲惨的历史，召唤我们要对世界的命运共同负起责任，要认识到破坏性的排他主义和肆意妄为念头将会造成怎样可怕的后果。正是这些想法滋生了纳粹主义和军国主义。因此，我们应防止其复活和扩散。俄中两国共同致力于并将坚定不移地捍卫历史真相、维护共同胜利，两国共同庆祝“二战”胜利 70 周年，就是对这一决心直截了当的宣示。

联合国秘书长潘基文：2015 年对整个世界而言是极其重要的一个年份，它是改变历史进程的一次机会。全世界都在纪念第二次世界大战结束 70 周年，因为这次战争是人类历史上最悲惨的事件。中国为世界反法西斯战争胜利作出了巨大贡献，并且付出巨大牺牲，这已得到世界广泛认可。国际社会应从过去的战争惨剧中认真吸取教训，并以向前看的态度携手共建一个更加美好的世界。……作为安理会常任理事国，中国在维护世界和平与稳定方面一直发挥着非常重要的作用。我期待中国继续参与促进全球政治稳定和安全，继续参与维和行动，以及通过南南合作等方式继续帮助发展中国家。

哈萨克斯坦总统纳扎尔巴耶夫：中国人民抗日战争暨世界反法西斯战争的胜利在书写人类历史伟大篇章的同时，也记录下这个世界曾经历过的最沉重悲剧——超过5000万人的生命永远被战火吞噬。令人遗憾的是，随着时间的流逝，人们对那些危险思想、军备竞赛和复仇情绪笼罩着的威胁越来越麻木不仁，似乎忘记了大规模武装冲突仍有发生的可能。因此，9月3日在北京举行的中国人民抗日战争暨世界反法西斯战争胜利70周年纪念活动对世界而言有着重大意义。我们需要借此机会向所有为战争胜利作贡献的亲历者致以怀念与感谢。我希望，国际社会和世界其他国家的领袖们能够牢记历史教训，理解活动背后的含义。

上海合作组织秘书长梅津采夫：中国人民抗日战争暨世界反法西斯战争胜利70周年纪念活动规模宏大，有数十个国家的国家元首和政府首脑参与，具有广泛代表性。纪念世界反法西斯战争胜利70周年有着特殊意义，这是在向无数为缔造战后和平而流血牺牲、建立丰功伟绩的人们致敬。对于那些战胜国的人民所建立的丰功伟绩，无论如何评价都不为过。

韩国总统朴槿惠：韩中两国在20世纪上半叶都经历了遭遇日本帝国主义侵略的不幸历史，拥有相似的历史记忆。当时，中国是韩国独立运动的主要舞台，相当多的韩国独立运动在中国开展，在此过程中得到了很多中国人民的支援，我和韩国民众对此铭记不忘，对老朋友常怀感激之心。……今年不仅是中国人民抗日战争暨世界反法西斯战争胜利70周年，也是半岛光复和分裂70周年，是一个有深刻象征意义的年份，互相具有深远的意义。现在仍处于各种矛盾和对立的东北亚地区需要建立和平与合作的秩序，为此区域内国家需要共同携手努力，以正确的历史认识为基础，发展面向崭新未来的关系。只有以此为前提，过去历史留下的创伤才能得到治愈与平复。在流淌不息的历史长河中留下的痕迹也会永存。企图否认历史无异于想只手遮天，不自量力。

南非总统祖马：中国的胜利为当今21世纪世界各国作为朋友和伙伴谋求和平共存打下了基础。无论以何种标准衡量，中国人民在“二战”中的生命、财产损失和承受的痛苦都是巨大的。中国人民的勇气和毅力不可被低估。即便中国人民曾遭受如此令人痛心的侵略，你们依旧能够奋发图强，并崛起成为全球大国之一，在政治和经济领域发挥影响力。……我相信，中国在举行中国人民抗日战争暨世界反法西斯战争胜利70周年纪念活动中的承诺，和由此体现出来的团结精神是积极的，它也反映了世界人民维护战后和平国际秩序、尤其是保护战后70年所取得的积极成果的共同愿望。

塞尔维亚总统尼科利奇：世界反法西斯战争的胜利是属于全人类的伟大胜利，值得纪念与庆祝。塞尔维亚和中国在第二次世界大战中都遭受侵略，并为抗击法西斯付出了巨大牺牲。中国作为战争中的正义方，通过举办纪念活动所展示出的国家能力，证明自己是维护世界和平的重要角色之一。……中国在东方主战场对日本侵略者的顽强抵抗是世界反法西斯战争的重要组成部分。日本侵略者在战争中对中国人民犯下了不可饶恕的恐怖罪行，使中国人民在“二战”中承受了巨大的苦难。中国在自己的领土上与日本侵略者作战，为盟友赢得了宝贵的时间，用巨大的牺牲为全人类的自由与和平作出了巨大贡献。

第四节　宣布裁军30万的意义

一、宣布裁军30万表明中国珍视和平的诚意

“中国将再次裁减军队员额30万！”习近平总书记在中国人民抗日战争暨世界反法西斯战争胜利70周年纪念大会上的这一庄严宣告，为盛大庆典赋予了更为深远广阔的意蕴，让世界为之瞩目和震撼。这是继1985年裁军100万、中共十五大后两次裁军70万之后的又一和平发展宣誓。这充分彰显了中国热爱和平，珍视和平，与世界各国一道共护和平、共谋发展、共享繁荣的诚意，也展示了我国率先垂范积极推动国际军控和裁军的负责任大国形象。这与日本近年来加大征兵比例，企图复活军国主义的做法对比鲜明、正邪分明。

二、热爱和平的中国必将是维护世界和平的重要力量

中国人民对战争带来的苦难有着刻骨铭心的记忆，对和平有着孜孜不倦的追求。走和平发展道路，是中国坚定不移的国家意志和战略抉择。习近平的讲话宣示了中国人民愿同世界各国人民一道，共同铭记历史、携手捍卫和平的决心。裁减军队员额30万，这是党和国家的一个重大的政治决定和政治宣言，再次表明中国始终高举和平、发展、合作的旗帜，始终坚定不移走和平发展道路，始终奉行防御性的国防政策，始终是维护世界和平和地区稳定的坚定力量。

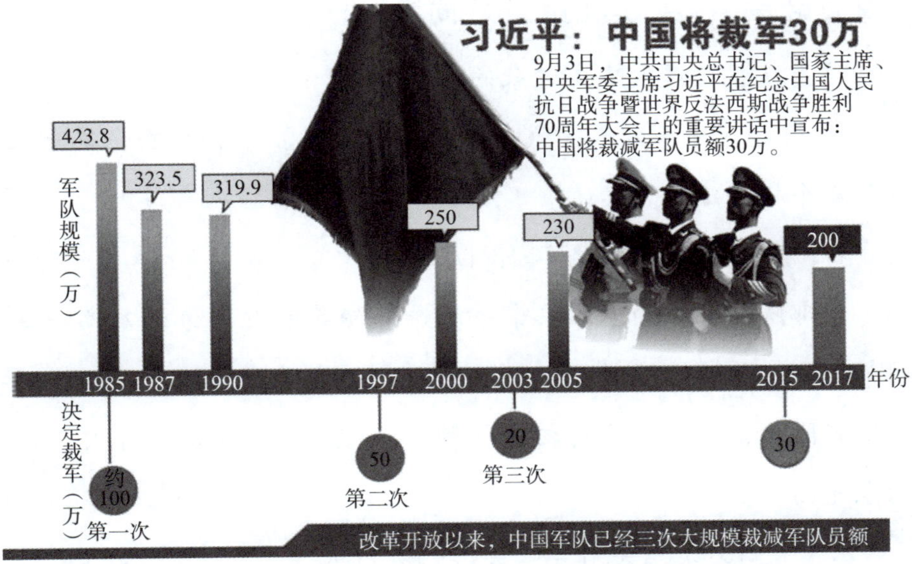

改革开放以来，中国历次大规模裁军

图片来源：http：//www.168kk.com/news/2015/1021/12272.html。

三、体现军队建设走向

习近平主席在讲话中宣布中国军队将裁军30万，是中国军队作出的一个重大决策，是号角也是序曲，预示着中国军队的重大改革将拉开帷幕，也反映中国走和平发展道路的愿望。裁军30万，这是一个价值导向，体现中国的大国道路不会走称霸的道路。但历史也告诉我们，和平是需要争取的，和平是需要维护的。中国军队将走高精尖之路，不以人取胜、以量取胜，而是以科学的制度、先进的装备和强大的精神力量来支撑，建设能打仗、打胜仗的军队。

相关链接 | 英模徒步方队简介

这是从抗日烽火中走过来的英模部队！

10 个英模部队方队按照八路军、新四军、东北抗联、华南游击队 4 个模块编组。

1.“狼牙山五壮士”英模部队方队

该部队前身是由毛泽东亲手缔造和领导的红一方面军第一军团第一师。作为晋察冀军区的主力之一，在黄土岭战役中，击毙日军旅团长、号称“名将之花”的阿部规秀，沉重打击了日军的嚣张气焰。

2.“平型关大战突击连”英模部队方队

抗战时期，该部队隶属八路军第 115 师。在平型关战役中，115 师一举歼灭 1000 多名日军。平型关大捷一举打破了日本军国主义不可战胜的神话。

3. 百团大战“白刃格斗英雄连”英模部队

其前身是山西青年抗敌决死队第 1 纵队 25 团 8 连。1940 年 8 月，25 团 8 连随部队参加百团大战蟠龙保卫战，与日军展开近 1 个多小时的白刃格斗，战士们刺刀捅弯了就用枪托砸，枪托砸碎了就用小锹砍。

4. 夜袭阳明堡“战斗模范连”英模部队

当年的番号是八路军第 129 师 385 旅 769 团 10 连。夜袭阳明堡战斗中，勇士们用集束手榴弹、炸药包将日军机场 24 架敌机全部炸毁，毙伤日军 100 余人。夜袭阳明堡重创了日军在晋北战场上的空中突击力量，创造了步兵击毁飞机的战斗范例。

5.“雁门关伏击战英雄连”英模部队

抗战时期，其番号为八路军120师716团特务连。在雁门关伏击战中，该师第716团接连两次伏击日军，共歼敌500余人，击毁日军汽车30余辆。在战斗中，特务连作为主攻连率先向敌人发起冲锋。

6.“刘老庄连”英模部队

抗战时期隶属新四军第3师。1943年春，该部4连全连82人英勇抗击日伪军攻击，使主力部队和党政机关安全转移，全连却陷入重围。4连官兵毙伤日伪军近百人，苦战至黄昏，全连弹尽粮绝，全部壮烈牺牲。

7.“攻坚英雄连”英模部队

1945年5月，在宿南战役中，时为新四军第4师11旅31团1连，担任主攻。全连参战106人，仅16人生还，以1个连兵力沉重打击了伪军1个团兵力。此战揭开了苏豫皖抗日军民大反攻的序幕。

8.“东北抗联”英模部队

其前身是东北抗日义勇军余部、东北反日游击队和东北人民革命军。东北抗日联军孤悬敌后，在极其残酷的斗争环境中、在敌我力量对比悬殊的情况下，与优势装备之敌周旋苦斗，进行了长达14年的不屈不挠的斗争，开辟了全国最早、坚持时间最长的抗日战场。

9.“华南游击队”英模部队

抗日战争时期中国共产党领导下的坚持在华南抗战的人民革命武装的统称，主要包括东江纵队、琼崖纵队、珠江纵队、韩江纵队、广东人民抗日解放军、南路人民抗日解放军等6支武装力量。坚持游击战争，创造性地把抗日游击战争从农村推进到敌占区的香港及沿海城市。

10. 武警部队抗战英模部队

包括在战争年代涌现出的“杀敌英雄连”“血战磨河滩钢铁连”“战斗模范连”“勇如猛虎连”“攻守兼备连”等英雄群体。

参考资料

[1] 纪念中国人民抗日战争暨世界反法西斯战争胜利70周年大会在京隆重举行[EB/OL].(2015-09-04). http://news.xinhuanet.com/mil/2015-09/04/c_128195885.htm.

[2] 孟祥麟，黄云迪，孙超. 中国：东方主战场，和平捍卫者[N]. 人民日报，2015-9-4.

[3] 纪念抗战伟大胜利 弘扬抗战伟大精神 实现民族伟大复兴[EB/OL].(2015-09-03). http://politics.people.com.cn/n/2015/0903/c1001-27542704.html.

[4] 高飞. 大阅兵彰显中国强盛[N]. 参考消息，2015-9-4.

[5] 岳菲菲. 为何在阅兵式上宣布裁军[N]. 北京青年报，2015-9-4.

[6] 张艳玲. 阅兵网上热议持续升温 习近平讲话引发强烈反响[EB/OL].(2015-09-04). http://news.china.com.cn/txt/2015-09/04/content_36499494.htm.

第二十八章　向贫困宣战

贫困是世界各国和国际社会面临的挑战。促进发展，消除贫困，实现共同富裕，是人类孜孜以求的理想。

中国是世界上人口最多的发展中国家，发展基础差、底子薄，不平衡现象突出。特别是农村贫困人口多，解决贫困问题的难度很大。中国的减贫，在很大程度上就是解决农村的贫困问题。

消除贫困，实现共同富裕，是中国特色社会主义道路的必然要求，是中国共产党人代代相传的伟大使命。改革开放以来，党中央以果敢的勇气毅力，带领全国各族人民向贫穷宣战。

20 世纪 80 年代中期以来，中国政府开始有组织、有计划、大规模地开展农村扶贫开发，先后制定实施《国家八七扶贫攻坚计划（1994—2000 年）》《中国农村扶贫开发纲要（2001—2010 年）》《中国农村扶贫开发纲要（2011—2020 年）》《中共中央国务院关于打赢脱贫攻坚战的决定》等脱贫规划，使扶贫脱贫成为全社会的共识和行动。中国的农村扶贫开发，不仅促进了社会和谐稳定和公平正义，推动了中国人权事业的发展和进步，而且为全球减贫事业作出了重大贡献。

第一节　扶贫开发的主要历程及成就

新中国成立后，中国政府一直致力于发展生产、消除贫困的工作。但真正严格意义上的扶贫，是在改革开放以后提出并大规模实施的。从1978年至2010年，中国的扶贫开发大致经过了三个阶段。

一、第一阶段：体制改革推动扶贫阶段（1978～1985年）

1978年，按中国政府确定的贫困标准统计，贫困人口为2.5亿人，占农村总人口的30.7%。导致这一时期大面积贫困的原因是多方面的，主要是农业经营体制不适应生产力发展需要，造成农民生产积极性低下。因此，制度的变革就成为缓解贫困的主要途径。

中国自1978年开始的改革，首先是土地经营制度的变革，即以家庭承包经营制度取代人民公社的集体经营制度。这种土地制度的变革极大地激发了农民的劳动热情，从而极大地解放了生产力，提高了土地产出率。与此同时，在农村进行的农产品价格逐步放开、大力发展乡镇企业等多项改革，也为解决农村贫困问题打开了出路。这些改革，通过农产品价格的提升、农业产业结构向附加值更高的产业转化以及农村劳动力在非农领域就业三个方面的渠道，将利益传递到贫困人口，使贫困农民得以脱贫致富，农村贫困现象大幅度缓解。

据统计，从1978年到1985年，农村人均粮食产量增长14%，棉花增长73.9%，油料增长176.4%，肉类增长87.8%；农民人均纯收入增长了2.6倍；没有解决温饱的贫困人口从2.5亿人减少到1.25亿人，占农村人口的比例下降到14.8%；贫困人口平均每年减少1786万人。

二、第二阶段：大规模开发式扶贫阶段（1986～1993年）

20世纪80年代中期，在改革开放政策的推动下，中国农村绝大多数地区凭借自身的发展优势，经济得到快速增长，但少数地区由于经济、社会、历史、自然、地理等方面的制约，发展相对滞后。贫困地区与其他地区，特别是与东部沿海发达地区在经济、社会、文化等方面的差距逐步扩大。中国农村发展不平衡问题凸现出来，低收入人口中有相当一部分人经济收入甚至不能维持其生存的基本需要。

为进一步加大扶贫力度，中国政府自1986年起采取了一系列重大措施：成立专门扶贫工作机构，安排专项资金，制定专门的优惠政策，并对传统的救济式扶贫进行彻底改革，确定了开发式扶贫方针。自此，中国政府在全国范围内开展了有计划、有组织和大规模的开发式扶贫，中国的扶贫工作进入了一个新的历史时期。经过8年的不懈努力，国家重点扶持贫困县农民人均纯收入从1986年的206元增加到1993年的483.7元；农村贫困人口由1.25亿人减少到8000万人，平均每年减少640万人，年均递减 6.2%；贫困人口占农村总人口的比重从 14.8% 下降到 8.7%。

三、第三阶段：扶贫攻坚阶段（1994～2010 年）

随着农村改革的深入发展和国家扶贫开发力度的不断加大，中国贫困人口逐年减少，贫困特征也随之发生较大变化，贫困人口分布呈现明显的地缘性特征。这主要表现在贫困发生率向中西部倾斜，贫困人口集中分布在西南大石山区（缺土）、西北黄土高原区（严重缺水）、秦巴贫困山区（土地落差大、耕地少、交通状况恶劣、水土流失严重）以及青藏高寒区（积温严重不足）等几类地区。导致贫困的主要因素是自然条件恶劣、基础设施薄弱和社会发育落后等。

中国农村贫困人口年平均减少数与人均 GDP 和农民消费水平增长率比较

年份	官方贫困人口年均减少数/万人	人均 GDP 增长率/%	农民消费水平增长率/%	农民人均纯收入增长率/%
1978～1985	1786	8.3	10.0	15.1
1985～1990	800	6.2	2.5	3.0
1990～1997	500	9.9	8.0	5.0
1997～2004	342	7.4	6.7	4.3
1978～2004	861	8.1	7.0	7.1

数据来源：国家统计局．中国统计摘要（2005）［M］．北京：中国统计出版社，2005．均按不变价格计算。

来源：http：//cssm.org.cn/view.php？id＝13901。

以 1994 年 3 月《国家八七扶贫攻坚计划》的公布实施为标志，中国的扶贫开发进入了攻坚阶段。《国家八七扶贫攻坚计划

(1994—2000年)》明确提出，集中人力、物力、财力，动员社会各界力量，力争用7年左右的时间，到2000年底基本解决农村贫困人口的温饱问题。这是新中国历史上第一个有明确目标、明确对象、明确措施和明确期限的扶贫开发行动纲领。经过多方努力，到2000年底，国家八七扶贫攻坚目标基本实现。

为加快解决在一定程度和特定地区仍然存在的贫困问题，于2001年5月召开中央扶贫开发工作会议，对21世纪前十年中国的农村扶贫开发工作进行了全面部署。这次会议后，中国政府正式颁布《中国农村扶贫开发纲要（2001—2010年)》，提出了今后10年中国农村扶贫开发的目标任务、指导思想和方针政策。《中国农村扶贫开发纲要（2001—2010年)》是继《国家八七扶贫攻坚计划（1994—2000年)》之后，又一个指导中国农村扶贫开发工作的纲领性文件。这10年，中国国民经济平稳较快增长，综合国力不断增强。在这一进程中，国家把扶贫开发纳入国民经济和社会发展总体规划，制定和实施有利于农村贫困地区发展的政策措施，把扶贫投入作为公共财政预算安排的优先领域，把贫困地区作为公共财政支持的重点区域，不断加大对贫困地区的扶持力度，切实提高扶贫政策的执行力。一是坚持开发式扶贫和社会保障相结合。引导贫困地区和贫困群众以市场为导向，调整经济结构，开发当地资源，发展商品生产，提高自我积累、自我发展能力。注重综合开发、全面发展，促进基础设施建设和经济社会协调发展。注重可持续发展，加强资源保护和生态建设，控制人口过快增长。加快推进城乡基本公共服务均等化进程，建立健全农村最低生活保障制度，逐步提高五保供养水平，不断完善自然灾害应急救助体系，建立新型农村合作医疗制度，开展新型农村社会养老保险制度试点，为贫困人口提供基本生存保障。在国家扶贫开发工作重点县推进扶贫开发政策与农村低保制度衔接试点，努力使各项政策覆盖所有贫困人口。二是坚持专项扶贫和行业扶贫、社会扶贫相结合。以贫困人口和贫困地区为工作对象，以财政专项扶贫资金为主要资源，以实现贫困人口基本生存和发展为目标，编制专项扶贫开发规划，分年实施。充分发挥各行业部门职责，将贫困地区作为本部门本行业发展重点，积极促进贫困地区水利、交通、电力、国土资源、教育、卫生、科技、文化、人口和计划生育等各项事业的发展。动员和组织社会各界，通过多种方式支持贫困地区开发建设。党政机关和企事业单位定点扶贫，东西扶贫协作，军队和武警部队支援，社会各界参与，形成有中国特色的社会扶贫方式，推动贫困地区发展，增加贫困农民收入。三是坚持外部支持与自力更生相结合。通过专项扶贫资金、财政转移支付、部门项目建设、社会各界捐助、引进利用外资等途径，不断加大对贫困地区的资金投入。不断探索参与式整村推进、小额信贷、贫困村互助资金等多种扶贫模式。尊重贫困地区广大干部群众在农村扶贫开发中的主体地位，广泛调动他们的主动性、积极性、创造性。广大干部群众自强不息，不等不靠，苦干实干，积极参与决策、投工投劳，依靠自身力量改变贫困落后面貌。

30 多年来，中国的扶贫工作取得了全面突破。按照世界银行每天 1.25 美元（2005 年的购买力平价）的贫困标准，1981 年全球贫困人口 19.38 亿，到 2010 年减少到 12.12 亿，全球贫困人口减少7.26亿。同期，中国的贫困人口由8.35亿减少到1.57亿(2009年)，贫困人口减少6.78亿。全球贫困人口数量减少的成就93.3%来自中国。中国为全球消除贫困事业作出了极大贡献，被誉为“中国奇迹”。主要表现在：

农村居民的生存和温饱问题基本解决。国家根据经济社会发展水平的提高和物价指数的变化，将全国农村扶贫标准从2000年的865元逐步提高到2010年的1274元。以此标准衡量的农村贫困人口数量，从2000年底的9422万人减少到2010年底的2688万人；农村贫困人口占农村人口的比重从2000年的10.2%下降到2010年的2.8%。

贫困地区经济全面发展。贫困地区产业结构进一步优化，特色优势产业快速发展，县域经济综合实力不断增强。从2001年至2010年，592个国家扶贫开发工作重点县人均地区生产总值从2658元增加到11170元，年均增长17%；人均地方财政一般预算收入从123元增加到559元，年均增长18.3%。农民人均纯收入从2001年的1276元，增加到2010年的3273元，年均增长11%(未扣除物价因素)。上述数据的增幅，均高于全国平均水平。

贫困地区生产生活条件明显改善。国家不断加大贫困地区基础设施建设投入，全面改善这些地方的生产生活条件。从2002年至2010年，592个国家扶贫开发工作重点县新增基本农田5245.6万亩，新建及改扩建公路里程95.2万公里，新增教育卫生用房3506.1万平方米，解决了5675.7万人、4999.3万头大牲畜的饮水困难。到2010年底，国家扶贫开发工作重点县农村饮用自来水、深水井农户达到60.9%，自然村通公路比例为88.1%、通电比例为98%、通电话比例为92.9%，农户人均住房面积24.9平方米，农户使用旱厕和水冲式厕所比重达88.4%。贫困地区农村面貌发生明显变化。

贫困地区社会事业不断进步。农村义务教育得到加强，扫除青壮年文盲工作取得积极进展，到2010年底，国家扶贫开发工作重点县7～15岁学龄儿童入学率达到97.7%，接近全国平均水平；青壮年文盲率为7%，青壮年劳动力平均受教育年限达到8年。新型农村合作医疗实现全覆盖，基层医疗卫生服务体系建设不断加强，到2010年底，国家扶贫开发工作重点县参加新农合的农户比例达到93.3%，有病能及时就医的比重达到91.4%，乡乡建有卫生院，绝大多数行政村设有卫生室。贫困地区人口和计划生育工作、公共文化服务体系建设继续得到加强。

贫困地区生态恶化趋势初步得到遏制。从2002年至2010年，国家扶贫开发工作重点县实施退耕还林还草14923.5万亩，新增经济林22643.4万亩。国家扶贫开发工作重点县饮用水水源受污染的农户比例从2002年的15.5%下降到2010年的5.1%，获取燃料困难的农户比例从45%下降到31.4%。

第二节　扶贫开发的政策制度

中国农村的贫困问题是历史上长期形成的。贫困面积大、贫困人口多、贫困程度深是过去相当长一个时期中国贫困地区的主要特征。基于对本国国情的把握，特别是对贫困地区和贫困人口实际情况的认识，中国政府制定了符合国情的扶贫开发政策，把扶贫开发的基本目标和中心任务放在主要解决农村贫困人口的温饱问题上，从最紧迫的问题入手，量力而行，确保重点，分阶段推进。

人民日报
RENMIN RIBAO

适应改革形势，加强地区和部门责任心
国家计委简化基建项目审批程序

关怀贫困地区

奖勤罚懒　不怕职工收入悬殊

石油部有关领导、专家到胜利油田办公
七天解决十个问题

穷山村希望实行特殊政策治穷致富

邓小平会见香港知名人士

1984 年 6 月 24 日，《人民日报》以《穷山村希望实行特殊政策治穷致富》为题，在头版刊登这封来信，还配发了题为《关怀贫困地区》的评论员文章，引起了中央的高度重视

图片来源：http：//fj. people. com. cn/GB/339045/340945/375058/index. html。

一、制定符合国情的贫困标准

中国是一个发展中国家，人口多，底子薄，经济不发达，农村尤其不发达。主要表现在：一是基础设施薄弱；二是人口增长过快，教育、卫生等基本社会服务水平低；三是农业生产条件差，财政收入水平低，公共投入严重不足。1993 年国家重点扶持贫困县人均财政收入仅为 60 元，只相当于全国平均水平的 30% 左右。中国贫困地区的实际情况，决定了中国扶贫工作要有一个比较现实的贫困标准。中国贫困人口的标准最初是1986年由中国政府有关部门在对6.7万户农村居民家庭消费支出调查的基础上计算得出的，即1985年农村人均纯收入206元的标准。到1990年这一标准相当于300元，2000年为625元。

中国的贫困标准是一个能够维持基本生存的最低费用标准，可以确保农村贫困人口最基本的生存需要，因而是客观的，也是符合中国实际的。

二、确定国家重点扶持贫困县

中国政府于1986年第一次确定了国家重点扶持贫困县标准：以县为单位，1985年农民年人均纯收入低于150元的县。随着经济的发展，特别是贫困地区经济状况的不断改善，对贫困县的标准也及时作出调整。1994年，中国政府重新调整了国家重点扶持贫困县的标准。具体标准是：以县为单位，凡是1992年农民人均纯收入低于400元的县全部纳入国家重点贫困县扶持范围；凡是1992年人均纯收入高于700元的原国家重点扶持贫困县，一律退出国家扶持范围（根据当时的典型测算，凡是超过700元的县，90%以上的贫困人口基本上解决温饱问题）。依据这个标准，列入《国家八七扶贫攻坚计划（1994—2000年）》的国家重点扶持的贫困县共有592个，分布在27个省、自治区、直辖市，涵盖了全国72%以上的农村贫困人口。此后，中央政府采取的一系列扶贫开发政策措施，主要是围绕解决国家重点扶持县贫困群众温饱而制定的。

通过对贫困县的集中有效扶持，带动了全国农村贫困问题的解决。特别是在扶贫资金方面，国家明确要求，中央的各项扶贫资金都用于这些贫困县。1996 年中央政府又进一步对各省、自治区、直辖市提出了最低配套资金比例（30% ~ 50%），以保证地方配套的扶贫资金用在国家重点贫困县。

三、扶贫重点向中西部贫困地区倾斜

中国经济发展的区域特征十分明显，东部沿海地区充分利用自身优势率先发展，中部次之，西部相对落后。与此相关，中国农村贫困人口的绝大多数集中在中西部，尤其是西部，并呈块状、片状分布在高原、山地、丘陵、沙漠等地区。这些地区是中国贫困人口最多、贫困程度最深、贫困结构最复杂的地区。在 1994 年中国政府确定的 592 个国家重点扶持贫困县中，中西部地区占 82%。从 1994 年起，中国政府开始调整国家扶贫资金投放的地区结构：把用于沿海经济比较发达省的中央扶贫信贷资金调整出来，集中用于中西部贫困状况严重的省、自治区；中央新增的财政扶贫资金只支持中西部贫困地区。同时，国家从全局着眼，制定优惠政策，积极推动东部地区与西部地区的横向联合和对口扶贫协作。

为加快西部地区的发展，缩小地区间发展差距，20 世纪末中国开始实施西部大开发战略。国家在西部地区优先安排基础设施、生态环境和资源开发等建设项目，并不断加大对西部地区的投入和财政转移支付力度，为推动西部地区发展和贫困人口解决温饱问题发挥了重要作用。

四、加大扶贫开发投入力度

30多年来，随着国家财力的增强，中国政府安排的专项扶贫投入不断增加。2000年中央各项扶贫专项资金达到了248亿元，与1980年相比，增加了30倍。2010年，中央综合扶贫投入1618亿元，与1980年相比，增加了197倍。中央财政用于“三农”的支出从2003年的2144.2亿元增加到2010年的8579.7亿元，年均增长21.9%，公共财政覆盖农村步伐明显加快。国家的一些强农惠农富农政策率先在贫困地区实行。其中，免征农业税试点、农村义务教育“两免一补”政策（对农村义务教育阶段贫困家庭学生免书本费、免杂费、补助寄宿生生活费）、对国家新安排的公益性基本建设项目减少或取消县及县以下配套，率先在国家扶贫开发工作重点县实行。一些强农惠农富农政策向贫困地区和贫困人口倾斜。中央财政在农村最低生活保障、新型农村合作医疗和新型农村社会养老保险的制度安排上，对中西部地区给予较大支持。2010年，民政部门资助参加新型农村合作医疗4615.4万人次，资助资金14亿元，人均资助30.3元。按照中央要求的配套比例（1996年以后为30%～50%），地方政府扶贫投入的力度也相应加大。

五、建立农村社会保障制度

为贫困人口提供基本的社会保障，是稳定解决贫困人口温饱问题的最基础手段。2007年，国家决定在全国农村全面建立最低生活保障制度，将家庭年人均纯收入低于规定标准的所有农村居民纳入保障范围，稳定、持久、有效地解决农村贫困人口温饱问题。农村最低生活保障标准，由县级以上地方政府按照能够维持当地农村居民全年基本生活所必需的吃饭、穿衣、用水、用电等费用确定。截至 2010 年底，全国农村低保覆盖 2528.7 万户、5214 万人；2010 年全年共发放农村低保资金 445 亿元，其中中央补助资金 269 亿元；全国农村低保平均标准为 117 元/人、月，月人均补助水平为 74 元。国家对农村丧失劳动能力和生活没有依靠的老、弱、孤、寡、残农民实行“五保”供养，即在吃、穿、住、医、葬等方面给予生活照顾和物质帮助。经过努力，“五保”供养逐步实现了由集体福利事业转型为现代社会保障制度，所需资金由农民分摊转由国家财政负担。到 2010 年底，全国农村得到“五保”供养的人数为 534 万户、556.3 万人，基本实现“应保尽保”，全国各级财政共发放农村“五保”供养资金 96.4 亿元。2009 年，国家开展新型农村社会养老保险试点工作，实行个人缴费、集体补助、政府补贴相结合的筹资方式，基础养老金和个人账户养老金相结合的待遇支付方式，中央财政对中西部地区按中央确定的基础养老金给予全额补助，对东部地区给予 50% 的补助。2010 年，中央财政对新型农村社会养老保险基础养老金补贴 111 亿元，地方财政补助资金 116 亿元。2004 年，国家出台了规范的最低工资制度，对保障以农民工为主体的劳动者的劳动报酬权益发挥了积极作用。

六、落实扶贫工作责任制

为使扶贫开发工作得到有效开展，中国政府于 1986 年 6 月成立了国务院贫困地区经济开发领导小组（1993 年更名为国务院扶贫开发领导小组），专门负责组织、领导、协调、监督、检查贫困地区的扶贫开发工作。一些省、自治区、直辖市和地（市）、县级政府也成立了相应的组织机构，负责本地的扶贫开发工作。

中国的扶贫开发实行分级负责、以省为主的行政领导扶贫工作责任制。各省、自治区、直辖市，特别是贫困面积较大的省、自治区，都把扶贫开发列入重要议程，根据国家扶贫开发计划制定本地区的具体实施计划。各省、自治区、直辖市的主要负责人亲自抓扶贫工作，并负总责。中央的各项扶贫资金在每年年初一次下达到各省、自治区、直辖市，实行扶贫资金、权力、任务、责任“四个到省（自治区、直辖市）”。所有到省的扶贫资金一律由省级人民政府统一安排使用，并由各有关部门规划和实施项目。

第三节　扶贫开发的主要攻略

在扶贫开发的过程中，中国政府坚持以经济建设为中心，发展贫困地区的生产力，走开发式扶贫的道路，通过多种方式和途径，采取综合配套措施，帮助农村贫困人口脱贫。

一、从强调扶贫到村到户到实行整村推进扶贫开发

20 世纪 90 年代以来，根据贫困地区的实际情况，中国的扶贫开发着重扶贫到村到户。国家不仅将扶贫到户作为一项重要措施，而且把解决贫困农户温饱的各项指标也量化到户。中国在实践中探索出许多行之有效的扶贫到户方式：一是干部包扶到户，

即组织各级干部与贫困农户结成“一帮一”对子，采取签订责任状等方式，明确干部包扶任务。二是实体带动、效益到户，即通过鼓励企业与农户合作建立农产品生产加工基地，实现农产品产、供、销的良性循环。三是异地开发、移民到户，即本着自愿的原则，将贫困农户从生产生活条件极其恶劣的地区搬迁到条件较好的地区，实现异地脱贫。四是社会各界帮扶到户，即组织社会各界对贫困农户进行帮扶。为促进贫困地区经济社会全面发展，2001年国家在全国确定了14.8万个贫困村，逐村制定包括基本农田、人畜饮水、道路、贫困农户收入、社会事业等内容的扶贫规划，整合各类支农惠农资金和扶贫专项资金，统筹安排，分年度组织实施，力争实现贫困群众增收、基础设施提升、社会公益事业发展、群众生产生活条件改善的目标。截至2010年底，已在12.6万个贫困村实施整村推进，其中，国家扶贫开发工作重点县中的革命老区、人口较少民族聚居区和边境一线地区贫困村的整村推进已基本完成。

二、从输出贫困地区劳动力到加强劳动力培训

为了帮助贫困地区劳动力充分就业并增加收入，国家鼓励并组织具备条件的贫困地区开展劳务输出。劳务输出不仅有助于贫困地区劳动力实现就业和增加收入，更重要的是劳动者通过异地就业可以学到新技术、新生活方式、新工作方法，开阔眼界，增强信心，提高自我发展能力。许多西部外出务工人员已经成为向西部传播东部生产生活方式以及文化和技术的使者。2004年以来，中央政府把人力资源开发作为提高发展能力的有效手段，累

计安排财政扶贫资金30亿元，实施以劳动力转移为主要内容的“雨露计划”，对贫困家庭劳动力开展务工技能和农业实用技术培训。到2010年，培训贫困家庭劳动力超过400万人次，其中80%以上实现转移就业。抽样调查显示，接受培训的劳动力比没有接受培训的劳动力月工资可提高300～400元。劳动力培训在帮助贫困地区劳动力实现就业和增加收入的同时，也使他们学到新技术，接触新观念，开阔了视野，增强了信心。

三、从重视科技教育扶贫到开展科技教育扶贫

从1986年开始，中国政府有关部门根据国家扶贫开发的总体战略和要求，适时提出科技扶贫的目标、措施和实施办法，并于1996年提出《1996—2000年全国科技扶贫规划纲要》，加强对科技扶贫的政策指导。为进一步增强贫困地区反贫困的能力，中国政府安排专项科技扶贫资金，用于优良品种和先进实用技术的引进、试验、示范、推广，以及科技培训等。1995年以来，国家教委和财政部联合组织实施了“国家贫困地区义务教育工程”，重点投向国定贫困县、部分省定贫困县、革命老区和少数民族地区，帮助这些地区普及九年义务教育。组织大专院校、科研院所作为依托单位，派遣有实践经验的专家和中青年知识分子组成科技开发团，并向扶贫开发工作重点县派驻科技副县长，帮助研究和制定科技扶贫规划，筛选科技开发项目、引进先进实用技术、组织技术培训，解决产业发展中的关键技术问题，提高贫困地区产业开发的技术水平。在贫困地区推进科技特派员农村科技创业行动，鼓励科技人员与农民结成利益共同体，开展创业和服务，引导科

技、信息、资本、管理等现代生产要素向贫困地区集聚，促进当地经济社会发展和农民增收致富。30多年来，国家大力发展教育，使大批农村家庭经济困难学生通过接受职业教育掌握了就业技能，在城镇稳定就业，帮助家庭摆脱或缓解了贫困现象。不断健全义务教育、高中阶段教育和高等学校家庭经济困难学生资助体系，减轻困难学生家庭经济负担。建设移民学校，推动生态移民。

四、从实施自愿移民扶贫开发到实施易地扶贫搬迁

国家鼓励和支持生存条件极其恶劣地区的贫困农户通过移民搬迁、异地开发的方式，开辟解决温饱的新途径。为此，中国政

"春蕾计划" 救助女童

图片来源：http：//gongyi. qq. com/a/20070525/000005. htm。

府强调，自愿移民搬迁的贫困人口除享受扶贫开发的优惠政策外，各地要制定具体政策措施，提供各种优惠条件，确保搬迁一户解决一户温饱。中国的移民扶贫开发，按照群众自愿、就近安置、量力而行、适当补助四项原则进行。中国实施移民扶贫开发的主要做法有：（1）插户移民。即由贫困户自行投亲靠友，分散安置，政府给予一定补助。政府建移民开发基地安置移民。既要保证可稳定解决迁入户的温饱问题，又要保证不破坏迁入地的生态环境。（2）吊庄移民。即采取搬迁初期两头有家的形式，待移民点得到开发，生产生活基本稳定后再完全搬迁。为了进一步改善贫民的生存环境和发展条件，中国政府在坚持群众自愿的前提下，对居住在生存条件恶劣、自然资源贫乏地区的贫困人口实行易地扶贫搬迁。截至2010年，中国政府对770余万贫困人口实行了扶贫搬迁，有效改善了这些群众的居住、交通、用电等生活条件。

五、从实行扶贫开发与生态环境保护相结合到加强贫困地区生态建设

在贫困地区的开发中，中国政府重视生态环境的保护，鼓励农民发展生态农业、环保农业。通过科技扶贫，在一定程度上改变了贫困地区以破坏生态为代价的掠夺性生产，促进了贫困地区的可持续发展。后来，中国政府从生态环境保护向生态建设转变。实施退牧还草工程，采取封山育草、禁牧等措施，保护天然草原植被。在西藏等地开展草原生态奖励补助试点。组织实施京津风沙源治理工程，在项目区大力发展生态特色产业，实现生态建设

与经济发展有机结合。实施岩溶地区石漠化综合治理工程，通过封山育林育草、人工植树种草、发展草食畜牧业、坡改梯、小型水利水保工程，实现石漠化综合治理与产业发展、扶贫开发结合。实施三江源生态保护和建设工程，通过退耕还草、生态移民、鼠害防治、人工增雨等措施，加强长江、黄河和澜沧江发源地的生态保护。加快完善生态补偿机制，加大天然林保护、湿地保护与恢复、野生动植物保护和自然保护区建设力度，维护生物多样性。

六、从特殊贫困群体的扶贫开发到发展贫困地区社会事业

少数民族、残疾人和妇女，是中国农村贫困人口中的特殊贫困群体。中国政府重视这些特殊贫困群体的扶贫开发工作，采取各种有效措施帮助他们与其他贫困人口同时脱贫。进入新世纪，中国政府大力发展贫困地区社会事业，建立健全农村义务教育经费保障机制，加大对家庭经济困难学生资助力度，减轻贫困地区教育负担；实施中西部农村初中校舍改造工程、全国中小学校舍安全工程和农村义务教育薄弱学校改造计划，加强宿舍、食堂和必要的基础设施建设，改善办学条件；实施农村中小学现代远程教育工程，促进城乡和地区之间优质教育资源共享；加强农村三级医疗卫生服务体系建设，加强国家扶贫开发工作重点县乡镇卫生院、村卫生室建设；组织实施农村订单定向医学生免费培养项目，重点为乡镇卫生院及以下的医疗卫生机构培养卫生人才；加大培养合格乡村医生和接生员的力度，鼓励医疗卫生专业的大学毕业生到乡镇卫生院工作；进一步加大政府对参加新型农村合作医疗费用的资助力度；建立健全人口和计划生育服务体系，全面

实行农村计划生育家庭奖励扶助制度，加快推进西部地区计划生育“少生快富”工程；加强农村公共文化服务体系建设，着力建设乡镇综合文化站，组织开展全国文化信息资源共享工程、送书下乡工程，开展广播电视“村村通”工程、农村电影放映工程、“农家书屋”工程。

七、从动员和组织社会各界参与扶贫到加强国际合作

在扶贫开发中，地方政府各部门根据中央政府的统一要求，从尽快解决贫困人口温饱问题的大局和贫困地区的实际情况出发，积极参与扶贫开发。自 20 世纪 80 年代中期以来，包括中央国家机关、企事业单位、民主党派及人民团体等社会各界参与扶贫开发的部门、单位不断增多，规模不断扩大。各帮扶部门和单位都有特定的帮扶对象和明确的任务，要求没有脱贫就不脱钩。各省、自治区、直辖市以及贫困地区也积极开展定点扶贫工作。此外，各社会组织、民间团体和私营企业也积极开展“希望工程”“光彩事业”“文化扶贫”“幸福工程”“春蕾计划”“青年志愿者支教扶贫接力计划”“贫困农户自立工程”等多种形式的扶贫活动。中国政府致力于依靠自身力量解决贫困问题的同时，注意借鉴国际社会先进的减贫理念和成果，积极与国际社会分享中国在扶贫开发领域的经验和做法，开展国际交流与合作。20 世纪 90 年代初期，中国就开始利用外资进行扶贫。先后与世界银行、联合国开发计划署、亚洲开发银行等国际组织和英国、德国、日本等国家以及国外民间组织在扶贫领域开展了卓有成效的减贫项目合作。据不完全统计，截至 2010 年，扶贫领域共利用各类外资 14 亿美

元，加上国内配套资金，直接投资总额近200亿元，共实施110个外资扶贫项目，覆盖了中国中西部地区的20个省区市300多个县，使近2000万贫困人口受益。

第四节　新时期的扶贫开发

消除贫困、改善民生、实现共同富裕，是社会主义的本质要求。为此，我国在2011年编制了《中国农村扶贫开发纲要(2011—2020年)》，该纲要提出："到2020年，稳定实现扶贫对象不愁吃、不愁穿，保障其义务教育、基本医疗和住房。贫困地区农民人均纯收入增长幅度高于全国平均水平，基本公共服务主要领域指标接近全国平均水平，扭转发展差距扩大趋势。"该纲要还在基本农田和农田水利、特色优势产业、饮水安全、交通、教育、医疗卫生等12个方面提出了具体目标要求。

"没有农村的小康，特别是没有贫困地区的小康，就没有全面建成小康社会。""小康不小康，关键在老乡。扶贫事业对于我国全面建成小康社会具有重要意义。"

扶贫攻坚路，悠悠中国梦。

党的十八大以来，以习近平同志为总书记的党中央，站在实现中国梦的战略高度，把握全局、运筹帷幄，对扶贫开发事业作出了新的战略部署，不断推动扶贫事业向前发展。

《中国农村扶贫开发纲要（2011—2020年)》是我国的第二个农村扶贫开发10年规划纲要，在该纲要实施的第一年，即2011年，国家将扶贫标准提高为农民人均纯收入2300元，比原标准的1274元提高了92%。在新的扶贫标准下，我国的贫困人口“反弹”至1.3亿人。

该纲要实施以来，农村扶贫开发工作赢得普遍认可。“农村扶贫开发这项惠民工程力度很大，成效很明显。”“世界上没有其他国家像我们这样重视扶贫工作，这确实体现了社会主义制度的本质。”数据是最直观的表现。据国务院扶贫开发领导小组办公室介绍，我国不断增加扶贫投入，2011年，中央综合扶贫投入2272亿元，同比增长40.4%；2012年投入2996亿元，同比增长31.9%。地方财政也大幅加大对扶贫的投入，仅2012年，28个省、区、市本级财政安排的专项资金达164.5亿元，同比增长62.4%。基础设施建设得到明显改善。2012年，592个国家扶贫开发工作重点县自然村通路、通电、通电话的比例分别达到92.8%、98.8%、93.2%，分别比2010年提高4.7%、0.8%、0.3%。贫困地区的义务教育、基础医疗、住房等社会事业发展明显。数据显示，到2012年底，扶贫开发工作重点县7~15岁学龄儿童在校率达到97%，青壮年文盲、半文盲率为8.9%，比2010年下降1.4%；有98%的农户参加新型农村合作医疗；农户人均住房面积达到27.8平方米，增加2.9平方米。贫困地区人口减少、贫困农民收入增加。2010年至2012年，全国农村贫困人口减少近6700万人，农村贫困发生率从17.2%下降到10.2%，国家扶贫开发工作重点县农民人均纯收入从3273元增加到4602元，年均增长18.6%，增幅超过全国平均水平。

在政府主导下，社会扶贫积极响应。机关定点扶贫和东西扶贫协作是我国颇具特色的扶贫开发方式，目前有310个单位开展定点扶贫，首次实现了对 592 个重点县的全覆盖，东部省市普遍增加对西部对口协作省份的财政资金援助力度。据统计，2011 年至 2012 年，中央定点扶贫直接投入帮扶资金（含物资折款）从 15 亿元增加到 19 亿元，帮助引进资金从 50 亿元增加到 90 亿元。东西扶贫协作投入帮扶资金（含物资折款）19.8 亿元。各民主党派、军队和武警部队、全国妇联、社会组织、民营企业和公民个人参与扶贫工作的积极性也空前高涨。据统计，2013 年，地方层面组织的定点扶贫单位约 13.5 万个，帮扶 13.6 万多个贫困村。东部共有 18 个发达省市与西部 10 个省区市建立扶贫协作关系，基本形成了政府援助、企业合作、社会帮扶和人才支持为主要内容的东西扶贫协作工作体系。军队和武警部队共帮扶了 63 个贫困县、547 个贫困乡。我国正形成专项扶贫、行业扶贫、社会扶贫“三位一体”的扶贫大格局。

实践表明，我国扶贫开发已经从以解决温饱为主要任务的阶段转入巩固温饱成果、加快脱贫致富、改善生态环境、提高发展能力、缩小发展差距的新阶段。

然而，扶贫开发工作还存在一些不科学、不适应、不可持续的问题。如一些地方在政绩考核中，不同程度地存在重 GDP 轻扶贫开发、重大型项目轻民生工程、重城镇化轻新农村建设的倾向。

面对紧迫形势，从中央经济工作会议到中央农村工作会议，再到国务院扶贫开发领导小组全体会议，从北京的中南海到贫困村的村头，以习近平同志为总书记的党中央高瞻远瞩，对新时期我国扶贫开发工作进行一系列战略部署：制定 2014 年减少 1000 万农村贫困人口宏伟目标；改革创新扶贫开发体制机制；健全中央统筹、省负总责、县抓落实的扶贫开发管理体制；推进国家扶贫开发工作重点县改革考核机制，建立约束机制，完善退出机制；开启科学扶贫、精准扶贫、内源扶贫等扶贫新思路……

2015年6月18日，中共中央总书记、国家主席、中央军委主席习近平在贵州召开部分省区市党委主要负责同志座谈会，听取对“十三五”时期扶贫开发工作和经济社会发展的意见和建议。习近平强调，“十三五”时期是我们确定的全面建成小康社会的时间节点，全面建成小康社会最艰巨、最繁重的任务在农村，特别是在贫困地区。各级党委和政府要把握时间节点，努力补齐短板，科学谋划好“十三五”时期扶贫开发工作，确保贫困人口到2020年如期脱贫。2015年11月27日至28日，中央扶贫开发会议在北京召开。习近平强调：“我们要立下愚公移山志，咬定目标、苦干实干，坚决打赢脱贫攻坚战，确保到2020年所有贫困地区和贫苦人口一道迈入全面小康社会。”

从“解决温饱”到促进发展，缩小差距；从数次扶贫攻坚行动到“继续向贫困宣战，决不让贫困代代相传”的强音；从开发式扶贫到责任制扶贫；从精准扶贫到精准脱贫，中国人民与贫困的战斗逐步走向“决战”之势。

入之愈深，其进愈难。乘势而上，大有作为！在以习近平同志为总书记的党中央的坚强领导下，投身全面深化改革的时代洪流，以创新鼓起扶贫攻坚的风帆，就一定能打赢扶贫攻坚这场硬仗，谱写我国扶贫开发的历史新篇章。

相关链接　国际社会盛赞中国对全球减贫的突出贡献

2008年9月11日，联合国秘书长潘基文在纽约总部发布《2008年千年发展目标报告》。该报告指出，亚太地区，特别是中国在减贫方面取得了显著进展，使世界有望在2015年实现将贫困人口比例减半的第一项千年目标。

世界银行2009年发布的《从贫困地区到贫困人群：中国扶贫议程的演进》报告指出：中国减少绝对贫困的成就极为显著。从1981年至2004年，人均日消费低于1美元的人口所占的比例从65%下降到了10%，5亿多人摆脱了贫困。2013年4月17日，世界银行发布的《世界发展指标》报告又明确提及，中国为全球减贫作出了巨大贡献。

2014年6月16日，联合国粮农组织在罗马举办表彰活动，表彰中国等国家提前实现了联合国千年发展目标中减少饥饿人口的指标。粮农组织总干事若泽·格拉齐亚诺·达席尔瓦说，联合国2000年千年首脑会议制定了千年发展目标，其中第一个目标涵盖从1990年至2015年全球饥饿人口比例减半等子目标。根据粮农组织测算，中国已提前实现了饥饿人口比例减半的目标。他指出，中国作为大国，示范效应明显，中国的成就必将对其他各国带来启发和鼓励，为世界抗击饥饿注入新的活力。

2014年11月，联合国粮农组织助理总干事王韧表示：在解决贫困方面，中国在全世界都树立了很好的榜样。

参考资料

[1] 国务院新闻办公室.《中国的农村扶贫开发》白皮书[EB/OL].(2001-10-15).http://www.people.com.cn/GB/shizheng/16/20011015/581724.html.

[2]《中国农村扶贫开发的新进展》白皮书(全文)[EB/OL].(2011-11-16).http://www.scio.gov.cn/zxbd/tt/Document/1048386/1048386_2.htm.

[3] 谢素芳.中国扶贫:世界性的成就[J].中国人大,2014(1):12-14.

[4] 中国扶贫成果:30余年让6.6亿人摆脱贫困[EB/OL].(2014-10-17).http://www.he.xinhuanet.com/gongyi/2014-10/17/c_1112867958_9.htm.

[5] 中国扶贫成绩单与未来攻坚方向[EB/OL].(2014-10-17).http://flyhigher.hunnu.edu.cn/lead/contents/1387/130920.html.

后　记

本书由国家知识产权局直属机关党委编著。在本书编著过程中，国家知识产权局党组成员、副局长、直属机关党委书记甘绍宁，国家知识产权局专利局副局长徐治江，国家知识产权局直属机关党委常务副书记王冬峰、副书记关宝兰、牟春华，国家知识产权局工会专职副主席胡兰等同志给予了精心指导。我们对各位领导的辛勤付出和大力支持表示衷心感谢。

本书编写组由张少波、王磊、付旋、杨立勇、梁晓凯、李登峰、林声烨、王福涛、王哲倩、奚卉等十人组成。其中，张少波负责编写了第一章、第二章、第三章、第四章、第五章、第九章、第十三章、第二十三章、第二十六章、第二十七章、第二十八章，王磊负责编写了第七章、第十九章，付旋负责编写了第十四章、第十五章，杨立勇负责编写了第十六章、第二十四章、第二十五章，梁晓凯负责编写了第十七章、第十八章，李登峰负责编写了第二十一章、第二十二章，林声烨负责编写了第六章、第二十章，王福涛负责编写了第八章、第十章，王哲倩负责编写了第十一章、第十二章。梁晓凯负责封面设计，奚卉负责内容插图。张少波对全书框架进行了设计。

我们学识水平有限，书中难免存在不足和错漏之处，恳请读者批评指正。

本书编写组

2015 年 12 月